U0920746

中国雕塑年鉴

（2013）

ALMANAC OF CHINESE SCULPTURE

中国雕塑杂志社 编

图书在版编目（CIP）数据

中国雕塑年鉴：2013／中国雕塑杂志社编．—北京：
中国轻工业出版社，2013.6
ISBN 978-7-5019-9303-1

Ⅰ．①中…　Ⅱ．①中…　Ⅲ．①雕塑－中国－2013－年
鉴　Ⅳ．①J305.2-54

中国版本图书馆CIP数据核字（2013）第118163号

责任编辑：毛旭林
责任终审：张乃柬　　封面设计：范海民
版式设计：黄　洁　　责任监印：胡　兵　张　可

出版发行：中国轻工业出版社（北京东长安街6号，邮编：100740）
印刷：北京奥丰特印刷有限公司
经销：各地新华书店
版次：2013年6月第1版第1次印刷
开本：880×1230　1/16　印张：31
字数：680千字
书号：ISBN978-7-5019-9303-1　定价：580.00元
邮购电话：010-65241695　传真：65128352
发行电话：010-85119835　85119793　传真：85113293
网址：http：//www.chlip.com.cn
Email:club@chlip.com.cn

如发现图书残缺敬请直接与我社邮购联系调换
130567K2X101HBW

《中国雕塑年鉴》（2013）
编辑委员会

融汇·启迪

——写在《中国雕塑年鉴（2013）》之前

作为中国艺术史中的一个分支，雕塑史从未进入过正统的中国艺术史。即使偶有《历代名画记》中对杨惠之、张爱儿等人有所记载，也仅视其为工匠阶层而非人文艺术家，且记载寥寥，语焉不详。此后各个朝代，也鲜有与雕塑相关的文字记录。国人写的完整的中国雕塑史，要等到近代的梁思成才完成。其中的一个重要原因，就是材料的缺失。古代雕塑的任务主要由地位低微的工匠们承担，他们对文字的掌握能力极其有限，因而无从记录自己的创作信息。这种情况直到20世纪初才逐渐改变，留学归国的雕塑家进入美术学院担任教授，开创了现代雕塑创作的先河。20世纪50年代后，雕塑艺术家们承担起了国家重要建设工程的雕塑项目，社会地位有了实质性的提高。更重要的是，他们自己掌握了文字，能够不断地向社会传达自己的声音。自此，雕塑真正走进了中国当代艺术的大雅之堂。

《雕塑》杂志社一直致力于当代雕塑活动的记录以及整理，两年一本的《中国雕塑年鉴》就是这一项工作的重要例证。对中国当代雕塑艺术的发展所进行巡览、梳理，全面地反映中国当代雕塑的新动向、新成果，其全面性、时效性、完整性、权威性和学术性，确定了它在中国雕塑艺术理论界的重要地位。

优秀的艺术作品总是能够体现出时代性。《中国雕塑年鉴（2013）》本着梳理过往两年内雕塑状况的目的，秉持一贯提倡的“包容多元形态，坚持厚度和品质，鼓励本土和原创”的原则，既关注成熟雕塑家新突破，也对趋向成熟的“70后”“80后”雕塑创作力量加以关注；既关注主流雕塑业界的创作状态，也同样将目光锁定于以多元雕塑语言进行艺术实验的艺术尝试。过往的两年，中国雕塑家的探索仍然离不开对于雕塑艺术本体以及观念、形态、空间、材料的重视，雕塑创作领域延续着多样性的繁荣。中国雕塑家在国际性的重要展事活动中屡屡荣膺大奖，突出地反映了中国雕塑在当代国际艺术领域中日益凸显的重要地位与影响。

对于艺术而言，语言是不同艺术门类得以确立的基础，也是不同艺术家得以彰显个性的基础。艺术的语言是多层面的，既包含本体层面，也包含社会层面，还包含精神层面、情感层面等。雕塑家或吟唱或呐喊，或高歌或低语，或独白或倾诉，以飞扬的语言承载观念，以材料、形体、空间为载体，沉淀、升华自己的创作思想。在这些作品中我们看到，老一代艺术家仍保持着旺盛的艺术创造力；中青年艺术家的创作活动对生命个体的体验以及社会生活的探索，呈现出前所未有的深度和广度；崭露头角的艺术新人，则以略带稚拙但充满着想象力的作品张扬着青春的个性。值得一提的是，公共艺术领域也出现了大量优秀的作品，这源于人们对于公共空间的关注程度的加强。

2012 年年底，中共中央总书记习近平带领新一届中央领导集体参观中国国家博物馆“复兴之路”展览之后，“中国梦”一词开始频频出现于各类主流媒体及国人的日常言语当中，它的实质就是“实现中华民族伟大复兴”。“复兴”意味着曾经的强盛，而强盛的依据，就是我们发掘了自己的辉煌成就。可见，记录历史可以为后一代人提供思考和借鉴。《中国雕塑年鉴（2013）》记录的中国雕塑界的一些动态、现状，也可以说是雕塑艺术家对广大民众观念里“中国梦”梦境的艺术再现，为后来者提供参考依据。

当然，我们承认，任何一本被称为“年鉴”的读本，都无法涵盖人们所要记录的全部当代史，总有一些好的东西会因为各种各样的原因被遗漏。但是，一时的遗漏并不代表永远的忽视。《中国雕塑年鉴（2013）》编委会的工作，就是尽量详尽而全面地搜集、记录当代中国雕塑发展的信息，努力减少这种遗憾。

2013 年 4 月

凡例

一、本书记录了国内外优秀雕塑艺术家自2011年1月1日至2012年12月31日创作的代表作品，以及在此期间发生的重要艺术事件和重要文献资料。

二、本书记录以时间为序，艺术家的出现顺序基本按出生年代的先后编排（因排版需要，做特殊调整者除外），纪事和文献按时间先后，不做逐日记录。

三、本书按类别设为“人物”“纪事”“文献”三大栏目，每个栏目下分设子栏目。记录范围分别是：

人物

囊括了国内雕塑界具有代表性和影响力的雕塑家，刊载了他们创作于2011年至2012年的最具学术贡献和实验探索精神的优秀雕塑作品。此部分以图录为主，辅以艺术家简历及艺术评论等少量文字。通过断代方式划分为“体制与艺术：新中国第一代艺术家”“形式与观念：50后艺术家”“传承与突破：60后艺术家”“越界与综合：70后艺术家”“探索与创新：80后新生代”五大板块，梳理了出生于不同历史时期的艺术家在2011年至2012年所取得的艺术成果。

纪事

记录2011年至2012年发生在雕塑艺术界，重点是中国雕塑艺术界的具有重要影响的展览、交流、研讨、拍卖等活动。此部分并非事无巨细，而是有侧重地记录两年间对雕塑艺术发展有重大影响的事件，特别是那些重量级的展览活动，并辅以图片说明。

文献

提供了2011年至2012年间对于雕塑艺术的发展和探索具有学术价值的重要文献索引。此部分以“个案 · 批评”“理论 · 研究”“教育 · 教学”“市场 · 文化”“域外 · 交流”“优秀硕博论文”六个栏目为纲，提供发表过的雕塑专业的优秀论文与专业热点，以索引形式编辑，便于检索，具有很强的参考价值。索引内容包括作者、作者单位、刊名、关键词以及摘要等。

四、本年鉴书后附有人名索引，按人名汉语拼音字母顺序排列。

五、除必要外，地名一般不加省（市、自治区）、区、县等字样。

六、本书使用国家规定的标准简体字，特殊情况（如人名、地名）除外。

目　录

人物

体制与艺术：新中国第一代艺术家
形式与观念：50 后艺术家
传承与突破：60 后艺术家
越界与综合：70 后艺术家
探索与创新：80 后新生代

曹春生 《英雄母亲邓玉芬纪念像》 花岗岩 高 500cm 2012 立于北京密云县（左图）

雕塑采用站姿像，英雄母亲邓玉芬伫立在山岩上，手里拿着布鞋，手臂上挎着布衣，寓意着"慈母手中线，游子身上衣"，表达对亲人和战士们的牵挂，期盼着亲人们凯旋归来。

何鄂 《杨英副院长》 铸铜 高 280cm 2011（右图）

杨院长的一生都是在医学领域前沿行走。

他走到大西洋彼岸，求知求学，走回祖国，带来世界先进医学成果与医疗器械。

他走进医院，年年、月月、日日，寻思医院的发展，走进病房，心系病员的疼痛安危。当见到老人、孩子病情好转，院长和他们一起欢笑，满脸纯真，满脸阳光。

院长的足迹，走出了一条医学界的光辉历程，走出了一个医务工作者高尚的品格。

院长人品的闪光点在于他的平凡，在于他的脚踏实地，在于他的大爱真心。

杨院长永远活在我们心里，让我们沿着院长的足迹前行。

杜瑞明 《长发的少女》 樟木 高 160cm 2011（左图）

借着夸张的少女胴体，突出美的造型，表达对美满的生活及美好事物的追求。

付新民 《织造 No.7》 钢、枕木、麻绳 500cm×450 cm 2011（右图）

宇宙造化了奇妙无穷的万千世界，天地定位，山泽通气，雷风相薄，水火不相射。八卦相错，数往者顺，知来者逆。知之，融之，人类之福也。

韩美林 《和风迎祥》 白铜 65cm×40cm×75cm 2011（左图）

2010年，韩美林先生受拖为杭州将台山创作摩崖石刻宗教文化公园大佛，专程赴日本、尼泊尔、印度体验生活。在尼泊尔，激情迸发，收获颇丰。按照释迦牟尼家乡佛教艺术的风格和形式，韩美林先生和他的助手们用了八个月的时间塑造了这一对集吉祥与佛教内容于一体的大象，它将尼泊尔、印度、东亚及我国西藏等地域的人文、佛教、人物形象（包括衣饰）等特点融为一体，自然地概括了一部佛教简史，得到了各界的好评。

何力平 《泸沽湖的传说》 青铜 66cm×16cm×26cm 2012（右图）

泸沽湖是令人向往的神秘女儿国。那里有洁白的雪山，宁静的湖水，流动的彩云。摩梭人自古质朴奔放，追求爱情自由，远离物质利益。雕塑表现的是纯洁的摩梭爱情与弯月般的独木舟一同荡漾在山水之间。

龙德辉 《姆温都》 铸铜 260cm×70cm×6cm 2012 立于青海湖诗歌广场（左图）

姆温都是非洲刚果伊昂加人史诗中一位神话英雄人物，是生下来就会走路的小不点，智力超群，从来不食尘世食物，头戴铁帽，身着铁衣，脚踏铁靴，身上焕发着美丽的光芒，手执康加节杖（一种类似牛尾的威力无比的法器）。他有豪猪"穆凯"为他挖掘地道开路，有麻雀大师"卡宏古"为他引路。他昂首挺立，右手挥向前方，展示其不畏艰险、势不可当的气概。

刘政德 《大江截流》 铸铜 高 2000cm 2012（右图）

以雕塑艺术的特有语言，纪念 1981 年 1 月 4 日，宜昌葛洲坝成功截流。在截流战斗最艰险的时刻，数万水电战士将数千大型混凝土块四面体抛投至截流龙口中，自古奔腾不息的长江洪流胜利合龙，创历史的大江截流胜利成功，是建设者的凯歌。

林亨云 《中国力量》 焓红石 75cm×60cm×40cm 2011（左图）

此作品为中国工艺美术大师林亨云的又一经典代表作，以焓红石为材料。刻画行进中的北极熊，柔和中充满力量，形态动人，极富活力，表达了中国外柔内刚，世界大同的国际处事原则，述说着永恒的“中国梦”。

钱绍武 《观音像》 汉白玉 高70cm 2012（右图）

这种观音其实已不具备严格的宗教意义，只是代表了一种民间的善良愿望——救苦难、保平安的寄托和象征而已。尺寸和材质也都符合一般中产家庭的规模。

孙家彬《渡江战役总前委》青铜 高450cm 2012 立于安徽合肥渡江战役纪念馆（左图）

作品以写实、粗犷的雕塑语言，生动地表现了邓小平、刘伯承、陈毅、粟裕、谭震林五位渡江战役总前委在战役之前，运筹帷幄，共同策划作战方案的历史情景，刻画塑造了每个人物不同的形象、气质和性格特征，并表现了“打过长江去，解放全中国”的革命必胜信念和决心。

田世信 《沈钧儒》 铜 20cm×24cm×72cm 2012（右图）

从小接受儒家“修身、齐家、治国、平天下”的理想和济世救民的优良传统，有着良好的道德修养并且一生“贫贱不移，富贵不淫，威武不屈”，洁身自好，清廉正直，对后辈循循善诱的沈钧儒是青年的良师益友，更是世人所称道的真正君子。

唐大禧 《饶宗颐先生像》 铸铜 高 260cm 2011 立于潮州金山中学（左图）

饶宗颐先生雕像采用坐像，饶宗颐先生坐在一块石头上阅读书籍，双手捧着书本，体现出饶宗颐先生是一个酷爱读书的学者。饶宗颐先生生活在香港，衣着方面中西结合：穿着皮鞋、西裤，打着领结，外衣穿着唐装，围着长围巾。

姚永康 《青苹果》 陶瓷 42cm×32cm×20cm 2012（右图）

作品用写意的手法表现一个初长成的小女孩，有如青涩的小苹果，青翠可爱、亭亭玉立之中还带有几分现代的忧愁。

袁崇焕
1584——1630

赵文煜、崔玉琴 《袁崇焕》 青铜 高 220cm 2012 立于福建省宁化市（左图）

雕塑表现了明末抗金统帅袁崇焕左手握剑，右拳顿于城墙的残垣断壁上，倾斜的砖石象征着国破之势。人物表情肃穆坚定，身躯造型好似铜墙铁壁与城墙渐渐融为一体。突出表现袁崇焕的爱国气节。

张得蒂 《照镜子》 石膏 高 100cm 2012（右图）

以小朋友照镜子的童真可爱，呈现人性中美好的一面。

《埃及尔的萨迦》
Egil's s Saga
冰岛史诗
Icelandic epic
（公元13世纪 13th Century）

张润垲 《奥丁王》 青铜 高300cm 2012 立于青海湖世界诗歌广场（左图）

表现北欧神话中的诸神之父奥丁从黄金宝座上环视天界和人间。

朱成 《一定》 强力树脂胶、钢材等综合材料 210cm×146cm 2011（右图）

学名“一定”，俗称不摇晃。

朱惟一 《草圣怀素》 青铜 高 95cm 2011（左图）

怀素是我国唐代最杰出的狂草书法家，和张旭齐名，世人称“颠张醉素”。怀素出身贫寒，常以芭蕉叶代纸。作者抓住这一特点塑造了赤脚立身舞手挥毫的草圣形象，流动飞舞的衣纹象征飞动流云般的草书，展开的手掌反映其内心的激动，赤脚体现如痴如醉的心情和艰苦朴素的生活。作品中没有塑芭蕉树，地上雕了几片芭蕉叶让观众去联想。雕塑讴歌了伟大的艺术家苦学精神，激励人们奋发图强。

朱惟精 《金佛庄铜像》 铸铜 高 500cm 2011 立于浙江东阳中学校园（右图）

根据人物特征，表现出北伐名将的英武，科学泰斗的睿智，报业巨子的谦和，让先辈名人激励母校学子奋发图强。

人物

体制与艺术：新中国第一代艺术家

形式与观念：50 后艺术家

传承与突破：60 后艺术家

越界与综合：70 后艺术家

曹智勇 《舞》 铸铜 48cm×19cm×17cm 2011（左图）

该作品展现的是一位苗族少女身着节日盛装亓载歌载舞的场景。
作者运用雕塑的特殊语言，塑造出一位羞涩的苗家少女憧憬幸福、甜蜜，对美好未来充满祈盼的内心世界。

陈洪辉、符美宁 《骑射》 铜 67cm×54cm×38cm 2012（右图）

借用中国经典骑射形象，用现代写实手法表现一种强大的内在张力，作品充满阳刚之气，传递了进取精神，彰显“厚于德、敏于行”的时代风貌。

陈连富 《斜晖》 大理石 77cm×45cm×26cm 2012（左图）

以极其准确的造型、熟练的线条和独特的构思，将青春少女那种纯朴无瑕的境界体现得天衣无缝，洁白的汉白玉更显出少女如玉的肌肤，人们见到这样的作品，第一句话想说的就是“我喜欢”。令人们喜欢的不仅仅是艺术的魅力，而且是作者独到的创作思路。

陈云岗 《仙山问道》 铸铜 50cm×80cm 2011（右图）

作品以近似诙谐的造型语言，营造出与现实中有异的“仙山”，其上有着具有仙风道骨意味的几位访道者，表现出具有东方情趣与神逸的精神意境。

邓乐 《另知界 · 旦》 综合材料 1000cm 内可变 2012

作品表达不可知的宇宙世界，在人的思维和觉知过程中另类呈现。作品通过婴儿的啼哭声，和顺时针不停旋转的运动的声光电形式，传达作者的一种世界观。

范伟民 《Man》 铸铜 75cm×30cm×35cm 2012

水滴穿石，一种力量的体现。

傅绍相 《义薄云天》 青铜 57cm×41cm×79cm 2011

作品塑造了一个身披战袍、头戴盔甲、上托盾牌、威武勇敢的将士形象。高大夸张变形的盾牌，撑起为国保驾护航的重任，寄托了人民对和平的殷切希望。

高蒙 《蝴蝶夫人》 泥塑 150cm×110cm×230cm 2011

根据普契尼同名歌剧中的人物形象，以具象写实雕塑表现东西方文化交流中的机遇与困惑，作品参加 2011 年 9 月第四届俄罗斯奔萨国际雕塑创作营，铸铜作品存放于当地雕塑公园。

郭心聪 《海上遗梦系列——茗香》 铸铜 高 80cm 2012（左图）

“海上遗梦”系列作品表现了 20 世纪初叶上海小资阶层女性的优雅情调和生活状态。作品吸纳了文人画和上海月份牌年画的某些特征，把民国时期中国妇女的长衫拖地裙与受西洋影响的烫卷发式结合在一起，揭示了中国在新旧交替时代土洋结合的一段特殊历程。那段逝去了的记忆，如梦如幻，时常在人们的意识里若隐若现，它是那个时代中国渴望学习西方的一个小标志。

高峰 《苏东坡》 陶瓷 40cm×15cm×12cm 2012（右图）

作品以写意粗犷的表现形式，寥寥几笔中把苏东坡落魄却洒脱的性格生动形象地展示出来。作品既表达了作者对他的崇敬，也传递了对人文情怀的追思。

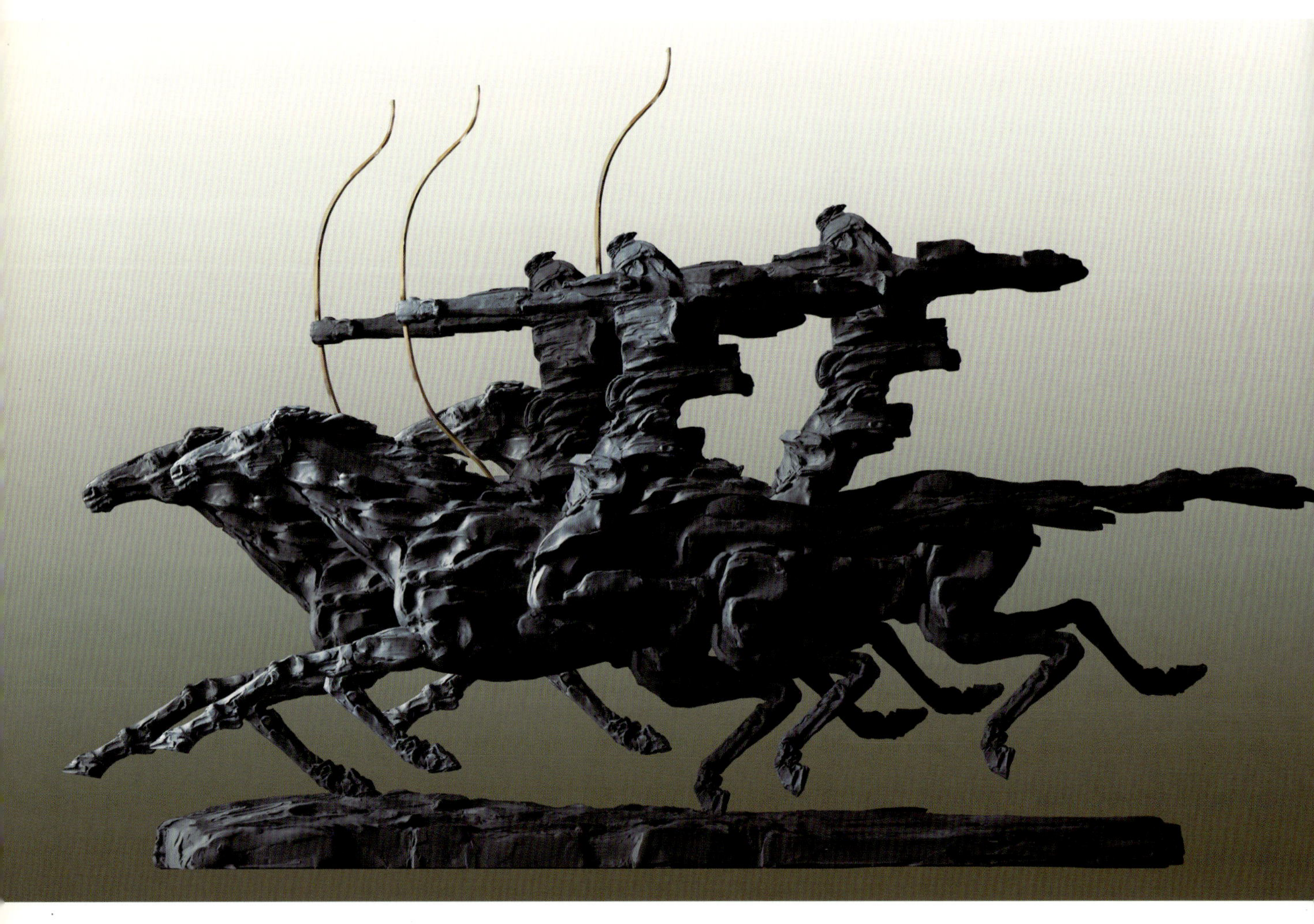

黄兴国 《胡服骑射》 青铜 92cm×60cm×40cm 2012

该作品摒弃了一些细节如服饰特征的表现，着力于团队整体的态势塑造，突出其勇往直前、所向披靡、排山倒海的气势。也从形式上象征了赵武灵王的改革魄力和影响。

霍波洋 《望海》 合成纸浆 100cm×75cm×40cm 2012

“中国书法中的黑白两色，构成具有中国特色的抽象因素。无论中国书法中黑白两色的产生是书写材料所致，还是中国传统文化思想所致，黑白两色都成为代表中国艺术审美特征的主要色彩。抛弃书法笔墨书写的内容，黑白两色的审美取向构成中国抽象色彩的审美框架”。霍波洋的这件作品《望海》延续了他对较纯粹的中国人文情怀的追求，在看似冷峻的表象之下，一种暖暖的情愫感动着观者。

何镇海 《新生》 木 135cm×70cm×31cm 2012（左图）

该作品突出木质材料的美感，沧桑的古树孕育出新的生命，整体造型强调一种建筑感。

吉胜久 《圆明园遗址——大水法》 纸雕塑 100cm×18cm×32cm 2011（右图）

纸雕塑，是区别于民间糊匠手艺的一种三维素纸模型手工，即通过对平面纸进行硬笔划痕、折剪、刻挖、折峰（凸折）、折谷（凹折）、粘贴等方法设计制作的一种立体的艺术形式，其形象单纯、精巧、秀美，具有独特的艺术魅力和审美价值。作品将汉白玉的质感、主体建筑的高大雄浑、浮雕石刻的精巧美观以及被摧毁后的沧桑之感表现得淋漓尽致。

景育民《行囊——芜湖站》不锈钢、土壤、月季花 480cm×290cm×230cm 2012（左图）

《行囊》这件作品希望呈现给大家的是一种有关“行动的艺术”的观念。行囊乃空包，可谓“容器”，每到一个城市都承载着人对这个城市的热情和期待，同时它也是“行走”的、移动的。它在这个城市驻足之后会随着行囊背后N个城市行走记录的不断添加而扩展作品的信息含量。

纪连路 《大妇》 树脂混合蛋彩 高240cm 2012（右图）

大妇是北方黑土的象征，舒展、温厚、质朴、款款的动态充满了自信，满身的蛋彩装饰给人以无限的遐想。

贾濯非 《菲尔多西》 铸铜 高300cm 2012（左图）

菲尔多西是广受尊重的波斯诗人，“波斯诗坛四柱”之一，最重要作品是民族史诗《王书》。
菲尔多西高坐于波斯王朝的废墟柱头之上，想象着波斯帝国的盛衰史，50个帝王公侯的生平、神话传说和历史故事，笔下铭刻，流传后世。

蒋志强 《性与爱——女人》 铸铝 16cm×73cm×11cm 2012（右图）

在面对众说纷纭的资讯社会时，我们仍应天天谨慎地面对我们的良知，持经验所积累的道德，来考验我们所听的、所被灌输的一切……

黎日晃 《回到原点》 铁路轨道的废旧枕木 175cm×90cm×170cm 2012（左图）

该作品是2012年12月参加在香港举行的国际雕塑创作营时于现场打制的。此次雕塑营选用的材料是一批退役并且久经风化的铁路枕木，主办方希望艺术家能将这些枕木升级再造成为圆雕、群雕、浮雕或图腾作品，赋予枕木新生命和意义。作者因应材料的内涵和形状而创作出一组结构式的几何抽象雕塑。八段木材代表了树木一生的八个阶段，包含种子、发芽、生根、长枝、长叶、开花、结果和成材。作为铁路的枕木，它完成了多年的应用功能而退役；经过艺术家的双手发挥其余热，赋予它另一段新的生命。

雷宜锌 《陈纳德将军》 花岗石 400cm×160cm×125cm 2011（右图）

抗日战争时期，由陈纳德从美国招募一批空军预备役军官组建的“飞虎队”，即中国空军美国志愿援华航空队，凭借娴熟的技术，与中国军民一起屡屡重创日军，为中国的“抗战”胜利作出了巨大贡献，陈纳德因此成为中国民众敬仰的和平英雄。雷宜锌塑造的陈纳德将军雕像，高4米。将军略显轻松的仪态，坚毅且充满乐观神采的目光，给人以信心，真实再现了当年飞虎队在“抗战”期间痛击日寇，取得辉煌战绩的英雄气概。

陈纳德将军雕像
The Statue of CLaire Lee Chennault

刘炳南 《四大才子》 铸铜 500cm×200cm×25cm 2011(左图)

陈际泰、罗万藻、章世纯、艾南英，并称“临川四大才子”。四人均为读书破万卷的饱学之士。为中国传统文化的发展做出了较大的贡献，作者以写实手法将四才子再现为品酒论学的场景，人物儒雅倜傥，神采飞扬。充分体现了历史名人独特的精神面貌和个性，刷新了传统的、程式化的英雄雕像的模式；在安装选址上，有机地与场景、光线、观光结合，让雕像融于一种亲近、和谐、可品读性的环境艺术视觉之中，使作品的质量与效果凸显了高端的艺术境界。

李金仙 《新美人鱼》 漆 72cm×42cm×23cm 2012(右图)

2012年人类与自然的关系一直是当下的焦点话题，保持着和谐、永续是人们的美好期盼和努力。女人和鱼都有着相似的柔顺，共同演绎活力、自在、融和之境。

李如全 《康巴汉子》 青铜 52cm×27cm×49cm 2011（左图）

雅鲁藏布江孕育着一群高大英武、目光深沉、全身古铜色的藏族人。他们头发里盘着红丝穗（英雄结），体格剽悍、生性善良、天性喜爱游牧生活的康巴汉子，被人称为西藏的吉普赛人；胸膛里满载着野性和爱的草原，血管里响着的是马蹄的声音，眼里流淌的是圣洁的太阳……

李先海 《广岛蘑菇云下的阴影》 青铜 57cm×32cm×34cm 2012（右图）

“二战”结束前夕，美国为了加速日本军国主义投降，向日本投掷原子弹，数十万日本民众的生命瞬间消失。作品反映一个被核辐射穿透肌肤的亡灵在控诉这场可怕的战争，警示日本军国主义及右翼势力挑起这场罪恶的战争给全世界人民带来的深重灾难。

闵一鸣 《无上》 铸铜 80cm×65cm×35cm 2012（左图）

对自然万物的感知、敏锐的洞察，从山水日月的声形光色觉知生命，无思、无想、无意、无忆，此刻的纯净，便是无上。

孟昭典 《我们的童年》 铸铜 60cm×60cm×50cm 2012（右图）

眼前这两位天真活泼的孩子，他们的童年没有见到现代城市的繁华，而是在偏远的农村，他们的父母为了改变贫困的面貌，远走他乡打工，他们只能苦苦等待，他们手持纸飞机，放飞理想，放飞自己……

6
LARGE CONFERENCE HALL
1

任世民 《升腾》 黄金、紫铜、钢材、汉白玉 1100cm×1100cm 2012
立于非洲联盟会议中心大堂（左图）

系中华人民共和国政府赠送非洲联盟的礼物。

秦璞 《智源景观雕塑》 花岗岩、金属不锈钢 3560cm×2500cm 2011
立于河南省许昌市新东区会展中心（右图）

《智源》新立、今设此苑、意在宣许、方台金球、映天成周、其意为天健永动、自强不息。许昌古人、启智为神、始创神鸟、信仰精神、灵鸟抱珠、华夏独秀、古古原始、昱耀中华、图腾文化、文明之祖，乃智根慧源也。十二腾柱、向天高举，举强自励、辑合四八、为智达四野、慧致八极，许昌人文、溯古耀今。

钱步辉 《呼吸》 翡翠、和田等玉石 尺寸可变 2011

作品将鱼吐出的气泡内化成鱼身体的一部分，给人以轻松、休闲的舒适感。

佘国富 《永恒》 不锈钢 90cm×110cm×110cm 2012

从远古走来，去向何方？现实与梦幻荡涤，纷繁呈现。寻求原本的纯朴与宁静，也是这个世界美的真谛。简约的艺术形式，趋于抽象的男女人体动态，金属材质特有的铮亮与灵动，寄予深情的灵魂在这里叙写……

师进滇 《初夏的影子》 不锈钢丝着色 25cm×9cm×28cm（单件） 2012

在电脑中生成的形态，用我的语言表现时尚。

石村 《破浪》 青铜、镜面不锈钢 70cm×40cm 2012

本作品结合水边环境设计了一座以海浪为主题的雕塑。雕塑表现一位健康美丽的年轻女性，在海浪中搏击，破浪前进，反映新时代人们勇往直前的精神风貌。同时，粗犷的巨浪与优美的女性人体对比，形成的既具有力感又富有美感的雕塑造型在特定的环境衬托下，洋溢着强烈的雕塑艺术之美，给游客以美的享受。

雕塑为青铜铸造，基座为镜面不锈钢，可以反射出雕塑造型，呈现出丰富的视觉效果。

施力仁 《犀牛母子》 青铜 470cm×220cm×150cm 2011

母犀牛代表着孕育了生命的大地之母，为温柔开怀、亲情的表现。犀牛老妈身形体态丰满圆润，象征着母亲角色，蕴含生命能量的感觉，面带一抹甜美暖流的笑容，散发着母性的光辉。“犀牛小子”以生动活泼的动感造型捏塑，姿态可爱，充满对未来的展望。犀牛小子的前脚微微弯起，十分俏皮。

田跃民　《马》　铸铜 57cm×43cm×18cm 2012

对于一位艺术家，最痛苦的莫过于找不到自我，艺术的创作总是在不断的磨炼、追求中一次一次艰难蜕变，最终形成完全属于自身的风采。田跃民从艺雕塑生涯的人生，正是经历无数次的痛苦历练而最终脱茧而出，形成了自己鲜明的雕塑特色和艺术风格——迅速洗练的手法，精准到位的形态，转瞬间一匹骏马跃然眼前。

王黎明 《庄子》 玻璃钢仿花岗岩 50cm×120cm×70cm 2011（左图）

中国老庄哲学思想是一种天人合一的境界，雕塑整体所表达是人与自然浑然一体的意境，方法上吸收自然界山涧流水的意象造型以及中国传统雕塑线刻的手法，追求一种视觉效果。

吴雅琳 《新二十八星宿》 青铜上彩、烤漆钢化玻璃光效、花岗岩 2000cm×300cm 2012 立于西安楼观（右图）

古人观天，将天相赋予人间的意义；星宿拟人，凸显古人对造化的理解。与禽兽同在，体现天人合一的道家思想；众星君的性格、身份和神韵的异趣，是对作品的最好诠释。该作品在元廿八星宿造像的基础上，结合现代媒介手段，力求达到传承和创新。

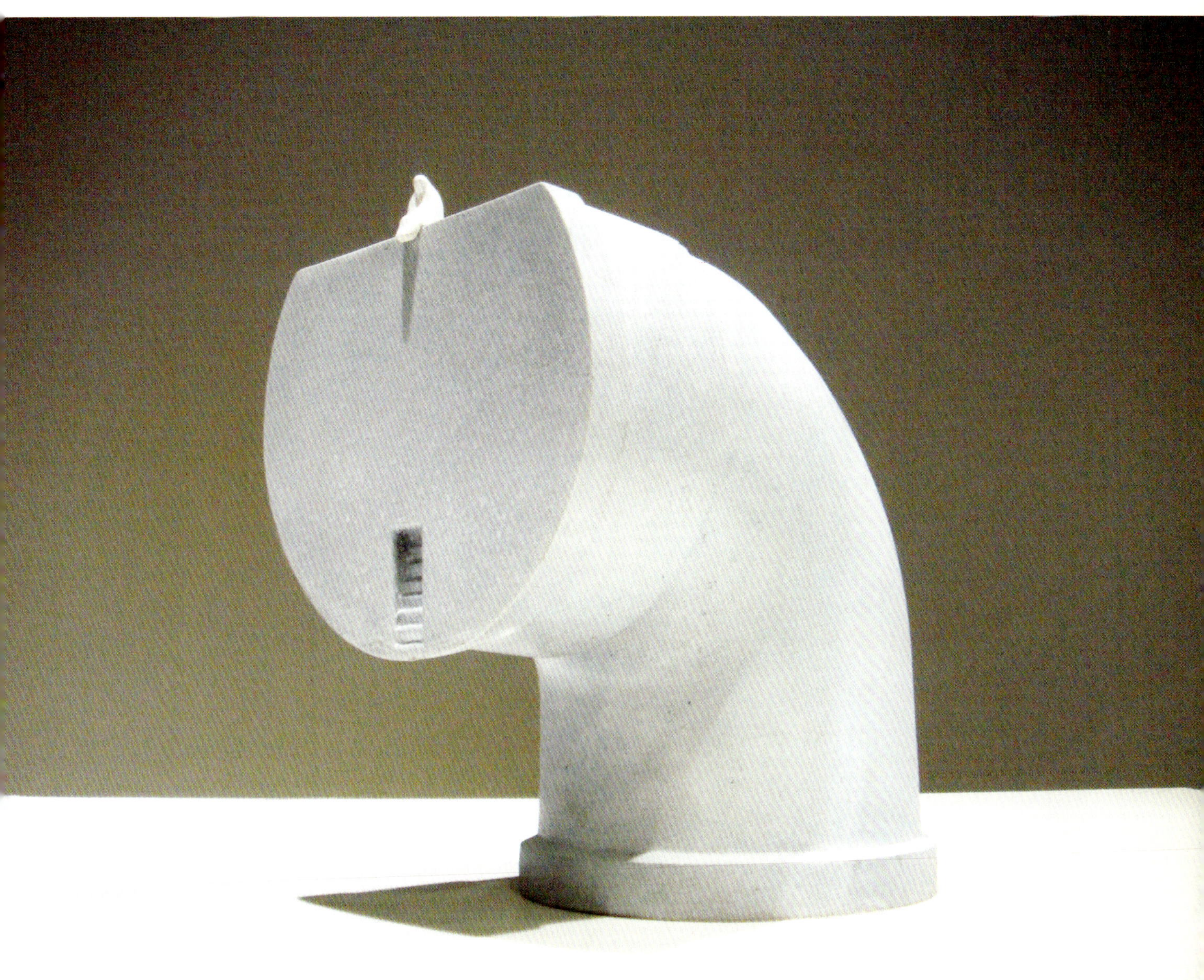

王少军 《慧》 花岗石 高 150cm 2011（左图）

该作品塑造的典型中国知识分子形象，试图传达具有中国深邃人文精神的强大底蕴和永恒价值。

王小蕙《梯子系列--归宿》 铸铜 20cm×22cm×12cm 2012（右图）

梦中经常出现的场景，突然有了可以表达的方式。抽象也好，意象也罢，但只要能表达内心和精神就好；艺术是一种说不清道不明的东西，有时候我们不知道自己究竟想要说什么；这个世界纷杂迷乱，物欲横流，唯有精神的东西不可以迷失。

抽象是一种生活方式，是一种精神追求。越是简洁抽象的形式就越能表达事物内在的本质和精神象征。

徐伯初 《石田咖啡的九块石头——6 号构图》 灰绿岩、锻铁马口钉、柚木
1200cm×45cm×10cm 2011

隆起，表彰着生命的活力像一片正在繁衍的生命。
望见，这片隆起之首的小弹丸，
悬爬在平面与立面之间是首抑或是尾。
望远过去，如影的钉，是骑士的马，
也正在那大地的边缘前行。

徐国华 《钢铁进行曲》 废钢铁 1450cm×420cm×450cm 2011 立于山东玉玺集团

该作品恰当地把各具特色的工业零件拼接成高大、厚重具有强烈冲击力的蒸汽机车。在整体形象可识别的基础上，融入了许多作者的主观感受和想象，形成了既写实又抽象、相映成趣的生动效果。该作品许多部件体量大、分量重，如大号的阀门、管件、锅炉等，都有几百公斤甚至几吨以上。由于这些优质因素和巧妙组合及设计构成理念，诞生了《钢铁进行曲》。它记录了20世纪工业文明的辉煌，为后人留下美好的回忆。

夏和兴 《会唱歌的石头》 花岗岩 高 260cm 2011

粗犷的顽石露出精致琴键的一角，冲突对比，吸引眼球，让“走向复兴”的美妙旋律以钢琴巨石的造型方式承载下来，石头会唱歌，琴声永流传。

萧长正　《轻舟已过万重山》　樟木 31cm×36cm×17cm 2012

作品创作灵感源自诗仙李白的《早发白帝城》。早年李白因涉案被谪贬，途中遇赦，随即乘舟东下江陵，路经三峡奇景，写下这四句千古绝唱——“朝辞白帝彩云间，千里江陵一日还。两岸猿声啼不住，轻舟已过万重山。”
作品以极简的线条和三角的元素呈现山、水、行船及轻快的诗句意境。

杨建强 《雪山魅影》 树脂 108cm×60cm×50cm 2012（左图）

远涉西藏，站在高原的苍茫大地上，遥望着蓝天下连绵的雪山魅影，宛如神女横卧天际，这是梦中洁白美丽的地方，是心灵里的圣洁和永恒，是世人仰慕和感动的世界，她安详，孤寂，神圣，宁静如画，却无边无际。

于世宏 《八大名儒·荀子》 铸铜 高30cm 2012（右图）

作品以简约概括的形象、雄健洒脱的手法，塑造了古代先贤名儒荀况的形象。与作者以往的雕塑语言有所不同，“八大名儒”系列人物，在艺术风格和表现手法上显得更加畅快自如，是作者对雕塑语言的新尝试。

余积勇 《石语2012》 花岗岩、不锈钢 高800cm 2012 立于上海古北国际财富广场（左图）

球体的聚集构成一个蓬勃向上的无穷柱，表现团结、互融、生长的状态。球体表面的渐变，是一种能量的释放，也是内部空间和外部空间交流的边界。镜面反映了气象万千的大自然，象征了人类与自然的和谐相处。《石语2012》源自上海世博会，在球体与镜面的虚实变幻中，阐述了无穷发展、生生不息的精神。

于小平 《奔小康——乡村印象》 铸铜 高280cm 2011（右图）

这是一个具有象征意义的姿态，是一个不顾一切大踏步向前的姿态，似今天这个时代的写照，也映照出我们曾经熟悉的年代。历史的相同与不同，给我们的想象力提供了有趣的空间。

杨文会 《红楼梦十二金钗》 青铜 高60cm 2012（左图）

曹雪片在其名著《红楼梦》书中，描写了十二个不同性格、不同命运的女子。雕塑家根据原著文字描写赋予人物不同的动作与造型，用活生生的人物造型语言塑造了十二个女性形象。黛玉的高洁、元春的皇妃气度；李纨的传统妇道精神都一一做了很好的艺术诠释。

张吉洪 《女孩男孩》 树脂纤维烤漆 70cm×120cm×65cm 2012（右图）

这件作品以青少年的生存状态为构思，力求表现当今一代部分青少年对生活的彷徨和荒诞行为。

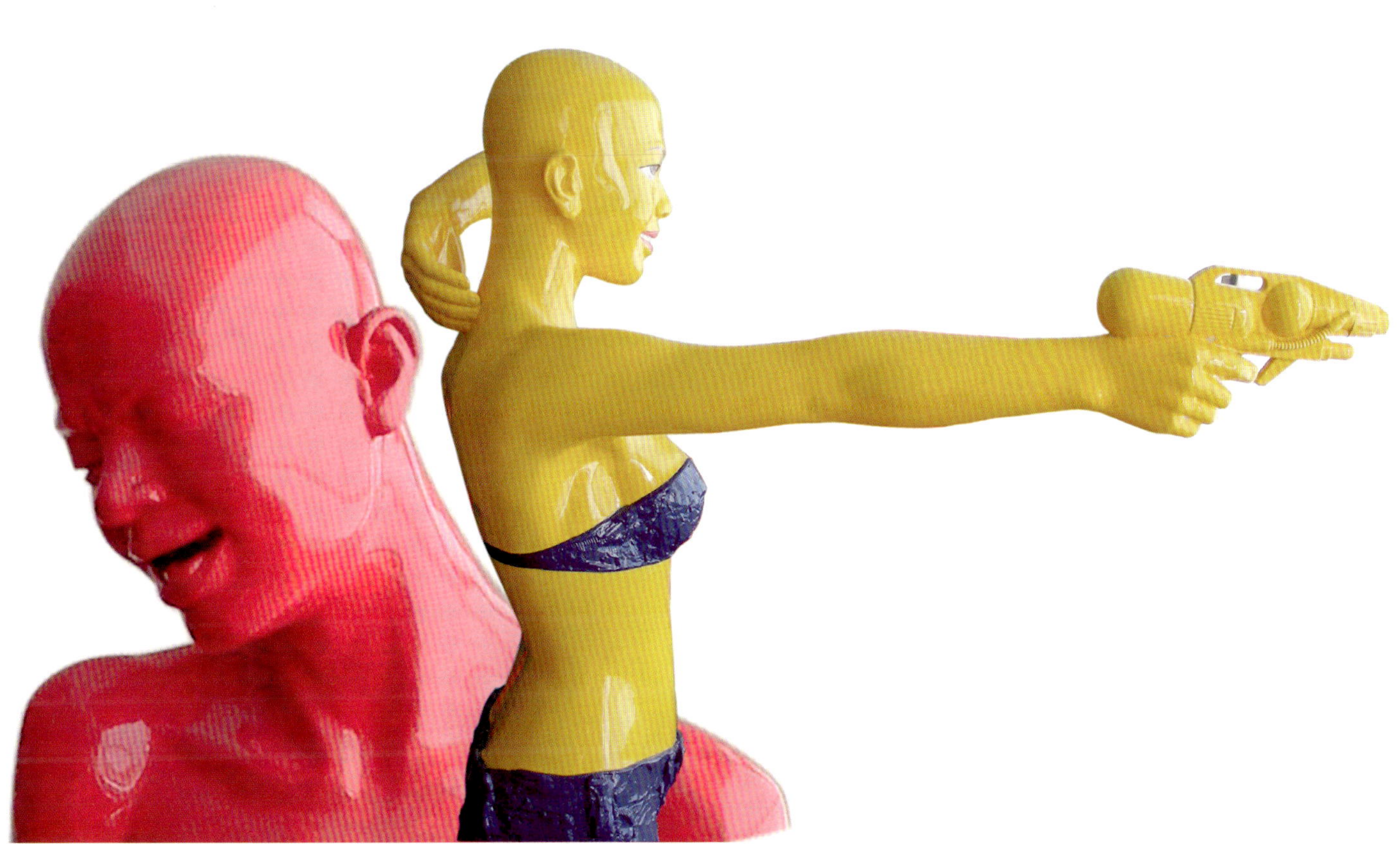

张琨 《好汉》 铸铜 高 600cm 2012（左图）

汲取秦汉雕塑精华，结合现代雕塑手法，塑造了中国好汉气吞山河、力能拔山的英雄形象，表现了积极向上的精神状态。

张松正 《双翼》 不锈钢 高 220cm 2011（右图）

是一对正在开启的门，似一双正欲腾飞的翅，又像两棵茁壮生长着的树。东方重情，西方重理，铜和不锈钢两种材质分别代表了东西方文化，其上的文字、图形等分别以中文和英文穿插构成，细细读来，似能从中分辨出颇具哲理的典型词汇，如：山川日月、东西南北、Enter、Ctrl 等，更加丰富了雕塑的内容，同时形象地诠释了清华“中西兼容、古今贯通、文理渗透、理工结合”的办学特色。雕塑独特的造型，引人深思，深刻的寓意让人联想：十年树木，百年树人，清华百年，融汇中西，百年清华，双翼齐飞。

张永见 《隐逸道》 明式家具、石 尺寸可变（一组8件） 2011（左图）

借用古代家具和天然太湖石表达心追古典人文精神之诚念，而“隐逸”之心，正是支撑这个苦难民族延续的五道。

朱尚熹 《知识之岛》 不锈钢、灰砖 600cm×610cm×425cm 2012
立于北京市房山区大学城公园（右图）

方体组合与它们的水中倒影表达出“岛”的意象，漂浮的“岛”由书籍构成，象征科学知识和思想智慧。

人物

白明 《管锥篇 · 隐语》 陶瓷 62cm（单件） 2011

在类似的管状中求得每一个的形式不同，就像是人外形的相似而个性、修养、境界又不同一样。探求这微妙的不同于我有无穷的魅力，就像对待自己渴求懂得的未知一样。

蔡沙 《被支解的山水》 陶瓷、丝线、油彩 220cm×95cm 2011

明清以降，人们就将山水图景直接描绘于瓷器上，从而完成了两种媒介或载体的“拼贴”，使人们对山水的情感寄托从官宦、文人阶层进入普通百姓的生活之中。《山水》系列作品，也得益于这种“拼贴”的传统，通过起伏褶皱的陶泥建构出一幅幅山水的全景样貌，沟壑间的方楔就如庙宇与山居的所在。希冀把中西两个世界置于一个拼图之中。这是一个断裂的扁平的世界，而山水也是破碎的拼合，从而构成一幅关于当下生存境况的寓意图景。

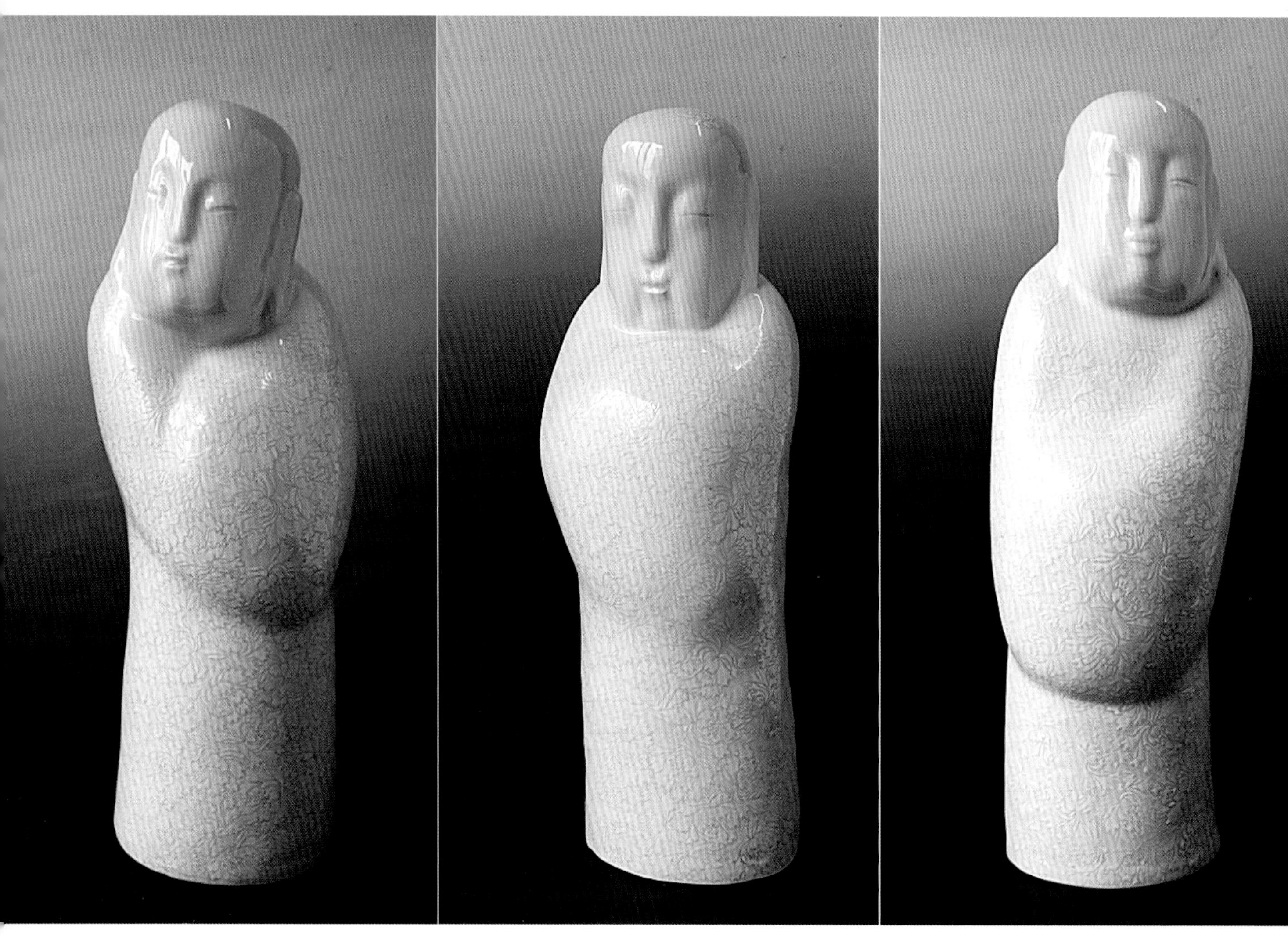

曹春生 《意出尘外》 陶瓷 高 30cm 2011（左图）

《意出尘外》造型简洁清明，有"一念心清净，莲花处处开，一花一净土，一土一如来"之禅宗意味，是一尊净化心灵的瓷塑。细品似乎感到所塑造的和尚在听鸣泉潺湲，看山花静落。深远的虚静，淡雅优美，陶冶着情怀，抚慰着心灵。纯净的内心会如佛家的莲花处处开，永不凋谢！让所有的惆怅消散于无形，带你走进"香取莲心净，方知不染尘"的精神世界。

陈钢 《与影同行》 白蜡木 91cm×47cm×166cm 2012（右图）

《与影同行》由木材拼接雕刻完成。在自然界中，各种有形物体的投影，都能准确地折射出主体物的所处形态，是主体物行为的重要体现，人类更是如此。

陈克 《滴水三江 彩云之南》 不锈钢锻造、表面喷漆 高 2700cm 2012 立于云南省曲靖市大花桥广场（左图）

曲靖称“珠江源头之城”，位于云南省东部，云贵高原中部，滇、黔、川、桂四省（区）结合部，曾为入滇的重要关口。由一个水源分别形成南盘江、北盘江、牛栏江，作品取三江之水经物理变化由水成气再形成彩云，形容曲靖为七彩云南的门户和重要代表。雕塑所处曲靖麒麟区大花桥环岛又是老城区和开发区的交接处，借由水成云的过程代表曲靖的新老交替。作品利用传统祥云的符号，重组为整体简约、颇具当代风格的大型城市雕塑，其意义不仅将传统的中国符号融入雕塑，还通过七彩祥云浓烈的色彩构成形式阐释了少数民族聚集的多彩人文地貌。

陈文令 《超验的方舟》 不锈钢 748cm×460cm×405 cm 2012（右图）

“超验的方舟”是这次“异度风景”个展中的一件作品。作者根据世界杯中“保罗”章鱼的形态联想到中国的葫芦、莲藕以及树根、心脏等，重新创造出跟这些元素有关联、并有未来感的方舟，这只方舟里面装了一个心脏跳动的声音装置，上面屹立着一只很孤独的猩猩，灯光与心跳声并置，整个展厅都能感受到被放大的心脏跳动之音，所有东西给人一种自我救赎的力量，像生命的启示，但更似一种神秘的召唤。此作品体现的核心观念就是——揭示整个社会物质过度消耗的巨大能量场。

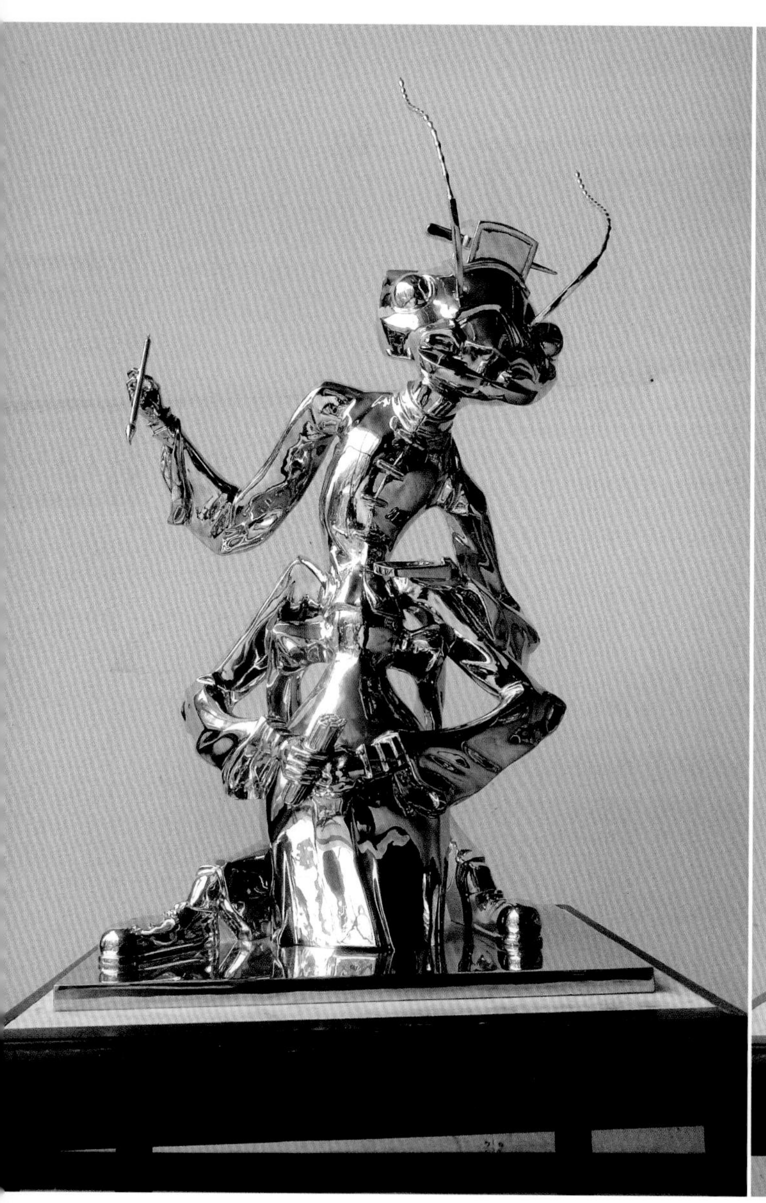

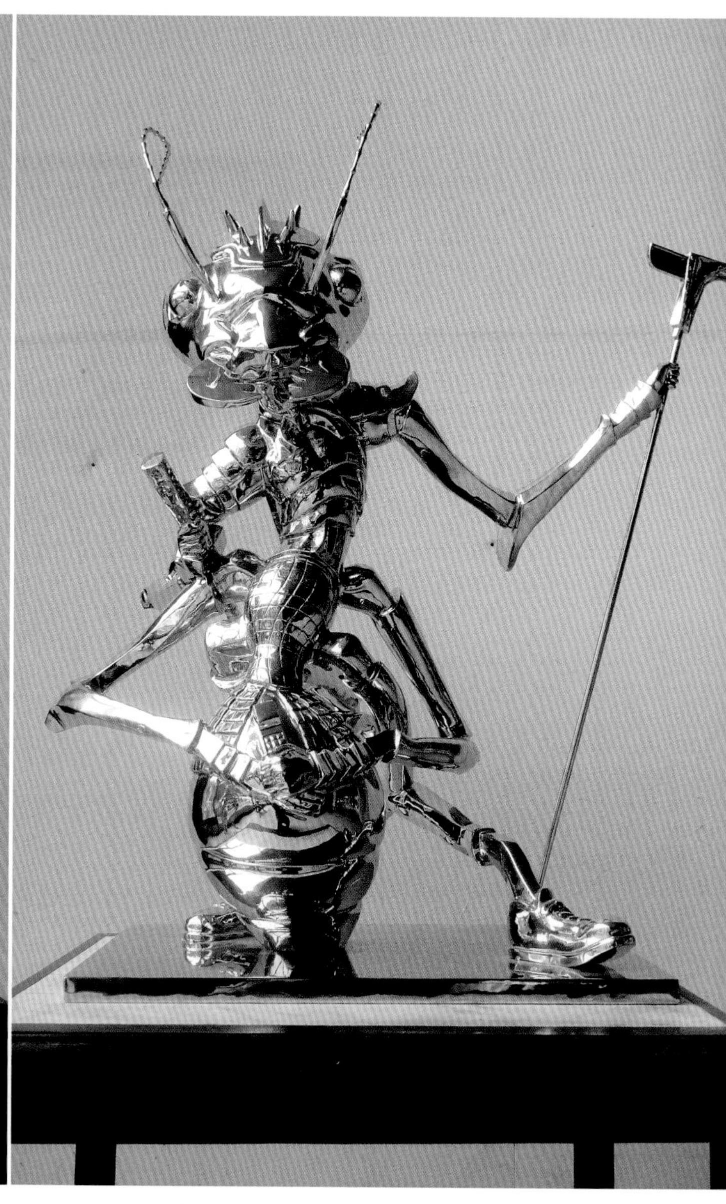

陈志光 《文武门神》不锈钢锻造 80cm×60cm×45cm，80cm×80cm×45cm 2011（左图）

陈志光的作品依然是以人格化的蚂蚁为艺术符号，手拿刀枪剑戟的武士，这些人蚁结合的魔幻鬼魅造型，令人联想到目前正在进行的人类与兽类基因混合的实验，未来可能诞生的亦人亦兽的新物种。仔细观察，可以发现文武两位蚂蚁门神的不锈钢表面呈现着“人面”特征，不锈钢被灌入了生命。他不是把蚂蚁比喻成人，而是把人比喻成蚂蚁，真正的目的在于希望唤起人们对生命的尊重。

崔立忠 《婚礼——文革时期》 玻璃钢 60cm×40cm 2012（右图）

该作品用卡通的形式来反映“文革”的婚礼，其实也是通过婚礼的人物形象来表现“文革”的特有符号。作为雕塑家，我们先不管是什么时代，还是什么思想，准确反映时代的感受和符号特征，才是我们的真正职责。

婚证
字第 号
岁自愿
经审查合于中
民共和国婚姻法
于结婚的规定，发
此证。
一九六 年 月 日

董书兵 《山高人为峰》 石材、钢板 400cm×600cm 2012 立于芜湖雕塑公园（左图）

作品在两块体量巨大的石材之间嵌入钢板组成的汉字及英文等符号，以震撼的气势在自然与人文之间寻找并构成了和谐之美。

甘丹 《山谷之风六》 樟木 130cm×70cm×45cm 2012（右图）

凛冽的山谷之风在岩壁上留下刀刻斧凿般的印记，表现了大自然过往的岁月之痕。

胡学富 《印象甘南·牧人》 铜 200cm×100cm×80cm 2012（左图）

《印象甘南·牧人》雕塑以甘南藏区少数民族为题材，作品表现高原藏区普通藏民的生活方式及生存状态。

黄胜 《中国文人系列——禅悟》 陶瓷 60cm×60cm 2012（右图）

作品以泥片卷筒大写意手法，表现文人坐禅静思的状态，雕塑用陶瓷材料独特的表现语言、多次烧成的技法，丰富了作品的内涵和审美趣味。

黄剑 《中英马球友谊塞》 青铜 高400cm 2012 立于伦敦奥运区的泰晤士河畔(左图)

《中英马球友谊赛》塑造了中国盛唐的两位马球爱好者和英国当代的两位马球爱好者，四人穿越时空，会聚于英国伦敦奥林匹克公园，参加一场中英马球友谊赛。这组群雕延续了北京奥林匹克公园《明皇贵妃马球图》的奥运主题，融汇了两国文化的历史和当下，将成为中英友谊的见证和中英文化交流的丰碑。

姜杰 《向前进 向前进》 视频、声音、钢架、芭蕾舞鞋、石膏 600cm×250cm 2012(右图)

作品主要部分由从中央芭蕾舞团收集的1000多双旧舞鞋，组成一个椎体装置，破损的舞鞋承载着每个舞者的独特故事，而这些破旧的舞鞋恰是对于芭蕾舞唯美经典的背面呈现。

声音部分由舞鞋敲打地板的声音组成。

作品的另一部分由以北京社区老年活动团的老年舞者为对象做的一些采访及中国芭蕾舞经典片段组成。芭蕾对于普通人来说是一种具有崇高性与距离感的艺术形式，老年舞者用她们不很专业的舞姿蹒跚前行着，表达着她们勇于实现梦想、敢于向前进的生命状态。

蒋铁骊 《肖像研究——六祖惠能》 青铜 高80cm 2012（左图）

以六祖惠能像的创作为契机，我以泥塑的方式进行技法研习进入了一个新的阶段。与以前相比，花在塑造上的时间少了，纠结在取舍上的精力多了！对技法的依赖少了，对语言的关注多了，其结果是，创作过程与内心的交集若即若离了！好在每次创作，我都会多做几个稿子，总能找到最合适的那个！

孔武战 《殇之一》 灰色花岗岩 80cm×150cm×150cm 2011（右图）

抵抗中的脆弱，抵抗中的无奈，抵抗中无法退却的苦痛与悲壮，让抵抗者与被抵抗者皆沉浮在无法摆脱的"殇"感里。

冷杉（夏水涛）、曾令香 《新篇章》 钢结构 高2160cm 2012（左图）

昌乐人杰地灵，是齐王姜子牙始封地，也是齐文化的发源地之一。雕塑设计把始于齐朝的竹简、昌乐的火山口条状石、蓝宝石以及独特的骨刻文融为一体，作为本雕塑设计的文化和造型的起点，转折起伏的造型如折皱的书卷，又似火山口的条状石，外形的白色在阳光照射下更增强了现代建筑感，与背景大楼建筑形成呼应。错落于折状形体中的骨刻文既加强了书卷的视觉感受，又体现出昌乐的古文化。

李铁军 《雾2013。我为什么是鸡！》 综合树脂 300cm×300cm 2012（右图）

作品创作基于H7N9禽流感而引发的对当下科学与生命的思考。生命的本来是什么？我为什么是我，我们从哪里来，又要去向何方？这是一个永远没有结果的问题。鸡死了，为人的安全而死，它们没有感动我们，可它们的生命是生命吗？雾，永远是一场雾……我相信还是那场雾。

李象群 《行者》 白铜 高 200cm 2012（左图）

孔子就是一种被历史书写，由文字传承的思想和学说。我的孔子就是这样在历史长河的书写里，一路凌波微步地漂移过来，立在我们的面前，面目不清。他的美髯是披挂的装饰，一双纤纤玉手很漂亮地叠合着。两米高的塑像，上大下小，穿戴的服饰不过是一些处理过的衣纹。满目轻盈里是一种捉摸不透，随时有可能幻化而去，它强化的是我们为孔子这个符号多方撷取整合而成的形象的不真实感。或许，任何一个承载孔子的具体形象都会是注定模糊和徒有其表的。

李学斌 《春 夏 秋 冬》 铸铜 高 72cm 2012（右图）

该作品是追忆古徽州女性的人生价值思考，吸收中国传统造型意蕴，演绎我对雕塑新的理解。色彩上的变化也是我一直感兴趣的探索，力争人性之美的无尽彰显。

李迅 《月光曲》 铸铜 80cm×60cm×35cm 2012（左图）

作品表现了在美好和谐的夜晚，人们像音符一样冉冉升起，背靠着月光歌唱美好而幸福的生活。

梁好 《启示》 木 44cm×24cm×40cm 2012 （右图）

生命已经嵌入木头里，它们给我启示，于是，我把我的能量和木头的能量汇合。在撞击之后，产生了新物种，它们呈现了瞬间的永恒，静止中存着暗流，简单中承载着复杂。它们既独立，也相通。空间在相互之间被创造，正型、负型。他们是物质，是精神，是生命，是存在。

梁长胜 《高足两面兽和乐及高帽和乐》 铜 30cm×85cm×135cm 2012（左图）

“和乐”系列作品是我对想象中的另一个世界-“极乐仙居”的样子的描绘。这个世界没有矛盾与对立，只有和谐与共存。生活在这里的人们可以根据自己的需要变换形象。这里的人们无须食饮，相互揖让，无昼无夜，时空永恒，无生无死，极乐无边。艺术的作用对我来说就是度过此生、坚定信念的修持手段。艺术是自己的事，是精神的流露，是修持的手段，以一技之长作渡世方舟，是我人生的一种幸事。

林春 《盈》 不锈钢烤漆 175cm×93cm×210cm 2012（右图）

《生命的姿态》我从2011年起开始创作，造型风格化，取拉长带翼的形体表现人体的不同动态体貌。此计划预计用四年来完成十几件大件和二十几件小件雕塑。同时采用木、石、金属不同材质结合表现。

老子

蔺宝钢 《老子》 锻铜 高2800cm 2011 立于河南灵宝函谷关（左图）

《老子》圣像的建造是宣传道文化的一个标志，游人将充分地感受到《道德经》哲学著作的博大精深，发挥旅游对文化消费的推进作用，使道家文化得以不断发扬光大，在中国乃至世界都产生重要的影响。

刘春尧 《潮来》 玻璃钢、丙烯上彩 119cm×58cm×12cm 2012（右图）

在中国社会，每逢重大节日或公众假期，人们经常会遭遇人山人海、人潮汹涌的场面。这幅作品试图表现“人，在中国是最普通也是最宝贵的财富”的创作意象。这幅浮雕，吸收了传统雕刻细致入微的刻画技术和造型语言，更运用丙烯上彩的手法赋予浮雕时光流逝、沧海桑田的感受。

刘若望 《原罪》 铸铜 高 345cm（36 件） 2012（左图）

抬头仰望的猿人象征远古文明的发祥兴起，如今高度文明换来先进的物质文化，但我们赖以生存的大自然却在不断被破坏，猿人苍茫的眼神、单纯的面孔期盼这一切被纠正，迈向光明。原罪之名来自我对现实社会的感受，我以这组作品表达对我们生存的文明海洋中偏离的那部分的不安，呼唤人们对美好的更多关注。

刘艺杰 《五龙捧圣》 铸铜 140cm×80cm×78cm 2011（右图）

作品取材自中国传统道教文化传说，以精湛准确的写实技法塑造了真武大帝得道成仙的情境。五龙穿插腾飞各具姿态，真武大帝神态安详，乘龙御风，飘然而上。作品既得中国传统塑造技艺传神之韵味，又具有现代造型准确严谨之真谛，是对传统造像艺术与现代审美趣味良性融合的有益尝试。

罗小平 《雨露》 镜面不锈钢板、不锈钢管、电动风机、水下灯光喷水系统 618cm×900cm 2012（左图）

1. 元素之一：露珠，天圆地方（露珠是圆，水池是方）

(1) 天降甘露，生命之源（代表了深圳海纳百川、包容万物和宁静达观的胸怀）

(2) 无数活动钢片凝聚构成的露珠，晶莹闪耀，犹如大水而降，生命无限。（意喻深圳人的包容性、渗透力，而且不彰显自己）

(3) 甘露滋养万物（体现深圳人爱心与奉献，荣辱与共之精神以及汇聚成江海之能量）

(4) 好雨知时节（深圳气候特征）

(5) 水天一色，光彩奕奕（镜面不锈钢单体圆片映照水、天、物、景于一体）

2. 元素之二：涟漪

层层涟漪，静中有动，水滴成型，露珠摇曳。

吕品昌 《触摸世界——反视觉化的寓言》 瓷 800cm×100cm×6cm 2011（右图）

盲人以触摸方式认识和感知世界，这种认知方式在高度图像化的今天带给我们许多有益的启迪。

刘国柱 《夜梦》 青铜着色 高60cm 2012（左图）

当人的生命的外在身体，从缤纷的尘世中逃离后，内心的孤寂与无奈，使开始在暗黑中游曳。然而，生命仍须行走，因为夜，也是生命与生活的一部分。

孟德武 《经邦济世》 玻璃钢仿铜 75cm×30cm×139cm 2011（右图）

作品采用象征手法，以一象征中国的猛士执鞭跨虎，以大无畏的气势勇往直前，拯救世间困苦，不怕任重道远，荡平阻碍，心怀天下大治的人文情怀。

马辉 《古豳公刘》 灰色花岗岩 高 3000cm 2012 立于陕西省彬县（左图）

作品以诗经所描述的情景为依据，塑造了华夏农耕文明的远祖公刘的形象，雕塑以写实主义的艺术表现语言，正面直观地描述公刘史诗般的丰功伟绩。

马长利 《天使也疯狂》 铸铜 15cm×18 cm×39cm 2011（右图）

通过写实的表现手法，以白、黄、黑三个不同肤色、不同种族的小天使为形象，以模仿曾风靡全球的韩国舞蹈组合 Nobody 复古舞为样式，表现天使暂时放下繁忙的爱的传播使命，轻松欢快地在云端蹈舞，来展现一个个活泼可爱、天真无邪的天使的生活侧面。

乔迁 《高原》 青铜 50cm 2012

这就是高原沉淀在我心底的情绪，是生命不屈的丰碑，是惆怅的归乡曲。

乔旭明 《风》 青铜 29cm×27cm×21cm 2011

作品意图表现大风起兮的瞬间，借助人物衣袍须发的动势，表现了诗人开阔的胸襟与豪迈的气质。

钱瑞泽 《习仲勋像》 青铜铸造 高 75cm 2011

受习老家人之托，从收集材料起至家中安装完毕，历经数年。因习老家中成员对习老形象记忆各不相同，致使经历漫长的创作过程，最终得到其全家人的认可，并放置于其家中灵堂。

秦风 《无度七》 木头、木屑 尺寸可变 2012

智者虚拟了真理。当延长的边线找不到交点，“形”便会从天空与大地中生长出来。以它来构筑思想与精神的家园……灵肉从此开始流放……残酷地消解进化论的无耻，以“人”的脊梁与尊严诠释梦遗……

戚彧 《皈元系列之窑炉》 明清瓷片、多媒体、耐火砖等 1200cm×600cm 2011（左图）

我的瓷符作品创作，是将陶瓷艺术的形式还原为瓷性本身，一如音乐的载体需要音符的存在。对于陶瓷媒材的运用而言，瓷符只是我个人去实现艺术目标的工具和手段。而瓷性的介质特色，应该是一种独立自存的文本形态，它们既区别于传统陶瓷的上下文关系，也不同于当下综合材料艺术的泛化语系。

尚晓风 《晚秋 -IV》 青铜 高 84cm 2011（右图）

女人如花，花如女人，观人如观花，塑人如塑花。

单增 《雨后》 不锈钢 200cm 2011（左图）

作品运用金属材质诠释解读竹子的品性，通过竹笋之形态寓意蓬勃崛起时代的风貌，巨大变异的竹笋也是对后工业化时期城市化和生态异化所进行的描述。

孙伟 《杨善洲胸像》 铸铜 高150cm 2012（右图）

杨善洲同志从事革命工作近40年，曾担任保山地委领导，两袖清风，清廉履职，忘我工作，一心为民，为了兑现自己当初“为当地群众做一点实事不要任何报酬”的承诺，退休后，主动放弃进省城安享晚年的机会，扎根大亮山，义务植树造林，一干就是22年，建成面积5.6万亩、价值3亿元的林场，且将林场无偿上缴给国家。此雕塑为杨善洲胸像。

沈允庆 《2012 物态》 纸 高 300cm 2012（左图）

雕塑以普通卷纸作为材料，营造出了独特的质感和视角效果。以白菜、苦瓜等常见蔬菜作为表现对象，在纸张不断贴塑的过程中，体验内心真正的平静，并传递出发一种朴拙素雅的审美情趣。

谭正 《涪音天籁》 青铜铸造 1350cm×530cm 2012（右图）

雕塑《涪音天籁》把视觉和听觉完美结合，既是雕塑艺术品，又是一件迄今为止唯一矗立在室外演奏的大型编钟乐器。它在使人们观赏到作品外在美的同时，还让人们真实地听到它发出悦耳的声音。“编钟”曾经是皇宫专属乐器，而今矗立在人民大众面前，体现了时代的进步，文明的传承。雕塑以涪陵乌江小田溪出土的青铜器编钟和当地的白鹤为元素，将香烟和云有机地结合形成钟架，构思新颖、形式巧妙；将视觉、听觉、触觉融入雕塑设计，将精神赋予雕塑青铜，青铜雕塑焕发时代精神。

唐尧 《华》 钢板、石 高 400cm 2011

清华是世界著名大学，我希望作品具有建筑感，并表现数理与秩序之美。
斗拱是中国建筑传统的标志性符号，气质中庸敦厚，秀势外发。
我在作品中将 65 个斗拱排列成 5 层，同根繁衍，环环依托，层层生发，形成涵摄繁简、和谐有力的中国文化精神的形象表征。

唐勇 《虚幻之城》 包装泡沫、胶片 750cm×350cm×180cm 2012

现代化消费社会的根基是如此的虚无、飘渺、苍白而摇摇欲坠，人好似海市蜃楼中的幻影，即将消失。只有留着瞬间的美丽去安慰人的贪婪、自私、卑劣……

覃继刚 《天地间》 花岗岩 250cm×120cm×60cm 2011（左图）

作品试图表现人类与大自然和谐共生的主题，一男一女横向漂浮的人象征人类的轻狂与永无止境的欲望，粗犷的上部和下部则象征着广袤浩瀚的大自然，人类永远无法摆脱大自然的束缚而独立存在，人类只有与大自然和谐相处才得以共生，作品采用自然荒石的粗犷肌理与人工抛光对比，形成强烈的视觉艺术效果，让人从材料视觉效果上联想到人类的柔弱和大自然的粗犷……

王曜 《孟宪承像》 青铜 高183cm 2011（右图）

作品试图找到永恒的、真正属于人物自身的一些东西。雕像神情辽远冷清，沉静肃然。求真者不需要虚化。褶皱的中山装变化为一种类似礼服的装点，清俊沉定。作品欲表达那岁月淘砺后所留下的真确——弱者体魄下强者的心力。

王晖 《显象》 综合材料 尺寸可变 2011(左图)

显象系列以中国古典哲学宇宙观为基础，吸收了西方理性主义方法论因素，通过将佛像图像元素与八卦、河图洛书的图式背景进行符号化处理，赋予混沌的感性意象，以明晰的数理结构体现了行意无穷的哲学智慧，具有当代艺术精神与传统意趣相融合的审美情趣。

王胜利 《山静烟沉 I》 陶 50cm×45cm×110cm 2012(右图)

在中国人的理念中，山水一直是纯粹而重要的精神象征。那些圣哲先贤们往往会在山水之间找寻人世间的普遍真理。而中国的文人艺术家们更是把山水作为重要的表现题材，使得“山水画”成为中国特有的，具有表征意义的艺术门类。我把“山水画”转换成了雕塑的语言，并以当代的观念呈现出来。《山静烟沉》表现的是烟雾退却后孤山独矗的意境。

王伟 《十月》 青铜着色 118cm×46cm×96cm 2011

我以为，地球上的生物有植物、动物、人和马。人类的妊娠期约为十个月，马比人略长一个月。作品的初稿恰巧在十月份完成，而作品中怀孕的母马还未及临盆。艺术有美，生命更美。

王轶琼 《假山》 木炭、马海毛线 700cm×1500cm 2012

《假山》里使用了木炭，还有马海毛线，木炭和马海毛线在这里充当了墙面那些似假山的人形的装饰，或是时装，都是假的，人也在其中行走或留影，生活和展场都进入游戏。

王志刚　《云起落》　金属、石材　200cm×250cm×230cm　2012

云起云落是云的洒脱，人上人下是人的执着。

王中 《逃逸者之三》 不锈钢、青铜铸造 260cm×500cm×110cm 2012

通过现代雕塑的语言表达了后工业化时代的主题，隐喻的象征与现代的雕塑语言、结构、空间、材料等融为一体，充满想象力的构思与深刻的现实思考结合在一起，使形式具有生命，也实现了精神对形式的超越。

魏华 《新公仔柱》 陶 60cm×60cm×400cm 2011（左图）

《新公仔柱》是《公仔柱》的再创，它们之间最大的不同就是《新公仔柱》不再模仿瓦脊公仔，而是直接挪用、复制公仔。公仔选取集中在神、仙及现世伟人的身上，安装在佛山创意产业园图书馆，用图腾柱的构图方式把公仔聚集在一起，置放在图书馆这一特殊场所，会产生一种莫名的意趣。

温朝勃 《坐观山水》 花岗岩 高260cm 2012（右图）

以花岗岩粗犷豪放的打制方法，用卯榫结构组合而成的两把中国古典明式椅子，好像如山的男人，似水的女人，相依而坐，观山望水，经过风雨的历练，若干年后成就一处沧桑遗址。

吴尧辉 《春天》 黄杨木 90cm×53cm×27cm 2012（左图）

“百般红紫斗芳菲”“万紫千红总是春”等都是古人赞美春天的佳句，春天万物生机，春光明媚，一切新的开始，花团锦簇，竞相争艳，春风拂面、和和美美，是多么让人心醉。眼前少女清纯的身姿和优美的曲线，仿佛出水芙蓉，花中仙子，给人们带来对春天的美好向往，使人们在春风的淋浴下生活更加甜美、幸福。作品采用现代雕塑手法，结合黄杨木本身质地之美，刀法圆润、流畅，结构严谨，人物造型生动、形神兼备，更能体现出中国木雕的精湛技艺。

吴省奇 《蜕变》 苦楝木 48cm×100cm×66cm 2012（右图）

生命的过程，犹如蝴蝶的蜕变，从寂静中破茧而出。

吴为山 《超越时空的对话——意大利艺术大师达·芬奇与中国画家齐白石》 青铜
达·芬奇 225 cm×100cm×65 cm，齐白石 350 cm×90cm×65 cm 2012（左图）

该作品通过独特的具有意象雕塑的形式、艺术的手法、以超现实主义的理念表现了中意两位艺术巨匠超越时空的文化对话，表达了作者对中意两国悠久历史文化的深厚情感，对艺术大师的敬仰和对中意文化交流寄予的美好祝愿！

魏小杰 《消融》 钢板、铜 高 130cm 2011（右图）

椅子的构成元素是一个一个的公章，用椅子来象征权力，权力在黄金、金钱的左右下腐蚀消融，以此来反映我们这个社会在某些方面的腐败与丑恶。

萧立 《抚琴》 青铜 50cm×50cm×50cm 2012

通过对陶渊明在无弦琴上弹曲会友，直至友人洒泪而别来表达人间真情。

许庚岭 《溯》 综合材料 70cm×60cm×10cm 2012

作品试图将时间纳入雕塑的材料，呈现的是物在多个不同时间中环环相接的虚像。它引发我对何为真实何为虚幻的沉思。那个亦真亦幻的飞镖好像一个逆时间的河流而上的小舟，追逐着已经逝去的时光。也许我们的人生就是在这样追逐虚幻中度过的。

许正龙 《和合——从导弹至钢笔》 综合材料 600cm 2012

和，是和顺、和气；合，即合作、合成。以融合的艺术方式，将本无关系的导弹与钢笔连为一体，两者主题与形态之间的转换耐人寻味，以此表达“弃武从文”的愿望。

许鸿飞 《水漾凝脂》 翡翠 80cm×33cm×40cm 2012

作品连接了雕塑艺术的本质与工艺美术的材料，打通了纯艺术与民间艺术之间的隔阂，也融合了不同受众之间的审美取向，是当代雕塑创作的全新实践。从“肥女人”到“翡女人”，许鸿飞的作品依然如此淡定乐观，活泼自信，憨态可掬，在晶莹剔透的翡翠材质中益发显得亮丽生动。

杨明 《潜行者》 不锈钢 226cm×60cm 2011（左图）

作者试图用具像的方式传递时时刻刻存在于我们周遭、显得抽象又难以言说的力量、意志或者事物。

杨学军 《开路先锋》 铸铜、钢铁 高350cm 2011（右图）

一种开天辟地、前赴后继、勇往直前的中国式精神。
一座华人用身躯和鲜血与美洲人共同铸就的美国大铁路纪念碑。
一个凝结了一个半世纪前华人先辈们在美洲大陆上留下的汗水与泪水、光荣与梦想！
作者试图用铜、钢铁、冲动去将这种中国式的悲壮和英魂凝固到永远。

印萍 《瑜伽——韵系列》 铸铜 56cm×53cm×30cm 2011

瑜伽，是一种生活方式，让人们拥有健康的身体和淡定的心态，以一种平静的状态去面对生活，以感恩心去感受生活的美好。瑜伽，有一个开始，但不会结束；有一个开端，但绝无止境；有一个起点，但永不终结。

俞铮 《汉魂》 大漆、麻布、瓦灰、铝箔等 150cm×135cm×45cm 2011

草图—泥稿—放大—石膏分模—大漆裱布—刮灰—脱胎合模—底漆—面漆—打磨—装饰，历经一百多道纯手工工序。《汉魂》脱胎漆器系列作品历经10年创作。传承福州脱胎漆器之传统技艺，在造型和装饰手法上进行大胆创新。

尹祥明 《日月组壶》 紫砂陶 12cm×7cm×14cm（杯）（左图）

日月为明，壶名中隐含着作者的名字，虽以竹为题材，仍能从此组壶中找到更多的作者风格的元素。这套作品中也融入了雕塑、陶刻的元素。尤其在壶的嘴、把以及茶杯的把手处，仍然可以看到作者一贯的风格，以象形的表达方式，表达出链接的意思。

垚乡 《细语》 铸铜 110cm×80cm×35cm 2012（右图）

作品表现人与动物之间的亲昵，体现自然与人之间的和谐，呢喃细语，相互诉说着彼此的心声。

张峰 《新潮损》 青铜 190cm×50cm×77cm 2012（左图）

张峰在他的作品中将人物塑造成为纪念碑性的柱状与团块状的实体，赋予了人物某种宗教性的崇高性质，但同时，人物如同出土的铁器与青铜器，具有在时间中消融与渐灭的趋势，使我们联想到人类的原始野性。而他所采用的铁与铜这些经过现代工业加工的材料，又具有现代社会对于传统文明暴力性的掠夺性使用。他做的女人体既具有古典主义的稳定结构与抒情，又以其斑驳多变的材料表面处理，获得了一种现代感很强的悲剧气质。

翟庆喜 《老朱的幸福生活·洗》 石膏 83cm×56cm 2012（右图）

老朱是进城务工的安徽农民，生活在城市底层的他在别人看来是艰苦和心酸的，而这种处境在老朱自己个人生活经验中却是很正常的，甚至这段生活在他个人经历中还是比较好的，特别是在物质方面。所以，平日里他表现出来的幸福感是真实的，但正是这种真实的幸福感引发了我的思考。

张燕根　《海巢》　抛光不锈钢、红砖　300cm×200cm　2012

作品以蛋形为元素和创作灵感，寓意生命的诞生、成长、消逝与终结，似人生的轮回。蛋形圆润、唯美，通过材质的变化与对比以及镂空不规则的、像窗口模样的洞折射出的光影效果，给人无限的遐想与生命气息，可以钻入蛋内探望外面的风景，别有一番情趣，似新生命诞生时对外面世界的窥探与好奇。创意新颖、别致。

曾成钢 《莲说》 不锈钢 240cm×300cm×200cm 2011

在曾成钢眼中：莲、莲蓬的外形很单纯，但莲在中国文化中是一种特殊的符号，无论是文人赋予它的情趣、意境，还是宗教蕴含在其中的象征的光环。在几千年的民族文化传统中，它已积淀了鲜明的特质。就其形态而言，莲蓬具有空洞、皱纹、干巴、起伏等丰富的肌理，让他着迷。当曾成钢把精神目光从人、动物转向一个自然植物的时候，我们也许会感到他的艺术思考、艺术表达开始转向。

章华 《快乐的童年》 铸铜 148cm×88cm×102cm 2011（左图）

《快乐的童年》以横与竖的构图，动与静的对比，捕捉回了儿时的记忆，召唤回了虽清苦却充满欢乐的童年。作品塑造了一位小男孩正展开双臂、心驰神游、放飞理想，而其后的一位女孩又在簇拥着这种理想漫天飞翔。小男孩以横向的构图表现，身后的女孩则以竖向构图表现，使作品的结构充满了构造性。作品有意弱化了对人物眼睛的细部刻画，而侧重于对动势的表现。

张伟 《层峦叠嶂》 锈钢 300cm×60cm×40cm 2012（右图）

这是十年前为张家界风景区构思的一件环境作品，那里的山震撼了我，可惜后来没有实施，心里一直不舍，终于还是用最简单的、只能属于中国雕塑家的办法呈现出来了。

张宇 《一出莲花》 人造花、钢管、标准游泳池 5000cm×2500cm×150cm 2012

《一出莲花》利用了三种现成品：人造花、钢管和游泳池，构成了一个荒诞而美丽的场景。作者相信，每个国人的心中本都有一枝莲花，不仅美丽洁净而且超凡出世。《一出莲花》具有美丽的宗教情怀，亦有默示的引领性，是现世国人奢望的精神家园。

张戈 《我和我的世界》 玻璃钢着色 1650cm×950cm×350cm 2012

人们看待事物时，总是以自己固有的价值观、经验、认识等来看待和判断事物。往往我们的认识是局限的，判断的是与客观事实颠倒的……

作品《我的世界》采用超写实艺术表现手法。反映自己对世界的认识。

朱智伟 《错觉》 铸铜 75cm×50cm×43cm 2011（左图）

作品从个人的经验出发，从自我经验获取灵感，建立了一种特有的女性视角。错觉通过异化的人和物，既表现了当代女性微妙的本性体验和感情需求；也表现了当代女性的自我精神世界和母性的本能；还表现了当代女性敏感脆弱的情感世界以及对现实的排斥……

宗涛 《目击者》 铝板腐蚀 100cm×60cm×60cm 2011（右图）

作品以众多残缺的黑白历史图片腐蚀于铝板上，以焊接的方式塑造出圆明园十二生肖中猴的形象，猴那富有灵性的炯炯有神的双眼目击了火烧圆明园这一野蛮行径，见证了民族这一屈辱的历史事件，以史为鉴，在中华民族走向复兴的今天，作品更具现实意义。

郑玉奎 《妩媚》 玻璃钢 高 60cm 2012（左图）

妩媚对女人来说是最好的褒奖。姿态婀娜、娇柔可爱、阳光明媚，是女人应该具备的气质，我用雕塑语言向人们讲述女人。

周思旻 《八思巴》 树脂 高 150cm 2012（右图）

八思巴（1235 年——1280 年）是萨迦派第五祖，八思巴为元朝中央创制新文字，深得元朝皇帝器重，忽必烈晋升八思巴为帝师。 八思巴任国师或帝师期间，除了推动藏族地区的政治经济文化全面发展之外，为元朝的稳定、发展以及全国各民族间的团结和文化交流，均做出过巨大贡献。本作品表现 1258 年在上都的宫殿隆重举行佛道辩论会，时年二十三岁的八思巴正在辩论的情形，想展现出八思巴的年轻、睿智。那次辩论以参加辩论的十七名道士削发为僧结束。

人物

体制与艺术：新中国第一代艺术家
形式与观念：50 后艺术家
传承与突破：60 后艺术家
越界与综合：70 后艺术家
探索与创新：80 后新生代

蔡志松 《平台浮云》 不锈钢、综合材料 38cm×25cm×3cm（底座）
12.5cm×10cm×6.5cm（小浮云） 2011（左图）

我们从出生的那一刻起就开始奔向死亡。在浩瀚的时空中，生命虽只是刹那也会留下各自的痕迹。生命的意义不仅是过程，更重要的在于结果。

陈长伟 《呼·吸 7》 不锈钢镜面 18cm×18cm×16cm 2011（右图）

不锈钢是现代城市运用最广泛的材料，有着较冷酷的表面，希望她的"呼吸"能带给这个城市温暖。

陈刚 《屠形·木》 柏木 220cm 2011（左图）

“屠形”系列通过切割的方式，使实体空壳化，本质上是表现线状体的空间形态，揭示形体在时间和空间里线与体、实与空、意与形的关系，同时通过解构不同的图形图像，也是对社会与文化、权力与资本等意识形态的反思。

陈辉 《石 NO.1》 铸铜 400cm×150cm×110cm 2012（右图）

雕塑以中国传统文化中的假山石为原本，中国人讲究人与自然和谐共生，假山石历来是传统园林中重要的组成部分，寄情于山石是中国人文化血液中重要的组成部分。对传统文化精神进行现代艺术转换，对假山石进行机械的分割、材料的转换，体现了现代文明对传统文化的继承和解构。

陈玮 《南通之星》 不锈钢 高 2600cm 2011

该作品是为南通开发区量身设计的大型现代城市雕塑。设计灵感源自星空中闪烁的星星，预示开发区是南通的一颗“新星”，冉冉升起，成为南通的新亮点、新机遇。雕塑依据简洁、大气、现代的设计理念，运用“钢构”的雕塑语言，采用线条的组合排列，构成了五角星的形状。强调了横向与纵向发射性的线条带有音律般节奏的组合，发散的线条营造出一种勇往直前的空间气势。它将作为新城的标志性雕塑及新城的名片，来向众人展示新城的面貌与特点。

钞氏兄弟 《百科》 陶 250cm×100cm×55cm 2012

《百科》做出不同时期的书本，它是中国特殊历史时期的一个真实写照和历史缩影。用陶瓷这一特殊材料去表现，在制作过程中，有意识表现出作品的破旧感。用还原焰烧制，通过自然窑变，使作品更有沧桑感和历史感。

邓柯 《月光》 铜 70cm×68cm×66cm 2012（左图）

在这件雕塑作品中，女性形体的扭转、曲线的动态、皮肤的光线变化使得形象充满生命的张力。在这安静的空间里，宛如有月光投下来，让心灵走进静谧的梦幻里，走进记忆里，走近那遥远的声音，与往昔交谈，找寻遗忘在时间角落里的那份宁静和温暖。

董明光 《椅子上的舞姿》 不锈钢 350cm 2011（右图）

一个演出季节的深夜，观众们早已离席，从亢奋中进入梦乡。演员中指挥是最后一个离开的，疲惫中洋溢着满意的快乐。剧场的灯全部熄灭了，保安也锁好最后一道门……空空的舞台上意外地亮起了一束追光灯，投射到一把椅子、几只乐器还有沙发的一角……一阵轻快的节奏渐渐响起，打着盹的保安诧异地打开一扇小门……原来，还有一场有关椅子和乐器自己的演出正在进行……

郭继峰 《对弈》 树脂着色 55cm 2012（左图）

作品运用写实的手法，描写当代文人的一种心境。在现实生活中，城市化、物欲化无限扩大的情况下，寻找现代文人的心灵归宿成为一种诉求，在当下怎样放松心境、冷静切实地回归本心成为一种追求。

黄炳谊 《时髦 -1980》 玻璃钢 高 60cm 2011（右图）

改革开放初期的中国，人们的打扮从样式开始，从颜色单一到各式各样、丰富多彩。《时髦 -1980》表现的是这时期的一个戴军帽、戴墨镜的小伙子。手法上，墨镜、暗部等只表现受光面，暗部深挖虚化不作处理，意图表现强烈的光感。

焦兴涛 《真实的赝品》 综合材料 尺寸可变 2012（左图）

我们看不到真实本身，我们看到的只是某个人提供给我们的某种关于真实的解释。我所有的努力就是呈现我所生活的现实的某种特质：真实的“赝品”。

景晓雷 《0度空间》 不锈钢 140cm×120cm×160cm（加百利的预言）
100cm×100cm×50cm（芒） 2012（右图）

《0度空间》系列在雕塑语境中融合了动漫、后现代设计等元素，追求未来科技与工业的炫酷视效。作品以“虚拟未来”的方式，将工业形态与人类重构成为概念化的异化体，体现了个体对于科技、宗教、消费、性别、战争等当下问题的思考；通过人性与神性的对话，将作品引入了精神层面的深刻探讨。

蒋颜泽 《集合 14》 骨瓷 32cm×14cm×15cm 2012（左图）

"集合"系列的作品是利用注浆成型的"现成物"（生产成品）构建而成的。在观念性的作品中，功能性的器物失去了其最初的实用意义，新的价值在结构的重构中建立。

林汉强 《回归书斋——晚年梁启超先生》 铸铜 高 80cm 2011（右图）

该作品为"百年风云重大历史题材"创作之一。

李鹤　《忽必烈与察必》　青铜　80cm×70cm×90cm　2012（左图）

雕塑表现了一代帝王忽必烈龙骧虎步、气宇轩昂的伟岸形象。雕塑人物脚下底座以元大都旧城墙遗址造型为元素加以提炼修饰，根据历史资料中元大都规划布局的特点，以写实的方式、浮雕的手法重现出元大都东城区、西城区、南城区、北城区各自不同的区域特质和各城区人民的生活特点、以平实的记录手法展现出元大都人民的生活点滴，休现元大都在忽必烈的领导及建设下繁荣、兴旺的盛世景象。

李惠东　《海棠春·春》　汉白玉　44cm×28.5cm×43cm　2012（右图）

“象”是境相，“罔”是虚幻，艺术家创造虚幻的境相以象征宇宙人生的真迹。《温故·词》系列创作构思之初可以追溯到对中国传统文学中诗、词、歌、赋的喜爱，可以追溯到对中国传统绘画书法中意境的体会，也可以追溯到对中国传统美学中“澄怀味象”的渴求。造型艺术通过微妙的姿态来表现人类复杂的心理感受，诗词歌赋用简洁的语言表现人类丰富的情感，都有赋、比、兴的手法，都有美、妙、味的品鉴，皆是“象由心生，境生象外”的体现。

李道柳 《钓鱼屿》 丙烯、明代城砖 17cm×10cm×39cm 2012（左图）

城砖系列作品系艺术家于2012年举办“钓鱼岛记”个展的部分装置作品。此作品选用残破的明代城砖作为创作材料，城墙是古代军事最重要的构建之一，城砖有防御性的隐喻功能，把钓鱼岛相关重要的历史事件通过绘画的方式定格在城砖上，我们可以感受到一种凝重的力量。

李继飞 《红孩子》 铜 35cm×35cm×50cm 2011（右图）

作品运用现实主义手法，以八路军延安保育院为时代背景，以孩子为创作内容，利用碾盘构图再现环境。作品没有叙述残酷战争中孩子的不幸。而表达“童年都是快乐的”这一主题。时间凝固在那一张张的老照片中，天真烂漫的笑脸儿跨越着时代，用最简单、淳朴、真挚的笑讲述并记录着周而复始的故事，享受着那每天升起的太阳。明媚的阳光洒在这些小脸儿上，点点人性的闪耀。

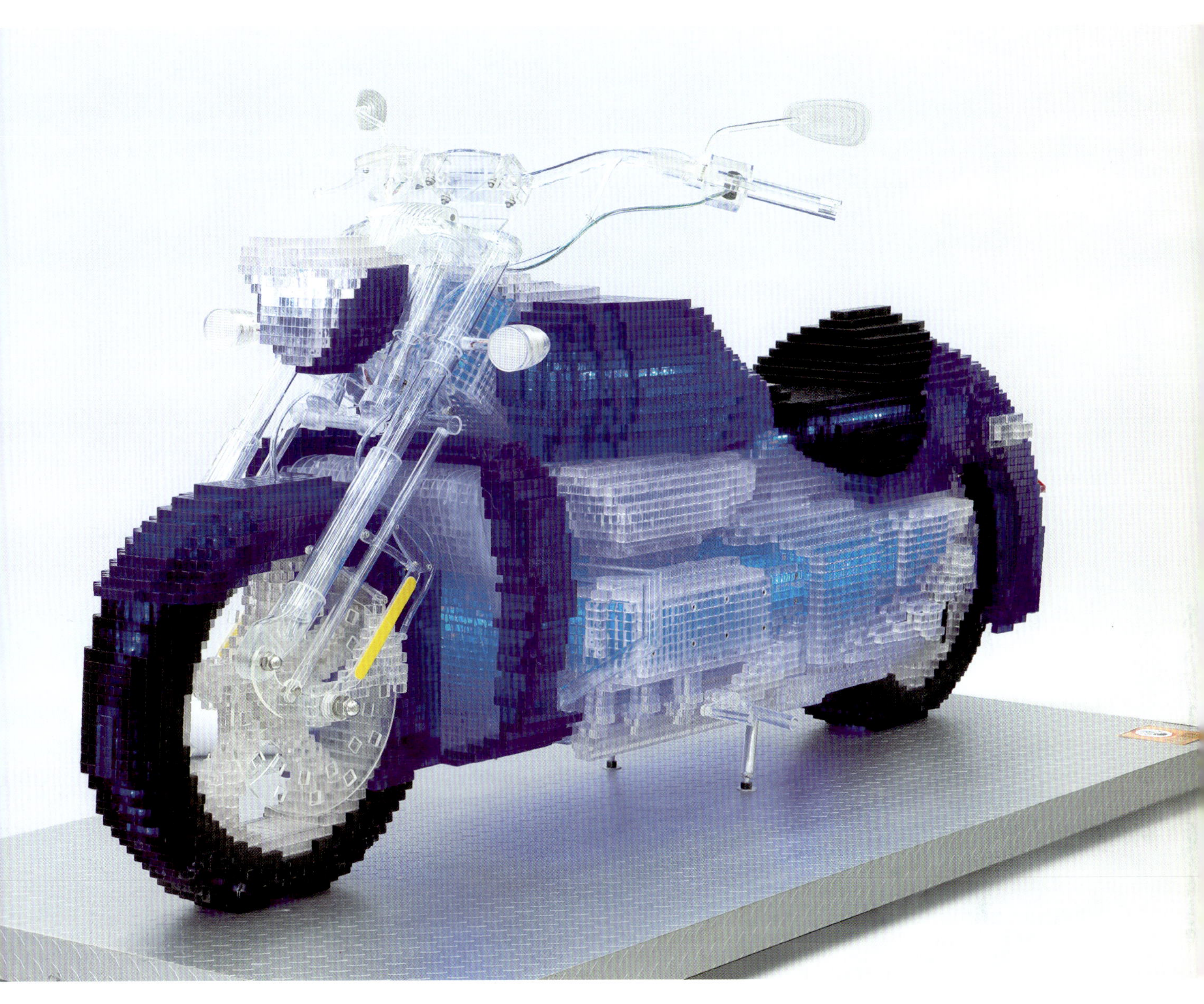

李敬源 《城市的天空》 玻璃钢贴宣纸 65cm×35cm 2012（左图）

《城市的天空》是关于城市环保问题的思考的作品，通过一个硕大的脑袋，它形如城市的大烟囱，乌鸦代表的是黑烟，脸的表面附着的十大城市被污染的图片，领子上附着着城市垃圾的图片，意指我们的城市被垃圾包围着。作品更多地利用波普的艺术形式，通过图片的拼贴，再加上宣纸自身的特点，减弱了拼贴感，将观者的视线转移，关注这个形如大烟囱的肖像也就是我们自身的生存空间。

李秋地 《Matrix》 综合材料 250cm×120cm×150cm 2011（右图）

这件作品主题是以研究二维像素在三维空间中的实物表现为切入点。以一辆像素块拼接成的“维京人”摩托车为载体，做静态展示。本件作品以几万个小方块制成类似于马赛克效果的三维立体雕塑。把一张二维的低像素照片变成三维实体的真实物体。车辆采用了最新款的现代造型，用透明树脂材料的小方块组成，并在车体内部安装LED显示屏，透出流动数字光影，反映了当代数字技术的虚拟性与欺骗性。折射了数字像素的发展与人类生活的密切关系，进一步探索数码时代虚拟与现实的冲突及其带给人们的影响。

李世伟 《寂》 综合材料 85cm×80cm×60cm 2011（左图）

八大山人是我非常喜欢的一位艺术家。他品格清高，作品怪异中透着童趣。作品《寂》是我对他老人家的致敬。

李烜峰 《康巴》 《揭谛·揭谛》 青铜 120cm×40cm×50 2011（右图）

三个藏地的僧侣，分别象征着戒、定、慧三个悟道的阶段，作品以意象造型为主，力求人、物与自然的统一。努力营造一种正大光明、纯、真、善、美的场域精神。

李遂 《散夜 No.2》 青铜 100cm×42cm 2012（左图）

生长的过程如同没有到有再到没有，而生命本身又始终与其附加之物进行着分合，如同一场战争，相互撕扯，分散并搅拌着。如何时常剥离本不属于自我的东西，我想是一生的必修课。

李卫 《像山一样》 树脂 高 50cm 2011（右图）

孑然一身来到世间，乃父精母血孕育而成，并尽此一生，呕心沥血，辅之佑之。自认我辈为人若查此情，方能像山岳一样立于天地之间。感恩常怀，用情过活，无愧于心，爱若山岳，魂亦山岳。

刘海峰 《金“蟾”出窍》 玻璃钢、综合材料 56cm×48cm×79cm 2011（左图）

作者试图以作为民间财富的缩影和招财符号的金蟾形象为主体，切入超现实主义的表现手法，在头顶上所喷出的云朵上站立的官本位姿势符号（本系列还有其他职业的不同造型）的形象，揭示和调侃当代中国社会财富爆发者在权与利、“色”与“相”中纠结的荒唐情结。

刘洋 《我们在一起》 铸铜 71cm×52cm×33cm 2011（右图）

作品采用大写意的方式，人的结构似有似无，动势似走似飞，四人一起，心手相牵，目标一致，奔向梦想。

罗子丹 《Computer 大仙》 塑料、电脑主板、电脑芯片、电香炉等
40cm×50cm×30cm 2011（左图）

神龛是用来供奉偶像的装置。由于本土信仰体系与西方存在差异，因此本土信仰难免因神、人关系的混淆而导致实用、功能主义，这也体现在我们供奉的偶像上：除道教太上，佛教如来，保平安、多子多福的观世音，财神赵公明、关帝圣君……也有避饥荒的灶神，甚至厕所里也有厕神……艺术家在不同信仰的长期体验、比较、困惑中，灵感偶得，创作了装置雕塑“Computer 大仙”。

马天羽 《亟待商榷的命名 10》 石膏 16cm×16cm×15cm 2012（右图）

一花一世界，一菜一宇宙。我常常感叹艺术的穿透力往往甚于理性的思辨和逻辑的思考。在科学技术的威力无所不在的今天，人文的力量也闪耀着思想的光芒，更闪耀着力量的光芒。青年雕塑家马天羽的《亟待商榷的命名》系列作品，以审美的灵光和情感的诉求，在艺术与科学的对话中穿透理性与逻辑的霸权，张扬感性的、自由的生命。

马强 《妆》 树脂、铝箔 65cm×30cm×35cm 2012

把宣纸的痕迹，定格在雕塑中。

潘松 《朴系列——家》 花岗岩、铜 50cm×65cm×50cm 2011

《家》来源于金文变化而成。作品创作的造型特征吸取了中国古代建筑斗拱和著名石拱桥赵州桥的建构艺术特征，以榫卯的结构为创作的原点，赋予它生命成长的形式，并融入书法艺术的骨气，质如铁石、体若飞动，骨力遒劲而气概凛然，如张迁碑“朴厚劲秀，方整多变”的书法特点，加以古朴的肌理，更显其端正质朴。

屈峰 《苍白的孤独 2》 木 60cm×20cm×10cm 2012（左图）

物欲横流的世界，人们在利益的诱惑下一切都变得虚假和不真实。扒掉光鲜的外表，人们唯一真实的也许就是那抹不去的孤独，而那孤独却是那样的苍白。这就是我感觉到的当下世界。

阙远 《封存系列 NO.1》 透明树脂 240cm×60cm×25cm 2012（右图）

《封存》系列作品，封存的不仅仅只是一个人体的标本，而是人类千古以来的一种生命追回。

屈金 《海洋 2》 熔铸玻璃 15cm×15cm×45cm 2012（左图）

玻璃的诱惑之处就在于一件作品的完成需要经历几个阶段的创作，而每一次都会给我带来不同的惊喜。作品上的凹陷可以同时反射效果各异的光线，恰似海面荡漾的碧波因为光的照射而闪烁，在无数不同颜色和不同质感之间达到一种完美的平衡。透明处则能够看到升腾的气泡、飘动的飞絮、颜色流过时画出的痕迹，种种细节似乎可以想见当时缓缓运动着的美丽色彩突然凝固的瞬间，世界顷刻间被静止了那一瞬，荡气回肠。

冉光号 《梦想》 树脂 高 60cm 2011（右图）

来自大山的梦想，是深藏在内心深处最强烈的渴望、梦想，没有年龄和地域界限，可儿时那纯真的梦想，是一生最难忘的，是它使得人们能够生活在充满进步的社会，也是人们走向成功的原动力。

任俊华 《盟约》 木 66cm×42cm×82cm 2012

结婚几乎是每个人都要经历的，是人生一个新的开始，它更像一个奥秘。

任艳明 《张旭三杯草圣传》 铸铜 高 80cm 2012

作品以夸张意象的手法，表现“张旭三杯草圣传，脱帽露顶王公前”的醉写之态。

史贤君 《睡美人》 不锈钢 88cm 2012

作者巧妙地运用形体的对比关系，把大自然中的山与水抽离出来后再组合，达到一种似像非像的一种状态，概括的形体塑造，重复的流线体，交错着作者对故乡的爱和眷恋。

孙龙本 《生肖蛇》 青铜 70cm×25cm×30cm 2012

人们常常把蛇雅称为“小龙”，是机智、智慧、聪明的化身。作品用拟人的手法，把蛇塑造成一位勇士的形象，寓意巳年奋搏震寰球，蛇带雄风岁常新。

谭勋 《24.2m^2》 青砖 500cm×480cm 2012（左图）

作品《24.2m^2》由 336 块汉砖组成并与周围墙面上的作品《6020cm》发生着关系。研究的重点是事物的“关系”与媒介的“物性”，强调观众与物、作品空间所形成的“剧场化”或“场域”。“场”的意识形态化似乎更好地表现了社会学、文化学的意义。

王琪 《ATOM》 树脂着色 80cm×23cm×15cm 2012（右图）

这是我自塑像系列中的一个，我想，可能生于 20 世纪七八十年代的我们，每个人心中都住着一个阿童木……

王向荣 《末日邮件》 弃石材料 2012（左图）

作品以“玛雅历法预言 2012.12.22 为世界末日”这一主题，用残缺的一块汉白玉隐喻了地球上最后的自然生命——石头，创作了一件“末日邮件”。作品以“二维码”给新世界的人类走向文明与创造留下了考究、识别、探索与反思。

吴彤 《浓——三岔口》 铸铜 100cm×70cm×45cm 2011（右图）

这组作品将白蛇传和三岔口两组京剧人物并置在一起，利用夸张的手法讲述同性之间的情感与矛盾，借以表达作者对于当下诸多社会状态的思考与理解。

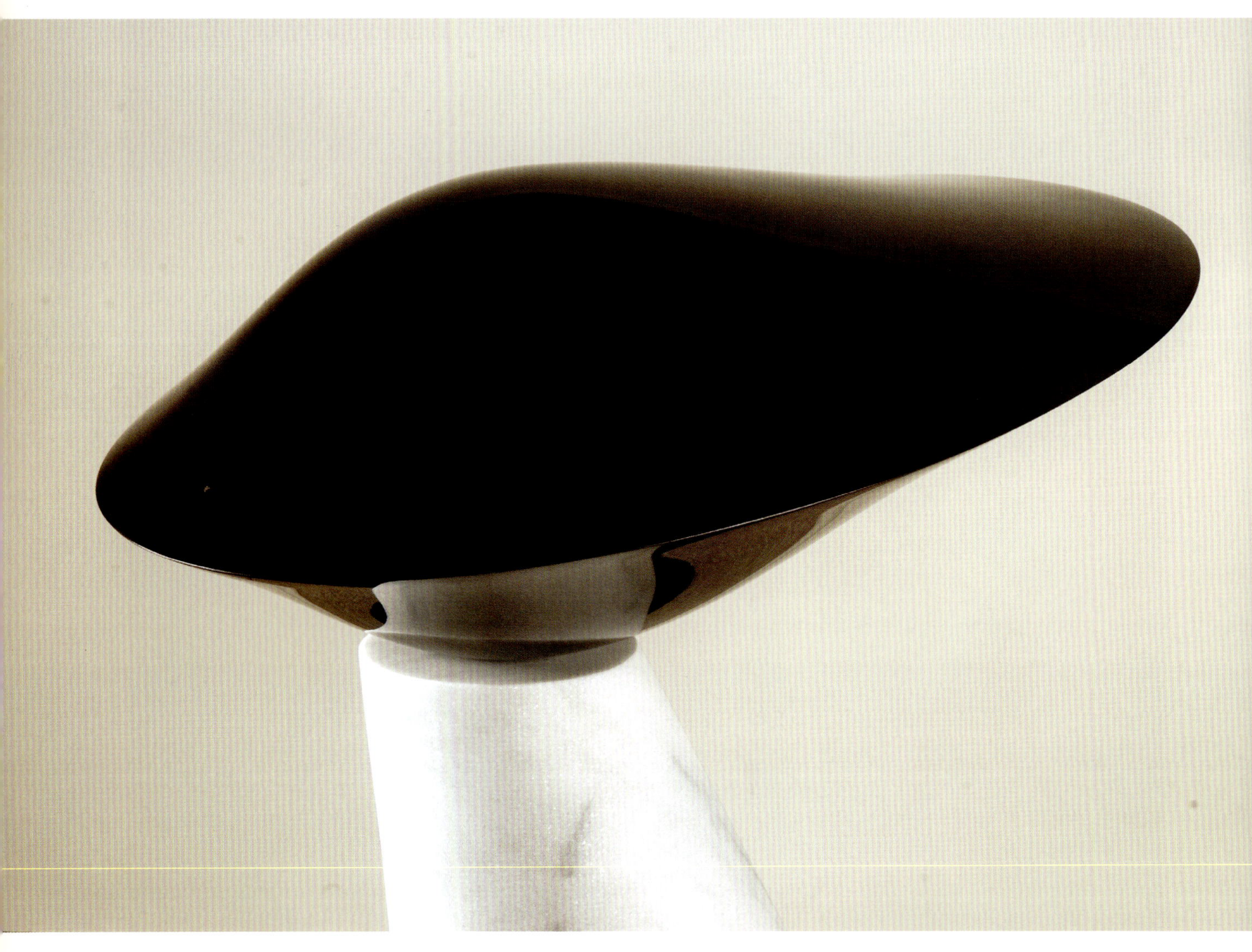

吴明声 《时代之翼》 黑色花岗石、白色大理石 56cm×35cm×40cm 2011（左图）

时代的精神是迎风的，时代的精神是昂首的，传统的丰羽，已蜕变为凝敛的形态，不妥协的刚毅，不需华丽的表现，却默默孕育着巨大而低调的能量，犹如即将展翼、冲出窠臼的新鸿，指示未来坚定的方向。

魏兆辉 《锢》 铸铜 100cm×40cm 2011（右图）

本作品选择了“压制 抗争”的二元对立作为主题，在用封闭的二维圆环所指代的来白白然界与社会各种外在制约下，男性依靠其贲张的肌肉所提供的力量，用双足、单臂和浑厚的背脊，表达一个奋力抗争却又无力挣脱的男性的意象，释放着人性深处蕴含的原始张力。

温洋 《杨闇公烈士陵园》 铸造青铜 500cm×1200cm 2011（左图）

雕塑采用写实手法，以“三•三一惨案”事件及杨闇公就义地佛图关为背景，表达烈士信仰坚定、正气浩然的形象。入口雕塑由两组旗门组成，分别高6m，长8m，材质由石材及铸造青铜制作。低垂的党旗及沉痛的战士表达了缅怀沉思的情感。通过入口及浮雕墙的艺术处理使陵园展现了较强的整体艺术感染力。

夏航 《机械路霸》 不锈钢 258cm×14cm×81cm 2011（右图）

点就是起源，没有体积，挤在宇宙的边缘里；
线是无数的点，又是点的轨迹，面是扩大的点，又是闭合的线，也是空间的边际，这些就是我的童话的痕迹。

徐笑非 《那时此刻 1》 耐候钢 1200cm×180cm×200cm 2011

月有阴晴圆缺，人有悲欢离合。在分离许许多多的结合之后，就构成了生活。而一颗永不变硬的心，一副永不厌倦的脾气以及永不受损的风格，那时此刻就是现在。

许亨 《异生——水墨系列之四》 综合材料 85cm×85cm×16cm 2011

我是一个北方人，在杭州生活的几年时间里，印象最深的就是江南秀美的自然景色和丰富多样的动植物。中国画中的情景，街头巷尾随处可见，不需要任何艺术处理就能完全呈现出画中的意境。《异生——水墨系列》的创作源于我对周围生活环境的感受。借助中国画中的素材，试图用立体的手法表现出文人画的气质和情境。

徐悦翔 《恬月心自足》 纸、布 50 cm×30 cm×47cm 2012（左图）

这件作品就是从敦煌伎乐天中有感而来的。佛国的仙子用自己的肢体语言表达对佛祖的敬意、对佛教的感悟。“声声玉箫吹古今，照破西来一片心”。

俞剑坤 《秋日物语系列》 青铜 35cm× 100cm×20cm 2011（右图）

这两件雕塑作品是在同一时间内完成的，作者体会生命犹如一种季节变换，每当一代人年华老去，对人生的感悟，犹如影像“片段飘零”，犹如秋日落叶“悲情凄美”，似乎就是那抹不去的生命的反思，唤起人们对单一季节的留恋——生命中美丽的季节，伴落叶一起，在美丽的季节讲着属于它自己的故事。

杨子强 《有人借走了我的影子》 2011（左图）

公元2003年，生活在见不着自己影子的格拉斯哥（Glasgow, Scotland）的冬日里，促使我想找回那原本以为理所当然的抽象存在。所以我织了一个我的“影子”，让别人可以暂时接管，去进行他或她们所想做、或想做又不敢做的事情。我是一个冷静的旁观者，默默地欣赏着自己的影子在脱离了自己的身体以后，在别人的快意下自由地飘移在空气里。

袁侃 《熊猫一家》 硅胶 125cm×60cm×45cm 2011（右图）

作品用拟人化的手法表现了对社会及每一个社会人生态的关注，白色硅胶的材料增添了作品的情趣，使观众更好地与作品进行互动。

袁义宏 《思与境偕之——飘逸》 瓷 60cm×30cm×25cm 2011（左图）

《思与境偕之——飘逸》是青瓷雕塑《思与境偕》系列的其中一件作品，“思与境偕”是司空图提出的关于审美意境的美学范畴。

张顺 《向天》 铸铜 高60cm 2011（右图）

作品人物原始质朴、动态夸张，似高歌、似释怀、似抒情、似感叹……
作品表面肌理效果明显，意图以独特的雕塑语言表现人物内心的精神世界。

赵勇 《路》 花岗岩 高 42cm 2011（左图）

回首人生之路，往往令人感怀备深。作品是一个“蓦然回首”的人，抒发了对岁月如歌的人生感怀。

赵展 《尘埃》 铸铜 50cm×40cm×100cm 2012（右图）

作品刻画了一种游离于现实与未来之间，又像是穿梭于城市建筑中的人物形象，人在宇宙空间之中不过是“尘埃”一粒，现实与未来都是取决于人的“态度”。作品中采用写实与“物质化”几何形体的语言相结合，建构出一种虚幻与未来之感。

郑冬梅　《轻花 No.16》　陶瓷、铜　60cm×25cm×25cm　2012（左图）

作品的任何一部分随着时间的推移可以生长出新的花朵或根茎。所以理论上说这一系列作品可以做成无限大，有如野草串根儿一样具有顽强的生命力。轻花系列作品主要采用纯手工制作的陶瓷串珠和随手可得的一些材料如珍珠、石榴石、珊瑚、贝壳等为材料，其方法为将陶瓷等串珠用铜线或铁丝连接起来，编织成一棵棵不被人们所关注的卑微的生命——野花。

郑路　《淋漓之三》　不锈钢　220cm×200cm×300cm　2012（右图）

传统书法条屏的材料性转换，金属板材经过字形镂空处理之后，材料的自然属性改变了，沉重的钢板变得轻盈剔透起来。正是对于这种传统雕塑体块量感的消解，“负形”构成了另一种“实体”。“利物不如流，鉴形不如止”（白居易《玩止水》）是作品“淋漓”中所选用的文字。文字构成的“实体”，呈现这种流变性与稳定性、永恒性与暂时性，飘忽的、易逝的、破碎的视觉意象。

邹敏 《双生 龙马》 陶瓷、不锈钢 210cm×200cm×70cm 2012

双生系列是作者近年来持续创作的主题。以中国古典哲学中阴阳两极相生相克、生生不息的东方宇宙观看待生命的永恒和当代生活的变换。本作品以龙马歌颂生命本源之美，造型纯粹、简约，力图呈现生命的宽厚和博大，呈现纪念碑般的庄严。材质选择高温陶瓷，由土烧制而成的陶瓷也是“天人共作”的最高境界，体现生命的升华。

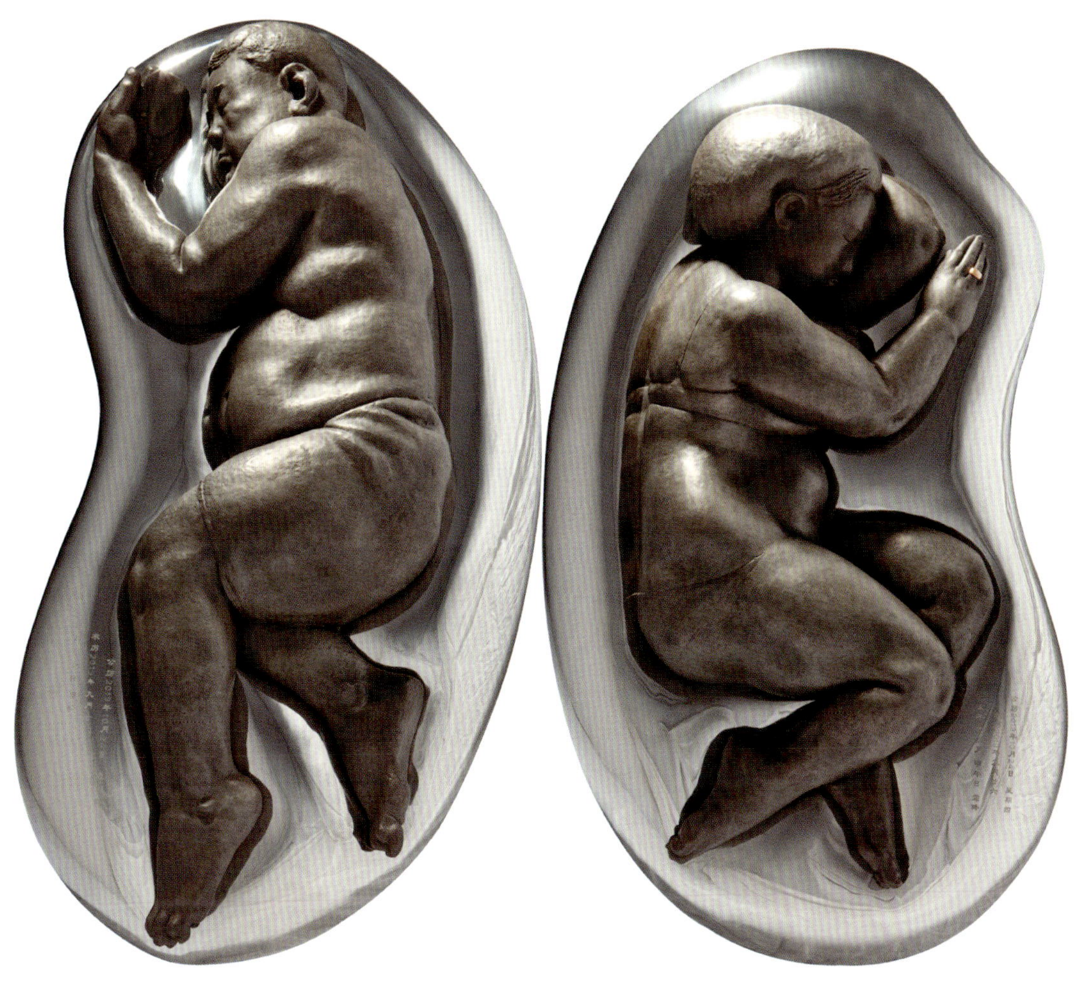

邹亮 《年华似水系列 9》 铸铜、不锈钢 112cm×112cm×22cm 2011

“年华似水”共有 12 件作品，从一个男人的出生到回归，我把它压缩到一年的时间，每一个月代表着一个阶段，每一个阶段都讲述着一段小故事，包含着我个人的情感与体会。整组作品在形式上都是采用睡觉的姿态呈现的，而承载人物主体的并不是床，而是大大小小的水泡。睡觉是人生中最美的时刻，它很漫长，可又转瞬即逝，既虚幻又很现实。就在恍惚间，时间一点点地逝去，而我却毫无察觉，就像睡在水泡上一样，起起伏伏、飘飘荡荡……

郑淼 《男人体之一》 铸铜 400cm×350cm×750cm 2012（左图）

作品运用具象的手法酣畅淋漓地塑造一尊正在思考着的男人体，卷曲的身体、低垂的头与底座的大脑相呼应，结合手中的望远镜点明了人物的内心世界，表达了人类对思想的探索……

周立正 《梁山泊·鲁》 树脂 60cm×47cm×32cm 2011（右图）

用写意的手法表达梁山好汉行侠仗义的气势，通过勒住马缰的瞬间，表现梁山好汉的形象。

曾岳 《竹林七贤》（左图）

魏正始年间（240-249），嵇康、阮籍、山涛、向秀、刘伶、王戎及阮咸七人常聚在当时的山阳县竹林之下，肆意酣畅，世谓“竹林七贤”。形成了中国历史上重要的人文品格——潇洒逸然的“魏晋风度”。

雕塑坐落的位置以及背景的天际线，都有两翼向中心汇聚之势，有藏风纳气的场感。适合表现以嵇康为中心，别开生面的陶然然、乐融融这场林下之聚。雕塑的构图顺势而为，行云流水，一气呵成。

赵磊 《无题》 花岗岩 180cm 2011（右图）

无尽的生命循环往复，周而复始。（马克拉图・法国）

JOKER

人物

体制与艺术：新中国第一代艺术家

形式与观念：50 后艺术家

传承与突破：60 后艺术家

越界与综合：70 后艺术家

探索与创新：80 后新生代

蔡磊 《绿茶》 干茶、皮、综合材料 92cm×52cm 2012

我试图以真实皮毛进行一种语言转换与感官重建，并进而于此新感官中赋予作品新的观念表述：华美的生命表象下潜藏着的死亡与重生。

陈金婵 《飘离混沌》 弹性布料、钢铁、人体表演 520cm×520cm×35cm 2012

我们当下的社会是混沌的、糟乱的，也是麻木的。生活节奏像上了发条，机械起来。作品通过灯光、装置、噪声营造一个混沌的空间，充分调动人体的视觉、听觉、触觉等来测量与感受我们存在的状态。整场戏剧我抛弃了传统戏剧中的语言和故事情节，由人体介入装置时，身体对这种空间的一种切割，随着声音的牵引实实在在地体会自身的存在状态，每一块肌肉的扭动、心的跳动、思想的一系列突变过程……

达尔善 《巴阿巴，Bappa》 木 70cm×24cm×20cm 2012（左图）

巴阿巴，斯里兰卡语里的人名 这是我给我叔叔做的一尊肖像。

丁浩 《非额定承载》 铸铜 35cm×16cm×20cm 2012（右图）

我刻意地将一些不是那么美观的东西用比较美观的方式来包装一下，用一种温和的语调来诉说一些戏谑性的现象：在现代城市生活中，汽车已经被抽离出其作为代步工具的原始意义，而被定义为一个需要承载起整个城市生活的负荷体。诸如权力、地位、身份、荣誉等极具都市特征的非额定承载物。这种现象的实质就是被无限扩张的精神力量所营造出的只有形式没有内容的活动，就像人登上了珠峰就自以为像珠峰一样魁梧自欺欺人。

杜彪 《船》 树枝 100cm×80cm×110cm 2011（左图）

把木头和树枝作为我创作交流的对象，木头树枝它们都具有生命力与自在性，摒弃所具有的经验和理性，用一种全新的态度，去感受和发现木头树枝带给我的启发，我也顺着启发一步步往下进行，与木头树枝交流体验的过程是我主要创作理念形成的方式，在过程中，我能感受到我的价值取向，我的兴趣点以及木头的特性及空间，用一种我真诚发自内心的、不带有功利色彩、自认为恰到好处的方式去创作。

董博泉 《幸福的模样》 铸铜 高120cm 2012（右图）

《幸福的模样》呈现了一个女性艺术家由其独有的细腻情感而生的少女形象，女孩儿虽已是豆蔻年华，但依旧对自己儿时的布偶情有独钟，仿佛拥有了它就会一直拥有幸福。雕塑从一个侧面折射了艺术家的内心世界。

范晓妍 《如醉初醒》 不锈钢、金箔、黄铜 160cm×106cm×98cm 2011（左图）

作品的深层含义是批判社会结构，而且是从女权主义的角度对社会制度、社会体制、男女分工等方面作相应探讨，但更为激进的探讨观点是：艺术是没有性别的，所以本来就不应该有女性艺术。

葛平伟 《气节》 木结、金属板 155cm×155cm×5cm 2012（右图）

气以神游，“节”以物聚。

高苏 《新世界》 综合材料 15cm×30cm 2012（左图）

作品创建了一个关于生物进化的科学幻想分类世界。在这个荒诞的幻想世界里，用艺术的方式创造出新的物种和生物分类——杂物界，也赋予了他们独特的外形特征和生理结构及生长环境，并在我创造的作品世界里形成独特的生命圈。运用真实、荒诞、臆想、放大、异化等概念，关注人类文明的发展与物竞天择的自然，反思科学与伪科学，人类自身的生命信仰与扭曲变异的人性关系。

韩文华 《九个一立方尺》 红松木 33cm×33cm×33cm（9个） 2012（右图）

“九”是中国文化中一个至尊的数字，天子九五，洛书九宫。

木方上镶嵌的云头金属件有效地增强了作品的中国品质，令人联想到那种老式木箱以及尘封其中祖传的嫁妆和家谱；然而这些木方处于一种被开启的丰富性之中，变化无穷的感觉又令人联想到魔方一类理性的智力玩具。于是传统的价值保守与现代的多元开放相遇，河洛象数的玄学本体与现代艺术的形上冲动重合，渲染出一种悠远和深厚弥漫在更新和苏醒的气息中，成为对中国当代文化姿态的一个隐喻性表述。

侯雯 《长尾鹊》 树脂着色 129cm×47cm×41cm 2011（左图）

作品创作初衷来自于看到被原油污染的海面上挣扎的海鸟。当时心里的刺痛感让我记忆犹新。鸟是轻巧灵动、翱翔于天际的精灵，却在油污里翻滚挣扎，求生不能，求死不得。这种没有尊严的样子，我认为比杀死它们更加残忍。原油不仅污染鸟洁净的羽毛，更是侵蚀着它们干净的灵魂。我要塑一位可爱的小仙女，在我的梦里抱起油污里垂死的精灵，用神奇的手抚摸它污浊的躯体，洗净鸟儿内心的悲伤。

蒋楚 《夏天》 大理石 220cm×85cm×100cm 2012（右图）

《夏天》是一件石雕作品。描写了中国南方水乡夏天田间一个小孩子趴在水牛背上酣睡的场景，通过图像勾勒出南方宁静和谐的生活。

贾维克 《葵》 钢丝焊接 75cm×75cm×3cm 2012

《葵》的灵感来源于阳光下的向日葵。这是一件用钢丝连接创作的作品。正如真实的向日葵一样，这是件不能离开光源的作品，不过自然界中向日葵需要的是真实的阳光，它需要一直朝向太阳的方向生长，而作品《葵》需要的是工业化的人工光源。

卢远良 《那时花开》 不锈钢 140cm×160cm ×130cm 2012

作为日常餐具的调羹转化成艺术创作的元素，构成花环走廊，在我们日常生活经验中将显得非常有趣。
“那时花开”是怀旧的，也是通向未来的花开景致。

李伟、刘知音 《遇见你》 玻璃钢 23cm×22cm×70cm 2012

作为中国第一代的独生子女，与过去“呼朋引伴”的时代不同，我们从小独自在自己的精神世界里长大。所以我们更多的还是根据个人经验、感受去创作，作品具有明显的个人化元素，但也融合了一些当下流行的语言，比如时尚语言、动漫因素等。作品表现得虽然比较优美，但是隐约流露着哀伤的情绪。作者希望以隐喻的方式来呈现“80后”幸福物质生活背后孤独的精神世界，生命里的不确定、隐隐的孤独感以及少年伤怀青春时光的流逝。

刘国栋 《伏尔泰的消解》 石膏 40cm×32cm×50cm 2012

通过等高线在伏尔泰石膏像上面绘制如同斑马纹一样的条纹，使得石膏像获得了一种令人晕眩的视觉效果，消解了原有的“经典造型”。

刘雯 《社会主义鳄鱼》 牛皮、假发、金属 2012（左图）

作品由国际众多奢侈品牌在中国所掀起的山寨现象出发，这种现象的产生与泛滥，加剧了中国文化原创力的萎缩。对于消费者，在追逐品牌价值的同时，低价的诱惑力与高涨的虚荣心推动出更庞大的市场。作者用牛皮制作皮衣并设计了山寨鳄鱼品牌 logo，假发缝制衣标，向后整理成发束，暗喻中国人常说的“行头”。

柳青 《风景？》 综合材料 200cm×190cm×240cm 2011（右图）

作品通过写实的语言和具象的雕塑手法主要想揭示都市中人群的瞬间集聚与相互的陌生。取名《风景？》有两层含义，首先是对于观者，看到的雕塑作品是浓缩的社会“风景”；同时对于作品里的人物，则他们观望的是现实的风景，至于他们看到了什么，我们可以通过其表情和状态去联想。

刘恺 《小马》 樟木 90cm×60cm×80cm 2012（左图）

《小马》取材于我在牧区的印象，远离城市，我在纯真的动物身上找到了抚慰，让我觉得宁静而安详。

刘松 《何汤》 青铜 120 cm×60 cm×250cm 2011（右图）

"赳赳武夫，公侯干城，何汤之谓也。" 这件作品中我对任务形体的空间加以压缩，重塑了肩负京城开阳门侯之重任的武贲中郎将。雕塑中何汤那挥洒的披风、微微压低的头都凸显其为官刚正不阿的坚毅性格。

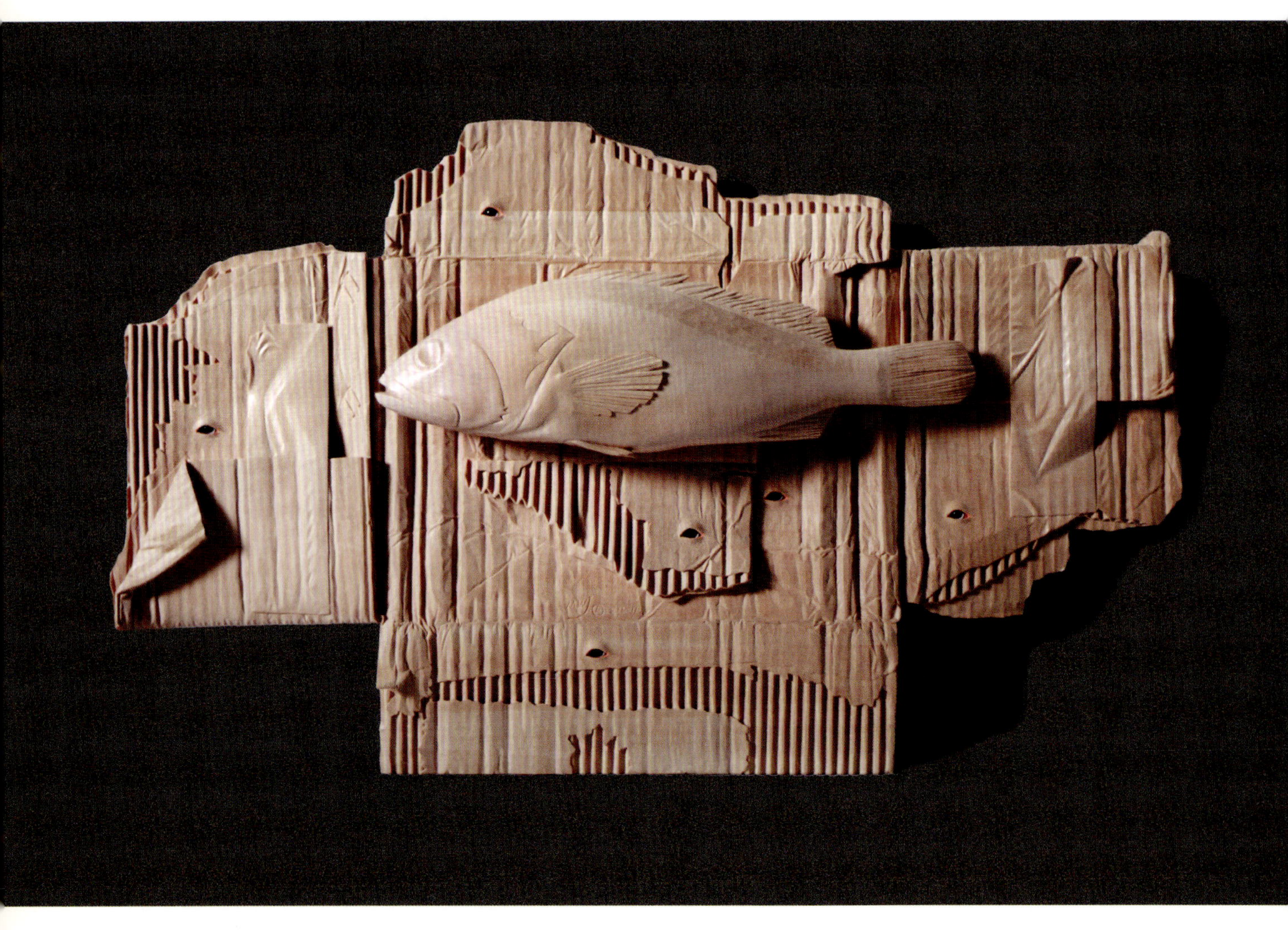

马文甲 《鲤》 木 69cm×41cm×11.5cm 2012

在我们的世界里许多东西都是有生命的。我希望于自身基本的生活中发现更多的生命形态和特征，哪怕它们看起来微不足道。这些对于生活中细枝末节的关注和刻画可以使人懂得更加珍爱世界和生活。纸张和纸制品是我们生活中必不可少的用品，在奔波的生活中一次次使用纸箱打包，在各种工作和学习的变迁中不断地使用档案袋。这些道具都伴随着我们成长，是我们生活的实际形态的见证者。他们是一种代表，代表一类群体，代表一段回忆，代表自身的遭遇，同时也代表我们自己。用木头来模仿这一切是我作为艺术家对于自己知识储备的确认和迷恋，同时也是对于我在现代化社会中对于我自身意志和信心的锤炼。

孟昊 《端枪者》 瓷、铜 33cm×50cm×80cm 2011

一个身着西装的人物头上加了一对鹿角，象征着权力。在中国传统的语境中，鹿被看成是仕途的象征，《诗经》中有“呦呦鹿鸣，食野之苹”，被后人借来指成为国家的栋梁，曹操的《短歌行》中引用此句，以表达自己求贤若渴的心情；自古也有概括人生在世幸福之事的词汇：“福”“寿”“禄”，“禄”即俸禄，是国家发的工资，“禄”与“鹿”同音，即以鹿形代“禄”字。鸟儿褪去了羽毛，依附在这拥有权力的人手中，时而是种道具，时而是种装饰，但有时它也会变成他的疾病。端枪者为鹿角寓言十五件系列作品中的第四件。

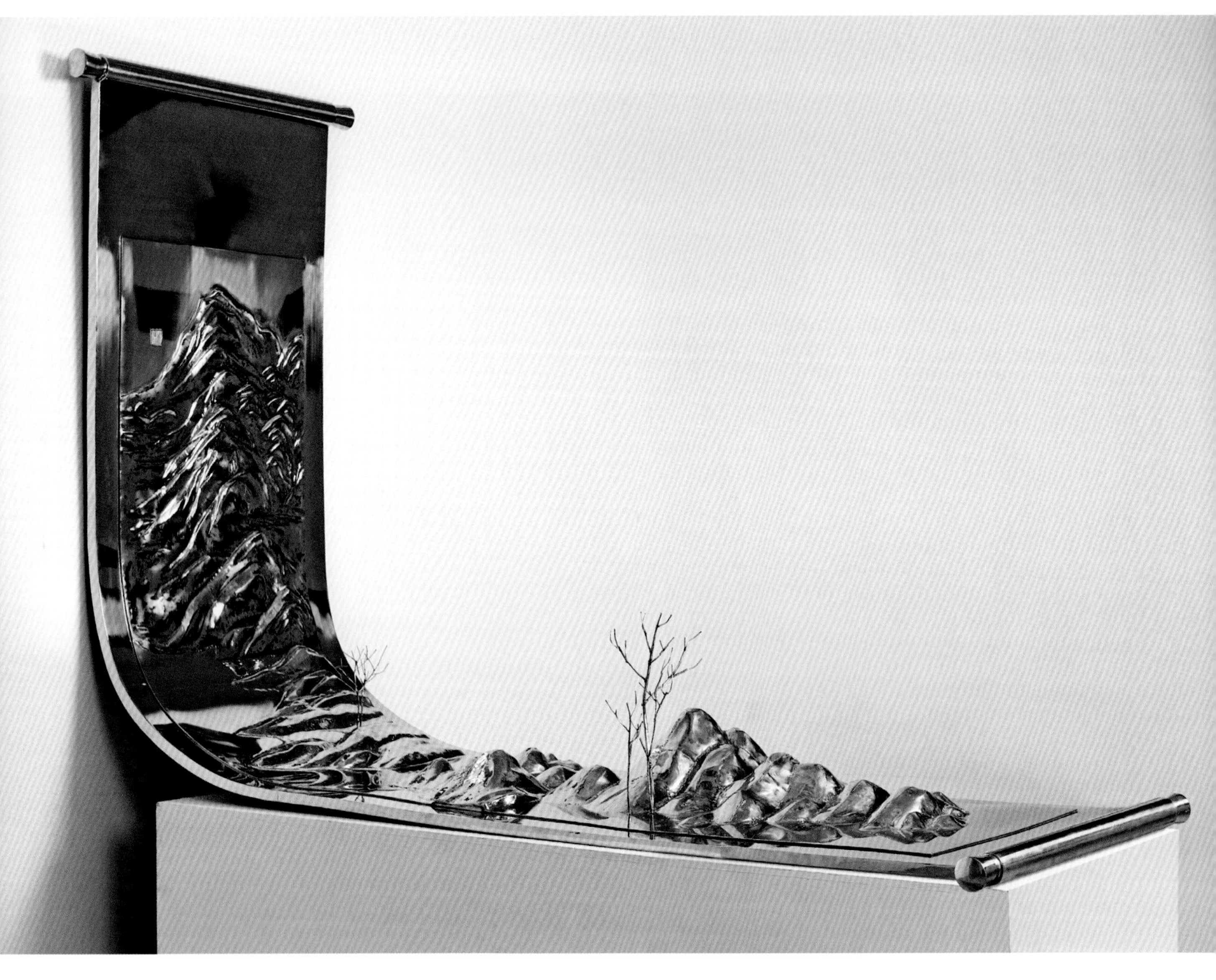

门雅旭 《后现代“文人画”》 镜面不锈钢 180cm×150cm×68cm 2012

山水画是中国人情思中最为厚重的沉淀。作品采用山水画卷轴这种形式，以雕塑的立体空间方式，将平面的中国水墨山水移植到立体的空间当中，在观念上对于传统山水画进行全新的自我解读。同时运用不锈钢这种材料，当走近作品时会产生“人在画中游”的效果，达到“物我两忘”的境界，使意境的创造达到完美与统一。作品把当代艺术材料与传统美学结合起来，向观众传达一种“雕塑创造心境”的观念。为此，水墨意境与当代艺术的观念，被结合在同一个立体空间系统当中，从而创造出耐人寻味的新时代意境美。

欧鸣 《无理由的快乐》 石膏、树枝 300cm×300cm×190cm 2012

我的工作一直试图通过对材料的应用，把自身的困惑以及自身与世界关系的不确定性具体化。

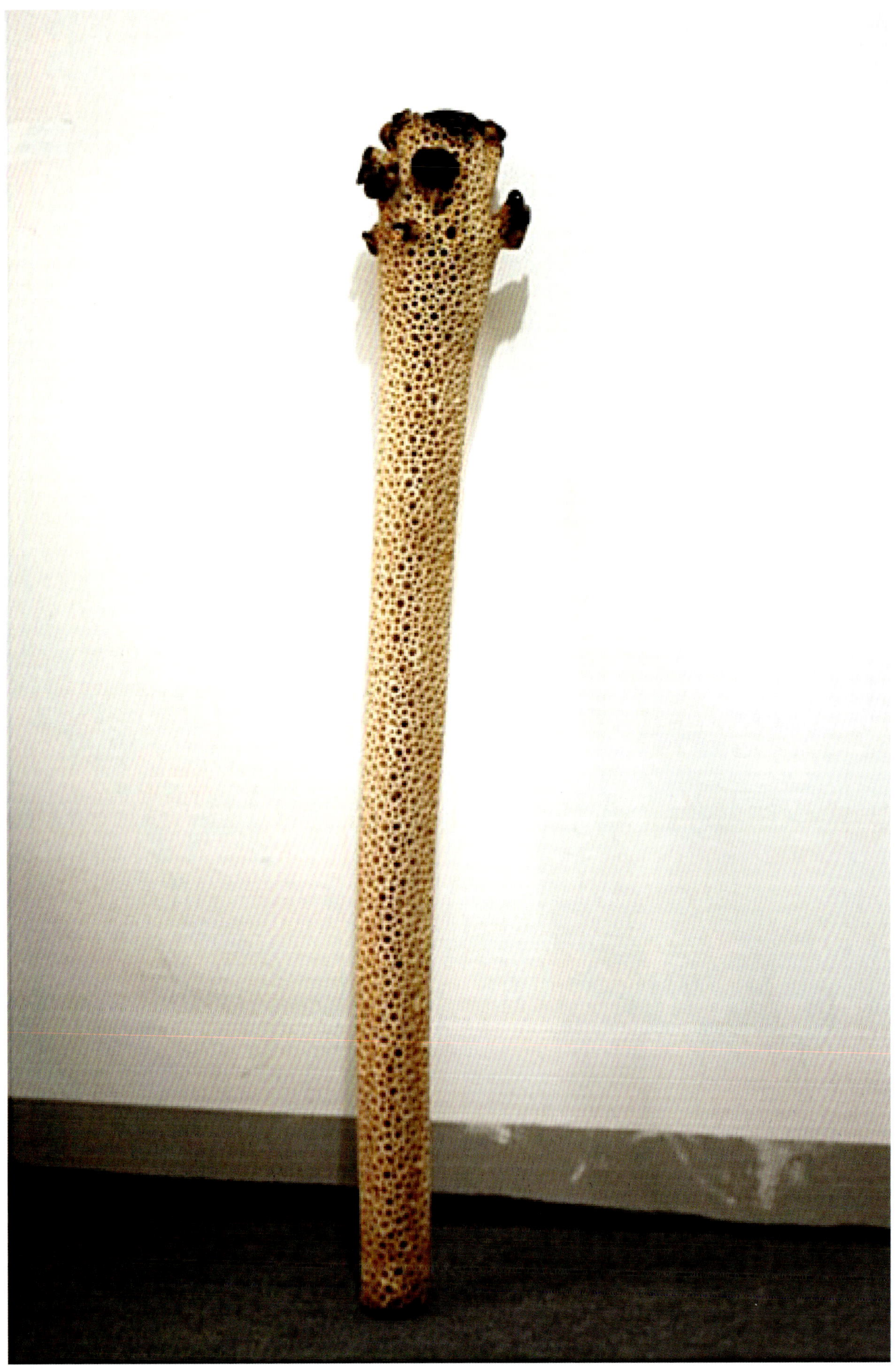

欧阳苏龙 《蛀 No.3》 木 130cm×23cm×23cm 2012（左图）

“蛀系列”是一组木雕，用电钻将收集来的木材钻孔，钻出尽可能多而又不相连的孔。

冉净密 《竹曰》 竹 高 65cm（右图）

作品呈现出来的是被丢弃的楠竹尾部，保留粗的一端的一到两节，在剩下的几节上做减法。大多数观者评论我的这件作品首先说的就是表达材料的空间感等。其实我赋予它的意义不仅在于此，它是我在与材料本身在当下的一种“对话”所得的产物，是当下创作的一种状态。每件作品都是一种“状态”。

齐佳铭《小号解放》软性填充物、仿皮革、手工缝制 125cm×58cm×45cm 2011(左图)

软体工业产品指涉了社会与人的不能承受之轻。“解放”作为汽车品牌是新中国先进生产力的象征之一，解放卡车的问世是那段激情燃烧的重工业建设岁月的物证，是已逝的乌托邦梦想的残存载体。然而作为曾经的中国第一生产力的标志，它在当代社会戛然沦为一堆全然无味的废铁，因为我们有了新的生产力、财富、地位的象征。

屈炳昊 《长不大的男人》 玻璃钢 60cm×25cm×25cm 2012(右图)

生于 20 世纪 80 年代的我们经历了一个特殊的时期，童年的我们经历过许多变革，曾几何时我们是一群无忧无虑的单纯到甚至有些单调的孩子，没有如今眼花缭乱的各类玩具，没有电脑和互联网，更没有神奇的“爱疯 4”，但是我们有着一种天然的快乐。一包酸梅粉、几张变形金刚纸牌……甚至于几个玻璃球就可以让我们一整天笑声不断，我们曾经拥有又傻又美丽的梦，直到今天我依然坚持，这是我心灵深处最原始的呐喊。时代的车轮碾压追逐，改变了我们行进的脚步，仓皇的步伐让许多“80 后”忘了回头看一眼来时的路，在这样一个追名逐利的年代，我们眼中那最后一抹清澈也将要远去。渴望！多么渴望永远长不大，这不是逃避或者懦弱的独善其身，仅仅是我对曾经的我和我们的一种祭奠。

任哲 《铿锵》 不锈钢 60cm×50cm×95cm 2011

作者在充分发挥了个人极其夸张的想象的基础上，以单纯而简洁的方法，对古典与现代的内在性加以统一，生动地表现了中国人的精神世界，即以（身体）运动姿态暗示的内在力量和性格气质。

宿志鹏 《棉花城堡》 大理石 250cm×120cm 2012

床曾经是儿时兄弟姐妹们嬉闹的战场，被子就是柔软的堡垒。终于有一天，曾经“辽阔的战场”再也容不下我们已经长大的身躯在上面“驰骋”了。我甚至因为不能再躲到被子围起的城堡后面而害怕离开童年。成人的世界，战场遍布各个角落，枪林弹雨中去哪里可以找一块如此柔软的战场。当观众看到这件巨大的“棉花城堡”，或许会被“缩”回童年，希望能引起他们的共鸣。

宋晓梅 《释然Ⅰ》 树脂、不锈钢 60cm×54cm×137cm 2012（左图）

中国社会诸多文化状况在其成长过程中频繁变化，令人目不暇接。商业化语境下对既定话语逻辑和权力关系带来的消解，给芸芸众生造成无所适从的陌生感。那漂浮无根的生命落入水中获得瞬间的平静， 静得让人着迷，寻求内心那份珍贵的潜意识，重新思考着我们真正需要的是什么。把这种稍纵即逝的真实存在通过雕塑转换得以呈现，水下的世界令人无法睁眼辨清方向。在处理时，我用镜面不锈钢底座的坚硬反射与身体的下坠漂浮相对比，形成一种强烈的矛盾，以此来表达人物与她存在世界的冲突，格格不入，而她存在的世界似乎即将吞噬她的身躯和灵魂。

邵磊磊 《寻》 玻璃钢、腰果漆 280cm×85cm×90cm 2011（右图）

我们通常认为猫爱吃鱼是非常正常的现象，貌似遵循自然法则，其实不然，它们在食物链上没有必然的联系。猫爱吃鱼，只是一种味觉偏好，而正因如此，也使得一些野猫被人类驯化，成为家猫，成为人类的捕鼠器。人喂猫以鱼，或犒赏，或施舍，或溺爱，或利诱，猫和人之间也是尔虞我诈，各取所需。这种关系又何止存在于人与猫之间，人与人之间的关系难道不更加明显吗?

王朝勇　《悟系列之踏歌行》　木　120cm×45cm×150cm　2012（左图）

作品制作借鉴中国汉代木雕、中国画、中国石窟雕塑等中国传统艺术，然后总结出自己的造型语言和效果的处理，讲究整体和简洁，局部做夸张处理。通过作品试图探索一种安静、悠闲的生活方式，探寻真我、明心见性。并使观者也能够在繁忙和嘈杂的现实生活中找到心灵的安静，进一步揭示生活中无时不有“道”的存在。

王大朋　《醉驾的天使》　玻璃钢、丙烯着色、综合材料　高80cm　2011（右图）

别人可能不知道，天使也酗酒，甚至在2011年醉驾入刑之后他还被抓起来了！

王立伟《或说无我或说空之二》 牛皮、综合材料 106cm×40cm×20cm 2012（左图）

作品的构图由两个“我”的形象组成，这是个系列的作品旨在探讨我与“我”的关系。即作为主体存在的本我与作为客体的自我之间的转换。

王瑞琳 《逐梦记——方舟》 铸铜彩绘 200cm×67cm×53cm 2012（右图）

在万物皆无常的空间中，我们埋头追求的是不一定真实的存在，也许只有当末日被定时之时才去追问生命的价值。化作方舟的大鱼，用生命承载山河，用灵魂观想世界。放下小我是痛苦的，却使我们减少困惑；找到真我是艰难的，却得以万中无一的快乐。

魏杨博文 《人间正道是沧桑》 玻璃钢、木、石 400cm×300cm×130cm 2011

该作品是对中国传统文化的继承，把《水浒传》中人物的可爱一面与国画的写意结合创作成雕塑作品。在颜色上采用的是中国的传统颜色。

文豪 《异形》 卷纸 尺寸可变 2011

在无意识状态中把一坨卷纸撕坏了。恰恰是撕坏的地方吸引了我眼球，让我进入思考状态。就好比一颗种子即将发芽一样提示着我应该长成什么样，于是开始关注材料本身、直接和材料打交道，发现卷纸被揪出一层层，揪出了纸本身的年轮。可以想到树和纸之间的必然联系，看着有点渴望回归的感觉，后来一坨坨垒起来，有点歪歪生长的感觉，很快活很自在。在这里我又想到了材料的自在性。这就是一个从无意识到有意识状态，也是一个材料转化的过程。

王文烨 《头像系列》 树脂、柏木 30cm×30cm×80cm 2012（左图）

我的这组作品，做的时候想法很单纯，就是想做几个头像，把几个动物的神韵表现出来。在选择动物时候，考虑到，禽类的头像太过纤巧，不适合表现雕塑的体量特点，所以选用了几个有体量、团块感强的形体。把人的头像和动物的头像放在一起，把人类和其他动物摆在一个平等的地位。人类本身就是动物的一种，只是人把自己从动物中分离出来，定位成一种高级的物种，驯服其他动物，残杀、虐待、观赏、就连同人类自身也互相厮杀（肉体上，精神上），斗智斗勇，把人类的聪明才智发挥到极致。

谢二中 《塑》 鹅卵石、原子灰 尺寸不限 2011（右图）

用原子灰去覆盖鹅卵石，在自己用原子灰打磨过程中和鹅卵石的自然形态中产生一种有趣的对话，自然的，人工的材料统一结合，坚硬的鹅卵石和光滑柔和的原子灰形成一种对比和对话。到底是我在塑造鹅卵石还是鹅卵石的形体在引导人工的塑造，形成一种驳论。

谢观坤 《水路途系列之图景》 木材、金属 365cm×120cm×275cm 2012（左图）

作品呈现出一种自然与金属部件相互结合的状态，借用树木这一自然元素，对水路管道进行幽默式的创造，同时也是艺术家对环保主题的关注及表达。

谢璇 《花花幼稚园系列——听佛》 陶瓷 2011（右图）

作品通过借用传统文化形态的象征符号与当代文化产物的造型的象征以及陶瓷的传统装饰图案相互结合而产生的新的物态，展现自身对宗教的敬畏和虔诚，反映传统文化与现代文化、中西方文化碰撞和交替的现象。

徐升 《千层浪》 保丽龙 400cm×120cm×120cm 2012（左图）

"浪"的形象与性情，是自然的产物。他是自由的，有方向的。水，这个构成世界与生命的元素，同样形成的"浪"。万物有灵，对于海来说，这"浪"便是他的精灵吧。作品用"浪"这个无形的生命体讨论瞬间与永恒，空灵与力量，空灵感和神秘感一样，都是属于气场范畴，心里的宁静感与开放性是一致的，作品是从已知材料入境到达未知的效果。观者站在"浪"前，这份空灵与宁静有慑人的穿透力。

杨光 《门》 胶 90cm×200cm 2012（右图）

利用材料特性收集自然肌理、记录食物蜕变的某一过程。作品来自自身，但又不属于自身，同时也不属于自然界的任何物质。这种特殊身份，诠释了它存在的尴尬和特殊性。

尹悟铭 《聚焦》 铸铜 67cm×50cm×26cm 2012（左图）

《聚焦》是我在《窥》系列中的一件作品，《窥》主要表现在当下信息爆炸的时代里，人们之间的直接交流益发减少，每个人心里都有自己不为人知的小秘密。大家更多的是借助各种传媒去看别人，网络微博、电视新闻、手机微信等都可能成为人们窥探他人或者被他人窥探的工具。《聚焦》这一作品运用写意的手法，表现一个聚焦的瞬间，整体塑造明快、干练，相机镜头处做了夸张处理，意在表现当下人们似乎是在隐蔽之处张大眼睛试图窥探、发现与捕捉他人瞬间的心理。

于忠清 《远行 No.6》 石膏 40cm×11cm 2011（右图）

这一浮雕系列，主要想通过一种古典的平面化语言表达一种对过往记忆的忧思和对未来朦胧的憧憬。每一件作品无论从制作上还是气质上都极力追求一种寂静里的冲突。剔除所有的无效元素，希冀通过这种提炼达到一种禅的境界。

袁佳 《复活的前奏》 木 110cm×37cm×19cm 2011（左图）

对我而言，情愿艺术像游戏一样轻松而不是沉重。在创作中我把目光转向单纯和个人化。将现实的事物以个人的视角重构——木偶的关节，家具的门窗，机械的结构——它们便有了肢体的表达以及戏剧化的表演。这是作品的自我表达，也接近了我所追求的单纯与个人化。

袁宏 《云影山涧》 陶瓷 46cm×25cm×15cm 2011（右图）

我喜欢大自然，静静地看着天空、云霞、山林、流水，我的思绪就开始游离了，
我喜欢用自己的方式来诠释我心中的场景，叠叠云影穿游在山林间，山间淙淙的清泉在耳边悠悠回荡。

岳艳娜　《出行图》　亚克力板等综合材料　60cm×38cm×20cm　2012（左图）

作品是由多层亚克力板组成，每一层上面都做着古代浮雕。将多层组合后，形成从平面到立体千军万马的感觉。

张超、王一竹　《无题系列三》　木、石膏　120cm×70cm×145cm　2012（右图）

作品是由石膏与木头组合而成，其中石膏部分的造型是直接浇铸而成，这样可以更直接地体会到材料本身的特性。而作品中木雕部分的造型是石膏内部形式元素的演变。

郑明柳 《云想》 不锈钢 800cm×250cm 2012

忘不了的是儿时天上的那一片云，带给我的无限遐想。云的那一边簇拥着希望。

张斌 《+，-》 木 250cm×170cm×200cm 2012

作品以木质材料作为创造载体，通过镂空和熏烧的创作手段，力图展现木质材料在雕塑创作中的可能性。

张若愚 《蕾》 玻璃钢 90cm×46cm×30cm 2012

你的蜷缩是羞怯吗
还是怕自己的美谋杀了
春风里惊诧的目光
你心里藏着梦想
我看你却躲不开欲望
别用你的纯真对抗红尘
求你了
就这样
留下一个梦幻的花蕾
不要怒放

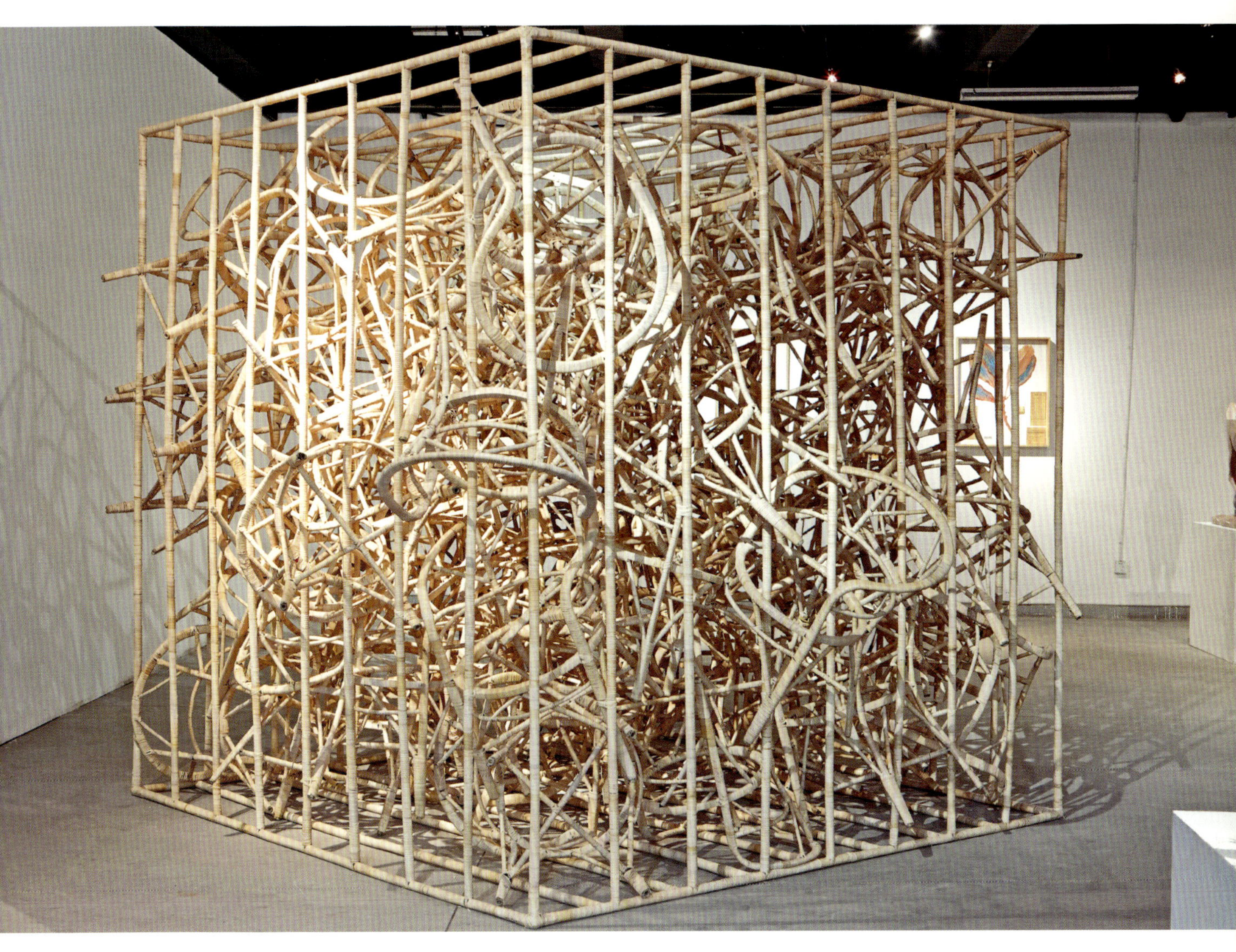

张翔 《空》 藤、竹 250cm×250cm×250cm 2012

藤椅是日常化的产物，从某种意义说，它象征着日常生活的平庸和重复。我只是动了动手脚，让它一瞬之间变成非常态的东西，改变对于日常来说是畸形的，但这种畸形所呈现出的形态或许会触动人的某根神经，偶尔兴奋一下，也是在试图让人感受日常化背后的神秘与理性。

纪事

聚焦 2011

聚焦 2012

聚焦 2011

壹月

◎ 王书刚雕塑装置作品展

2011 年 1 月 1 日至 3 月 3 日，王书刚雕塑装置作品展在三里屯瑜舍酒店举行。王书刚在德国从事艺术创作近二十年之后于 2000 年回国，他的作品通过佛教人物和中国日常生活场景相结合来描绘 20 世纪中国现实社会的人物特征。通过展示这些佛教人物作品来探讨当下社会中个体和群体之间的微妙关系，比如扫地的僧侣、冥想或者练气功的喇嘛、蹲在一起的和尚等。这种随着迅速的城市化和大生产而导致的传统与现代等历史文化缺失之间的冲突，激发了艺术家的怀旧情怀和对时代的反思。

◎ 年轮——首届湖北陶艺家双年展

经湖北美术学院雕塑系主任项金国、副主任陈君策划，由湖北美术学院主办的“年轮——首届湖北陶艺家双年展”于 2011 年 1 月 8 日在武汉隆重开幕。本次《年轮》双年展，主要汇聚有湖北美术学院长期从事陶艺研究的老艺术家、青年陶艺家、特邀陶艺家以及陶艺专业学生等 36 人的 54 件作品。展览的目的是通过学术形态，回顾湖北美术学院着手陶艺教学与创作科研发展的早期脉络，研讨学院陶艺专业发展的学科方向，拓展当代陶艺等文化认知的新理念，使学院以更加开放的学术姿态，向社会展示教学活动，使学院艺术全面服务于社会，打造湖北美术学院陶艺专业的学术空间，刻画文化事业发展的新“年轮”。

◎ 中国艺术研究院美术研究所举行首届艺术大展

2011 年 1 月 20 日，中国艺术研究院美术研究所在北京炎黄艺术馆隆重举行“任重道远——中国艺术研究院美术研究所首届艺术大展”。本次展览展出了美术研究所建所近六十年以来，黄宾虹、傅抱石、李可染、王朝闻、蒋兆和、王雪涛等四十多位曾经在美研所工作过的老艺术家以及美术研究所现在职研究人员的作品，共计一百五十余件，内容博涉绘画、雕塑、书法及摄影诸多艺术领域。值得注意的是，展出作品的艺术追求、艺术风格与作者的研究方向、学术主张、艺术观念相一致，成为此次展览的特点，它表明美术研究所正在自觉地追溯中国文化中“知行合一”的传统，并且按照中国艺术研究院研究、教学、创作三足鼎立的办院方针，迈出了坚实的一步。

◎ 德国艺术家 HD Schrader 个展

由北京今日美术馆和北京现代艺术馆合作的德国艺术家 HD Schrader 个展于 2011 年 1 月 21 日在今日美术馆展出。作为雕塑家和观念艺术家的 HD Schrader 一直在与自然空间展开对话，探寻自然生命的形式。在最新完成的影像作品里，他以一种神秘的方式及其严谨的立体雕塑观念把自然空间巧妙地融为一体，同时又运用数学计算的方式让这些作品以不同的形式展现。在 HD Schrader 的作品中，雕塑成为自然中的活动者。在这个大型自然灾害频发、地球变化巨大的时代，这些作品也展示了我们这代人所面临的巨大问题。

贰月

◎ 李象群、张树国、陈连富雕塑展

2011 年 1 月 22 日，“李象群、张树国、陈连富雕塑展”在北京爱慕美术馆隆重开展，三位当代著名雕塑艺术家的 17 件雕塑作品应邀参展，这些超凡脱俗、不同凡响的作品交相辉映，可以说代表了中国当代雕塑的极高水平。

由爱慕美术馆主办的雕塑展汇集了当今雕塑艺术领域极具实力的三位大家之作，不仅云集了各位艺术家的最新作品，更不乏有被国家博物馆和中国美术馆收藏之作。

◎ 女青年雕塑展《灵》在中国雕塑学会沙龙开幕

2011 年 1 月 22 日下午三点，继《构》《质》和《身》之后，中国雕塑学会青年推介计划系列第四展《灵》在 798 艺术区中国雕塑学会沙龙拉开了帷幕。此展由九位女性雕塑家的作品构成，分别是：赵明、许静宇、韩璐、任雪梅、施丹、邵丽桦、岳艳娜、郭航、周璇。策展人唐尧表示：“我在这里集中青年推介计划的女性艺术家所强调的和凸显的不是她们的性别身份所带来的批判性，而是她们不同于男性艺术家的某种气质和方式——她们更性情、更直觉、更具有灵性和诗性”。

◎ “从明到涅槃”雕塑联展

2011 年 2 月 1 日至 28 日，红门画廊推出以“从明到涅槃”为主题的雕塑联展。该展览通过精彩的造型艺术把明代箭楼演变成一个当代的雕塑花园。此展览的灵感来源于汉代金缕玉衣、镂空的阁楼箭窗、宗教等一系列主题。展览展出了李晓峰盔甲般的雕塑瓷衣、史钟颖的睡佛、六岛艺术组合的发光雕塑及谭思考的太空船般的玻璃钢雕塑。

◎ 雕塑家罗振鸿在朗豪酒店举办“众生相”展览

2011 年 2 月 22 日至 4 月 18 日，中国雕塑家罗振鸿以非艺术馆为展览场地，在朗豪酒店举行“众生相”展览，将造型笨拙漫画化的 109 个雕塑品陈列在破旧的 Mini Cooper 上摆出各种姿态。在全世界人口最稠密的内地，数以千万计的中国青年每天也面对着个人的迷失与挣扎，展览中造型夸张滑稽的人像，正反映了现今一代对自我的寻找，代表社会中各行各业的一份子，每件艺术品仰望向天，乐观展望美好将来的同时，也展示出了与商业挂帅及消费文化的恋爱关系。

◎ 西班牙超现实主义艺术大师——达利版画与雕塑大型系列展

由苏州市人民政府主办，苏州市文广新局承办，苏州美术馆、比利时优艺基金会协办的“西班牙超现实主义艺术大师——达利版画与雕塑大型系列展”于2011年2月25日至3月17日在苏州美术馆新馆展出。展品中百幅《神曲》系列版画是首次在国内完整展出。

◎ 第二届海上视界2011架上油画雕塑展3月6日开展

2011年3月6日，由海上视界架上油画雕塑展组委会主办，上海市黄浦画院、颜文樑艺术促进会协办的“第二届海上视界2011架上油画雕塑展”在上海明圆文化艺术中心拉开帷幕。参展艺术家多为沪上知名艺术院校的教授、画院画师和职业画家，在专业领域成果斐然。此次展出主要反映了他们近两年来最新的创作成果，是当下海派油画雕塑艺术追求学术品格、注重多元发展，同时又贴近社会、追求自我回归田园的一场视觉盛宴。

叁月

◎ “生·恋·死·欲的鼠东奔走”2011吕东兴雕塑展

2011年3月5日至3月21日，上海King空间举办了“生·恋·死·欲的鼠东奔走”吕东兴雕塑展。在吕东兴的系列作品中可以看见物种的大混合，放在户外的巨型雕塑物乍看之下俨然像是侏罗纪公园里的极具压迫感的庞然巨物举措笨拙却威胁着其他物种的那番景象。吕东兴的艺术非常专注地从男性的角度出发，处理男性的欲望、自恋、贪生，雄性特质流失的恐惧和错失生命的遗憾。这种男性中心的情爱诠释，毕加索可以为宗师，他们的爱欲充盈，表现直接却近似暴力。在他们的作品中看不到对爱的诠释，看到的是男性对生命的操控欲和对完美体魄的向往依恋。

◎ 新中国美术经典“再现收租院大型雕塑展”

2011年3月8日至5月18日，由中国雕塑院主办的“再现收租院大型雕塑展”在炎黄艺术馆举办。此次展览是1966年《收租院》进京展出后，时隔45年再次在北京的展现。此次展览的版本是四川美术学院1977年完成的玻璃钢镀铜版本，共有103件人物像和道具。艺术馆配合作品同时展出收租院历史照片、收租院纪录片等珍贵的文献资料。

◎ 终局——肯德尔·戈尔斯个展

2011年3月9日至6月26日，南非艺术家肯德尔·戈尔斯在中国的首个个展在北京常青画廊举行。展览的主要装置作品着重于一种更具暗示性、创造性的实践。分布在画廊主要空间中的一至三米高的复活节岛石像一样的雕塑是用石膏浇铸反向制作的非洲人像，是艺术家对非洲神像的中国式阐释。他的作品曾在众多国际群展展出，包括第52届威尼斯双年展非洲馆（2007）和第11届卡塞尔文献展，德国（2002）。近年来，他的个展 Irrespektiv 前往欧洲各大博物馆展出。

◎ 松山韩蓉非洲艺术收藏展在京开展

由宋庄美术馆主办的"松山韩蓉非洲艺术收藏展"于2011年3月12日在宋庄美术馆开幕，这次展览展出李松山、韩蓉夫妇30多年在非洲收藏的近千件艺术品。作品类型包括绘画、木雕、生活用具，尤其是马孔德民族艺术，是展览最重要的亮点。这次展览是目前国内规模最大的非洲艺术收藏展，旨在探讨当代流行艺术人工化进程中，手工传统技术在当下传承的意义，也是宋庄美术馆继"烈日西藏展"之后又一次以人类学视角对地域文化的又一次深度调查展示，更深入讨论对于当代艺术整体价值判断的平衡与补充问题，如传统与现代、民间与专业、人工与手工、流行与朴实、自然与不自然。

◎ 静·物——戴耘雕塑作品展

2012年3月20日，由深圳市文联主办、著名艺术评论家孙振华策展的《静·物——戴耘雕塑作品展》在深圳中心书城深圳艺廊开幕。展览展出青年雕塑家戴耘近年来创作的雕塑作品19件，其中大部分是首次与观众见面，此次展览也是深圳本土优秀美术家推广工程的首个展出。

◎ 胡行易绘画、雕塑作品展

2011年3月26日至2011年4月24日，胡行易绘画、雕塑作品展在上海搞艺术画廊举行，他的作品从绘画延伸至三维材体和空间，探讨当下社会的人性和个性或已失去的人性和个性。艺术家利用多个大口径铁锅作为媒介，在里面绘制了一个个模糊的人脸。这些锅子本身具有丰富和特定的象征意义。锅子"盛着"的脸，有的毫无表情，有的如失了魂，有的扭曲变形，有如现代化过程中被特定社会环境和集体意识挤压出的畸形产物。艺术家通过系列作品去探讨、思考自我在社会群体中应充当怎样的角色以及承担此角色带来的责任。

肆月

◎ 启——中国雕塑学会青年推介计划巡回展

2011年4月7日，由中国雕塑学会、常熟美术馆主办，中国雕塑学会沙龙承办的"启——中国雕塑学会青年推介计划巡回展"首站在常熟美术馆举行。本次巡回展作为中国雕塑学会所推出的为期3年的青年推介计划最核心的组成部分，遴选出了100件青年雕塑家所创作的优秀作品进行全国巡展。通过直面中国雕塑艺术所遇到的侵扰与误解，提出解决方案。展览在强化自我、淳化理念的同时，引进新鲜血液，活化当代雕塑的独立性，为当代中国青年雕塑家创造一个宽松自由的创作模式，也给大众展示了一个容纳思想的表演平台。

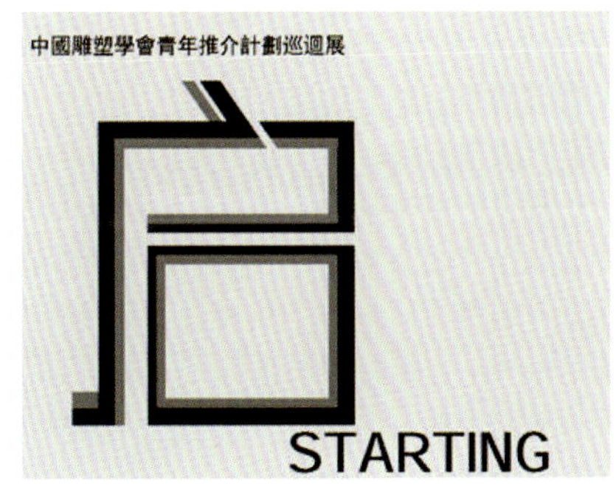

◎ 张洹个展《西风再渡》在澳门路易威登艺术空间展出

《西风再渡》是当代著名艺术家张洹于港澳特区的首个个展，于2011年4月8日至7月3日在时尚文化地标——澳门壹号广场路易威登艺术空间（Espace Louis Vuitton Macao）举行，带来张洹从2007至2011年各阶段的艺术作品，包括牛皮雕塑、香灰画、香灰雕塑、门板木刻等诸多艺术形式，并以当代艺术的手段持续性地进行东西方文化的探索。

◎ 清华大学百年校庆“国际校园雕塑大展”开幕

2011年4月9日，清华大学百年校庆“水木清华·国际校园雕塑大展”在该校隆重开幕。100件作品入围大展，坐落在清华大学各个角落，为该校增添几许人文景观。此次展览以“人文·科学·艺术”为主题，自去年4月20日开始面向国内外公开征稿以来，两个月内共收到32个国家近450名艺术家的897件雕塑作品方案。最终入选的100件作品中，包括国内作品60件和国外作品40件。这些作品从4月9日至5月9日放置于清华大学校园内公开展出，部分作品将被该校永久收藏。

◎ 冯力仁雕塑作品个展

2011年4月16日至6月26日，狮语画廊举办冯力仁雕塑作品个展。展览是香港艺术家冯力仁先生在中国大陆举办的第一次作品展。冯力仁最为人熟知的作品要数刻画香港中产阶级的雕塑系列。简单、自述性的人文精神主导整个作品，也正因为如此，香港地铁以及各大地产开发商都委托艺术家创作作品。一些司空见惯的行为比如拖拉行李或是带杂货回家等，种种日常生活中的常规现象都成了艺术家表现的主题。而另一些作品又促使观众去思考一些本质性的问题。

◎ “高山流水——清华大学钱绍武教授艺术作品展”开幕

2011年4月21日，在清华园喜迎百年华诞的春光里，清华大学百年校庆系列学术活动之一的“高山流水——清华大学钱绍武教授艺术作品展”在美术学院开幕。此次展览由清华大学主办，展出了钱先生的代表作100余件，包括《孔子》《孙中山》《瞎子阿炳》《曹雪芹》等雕塑作品，《将进酒》《心经》《浣溪沙》等书法作品，《李白》《第一把石斧》《荒原老梅》等绘画作品以及一系列的陶瓷作品。

◎ 过去——史金淞新作展

2011年4月21日，“过去——史金淞新作展”在今日美术馆举办。此次展览由艺术评论家、策展人凯伦·史密斯（Karen Smith）女士策划。此次在今日美术馆的个展是史金淞潜心三年准备的新作展。由碳、木材、金属以及从废旧品回收处搜集回来的边角碎料组成。史金淞运用这些物质材料构建了一个黑暗的通道，它是一个观众可以走进的空间，像是一个庇护所，又像是一个没有边界的“黑洞”。当观者站在作品入口时会不禁犹豫是否要继续前进，而这也正是作品的魅力所在，让观者一探究竟。

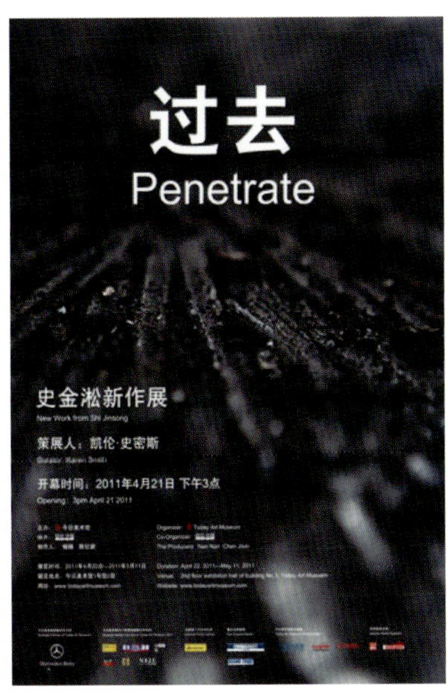

◎ “艺术清华——清华大学美术学院造型艺术教师作品展”

2011 年 4 月 25 日，由清华大学、中国国家博物馆、中国美术家协会共同主办，清华大学美术学院承办的“艺术清华——清华大学美术学院造型艺术教师作品展”在中国国家博物馆开幕。这次展览是为了庆祝清华大学一百年华诞，清华大学美术学院造型艺术教师的作品首次集体亮相，清华大学美术学院前身是中央工艺美术学院。此次展览展出 64 位教师的 240 件作品，涉及中国画、油画、雕塑、版画、装置等多种艺术形式。其中既有张光宇、庞薰琹、祝大年、吴冠中等老一辈艺术家的优秀作品，也有年富力强的中青年教师的创作。

◎ “能量传递”中国美术学院雕塑系第四工作室开放展

2011 年 4 月 25 日至 6 月 25 日，以“能量传递”为主题的中国美术学院雕塑系第四工作室开放展举办，参与者有王冬龄、高法根、李秀勤、韩天雍、徐庆华、余晨星、赵明、吕悦、郭连训、丁万里、孟磊老师和雕塑系第四工作室全体研究生。每个人生命的起点各异，是艺术的能量将我们凝聚在同一个熔炉，在这里锤炼了生命的价值，诞生了共同的学术理想，几年来我们在体会着书法的形态、精神与雕塑的“熔点”，用“心”锤炼着形态“转换”的能量，她释放着独立于西方文化的气息，独立于当下的文化市场。这是一个以中国文化为基础的跨学科研究课题，在这个过程中我们体悟到书法形态的产生，与生命形式的内在关系：空间、结构、线条、体积与文化内涵紧紧地交织在一起的精神维度。

◎ “梦幻森林”雕塑——从威尼斯到西安

2011 年 4 月 28 日至 10 月 22 日在西安世界园艺博览会展出国内最大的玻璃公共艺术雕塑。展出的玻璃公共艺术雕塑叫《梦幻森林》，由国际著名雕塑艺术家、美籍华裔女雕塑家盛姗姗创作。该作品线条流畅、色彩鲜艳，光线透过玻璃板块，形成炫目的倒影与反射。玻璃艺术品在白天和夜晚将展现不同的色彩。当人们走近观赏时，能看见玻璃里面鲜明的色彩层次，体验玻璃雕塑色彩的千变万化，同时也能感到植物的生机盎然和蓬勃生长。

五月

◎ 宋建树个展《剔》

798 菀萃当代艺术空间于 2011 年 5 月 8 日隆重推出宋建树首次雕塑个展《剔》。从 2009 年开始，宋建树开始对作品材质本身和事物本身表现出一种强调和探究的姿态，此次个展正是他在创作思路发生很大转变后的新作。在这些作品材料的呈现上，宋建树非模仿重建而是有选择地改善，使材料本体和个人感受相向位移而碰撞共生，“以剔为建”，寻找物质本原同他自身精神感悟的贯通。

◎ 李象群：亚洲首位获得英国肖像雕塑年度展奖艺术家

著名雕塑家李象群的作品《莫唯》在参加2011年5月16日至5月21日于伦敦举办的第48届英国肖像雕塑年度展FACE2011期间，被英国皇家雕塑协会及英国著名艺术史家、艺术经纪人Philip Mould 评为本届展览的最优秀肖像雕塑作品，荣获弗瑞克里奖（Freakley Prize）。李象群也成为该奖项设立以来亚洲首位获此殊荣的艺术家。本届FACE2011展览中，来自英国皇家雕塑协会的官员和评委们一致认为，李象群的作品已具备世界一流雕塑家的艺术水准。英国著名艺术史家、艺术经纪人Philip评论道：“《莫唯》这件作品十分出色，它与20世纪卓越的意大利雕塑家杰阿柯莫·曼祖（Giacomo Manzu）的作品有很多的共同点。”

◎ 市场面向——青年油画雕塑展

2011年5月18日至6月23日，“市场面向——青年油画雕塑展”在北京美丽道艺术中心展出，有9位画家以及11位雕塑家最具代表性的艺术作品60余件。油画作品突破了以往写实和传统的路线，主要以当代艺术元素为主体，他们在各自的艺术思维中呈现着独特的表现风格。作品充满了个性、张扬、含蓄、激情的元素。雕塑作品更是直观地展现了东、西方元素，不锈钢、玻璃钢、陶瓷、铜、锡、木等。不同的材质，不一样的表现形式在这次的展览中都展现得淋漓尽致，给人一种心灵的感动和精神的冲击。

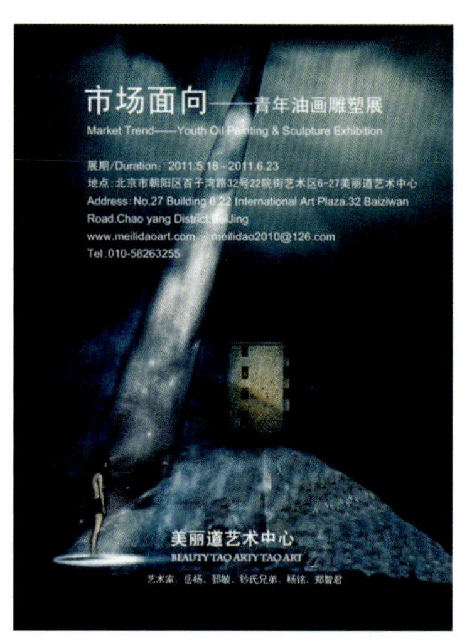

◎ 王克平笑口常开个展

2011年5月19日至6月30日，王克平笑口常开个展在18画廊展出。王克平是著名的雕塑家。对于他曾经在上海举办的首次个展艺术家呈现了前所未有的项目，其中混合了概念艺术，装置和雕塑。“笑口歌”是这样一件作品，一开始，艺术家做了1000件看起来像砖一样的雕塑，一个个简单的形状使画廊空间充满了新鲜感，通过这些砖砌成的墙来创造出新的空间。

◎ 血拼 Shopping——UNMASK 个展

2011年5月21日至 2011年6月30日，当代唐人艺术中心在北京为UNMASK艺术组合举办名为“血拼Shopping”的展览，在物质极端丰富的今天，Shopping

已经演变成为一种生活方式，并衍生出不同的行为模式与心理状态，进而也异变出种种非理性、非常态的生产与购买，比如彻底失却功能性的奢侈品、审美异化的病态消费。在这次展览中，UNMASK 模仿现实生活中的商业模式，设计制作了两款用于自杀的奢侈品，并通过广告行销的方式来推广和销售这些商品，过程中产生的所有载体和行为都构成了 UNMASK 作品的全部，亦希望用这种夸张和戏谑的手段，来引发人们对于消费异化的警醒。

◎ **用功——新写实雕塑家联展**

2011 年 5 月 21 日至 6 月 19 日，“用功”新写实雕塑家联展在北京零艺术馆举行，此次展览参展的艺术家都有着良好的造型素养，他们秉承着具象雕塑的方向在探索和前行。尽管艺术的概念和表现在他们中间存在着巨大的差异。这个时代“器”味太足，“人”味淡薄。整个文明从创造到记载都以一种极其秩序的数字化、高效率的流程在进行，速成和捷径成为对于任何事物认识效果的追求。或许我们需要太多用功的人和能够督促我们去用功的作品。

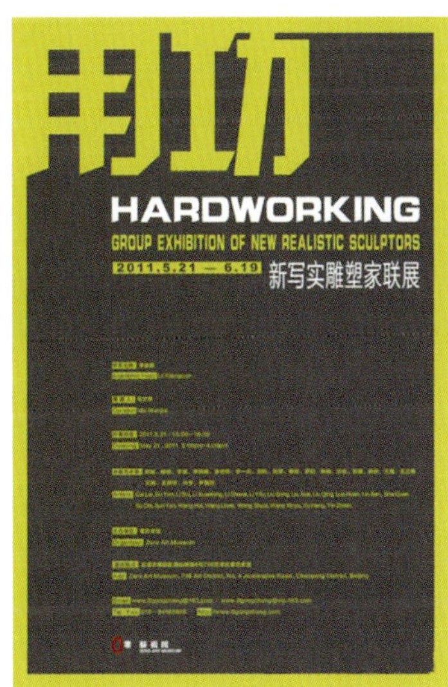

◎ **戴耘雕塑个展“鉴”**

2011 年 5 月 28 日下午三时，孙振华策展的戴耘雕塑个展“鉴”隆重登陆 798 中国雕塑学会沙龙。展览展出了戴耘的“砖系列”雕塑，他让过去司空见惯，毫不起眼的建筑材料有了一种令人惊赞的提升。戴耘的当代雕塑作品以一种相当直接的方式把对深圳的当下感受表达出来，它在人们习以为常或者熟视无睹中间，发现了生活的问题，发现了存在的荒谬，发现新的可能性，它以一种智慧、略带揶揄的方式，精雕细刻，改变了许多人们早已习惯的视觉习惯和视觉经验，它提醒人们更多地关注我们的日常生活，让人们在面对这些作品所产生的诧异和惊赞中，对生活现象的背后有所领悟和反省。

◎ **诺特·维塔尔——激浸**

2011 年 5 月 28 日至 7 月 10 日，UCCA 推出了全新的展览“激浸”，展览展出了瑞士著名艺术家诺特·维塔尔的雕塑作品和其全新的、从未被展出过的一组肖像绘画系列作品。维塔尔作为雕塑家，最出名的作品是一些雕塑和装置作品。这次展览上我们看到整个展厅都是一些用相框精心框起来的架上绘画，而且都是一些用简单的黑、白、灰描绘的肖像画，据艺术家介绍人物取材都是他身边的亲人朋友。问及为什么不画陌生人？他的回答很有意思：“我也想画胡锦涛，但是我请不到他。画身边的人不用麻烦别人，很方便。”而且，维塔尔的肖像画都没有清晰的图像，人物的身体描绘很模糊，他是以模糊的手法画亲近的人，类似于记忆的处理方式。维塔尔表示自己关注的不是人与人之间的外在的区别，而是画他自己所看到、所理解的。

◎ 中国工艺美术学会雕塑专业委员会20周年庆典

由中国工艺美术学会、中国对外文化交流协会主办，中国工艺美术学会雕塑专业委员会、国粹苑文化创意产业基地承办的中国工艺美术学会雕塑专业委员会20周年庆典暨2011中国雕塑年鉴展，于5月28日至6月12日在京举办。活动涵盖雕塑专业委员会20周年回顾展、雕塑专业委员会会员艺术作品展、2011中国雕塑年鉴展、雕塑专业委员会20周年贡献奖颁奖仪式等。活动不仅展示20年来中国雕塑行业的发展缩影，也展示近两年内中国雕塑艺术的创作成就。

陆月

◎ 金钕雕塑个展

2011年6月5日至7月5日，金钕雕塑个展在北京星空间展出。金钕此次个展的5件作品，其中两件大型玻璃钢雕塑《长大》和《夜》分别创作于2006、2008年，她从中央美院雕塑系毕业的前后；3件小型的树脂雕塑创作于2010至2011年，作品主题具有一贯性，都和她自己的情感经历息息相关。从毕业到首次个展的这4年间，金钕的人生观和艺术观都在走向成熟。而在技艺上，她花费大量时间试验，寻找到的雕塑材质日臻完美和独特。

◎ 时刻的轨迹——许东荣雕塑展

2011年6月14日至6月20日，由中外文化交流中心主办的“时刻的轨迹——许东荣雕塑展”在中国美术馆展出。本展展品共有20多件，囊括许东荣从20世纪80年代至今的石雕作品，观众除了能够一次饱览艺术家20余年来在创作上的风格演变外，许东荣的最新大型雕刻力作《翱翔》也将在现场首度曝光，许东荣期许自己可以始终保持自由而轻松的心态，让创作的状态“就像是一只在空中恣意翱翔的鸟儿”一般。

◎ “2011蔡志松个展”在印度尼西亚国家博物馆开展

2011年6月17日，“2011蔡志松个展”在印度尼西亚国家博物馆开展，这是蔡志松继参加第54届威尼斯双年展之后的一个重要展览，均为蔡志松的经典之作。既有大家极为熟知的《故国》系列，也有新作品《玫瑰》系列。他的作品是历史与现代的完美结合，既体现了他对多种技艺的掌握，又表现出不墨守成规的特点，用一种内在和含蓄的感染力来结合了传统与现代。

◎ 精神的凝固——2011任哲亚洲巡回展

2011年6月18日至6月28日，“精神的凝固——2011任哲亚洲巡回展”于上海多伦现代美术馆举办，这是任哲的首个大型个展。他以不锈钢为媒材创作了一批武士的形象，作品的意义张力被进一步放大，中国与西方、传统与当代、崇高与波普、力量与优美等各种矛盾的因素所激发出来的力量，被巧妙地驾驭和利用，成为拓展和丰富作品意义的动力之源。

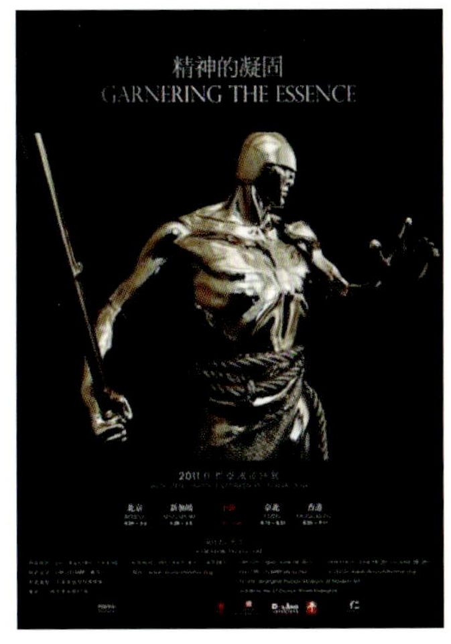

◎ 刘勃麟摄影与雕塑作品个展

2011 年 6 月 18 日至 7 月 31 日，刘勃麟摄影与雕塑作品个展在巴黎·北京画廊展出。本次展览展出艺术家刘勃麟著名的《城市迷彩》系列最新的作品，其中包括他在巴黎创作的作品和 20 件雕塑作品。刘勃麟运用他的身体作为表达的媒介。一位摄影行为艺术家，刘勃麟像变色龙一样与环境融为一体。一个场景前，在助手为他全身涂满颜料时通常要保持长达数小时静止不动以便与周围环境完美融合。这一消失的举动在主体与其周围环境间产生了一个可悲又难解的话题。《城市迷彩》系列作品对人类社会的环境做出了深刻且敏感的思考。

◎ “齐鲁颂·山东百位历史文化名人雕塑展”青岛开幕

2011 年 6 月 26 日上午，“齐鲁颂·山东百位历史文化名人雕塑展”在青岛 1919 创意产业园美术馆举行。山东省人大常委会原副主任陈延明，中国艺术研究院中国雕塑院院长吴为山等出席开幕式。参展作品由省内外 50 多位雕塑家创作，对大舜、孔子、孟子、诸葛亮、王羲之、王尽美在内的百余位古今文化名人进行了立体化、形象化的塑造和展示，人物形象历史跨度达四千多年。

◎ 光辉的历程——雕塑名家邀请展

为庆祝中国共产党建党九十周年，纪念辛亥革命一百周年，由中国艺术研究院主办，中国艺术研究院中国雕塑院承办的“光辉的历程——雕塑名家邀请展”，于 2011 年 6 月 30 日在北京炎黄艺术馆隆重开幕。展品为刘开渠等各个时期代表性雕塑家及其代表作的集中展示，具有极高的史学价值与艺术价值。反映了艺术家对历史事件和历史人物的精妙把握，对同一题材的不同方式、不同风格的表现，体现了几代艺术家的思想境界和艺术水平。

◎ 庆祝中国共产党建党 90 周年大型历史题材雕塑展

为庆祝中国共产党建党 90 周年，2011 年 6 月 30 日由清华大学、中国国家博物馆、中国美术家协会、中国艺术研究院、中国华夏文化遗产基金会联合主办，清华大学美术学院雕塑艺术研究所承办的“庆祝中国共产党建党 90 周年大型历史题材雕塑展”在国家博物馆开幕，此次展览展出清华大学美术学院雕塑艺术研究所所长、著名艺术家王洪亮教授十年来应邀为全国各大纪念馆、博物馆创作的大型雕塑艺术精品。

柒月

◎ “钢铁游踪”席时斌雕塑展

2011 年 7 月 1 日至 9 月 30 日，由陕西华山 1914 创

意文化园区与汇川聚场筹办的“钢铁游踪”席时斌雕塑展，将不同主题的钢铁雕塑展呈于华山园区的几个性质相异的户外空间中，引领参观民众以故事串联的方式，游览雕塑的造型与华山既有的空间故事，钢铁朴质的材质性与华山的文化特质一同成为故事的主轴。

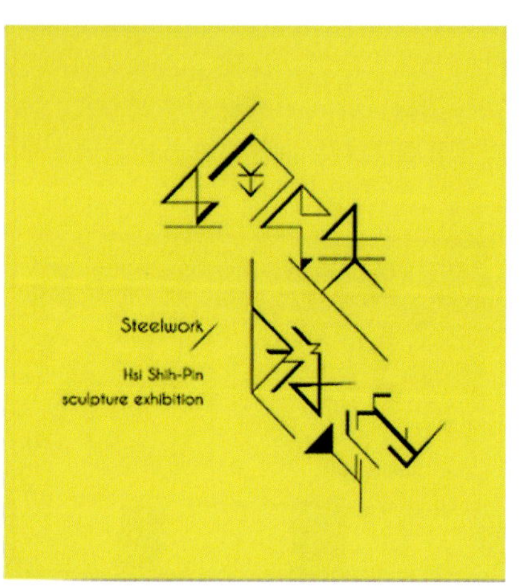

◎ 自由的天空——青年新锐当代雕塑艺术展

2011年7月2日至7月17日，新加坡凯德置地集团旗下项目北京凯德MALL在望京开业五周年庆典期间，邀请窦鸿策划《自由的天空——青年新锐当代雕塑艺术展》。由亚洲优秀青年油画家、雕塑家联盟主办，成道企划与香山美术馆协办，优美艺术承办。参展作品中，传统文化符号、现代社会事件等常见元逐渐弱化，取而代之的陪伴“他们”成长的影视、漫画、卡通、游戏等风格鲜明的新素材，作品彰显时尚、性感、唯美、戏剧色彩，夹杂着对成长回忆、青春期冲动和激情。

◎ 见证——孟德武雕塑作品展

2011年7月2日至2011年8月2日，“见证——孟德武雕塑作品展”在百雅轩798艺术中心朗晨青铜雕塑展示中心举办。展览中，孟德武的新作《轮回》群雕将圆明园12生肖兽首做了全新的演绎，通过赋予这些兽首各种各样包括古代吉祥如意和当代社会拜金主义象征性的人物躯体，使得这些兽首在历史见证的功能之外，又增添了批判现实的寓意。

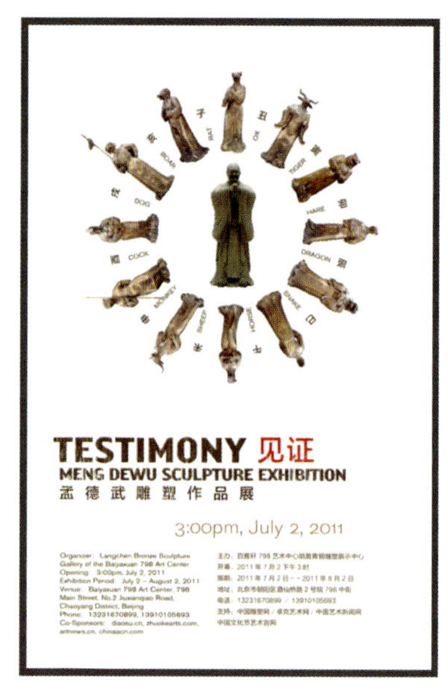

◎ 2011全国高校毕业生优秀雕塑作品展（第6届）在京举办

2011全国高校毕业生优秀雕塑作品展（第6届）于7月5日上午10点在北京国粹苑隆重开幕。中国红十字基金会秘书长刘选国、中国工艺美术学会雕塑专业委员会会长朱尚熹、中国教育学会美术教育专业委员会秘书长章瑞安、《雕塑》杂志社社长范伟民等嘉宾以及来自全国各地的艺术院校师生100余人出席了开幕式。此次有160余位来自国内30多个院校的毕业生参展。参展作品包括雕塑、艺术设计、公共艺术三大类。当天组委会举办了以“材料在造型语言中的运用”为主题的雕塑教学座谈会。本次展览评选出的优秀作品分别授予金、银、铜奖。其后，获奖毕业生参加了在南戴河举行的颁奖仪式，他们的作品也移师南戴河参加“首届南戴河国际雕塑展”。

◎ 薛滔装置雕塑个展——将

2011年7月8日至31日，五五画廊主办了云南大理出生的北漂年轻艺术家薛滔的装置雕塑个展“将”。 展览展出了《将》《同胞》《震》《核》等作品。薛滔作品可以说是一个档案馆，其采用的手工艺技巧以及材料与当代的互联网、电视媒体形成反差。薛滔的雕塑与现代社会脱节，游离于传统和现代之间。这种矛盾反映出为了解当代社会所作出的努力——在快速的现代化进程中，每一个中国人都正经历着这样的过程。

◎ 潜层真实——曹晖、瞿广慈双人雕塑展

2011 年 7 月 16 日至 8 月 14 日，台湾大未来林舍画廊举办“潜层真实——曹晖、瞿广慈双人雕塑展”。

◎ 章星陶瓷雕塑展盛大开幕

2011 年 7 月 16 至 2011 年 8 月 14 日，由清华大学美术学院苏丹教授策划的展览“章星陶瓷雕塑展”在 798 艺术区四面空间盛大开幕，来自海内外的数百人参加了开幕式。此次展览展出作品 20 件，以“人”为主题表现对象，大部分是陶质，有两套是细白瓷。创作时间最早的是 1999 年，也有近一两年的新作，作品时空跨越十几年。此次展出作品反映了章星在陶瓷雕塑创作方面的心路历程。在工艺与记忆、造型和形式之间，探索和积累出一套捏和泥片结合的塑造表现方式。

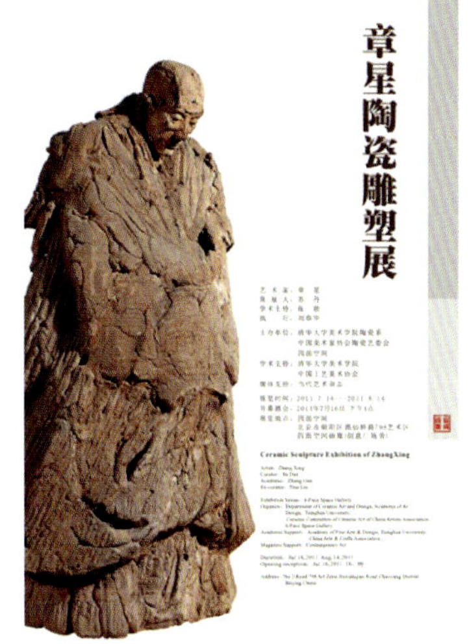

◎ 2011 蓝色交响 · 中国南戴河国际雕塑展在南戴河国际娱乐中心举办

2011 年 7 月 19 日，2011 蓝色交响 · 中国南戴河国际雕塑展在南戴河国际娱乐中心举办。此次活动由中国工艺美术学会雕塑专业委员会、中共秦皇岛市委、秦皇岛市人民政府、《雕塑》杂志主办，由中共抚宁县委、抚宁县人民政府、天津都市坐标环境装饰艺术有限公司承办，由南戴河旅游发展集团有限公司协办。雕塑展分为国际雕塑大展和 2011 全国大学生优秀作品展两部分，其中共展出国内外 40 位著名雕塑家作品 70 件，参展国家有中国、俄罗斯、美国、英国、法国、韩国、奥地利、意大利、西班牙、德国，参展中国著名雕塑家有景育民、王中、程兵、殷晓峰等；开幕式上对全国毕业生优秀雕塑作品展获奖作品进行了颁奖。

◎ 制造文明——中国当代雕塑展

由澳门文化局主办的“制造文明——中国当代雕塑展”于 7 月 29 日下午在南湾旧法院大楼举行开幕仪式，展览由独立策展人朱焯信策划，共邀请了瞿广慈、向京、陈文令、曹晖、李红军及黎薇 6 位中国当代著名艺术家，全艺社两位澳门艺术家君士坦丁与黄家龙参与。参展的八位艺术家们通过多元的艺术创作手法，探讨个人对社会与文明的独特见解，向外展示中国内地及澳门当代雕塑的成果以及两地艺术家共同探讨雕塑作品创作的可能性。

◎ 意大利但丁神曲主题雕塑艺术展

2011 年 7 月 31 日，意大利但丁神曲主题雕塑在浙江温州 7 号艺术中心展出。意大利但丁神曲主题雕塑艺术展是意大利最优秀的艺术家、雕塑家贝内托·罗扎以但丁的代表作《神曲》为主题的雕塑艺术展，系全球范围内首次将《神曲》具象化、以精湛的雕塑技法展现其精髓的艺术尝试。其雕刻之精、造型之美，堪称一座多姿多彩、形象鲜活的人物画廊。

捌月

◎ 首届全国抽象雕塑高级研修班圆满结束

由中国工艺美术学会雕塑专业委员会、中国《雕塑》杂志社与清华大学美术学院联合开办的“首届全国抽象雕塑研修班”于 2011 年 8 月 4 日在北京国粹苑一号展厅隆重举办学员结业汇报展暨学术研讨会。来自全国各地的美术院校以及雕塑公司的学员们在美国北卡罗来纳大学教授 Billy Lee 的指导下，历经两个月的理论学习与实践研修、工厂制作，结出了丰硕的果实。五十余件抽象雕塑作品体现着学员创作思维的转换、手法的创新，令观者耳目一新；学术研讨会的热烈发言，反映着学员对当代艺术的深度思考。

◎ “我乐故我在” 许鸿飞雕塑展

2011 年 8 月 11 日至 8 月 30 日，香港 Galerie Ora-Ora 画廊呈献中国当代著名雕塑家许鸿飞的作品，该展特别挑选许鸿飞一系列饶有趣味、充满幽默感的作品。许鸿飞的创作一向随心，希望把有趣味的体验通过艺术与众人分享。更难得的是他的豁达和真挚，以这个雕塑系列和他一直热心的公共艺术为例，许鸿飞的艺术品往往能丰富和滋润我们的都市生活，让我们能从多角度感受生活，达至产生良好的社会效应和积极的社会意义的效果。

◎ “漆·器·气”——汪天亮大漆艺术展

2011 年 8 月 12 日至 8 月 23 日，题为“漆·器·气——汪天亮大漆艺术展”展览在上海美术馆第五、六展厅隆重开幕，本次展览是由中国美术家协会漆画艺委会和上海美术馆联合主办、红玫瑰白玫瑰亚洲艺术画廊承办的关于汪天亮大漆艺术创作的一次宏大个展，同时也是汪天亮 40 年艺术创作成果的首次集中呈现。汪天亮是一位长期着力探讨“抽象艺术”与“意象艺术”的重要艺术家。

漆·器·氣

汪天亮大漆艺术展

Lacquer · Utensil · Pneuma

Wang Tianliang Lacquer Exhibition

◎ “潘家两仔爷”雕塑展

2011 年 8 月 14 至 9 月 30 日，广州美国 LC 艺廊举办了“潘家两仔爷”雕塑展，参展的是潘鹤、潘奋父子。潘鹤从艺 65 年来无数次获得国家级奖项，更多次获得“终身成就大奖”。作为潘鹤的儿子，潘奋从小耳濡目染，继承了父亲的艺术天赋，他创作了城市雕塑作品近 50 件，分布于国内外各大城市里。此次展览，潘鹤将携手其子潘奋，展出大量作品，包括《爱国无门》《自由与解放》《少年毛泽东》《客家女》《人与自然》《同代人》《新生》等重要作品。“两仔爷”的风格一个写实，一个趋于抽象化，却都个性十足，突出表现了雕塑家非凡的艺术风范。

◎ 李由雕塑作品巡回展开幕

2011 年 8 月 16 日下午，李由雕塑作品 2011 巡回展在大连艺术展览馆拉开序幕。此次展出李由的 20 余件雕塑作品，包括金属制成的人像与树木做成的各种各样物体。试图通过雕塑语言来传达生命意识。展览展出作品除有《祖国花朵》《无题》《箱子》系列等名作外，还有《我的我》《心经》和《金刚经》三件最新作品。其中，引发观众热议的《箱子》系列，乍看像是普通的手提箱，但箱面上却布满了“LV”“¥”“$”等符号，有的箱子甚至残破露出了里面的蛆虫。此次展览时间为 8 月 16 日至 25 日，随后在香港、北京、上海、昆明巡回展出。

◎ 第三届中国长春世界雕塑大会国际陶艺作品邀请展开幕

2011 年 8 月 19 日，来自 9 个国家的 12 位中外陶艺家齐聚长春，为长春的文化生活再添一份新意。本次陶瓷展以“走进陶艺世界，创作美好生活”为主题。陶艺家们在吉林艺术学院进行创作和烧制作品，并举行专题讲座、演讲，与市民互动交流。9 月 1 日至 3 日，陶艺家们在长春世界雕塑公园艺术馆内展出创作的作品，展销自己随身携带的作品，并参加雕塑大会。本届陶艺展所创作的所有作品将全部由长春市人民政府永久收藏。

◎ 拿瓦伦在中国——西班牙雕塑展

2011 年 8 月 23 日，为期一个月的“拿瓦伦在中国——西班牙雕塑展　”在武汉美术馆开幕。本次展品展出的是纳蒂维达·拿瓦伦围绕“母亲到女儿”主题创作的系列雕塑作品，除了运用铜质材料，还融入面料、线、帆布、针等日常材料，抽象反映女儿和母亲间的对话场景，以此表达拿瓦伦对女性生命的爱和恨、复杂和单纯、指责和希冀的细腻情愫。

◎ “鼎立行”第三届全国高校毕业生石雕创作营闭幕

2011 年 8 月 31 日“鼎立行”第三届全国高校毕业生石雕创作营在惠安鼎立雕刻有限公司圆满闭幕，中国工艺美术学会雕塑专业委员会会长朱尚熹，当地政府相关领导和众多艺术家出席闭幕式。经专家组严格评定，从此次参加第三届全国高校毕业生石雕创作营的 10 件参选作品中评选出最佳创意奖 1 名、最佳传承奖 1 名、最佳技术奖 1 名。从 2008 年开始，中国工艺美术协会雕塑专业委员会和惠安雕刻艺术研究会联合惠安的雕刻企业，连续举办了“海峡情”“西岸风”两届全国高校毕业生石雕创作营。这是惠安雕刻艺术文化活动从政府承办转由社会团体组织和企业承办的一个新的尝试和探索，旨在为新一代雕塑家和雕刻企业之间搭起一个交流互动的平台。

玖月

◎ 雕塑让城市更精彩——2011 年第三届中国长春世界雕塑大会举办

2011 年 9 月 2 日，由文化部艺术司、全国城雕委、长春市人民政府主办的第三届中国长春世界雕塑大会盛大开幕，来自全球一百多个国家和地区的六百多位代表和嘉宾，齐聚长春世界雕塑公园，共享文化盛宴，为长春打造世界雕塑名城汇聚智慧和灵感。本届雕塑大会以“友谊·和平·春天——雕塑让城市更精彩”为主题，旨在弘扬中外雕塑文化，促进中外雕塑家的交流与合作，探寻城市雕塑建设的发展方向。

◎ 第十二届长春高新区国际雕塑作品邀请展揭幕

2011 年 9 月 1 日上午，第十二届中国长春（高新区）国际雕塑作品邀请展揭幕仪式在长春高新区长东北城市生态湿地公园举行。第 12 届“国际雕塑作品邀请展”由长春高新区承办、邀请到来自 101 个国家和地区的雕塑家，创作了 107 件雕塑作品，无论是参展规模、数量，还是质量、品位，都实现了新得突破。

◎ 身体的发现——陈连富雕塑艺术展

由《雕塑》杂志社、鲁迅美术学院雕塑系主办的“身体的发现——陈连富雕塑艺术展”于 2011 年 9 月 12 日至 20 日在中国美术馆举行。展览展出了陈连富教授近年来雕塑精品 30 余件。在面对艺术日渐被功利化、观念化、工具化，艺术语言特征也在被消解和边缘化的时候，陈连富凭借扎实写实功底以及吸收中外艺术的内在精神，通过多元的创作手法，探讨个人对社会与文明的独特见解，彰显着对生命的尊崇和热爱。运用青铜、大理石等材料的硬朗与细腻，塑造着女性青春的恬美，以“刚毅与温润”“冷峻与清纯”的对比来对当下文化进行审视，有意无意间呈现出当下社会的某种生存状态或价值观。

◎西蒙基金会私藏欧洲雕塑与绘画精品展在京开幕

由中华世纪坛世界艺术馆、西蒙基金会及国内五家博物馆共同举办的“古典与唯美——西蒙基金会收藏雕塑、绘画展”，于 2011 年 9 月 15 日在此间世界艺术馆开幕，展览持续至 11 月 21 日。本次展览云集了西蒙基金会最精彩时期的 79 件藏品，涵盖欧洲学院派、新古典主义、浪漫主义、现实主义以及现代派艺术，它们的创作者则囊括了众多欧洲艺术史上声名卓著的艺术家，如吕德、莱顿、巴里、卡波、罗丹、克洛代尔等。其中，罗丹的 4 件作品和他的学生兼情人克洛岱尔的 3 件作品互为一组，呈现出二人在创作上的相互影响。

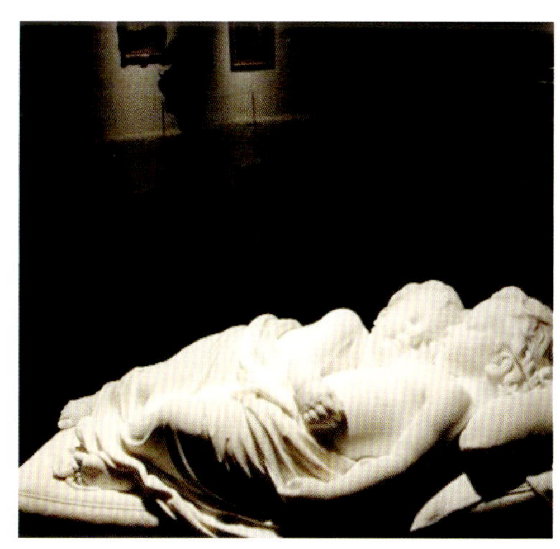

◎第十一届南京路雕塑展暨云南雕塑艺术展

2011 年 9 月 20 日第十一届南京路雕塑展暨云南雕塑艺术展亮相南京路步行街。本次展览共展出 40 位雕塑家的六十余件作品，集中了云南雕塑界各个时期的不同作品。其中“贩妇”“补碗”“马帮”等作品，展现的社会风貌跨度达百年之久。

◎ “这个世界会好吗？”向京个展

2011 年 9 月 23 日至 10 月 17 日，应今日美术馆之邀，雕塑家向京举办主题为“这个世界会好吗？”作品个展。“这个世界会好吗？”也是一个邀请的开放式讨论。当观者第一次真正跳出“女性身体”系列中那个熟悉的向京，去重新面对新作品时将被推至一个在“人”之外更庞大或终极的空间中思考——“处境”。我们如何看待自己？如何看待游戏结构里的位置。这个敞开的答案，艺术家试图和观者、评论者一起来讨论。

◎ 2011 北京 798 户外雕塑展受欢迎 31 组作品备受关注

2011 北京 798 艺术节 9 月 24 日——10 月 16 日举行。期间，主题为“当代雕塑与 798 艺术区的共存与发展”学术研讨会在 798 艺术区举行。李象群、吴为山、吕胜中、朱其等多位专家出席。798 户外雕塑展可谓是历届艺术节中规模最大、展品数量最多的一次。798 艺术区是当代艺术园区，组委会挑选作品时看重作品的当代性和前卫性以及作品是否与 798 的艺术环境相匹配。基于此，最终选出 31 组作品，这 31 组作品风格各异，在艺术节期间备受关注，也成为游客合影留念的最爱。

◎ 啸墙——刘建华个展

2011 年 9 月 24 日至 11 月 20 日，UCCA 尤伦斯当代艺术中心举办了著名雕塑、装置艺术家刘建华的“啸墙”个展，这是一组依据 UCCA 展览空间特别创作的新作品。在 UCCA 中央甬道两边的巨大白色墙体上，二百多件大大小小的黑色瓷制物件犹如从空而下流淌在墙面上的斑斑墨迹，制造出一个时间被凝固静止的巨大空间。当置身于这个充满矛盾的空间时，我们获得了更多维度思考的机会。

◎ 第六届中国（惠安）雕刻艺术节暨“荣发杯”石雕大奖赛开幕

以“海风石语”为主题的第六届中国（惠安）雕刻艺术节暨“荣发杯”石雕大奖赛，于 2011 年 9 月 25 日在福建惠安荣发石业有限公司隆重开幕。大赛共收到了来自海内外近 600 件报名作品，评出 50 件入围参赛，其中的 15 名国外参赛艺术家分别来自俄罗斯、意大利、美国、日本、土耳其、比利时、立陶宛、乌克兰等 15 个国家和地区。本次石雕大奖赛现场比赛采用集中创作、集中评奖的方法。大赛期间，包括 15 名国外参赛艺术家在内的 50 名艺术家在组委会安排的地点内，使用组委会提供的原材料，按照大赛主题要求进行创作，以石会友、切磋技艺。最后，评出一等奖 1 名，二等奖 3 名，三等奖 6 名。来自意大利的 Filin Gueorgui 凭借作品《美人鱼》获得大奖赛一等奖。本届雕刻艺术节在前 5 届的基础上举行，规模更大，艺术水平和文化内涵均有明显提升，迈出了惠安石雕国际交流的新步伐。

◎ 王岐山一行参观“大同国际雕塑双年展”

2011 年 9 月 23 日，中共中央政治局委员、国务院副总理王岐山，山西省省委书记袁纯清、省长王君，在大同市委副书记、市长耿彦波陪同下，一同考察了“2011 大同国际雕塑双年展暨‘2011 曾竹韶雕塑艺术奖学金’毕业生优秀作品展”。中国美术家协会雕塑艺委会秘书长、中央美术学院雕塑系主任吕品昌教授向参观嘉宾详细介绍了双年展的筹备情况，并讲解了部分艺术家及其作品。

◎ 2011 大同国际雕塑双年展在大同举办

由中国美术家协会、中央美术学院与大同市人民政府联合举办的“2011 中国大同国际雕塑双年展”于 9 月 28 日在山西大同隆重开幕，本届国际雕塑双年展是我国首次以雕塑这门艺术形式命名的“双年展”。届时，“曾竹韶雕塑艺术奖学金”毕业生优秀作品展暨第十届大同云冈文化艺术节也将同期举办。本届双年展以“开悟”为主题，同时举办一系列展览及学术活动，旨在推动当代雕塑与传统文化艺术实现交流互动，并与古都大同的文化发展相呼应，全面展示了当今雕塑领域的整体面貌和艺术水准。

◎ 2011 成都双年展——蓝顶艺术家雕塑展

2011 年 9 月 29 日，由锦江区委宣传部、成都蓝顶美术馆、家琨设计工作室联合承办的公益艺术活动——2011 成都双年展特别邀请展之“蓝顶艺术家雕塑展”于三圣乡荷塘月色蓝顶艺术中心园区内绿地开展。整个展览中，雕塑、装置与建筑、园林等元素融为一体，从形式到内容都有很大的包容性，让这个露天艺术展场充满了观光体验的乐趣。参加本次展出的除周春芽、何多苓等蓝顶艺术中心的领军艺术家外，余极、师进滇等老蓝顶以及和祥苑等艺术家群落中坚力量的艺术家，也纷纷带来了自己的最新力作参展。此外，方力钧、焦兴涛等知名艺术家和著名建筑师刘家琨也应邀携作品参展。

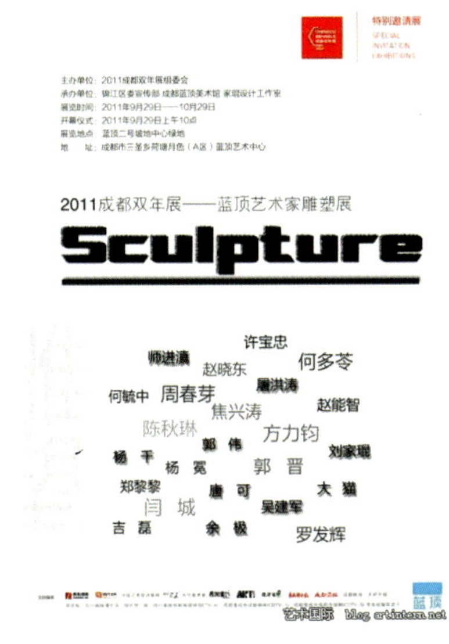

拾月

◎ 2011“艺术青岛”——首届当代雕塑艺术展在青岛隆重举行

2011 年 10 月 1 日，“艺术青岛”——首届当代雕塑艺术展在青岛百丽广场三层艺术空间拉开帷幕，展览得到了著名收藏家及优秀艺术家们的倾情支持，展览汇集了老中青三代雕塑家的艺术精品，其中有老艺术家雕塑泰斗钱绍武的《少女》、中国工艺美术大师韩美林的作品《母与子》、当代雕塑家袁熙坤作品《福猪》；著名中年艺术家刘力国、王少军、侯冠滨的呕心力作；知名青年艺术家沈敬东、吕顺、张建华、毕艳胜、邢罡、陈金庆、白建立、于进江、温勇育、王水旺等最新精品力作，所有作品展现了当代艺术家们截然不同的时代生活体验与艺术探索。

◎ “如是——中国当代雕塑即景”宋庄展出

2011 年 10 月 14 日至 11 月 14 日，“如是——中国当代雕塑即景”在宋庄美术馆东侧广场展出。这次展览突破一般雕塑展的常规模式，将中国当代雕塑最重要雕塑家的作品以一种日常的尺度和平易的态度，融入一个多元混搭、平行并置的戏剧性场景。参加展出的有来自全国各地的 24 位艺术家，既有隋建国、展望等著名当代雕塑家，也有曾成钢、陈云岗等学院雕塑的代表人物，还有中国雕塑学会青年推介计划成员宋建树、项一等新一代雕塑家。他们的作品在碰撞、冲突与对话中彼此揭示与敞开，其文化主题涉及了东西方文化对比、传统、当代以及宗教、哲学等极为丰富的范畴，从而共同构成了中国当代雕塑的整体语境和精神表达，彰显中华民族和而不同、多元一体的文化思想。

◎ “青春的视觉见证”——第二届全国大学生公共视觉优秀作品展

2011 年 10 月 14 日，“青春的视觉见证”——第二届全国大学生公共视觉优秀作品展在苏州河畔上海长风视觉艺术馆开幕，40 件展品是从全国百所大学和美术院校中挑选出的，活动由上海城市雕塑委员会和普陀区政府主办。这些出自艺术院校同学们之手的作品，有的关注城市问题、人的生存空间、生态环境，有的侧重表达个人化的生活体验和内心感受，在视觉效果、艺术内涵等方面都体现出不错的水准。

◎ 似水年华——邹亮雕塑个展

2011 年 10 月 15 日至 11 月 11 日，“似水年华——邹亮雕塑个展”在一直致力于发现并推出当代艺术新锐的北京新时代画廊举行。雕塑家邹亮，是一位优秀的年轻艺术新锐，生于 1979 年，2003 年本科毕业于鲁迅美术学院雕塑系，2008 年硕士毕业于中央美术学院雕塑系。毕业后一直致力于雕塑艺术的研究和创作，作品曾参加国内外多个重要展览。本次个展是首个全面展现其艺术创作面貌的展览。

◎ 南京举办民国生活泥偶雕塑展

2011 年 10 月 15 日，为期七天的“民国生活”泥偶雕塑展在南京颜真卿纪念馆举行，展览通过写实和夸张的艺术手法，再现了民国时期和新中国成立初期的民众生活百态。

◎ 夏阳油画雕塑展

2011 年 10 月 21 至 12 月 21 日，北京大未来林舍画廊推出夏阳绘画雕塑展。此次夏阳的新作不仅沿袭了他绘画的“中国式的简笔山水气质”，还加入了中国传统民间的剪纸艺术。而他的金属雕作品，将金属钢片与铜片的硬度转换为线的柔韧度，并借用飘逸的草书线条，赋予金属剪切的张力，其作品渗透的是滤也滤不去的中国气韵。

◎ 龙生九子——隋建国师生作品展

2011 年 10 月 29 日至 2011 年 12 月 11 日，由中展德美（北京）展览有限责任公司策划的“龙生九子——隋建国师生作品展”在 798 艺术区红星画廊举行。展览展出中国著名当代雕塑家隋建国和来自中央美术学院雕塑系的 29 名学生的三十余件作品，涵盖雕塑、装置、影像、行为等。

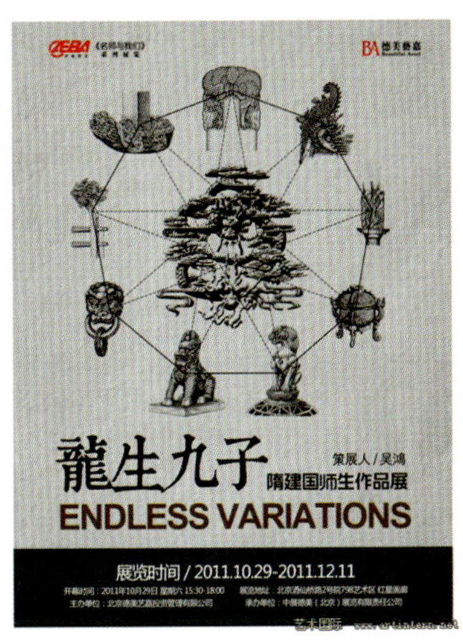

◎ 洞鉴——孙晓晨雕塑作品展

由今日美术馆主办，北京千年时间画廊协办的“洞鉴——孙晓晨雕塑作品展”，于 2011 年 10 月 29 日在今日美术馆开幕。作品展采用的场景化“互视”结构更类似于中国古代诗文中的“互文”修辞方法。现成品的挪用在体现其与生活之间原有关系的同时，突显了艺术家选择的意义和动机，更有意思的是它们还与“相机”之间形成复杂的关联，产生某种难辨赝伪的真相迷失，从而激发了观者的互动性和现场感。作品展以“洞鉴”为名，通过这种方式以今溯古，冷静剖析人类自身的劣根陋习和顽冥不化。

◎“奇点”四川青年雕塑家第一回展

2011 年 10 月 29 日，“奇点”四川青年雕塑家第一回展在成都艺家画廊隆重开幕，展出了陈硕等 22 位四川青年雕塑家的二十多件作品。本次展览高举女性主义旗帜，亦强调热爱自然，利用传统的雕刻手法赋予木头新的意义，用气球传达概念，或者在传统青花和现代建筑之间找寻梦幻般的心灵家园。每件作品都是视觉思考的结果，每一次把玩都是明确的心理反射。

拾壹月

◎“大气”——李真台湾大型雕塑首展

由亚洲艺术中心主办的“大气——李真台湾大型雕塑首展”于 2011 年 11 月 6 日至 12 月 4 日在台北中正纪念堂民主大道及两厅院广场举办。李真，1963 年出生于台湾云林，是极受瞩目的当代艺术家。自 2000 年来，李真不仅在世界重要艺术城市展出，还在 2007 年参加世界艺术最高殿堂意大利威尼斯双年展中举办个展。作品特有的东方内涵与气质撼动了全世界的观众。此次展览集结李真从 1998 年至今的 20 件重要巨型作品，包含 5 个不同的创作系列：“虚空中的能量”“大气神游”“神魄”“天燧”和最新的“青烟”系列，展示了艺术家各个时期的代表作品。

◎ 清晰的地平线——1978 以来的中国当代雕塑

2011 年 11 月 5 日下午，北京寺上美术馆正式开馆，与此同时，由著名策展人何桂彦策划，著名艺术史学者、中央美术学院教授易英与著名艺术批评家与策展人、中央美术学院教授殷双喜任学术主持的“清晰的地平线——1978 以来的中国当代雕塑”展在寺上美术馆开幕。展览通过三大主题“文化思想的反拨与艺术本体的回归”“介入现实与观念革命”“物、剧场、身体与雕塑边界在消逝”，勾勒出中国当代雕塑艺术 30 年基本发展线索和轨迹，并在每个主题中针对性选择了具有代表性艺术家的代表作品。展览在强调雕塑艺术史梳理的同时，全力推荐、呈现一批青年艺术家的实验和具有前瞻性的作品。

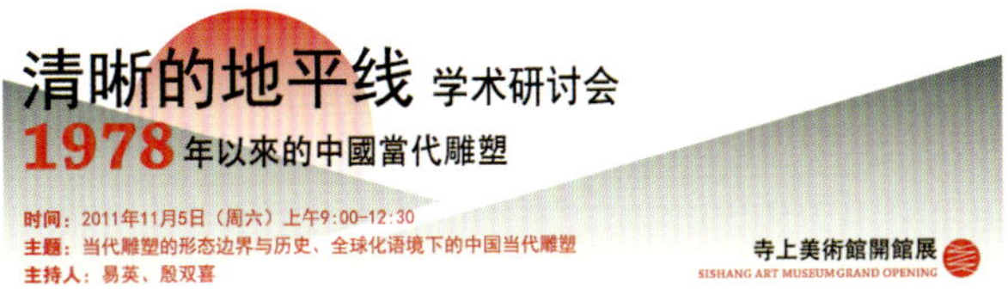

◎ “和光同尘”邱启敬个展

2011 年 11 月 24 日至 12 月 19 日，798 白盒子艺术馆和卓越艺术空间同步推出艺术家邱启敬《和光同尘》大型个展，白盒子艺术馆将倾力呈现艺术家新近创作的青花、和田白玉系列作品，直溯中国古典人文传统，在东方文人艺术中汲取营养，更因其材质名贵，成为众人关注的焦点。其中在卓越艺术空间展出的印章系列作品累计 500 多件，体量宏大，通过对男权传统和欲望红尘的全面反思展开了对更深层人性的剖析。

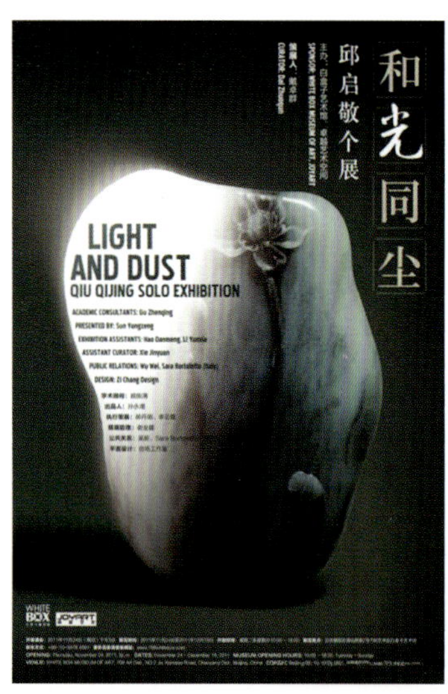

◎ 红猫——蒋朔雕塑展

2011 年 11 月 24 日至 12 月 7 日，雕塑家蒋朔于香港万玉堂画廊举办个人近作展，展出包括新近创作的红卫兵雕塑作品及首次展出的《红猫》系列。蒋朔的作品一方面反映她少女时期投身红卫兵的个人背景，另一方面亦反映她于 1989 年移居奥地利后远观祖国慢慢发展成今天庞大的资本机器而延伸出的种种迷思。两个时代人民的不同理想与价值观，同样歇斯底里的集体狂热，蒋朔一一收归眼内，并将这类观察灵巧地融合于她的红卫兵雕塑创作之中。

拾贰月

◎ 第四届全国青年美展开幕

2011 年 12 月 2 日至 12 月 18 日，由全国青联、中国文联、中国美协主办的“第四届全国青年美术作品展览”在中国美术馆展出。展览共收到全国各地作品 9127 件，经严格评审，精选出包括国画、油画、版画、水彩、粉画、漆画、雕塑、综合材料等各类美术作品 526 件，其中优秀作品 128 件。全国青年美展是国家级综合性大展，不仅为青年美术家搭建了展示才华的重要舞台，更通过青年美术家的优秀作品表现了他们的创新精神、创作热情和对社会的关怀，反映了当代中国美术的新发展、新特点。

◎ “美中艺术交流展”12 月 3 日在上海开幕

2011 年 12 月 3 日至 2012 年 2 月 10 日，由美中商业协会主办，《雕塑》杂志社、华港文化交流基金会协办的“美中艺术交流展”在上海美中艺术交流中心隆重举行。来自雕塑、绘画、陶瓷、摄影等领域近五十位中美两国名家呈现三百多件艺术精品。陆续在上海、纽约、华盛顿、芝加哥、旧金山和北京展出，延续一年。无论是展览规模、参与艺术家人数还是艺术品的质量，均创下了中美艺术交流活动的新高点。

◎ 2011威尼斯双年展中国馆展览重现北京798艺术区

以“弥漫·北京”为主题的当代艺术展览于2011年12月3日在北京798艺术区悦美术馆开幕，重现本届威尼斯双年展中国馆精彩展览。中国馆在第54届威尼斯艺术双年展上获得成功，被国际美术界认为是本届威尼斯展最好的部分。威尼斯双年展结束之际，中国馆原班人马在798艺术区再次展出“弥漫”。展览有《融》《空香》《浮云》《器》《我请求：雨》等，不仅与视觉有关，还涉及听觉和触觉，展览还多了很多文献，展览的生命力在延伸。

◎ 台湾当代陶艺展“大眼看颜色”系列之“土象与符号”开幕

2011年12月4日至25日，台湾当代陶艺展“大眼看颜色”系列之“土象与符号”在成都当代美术馆举行开幕仪式。展览以“土象与符号”为主题，通过展示13位台湾优秀当代陶艺家们的作品，旨在论述艺术家是如何娴熟地运用土的性格创作出他们想要表达的理想，借由与欣赏者的对话，激发相互间对未来生活想象的自由空间，创造无限的可能性。本展最大的特色在于冲击观赏者的传统视觉经验，颠覆观赏者的平常思考习惯。

◎ 第十七届中国雕塑论坛在台儿庄古城举办

2012年12月17日，由中国工艺美术学会雕塑专业委员会、《雕塑》杂志社主办的第十七届中国雕塑论坛，在台儿庄古城兰祺会堂举办。枣庄市政协副主席王宗兰、枣庄市原人大常委会副主任孙景瑞、中共台儿庄区委书记王广金等市区领导出席开幕式并合影留念，来自全国各地的百余名专家、学者应邀参加本次论坛。本届论坛主题为“关怀公共空间、放飞雕塑希望”。论坛期间，与会专家、学者围绕雕塑艺术的视觉心理与空间、观念的拓展等内容进行主题发言，并展开分组研讨会。同时，还将结合台儿庄城市建设规划的实际情况，就雕塑规划建设进行了讨论。

◎ 凝固的旋律——国家大剧院雕塑作品邀请展

由国家大剧院主办的“凝固的旋律——国家大剧院雕塑作品邀请展”于2011年12月19日时在国家大剧院北水下廊道东展厅举行。该展览是大剧院举办的首个雕塑展，也是国内首个“表演艺术”主题雕塑展。展览共展出潘鹤、钱绍武等114位雕刻艺术家的150件套优秀雕塑作品，其中邀请作品65件套，征集作品85件，以较高的艺术水准引起了观众的广泛关注。

◎ 韩美林艺术大展

2011年12月26日，韩美林艺术大展在长达10年的酝酿后，于中国国家博物馆开幕。这是国博历史上所举办的最大规模的个人展览。本次大展由全国政协办公厅、中华人民共和国文化部、中华人民共和国新闻出版总署、中国文学艺术界联合会、中央文史研究馆、中国美术家协会、清华大学、中国国家博物馆联合主办，中国美术家协会韩美林工作室、韩美林艺术馆承办，展陈面积6000平方米，展出了集韩美林绘画和书法、雕塑、陶瓷、设计四个门类的新作3200余件。艺术大展所展出的作品，精品荟萃、叠彩纷呈，交织成了一个多姿多彩的美的世界。

◎ 中国姿态·第二届中国雕塑大展在温启幕

“中国姿态·游子情·温州行——首届中国雕塑大展”于2012年12月27日在温州会展中心万和豪生大酒店开幕。这是以温州为首发城市开始的中国雕塑大展的又一次全国巡展。三年一届的中国雕塑大展，是中国雕塑学会最重要的全国性综合展览。本届大展由文化部艺术司、中国美术家协会、中国雕塑学会等单位联合主办，中共温州市委宣传部和统战部协办，温州站展览为期两个月。开幕式上还颁发了中国雕塑艺术终身成就奖、中国雕塑艺术大奖等奖项。

聚焦 2012

壹月

◎《田世信、田禾雕塑展》在三亚开幕

2012年1月20日，由中央美术学院雕塑系、三亚市文体局主办的《田世信、田禾雕塑展》，在三亚碧海蓝天美术馆开幕，共展出田世信父女作品30件。田世信的作品有着贵州特有的乡土气息和神秘氛围，特别注重雕塑形式语言的感染力，追求质朴苦涩的美感，追求生命本质的真实。田禾是田世信之女，中国青年雕塑家。其作品通过对新材料的引入以及对生活的细腻体验，拓展了雕塑的表达范畴，具有独特的审美价值。

贰月

◎ 中原风·铸铜雕塑艺术展

2012年2月11日上午，“中原风·铸铜雕塑艺术展”在河南博物院开幕，展出45位作者创作的148件铸铜雕塑。展览主题宽泛，在“中原风”母题下，取材轻松而唯美；体量小，适宜案头、架上陈设；注重形式探索且雅俗共赏；作品皆为铸铜工艺，适宜收藏。

◎ 空眸——中国雕塑实力 22 人展

2012 年 2 月 21 日至 3 月 31 日，“空眸——中国雕塑实力 22 人展”在北京 798 艺术区大河画廊开展。展览展出了活跃在中国雕塑界的 22 位艺术家的 44 件作品。艺术家们分别以不同的材料与形式通过各自的视角来呈现艺术所能够构成的表现空间，并不存在一个预设的主题。在他们中所能够概括出来对于其艺术群体的共性就是他们在以“心”观看而不仅仅的用“眼”。而展览以《空眸》为题的目的，就是希望用看似各异的造型和形态回答“如何以心来做艺术”这一问题。

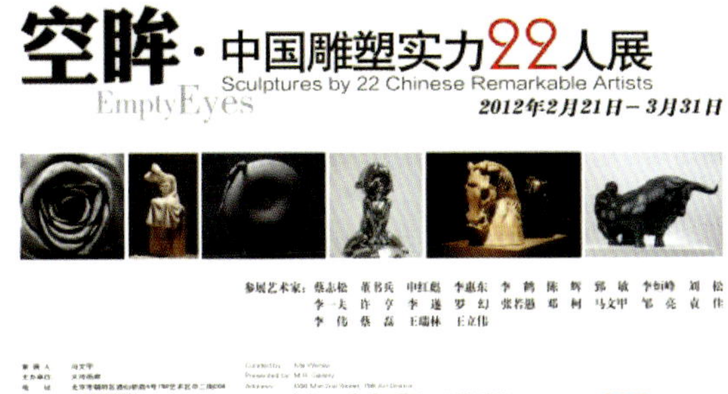

◎ “古典与唯美——西蒙基金会收藏雕塑、绘画展”开展

由重庆中国三峡博物馆引进的“古典与唯美——西蒙基金会收藏雕塑、绘画展”于 2012 年 2 月 26 日开展。该展览是一个汇聚 19 世纪至 20 世纪前期欧洲绘画与雕塑精品的展览，分为“古典与唯美”和“生命的维度”两部分。第一部分为学院派艺术家采用写实的手法，深刻领会造型的规律，以神话、宗教和历史为题材，创作出具有优雅精致的唯美主义情调，追求古典艺术所推崇的和谐、均衡与典雅，力求展示最完美的人体之美以及对艺术价值永恒的追求。展览的第二部分“生命的维度”，展现的作品大多表现与现实生活息息相关的题材，有劳作的工人、奔跑的运动员、起舞的情侣、温情的母子，这些作品来自生活，带着浓厚的现实主义特征。

◎ 南京·国际体育雕塑大赛在京启动

为了更好地宣传 2014 年将在南京举办的青奥会，青春的力量——南京·国际体育雕塑大赛启动仪式于青奥会倒计时 900 天前夕的 2012 年 2 月 27 日上午在北京钓鱼台国宾馆举行。此次大赛由南京·国际体育雕塑大赛组委会主办，南京文化投资控股集团承办，全国城市雕塑建设指导委员会和中国艺术研究院作为支持单位，中国艺术研究院中国雕塑院作为艺术主持单位。举办此次大赛是为了弘扬奥运精神和落实文化兴国的重要国策，进一步提升南京城市文化品级，邀请全世界的优秀艺术家用国际视角解读著名历史文化名城——南京，为南京留下永恒、经典的青奥文化和城市文化遗产。

叁月

◎ 托尼·克拉格：雕塑与绘画展

2012 年 3 月 2 日至 4 月 15 日，“托尼·克拉格：雕

塑与绘画展”在中央美术学院美术馆展出。共展出托尼雕塑作品50件以及包括草稿、水彩等在内的纸本作品127件。展览除在美术馆三层空间展示全部纸本及大部分雕塑作品外，还有5件大型雕塑作品布置于美术馆户外空间，利用外墙、草坪和建筑的弧形结构营造出特别的氛围。英国大使馆文化和教育处将把“托尼·克拉格：雕塑与绘画展”纳入该机构的“艺述英伦”（UK NOW）大型系列文化项目，利用网络和平面媒介进行推广。

◎ **隋建国雕塑展在佩斯北京开幕**

2012年3月3日，隋建国大型个展《隋建国》于佩斯北京开幕。隋建国是中国最重要的当代艺术家之一，被誉为“在观念主义方向上走得最早也最远的中国当代雕塑艺术家”。此次展览是隋建国加入佩斯北京之后的首个个展，汇集了艺术家各个阶段的代表作品。

◎ **乡亲主题雕塑展在港展出**

一个以“乡亲”为主题的大型雕塑展于2012年3月12日起在香港中央图书馆展出，由内地艺术家李小超创作的60件雕塑作品中精选出20件，反映了1949年至2009年的新中国乡土人情。

◎ **雕塑家曾竹韶逝世**

2012年3月12日上午8点20分，著名雕塑家、美术教育家曾竹韶在北京协和医院逝世，享年104岁。3月27日，中央美术学院组织召开曾竹韶追思纪念会。曾竹韶生前同事、学生、朋友以及家属代表，以座谈会的方式，深切缅怀这位为新中国雕塑事业奉献一生的杰出艺术家。

◎ **大荒西经——成渝当代雕塑邀请展**

2012年3月18日由文轩美术馆、四川美术学院主办，当代雕塑艺术策展人唐尧策展的“大荒西经——成渝当代雕塑邀请展”在文轩美术馆拉开序幕。近年，中国当代艺术风起云涌，以“深度生命体验”为特征的西南雕塑，亦在精神维度与语言当代性方面努力探进。成渝两地的雕塑家以各自的方式开掘并寻觅着当代雕塑的突围之路。

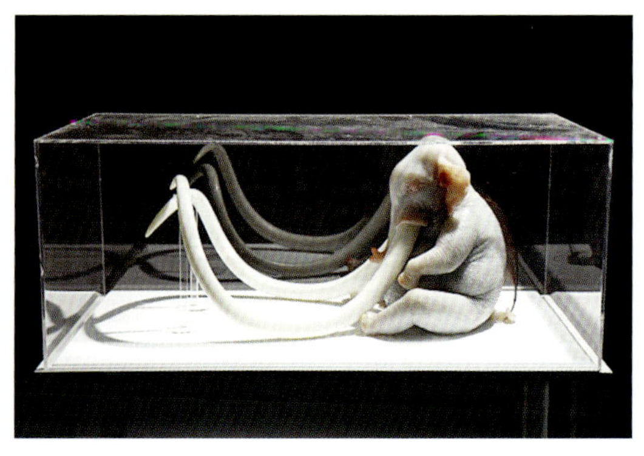

肆月

◎ “气·悟·和——我的强国之梦”赵成民雕塑展

2012 年 4 月 4 日，由中国美术家协会、中央美术学院和北京画院主办的“气 · 悟 · 和—— 我的强国之梦”赵成民雕塑艺术展在中国美术馆开幕。四十余件艺术作品全方位展现了当代综合艺术家赵成民先生的艺术成就和心路历程，这是赵成民自 1981 届中央美术学院研究生毕业三十多年来的首次雕塑学术大展，旨在向母校献礼，向导师刘开渠及滑田友、曾祖韶、王临乙、王合内诸大师及教授以虔诚的学术汇报。也是作为一名艺术家的拳拳爱国情怀，为祖国成为文化强国所做的一份艺术上的答卷。

◎ 第二届广东当代陶艺大展成功举办

由中国美术家协会陶瓷艺术委员会、广东省美术家协会、广州美术学院主办，广东省美术家协会陶瓷艺术委员会、广州美术学院大学城美术馆、广州美术学院科研创作处承办的“第二届广东当代陶艺大展”，于 2012 年 4 月 6 日上午在广州美术学院大学城美术馆开幕。本次展览包含一个特别展“中国美协陶瓷艺委会委员作品年度展”、两个项目展“粤、港、澳、当代陶艺作品展”及“中国当代实验陶艺家邀请及提名展”。展出作品 400 余件，参展艺术家一百六十多位。

◎ 说一说——中国青年艺术家推荐展

2012 年 4 月 21 日，由零艺术中心馆长李莫唯和青年策展人夏彦国策划的青年艺术家群展“说一说——中国青年艺术家推荐展”在 798 零艺术中心开幕，集中亮相了戴亮、邓柯、耿延民、胡尹萍、扈倖臣、金增贺、景晓雷等多位青年艺术家。艺术对于他们来说是一种语言，无论哪一种语言都有它独特的观念和思想。他们想通过本次展览与参展的艺术家和观众做一次观念与思想的交流。

◎ 形与意———中国当代架上雕塑邀请展

2012 年 4 月 21 日，由中国雕塑学会沙龙、成都商报、四川英盟文化传播有限公司主办，《形与意———中国当代架上雕塑邀请展》在成都东区音乐公园英盟艺术沙龙开幕。展览由中国雕塑学会学术研究部唐尧担任学术主持，四川英盟文化传播有限公司艺术指导唐红萍和四川美术学院雕塑系副主任曾岳担任策展人，雕塑系教授何力平任艺术顾问。展览展出了 20 多名国内颇有建树的雕塑家、十多名极具潜力的青年雕塑家的佳作。

伍月

◎ 灵兽异象——古石兽雕塑展西安举行

2012 年 5 月 6 日，由西安建筑科技大学艺术学院、西安市收藏协会、西安市收藏协会古代石雕研究会、陕西省文化遗产研究会、西安建筑科技大学贾平凹文学艺术馆、西安曲江凹凹文化传播公司主办的“灵兽异象——古石兽雕塑展”，在西安建筑科技大学贾平凹文学艺术馆举行，共展出了两百余尊玲珑、造型活泼的石兽雕塑。

◎ 千层浪——徐升雕塑作品展

2012年5月11日至13日，“千层浪”徐升雕塑作品展在中央美术学院雕塑系展出。雕塑家徐升选择保丽龙的材料，由他自己生活环境中的“浪”出发，试图讨论空灵与力量、瞬间与永恒，把“浪”的情绪、音乐性通过雕塑的手法固化在作品上，是与自然对话的一种形式。

◎ “五行和声”当代雕塑作品展

由中国工艺美术学会雕塑专业委员会主办，《雕塑》杂志社承办的《五行和声》当代雕塑作品展，于2012年5月13日至5月20日在北京国粹苑美术馆展览举办。此次展览是为了促进雕塑领域的学术交流，深入挖掘并探讨雕塑艺术发展中所产生的各种热点问题，自2012年开始不定期举办的系列学术交流展之一。

◎ 常·藏·场——焦兴涛个展

2012年5月12日，由策展人何桂彦策划的“常·藏·场——焦兴涛”个展，在北京798艺术区白盒子艺术馆开幕。焦兴涛所关注这些废弃物品，其实处在消费社会的最低端。它们因为曾经满足过人们的消费需要而完成了它们的物理生命；而且，它们一旦被抛弃，它们的猥琐、肮脏和不堪将足以让人们掩鼻侧目。将它们堂而皇之地拿来作为雕塑的对象，是对传统雕塑对象180度的逆转。这几乎是雕塑的绝地，然而，对象尽管奇险和荒诞，但是它们终于没有成为雕塑的葬身之处；恰恰相反，焦兴涛这批作品的意义就在于——他让琐屑和废弃成为雕塑的再生之地。

◎ 对话兵马俑——欧盟与中国雕塑家作品提名展开展

2012年5月15日至30日，苏州美术馆新馆将推出开馆以来首个重量级国际雕塑大展。由比利时优艺公司策划主办的《对话兵马俑——欧盟与中国雕塑家作品提名展》，把英国、法国、德国、希腊等欧盟27国顶级艺术家的雕塑作品带到苏州市民面前。据悉，这个展览列入了中国文化部“2012中欧文化间对话年”重点项目，并被欧盟文化处授予“对话年统一标识”。“对话兵马俑”是一个巡回展，苏州是中国巡展的第三个城市；中国巡展结束后，展览移师欧洲各国美术馆进行巡展，所有展品将在巡展结束后公开拍卖，拍卖所得将设立一个儿童艺术基金。

◎ 台湾艺术大师《性之美》雕塑展献礼中博会

2012 年 5 月 18 日上午，长沙国中城健康用品市场人头攒动，台湾艺术大师简上淇博士的一座座巨型艺术雕塑《性之美》惊艳亮相，吸引了不少市民驻足观赏。为迎接第七届中国中部投资贸易博览会的召开，湖南国际成人健康产业艺术展也同时拉开序幕。

◎ 2012 中国当代青年雕塑展

2012 年 5 月 19 日，2012 中国当代青年雕塑展在江苏省苏州开幕。展览共展出我国当代青年雕塑艺术家的近八十件优秀作品。展览“面向青年、面向当代”，涵盖了中国众多青年雕塑家数年来探索和创新之作，并着重体现苏州的圆融、包容以及水文化的象征。有 60 多件作品在李公堤展出，并特邀资深艺术家的雕塑作品荣誉参展，凸显“青蓝相承、由技入道、薪火相传”的深刻寓意。

◎ 第七届深圳雕塑双年展

2012 年 5 月 12 日至 8 月 31 日，由 OCT 当代艺术中心主办的第七届深圳雕塑双年展在深圳南山区华侨城恩平街华侨城创意文化园开展。展览由刘鼎、卢迎华、苏伟三位年轻策展人共同策划，邀请了来自 8 个国家的 49 位艺术家参展，规模为历届之最。1998 年以来已连续举办六届的深圳国际当代雕塑艺术展正式更名为深圳雕塑双年展。本次展览以“偶然的信息：艺术不是一个系统，不是一个世界”为主题，是一个希望重提个体秩序的展览，具有较强的学术性和探索性。

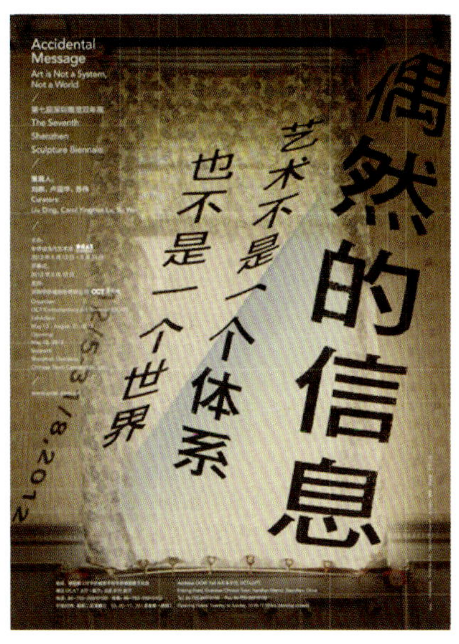

◎ “浮·世·鸟·语”向京、瞿广慈作品展

香港艺术中心协办、向京＋广慈雕塑工作室及稀奇主办，中国当代著名雕塑家向京、瞿广慈联合个展《浮世鸟语》于 2012 年 5 月 21 日至 28 日于香港艺术中心包氏画廊举行。《浮世鸟语》中的“浮世”即是现世。向京和瞿广慈透过雕塑各式各类的中国人物，细致刻画出当今时代人的独特状态，两位艺术家的作品造型不尽相同，却同时呈现一种笼统的冷静，就像于局外观看浮世。

陆月

◎ 张峰雕塑艺术作品展

著名艺术家张峰雕塑艺术作品展于 2012 年 6 月 2 日至 7 月 1 日在北京爱慕美术馆举办。现为鲁迅美术学院雕塑系副教授的张峰，多年来一直在探索文化情结上的东方精神、中国画的水墨和写意，再用雕塑的语言，雕塑的材质——泥巴、青铜来进行表达。他认为，光追求形式上的所谓东方艺术是远远不够的，简单地引用一点中国的符号和元素，是不可能表达出中国文化的精神内涵的。

◎ 蔡志松《威尼斯浮云》690 万创国内雕塑家拍卖纪录

2012 年 6 月 2 日，保利 2012 春季拍卖现当代中国艺术夜场上，蔡志松作品《威尼斯浮云》以 690 万成交，创造国内雕塑家个人成交纪录。该作品创作于 2011 年，是第 54 届威尼斯双年展参展作品《浮云》其中的一件（全作品共由 5 件组成）。这是蔡志松继香港苏富比 2005 年秋拍、2006 年春拍，第三次创造中国国内雕塑家的拍卖纪录。《威尼斯浮云》是蔡志松继《故国》《玫瑰》之后第三个系列《浮云》的开篇之作，此次参拍作品曾受到广泛关注。

◎ 浓——吴彤雕塑展

2012 年 6 月 9 日，由中国雕塑学会沙龙举办“浓——吴彤雕塑展”在 798 艺术区的中国雕塑沙龙开幕。此次展览展出作品近 20 件，为青年雕塑家吴彤的两组新作。一组是他以中国戏曲人物为背景的探求，一组是他由达摩易筋经为起点的实验，他将当代意识与中国的传统文化进行了对撞式的创作。吴彤在这一组作品中把国画白描的轮廓线语言与三维雕塑的立体形面、京剧脸谱的符号性色彩与莫迪利阿尼式的颀长变形，以出类拔萃的专业才华并置在一起，深度回到平面，塑造回到描画，人体回到脸谱，现实回到仪式，从而构成了对西方现代具象雕塑与中国戏剧程式表现的双重继承、解构与建构。

◎ 《乡土记忆：李小超雕塑展》在法国开幕

由中国陕西省文化厅和法国尼斯市政府主办的“乡土记忆：李小超雕塑展”，于 2012 年 6 月 9 日在位于法国南部蔚蓝海岸的尼斯凤凰公园拉开帷幕，散发出中国乡土气息的大型青铜雕塑作品吸引了众多参观者。本次展出作品包括《秦腔》《风水先生》《唢呐》等 12 件雕塑。

◎倾听——台湾、杭州青年艺术家雕塑展

“倾听——台湾、杭州青年艺术家雕塑展”于 2012 年 6 月 16 日到 7 月 5 日在西湖当代美术馆展出。本次展览展出了台湾的陆佳宜、陈静仪和杭州的熊益华、黄婧 4 位艺术家的作品，两岸 4 位年轻人宁静中倾听宽容的序曲，寻找艺术共鸣。

◎ “蔚蓝视界”雕塑展览季

2012 年 6 月 30 日，“蔚蓝视界”2012 雕塑艺术展览季在青岛雕塑园正式启动，展览季主题为“艺术——放眼即是”，展览将一直持续到 2012 年 10 月。以“张白涛作品展”作为首个展览单元开展，之后还有多场展览，陆续展出其他著名雕塑家的雕塑作品。本届展览季以著名雕塑家个展或联展为展览单元，五个月内将不间断地在雕塑园室外空间举办展览活动。展览注重雕塑作品与空间环境的融合，关注国际雕塑艺术的当代性和时尚性，力求通过展览为市民和游客提供一个观赏雕塑精品、享受艺术生活的公共空间。

柒月

◎ 第二届全国抽象雕塑高级研修班汇报展

2012 年 7 月 6 日，第二届全国抽象雕塑高级研修班汇报展在北京国粹苑“儒仕儒家 · 国粹艺术馆”开幕。由中国工艺美术学会雕塑专业委员会、《雕塑》杂志社共同举办“第二届（2012）全国抽象雕塑高级研修班”，历经一个半月的理论与实践授课，于 6 月底圆满结束。学员们通过两周的理论课程揭示了西方现代雕塑从材料、技巧、形式、空间、内容、思想等方面不断跳出具象写实的局限，走向抽象的过程。同时，四周的实践课程则不断启发学员的创作灵感，训练学员的视觉表达能力，是一次前所未有的自我发现的历程。来自美国北卡罗莱纳大学的比利 · 李教授，帮助每一个学员发展自我的艺术道路，将这些经历结晶为 40 多件创意独特、个性十足的抽象雕塑作品。

◎ 《长春世界雕塑公园》艺术画册首发仪式在长春举行

2012 年 7 月 6 日由原建设部副部长宋春华主编、长春出版社出版的大型摄影艺术画册《长春世界雕塑公园》在长春举行首发仪式。画册收录了宋春华用 15 年时间在长春世界雕塑公园不同时期、不同季节、不同角度拍摄的近千幅摄影佳作，还收录了一篇 5000 多字关于长春市城市雕塑建设的综述理论文章。画册文化内涵丰富，具有相当高的艺术水准和学术性，是一部充分展现雕塑艺术及摄影艺术魅力的史诗性巨著。

◎ 2012 年全国高校毕业生优秀雕塑作品展

2012 年 7 月 7 日上午，由中国工艺美术学会雕塑专业委员会、中国《雕塑》杂志社、国粹艺术馆共同举办的“2012 年全国高校毕业生优秀雕塑作品展”在北京国粹苑拉开序幕。据了解，这次展览汇聚中央美术学院、清华美术学院、中国美术学院等全国 40 多所高等艺术院校毕业生最优秀的作品，入选作品 500 余件，参加实物展的作品 140 余件，这些作品直观地反映了各院校艺术教学的成果，体现了毕业生对所学知识的整体把握。

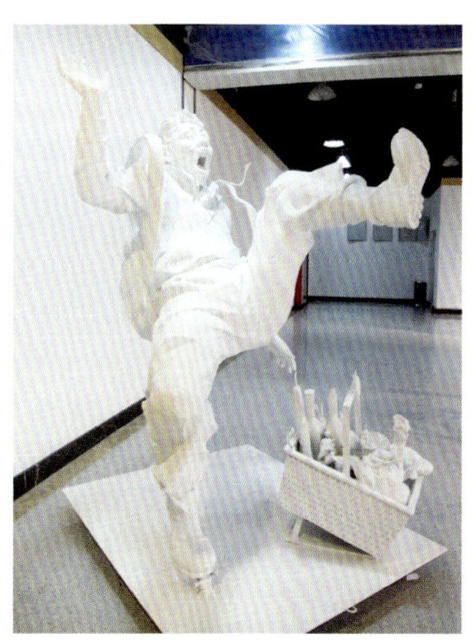

◎ 国博百年：中国雕塑百年作品展开展

由中国国家博物馆和中国雕塑学会共同主办的“国博百年 · 中国雕塑百年作品展”，于 2012 年 7 月 7 日在国家博物馆开幕。展览以“融汇与屹立”为学术主题，汇集了从刘开渠、曾竹韶等中国现代雕塑的开拓者，到钱绍武、潘鹤、王克庆、程允贤等新中国成立后老中青三代雕塑家的雕塑精品两百余件，以生动、厚重的雕塑艺术语言见证了一个世纪的民族文化和人文精神。恰逢中国雕塑学会成立20周年，展览还汇聚了各馆的雕塑精品，较为系统地展示了20世纪中国雕塑艺术发展的学术脉络以及中国现代雕塑艺术精神的形成轨迹。

◎ 2012孙伟、宿志鹏雕塑作品展

2012年7月16日下午，由中央美术学院雕塑创作研究所、潍坊市委宣传部、潍坊市美术家协会主办，潍坊丽景画院承办的“2012孙伟、宿志鹏雕塑作品展”在丽景画院开幕。本次展览持续到7月30日，共展出两位艺术家的20余件具象人体雕塑作品。作品不仅呈现了两位学院艺术家扎实的基本功，也展现了他们在具象写实方向深入探索形成的最新理念。填补了国内高档次雕塑展览在潍坊现代雕塑艺术中的空白，也是这一艺术门类在我市的综合展示。

◎ 台湾艺术大师杨英风、杨奉琛“光舞灵动”艺术暨文化创意展在京举办

2011年7月16日，台湾艺术大师杨英风、杨奉琛“光舞灵动”艺术暨文化创意展在北京前门“台湾映像艺术中心”举办。杨英风先生（1926–1997）为近现代台湾最知名、也最具影响力的艺术家，一生创作漫画、版画、雕刻、激光艺术、景观与建筑规划等各类艺术作品数千。杨奉琛先生为杨英风先生之子、台湾著名雕塑大师，现任台湾雕塑学会会长。

捌月

◎ “磊艺缘”第四届全国高校毕业生石雕创作营闭幕

由中国工艺美术学会雕塑专业委员会主办，惠安雕刻艺术研究会协办，福建磊艺石业有限公司承办的“磊艺缘”2012年第四届全国高校毕业生石雕创作营，自2012年8月3日正式开营后，学员取得了可喜的成绩，收获了很多宝贵的知识、感悟、经验和体会，于8月18日圆满落幕。活动旨在为全国众多优秀雕刻专业毕业生提供交流与展示的平台，以此促进惠安县雕艺文化的发展，提高惠安县作为“石雕之乡”的知名度和影响力。

◎ 第十三届长春（净月区）国际雕塑作品邀请展

2012年8月6日，以“运动·健康·生命”为主题的第十三届中国长春（净月区）国际雕塑作品邀请展正式开幕。本届雕塑作品邀请展甄选的47件雕塑作品将于9月16日在净月国际雕塑公园揭幕。年初以来，雕塑展组委会面向全球发出雕塑作品征集函，得到了海内外艺术家的热烈响应和积极参与，共收到来自美国、英国、法国、德国、意大利、新西兰、南非等102个国家和地区四百余名雕塑家提交的1560件作品。

◎ 障碍——成勇个展

2012 年 8 月 19 日，“障碍——成勇个展”在今日美术馆 2 号馆 2 层举办，从盲人认识世界的方式那里获得启发，成勇不断拓展以“障碍”为主题的艺术探索。在最近的作品中，成勇巧妙地揭示了明与暗之间的辩证关系。一般认为，光明源于去蔽，黑暗源于遮蔽。但是，成勇用他的艺术颠倒了这个常识。没有障碍，人类就无法认知，世界将一团漆黑。成勇借助盲文这个契机，以绘画、雕塑、装置、影像和行为等一系列的艺术手段，对一个深刻的哲学道理做出了成功的视觉表达。

◎ “微躯”李鹤雕塑展

2012 年 8 月 26 日，清华大学美术学院雕塑系副教授李鹤的作品展——“微躯”在三里屯 D－Space 艺术空间开展。本次展览由 D－Space 艺术空间主办，集中展示了李鹤自 2008 年到 2012 年之间创作的主要雕塑作品。艺术家将切身的感知世界、理解周遭的思想和社会的感受，通过人体雕塑呈献给了观者。

玖月

◎ 雕塑中国：中央美术学院雕塑创作回顾展隆重开幕

2012 年 9 月 1 日下午，由中央美术学院、北京央美艺术投资有限公司主办的“雕塑中国：中央美术学院雕塑创作回顾展”在中央美术学院雕塑艺术创作研究所隆重开幕。此次“雕塑中国：中央美术学院雕塑创作回顾展”将中央美术学院雕塑专业建立以来优秀雕塑家的代表作品四百余件汇聚一堂。它是中央美术学院雕塑专业自建立以来至今展品数量多、优秀作品最集中、艺术水准最高的雕塑创作回顾展。其中不仅有中国雕塑历史上著名的雕塑界领军人物的代表作品，更有对中央美术学院雕塑教育与创作历史的回顾。

◎ 文心铸魂——吴为山雕塑艺术国际巡展·联合国特展

2012 年 9 月 4 日，“文心铸魂——吴为山雕塑艺术国际巡展·联合国特展”在联合国总部大厦隆重开幕。本次联合国展览共展出了吴为山先生的 39 件雕塑作品，其中有以老子、孔子为代表的文化名人系列，以获得英国皇家雕塑协会“攀格林”奖的作品《睡童》为代表的儿童系列，还有侵华日军南京大屠杀遇难同胞纪念馆主题雕塑的手稿系列，这些作品在联合国大厅向世界展现中国文化艺术的风采和当代艺术创造的成就。

◎ 2012 名城南京会雕塑展

由文化部、住房和城乡建设部、国家文物局和中国联合国教科文组织全国委员会联合主办的 2012 中国南京世界历史文化名城博览会，于 2012 年 9 月 5 日至 9 日在南京举办。其中南京雕塑展作为第六届南京文化创意产业交易会的重要活动之一，于 9 月 7 日在新庄国际展览中心举行，并于 9 月 9 日成功落下帷幕。本次展览汇聚了众多南京著名雕塑家的优秀作品，呈现一百余件雕塑精品。

◎ 异度风景——陈文令 2012 年大型个人艺术展

“异度风景——陈文令 2012 年大型个人艺术展”于 2012 年 9 月 8 日在北京“798”艺术区的品画廊开幕。展览延续了陈文令天马行空的创造风格，将观者带入一种新的异度风景中。陈文令的新作趋于对当今社会及当代艺术的反思，这是一种建立在雕塑与场所、情节与原型、混杂与纯粹、风情与关系之上的视觉探索。他抓住把风情置于“风景”之中的理念，在观念和形式上对经典雕塑进行了华丽的变身，将艺术家对社会文化的批判态度美好向往贯穿其中，给观众以全新的视觉语言倾听和灵魂深处的体验。

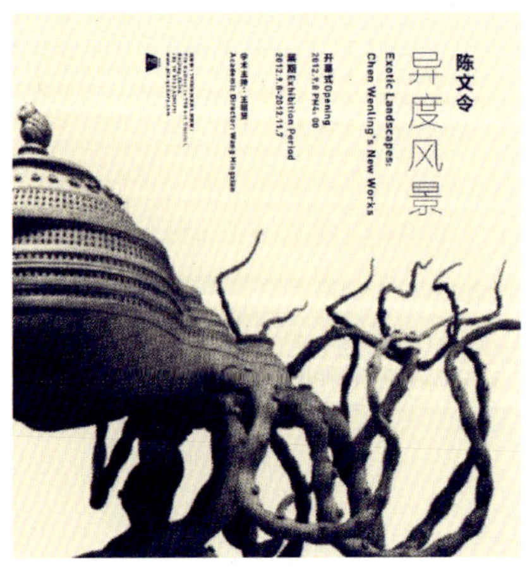

◎ “金石之声——江苏·国际雕塑邀请展”

2012 年 9 月 12 日，“金石之声——江苏·国际雕塑邀请展”在南京开幕。汇集来自美、加、法、韩等 22 个国家的雕塑作品 28 件以及我国从近现代到当代的雕塑作品 26 件，这些作品从具象、意象到抽象，全面反映不同文化背景下的艺术创造与交流。这次国际雕塑展的特色是，参展艺术家来自欧美亚非数十个国家，带着不同的文化色彩和价值观，各具风格和特色，国外雕塑多以抽象为主。中国雕塑家作品占 30%，他们多是活跃在当今艺坛的著名老艺术家和实力派中年雕塑家，已故中国现代雕塑奠基人刘开渠、王朝闻及世界知名法籍华裔艺术家熊秉明的代表作，是此次展览的亮点。

◎ 张家口国际雕塑创作营作品正式开展

2012 年 9 月 13 日上午，由河北省住房和城乡建设厅和张家口市政府共同主办，河北省雕塑行业协会、张家口市园林绿化管理局承办的“张家口国际雕塑创作营”作品在张家口北方花卉苗木基地广场揭幕，40 组实体雕塑及 91 幅作品创意图集中展出，创意独特、反映现实的作品吸引了众多市民前来观展，该组雕塑在这里长期免费向市民公开展出。

◎ 夏思甘泉——2012 彭小佳个展

夏思甘泉——2012 彭小佳展览于 2012 年 9 月 16 日在上海原曲画廊展出，主要以“书”和“玩艺”两大系列构成，作为旅美艺术家，彭小佳却越来越注重深入中国传统文化，创作出有别于西方现代艺术的另一种现代性。最新的作品《山水系列》再将观众从把玩带到立体雕塑，可见，彭小佳不但在传统与现代之间找到了一个契接点，而且还试图把雕塑重新带入到生活语境之中。

◎ “格鲁吉亚雕塑绘画作品展”在京开展

为庆祝中国和格鲁吉亚建交20周年，由两国文化部共同主办的《格鲁吉亚雕塑绘画作品展》于2012年9月18日在北京金台艺术馆开幕。此次展览是“格鲁吉亚文化日”的重要活动之一，展出的30余件雕塑、绘画作品均出自格鲁吉亚知名艺术家亚历山大·格拉什维利亚之手。他于2004年定居中国，曾参加“2008奥运景观雕塑大赛”“北京国际艺术双年展”“中国长春国际雕塑展”等展览并获奖。

◎ 新疆首座金属雕塑园正式开园纳客

2012年9月19日，克拉玛依白沙滩金属雕塑园开园迎客。40件造型各异的金属雕塑竖立在国家3A级景区——新疆克拉玛依市白沙滩景区金属焊接雕塑艺术园(试验区)。以川音美术学院雕塑系、北大资源学院美术系、四川美协青年雕塑家等为主力，特邀国内外雕塑艺术家和专家学者共同创作。大量废弃金属材料经过艺术家们的妙思巧构和新奇创意，得到了充分利用，变为高品位的雕塑作品。

◎ 王熙民、包阿华艺术馆在烟台举行签约仪式

2012年9月10日，王熙民、包阿华艺术馆在烟台举行签约仪式。95岁高龄的王熙民先生，祖籍莱山，早年就读于国立美术专科学校，20世纪40年代与吴冠中一起留学法国，是中国当代雕塑界最早介入建筑空间艺术的老前辈、中央美术学院环境艺术专业的创始人，享誉世界的环境艺术家。包阿华教授也是烟台人，擅长环境艺术、壁画。两位老艺术家把代表毕生艺术成就的50多件作品永久捐赠家乡，充分体现了老先生一家对家乡的关注和深情。

◎ 十二届南京路雕塑邀请展暨新疆雕塑艺术展

2012年9月20日十二届南京路雕塑邀请展暨新疆雕塑艺术展在南京路步行街开幕。新疆地区的23位雕塑家，带来了50多件作品参展。作品题材多样，有的塑造的是历史人物，有的展现的是当代新疆的美好风貌，有的则表达了对未来的憧憬。为期两个月的雕塑展，为南京路增添了一道独特的艺术风景线。

◎ 2012中国·上海静安国际雕塑展

以“城市之光”为主题的2012中国·上海静安国际雕塑展于2012年9月20日在沪开幕。展览汇集了来自全球10个国家的18位艺术家、23组(59件)作品参展，其中不乏苏伯德·古普塔、库玛丽·纳哈潘等国际知名的当代艺术家。深圳雕塑家戴耘亦受邀参加展览，展出砖雕作品《时代空间》。从2012年开始，静安国际雕塑展确定为双年举办。与上一届展览相比较，这一届雕塑展更强化国际性、包容性和实验性。每一位艺术家通过其作品对“城市之光”主题做出了各自的分析和诠释，不仅为公众开启

进入公共艺术殿堂的路径，而且更直接引导公众参与到公共艺术活动之中。这既使公众在审美意识上得到了升华，也提升城市文化发展的软实力。

◎《行人——李象群艺术展》亮相中国美术馆

2012年9月22日，由中国美术家协会、中国美术馆、清华大学共同主办的雕塑家李象群大型个展 “行人”在中国美术馆隆重开幕。本次个展是李象群从艺三十四年来首次大型个展，展览主要分为三个系列：毛泽东系列肖像、《堆云堆雪》《大紫禁城》。其中《大紫禁城》展开占地面积近二百平米，全部白铜铸造，耗时六年完成。与作品同时展出的还有李象群艺术创作道路的文献纪录，能够让大家更加清晰地看到他的艺术发展道路。

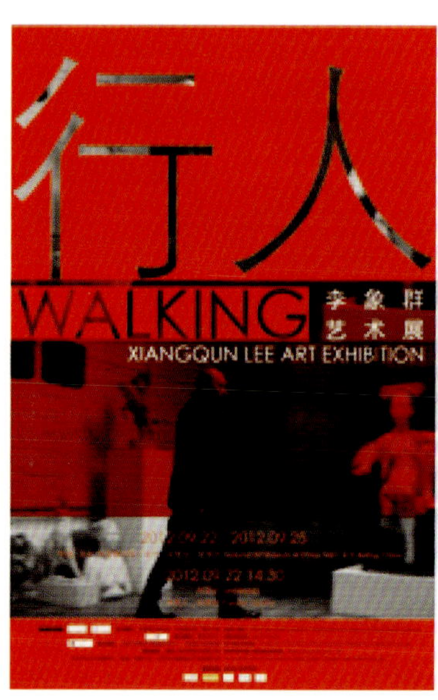

◎ 中国雕塑学会“朴——潘松雕塑展”在京开幕

2012年9月22日下午3点，由中国雕塑学会沙龙主办的“朴——潘松雕塑展”，在798艺术区中二街中国雕塑学会沙龙开幕，展览共计展出了雕塑家潘松的“朴”系列作品20件，包括大型公共雕塑的模型。

◎ “笑可笑，非常笑”雕塑展在香港举行

2012年9月20日至10月23日，香港海港城首次为国际著名当代艺术大师岳敏君举办个人艺术展，展示岳敏君全新雕塑创作《笑可笑，非常笑》的主题展。这是海港城继日本前卫艺术家草间弥生(2007年)及美国潮流艺术家KAWS(2010年)后，第三次举行国际性大型公共艺术展览。岳敏君亦特别为这次展览制作全新雕塑。另外，在海港城美术馆展出12幅岳敏君的特选丝印画作，让观众感受《笑可笑，非常笑》的艺术文化内蕴。

◎ 造像——戴耘当代雕塑作品展

由著名策展人王林策划的《造像——戴耘当代雕塑作品展》于9月22日在广州扉艺廊开幕，本次展览受到许多嘉宾的认可，到场的嘉宾有广东美术馆馆长罗一平、广州美术学院院长黎明，还有来自各地的知名批评家、策展人与艺术家：皮道坚、邓箭今、刘子健、舒阳、何桂彦、段君师、杜曦云、樊林、胡斌等。本次展览扉艺廊的两层展厅同时亮相，入门口处首先看到大型作品《印度佛头》，进入展厅后，每件作品静穆置于空间环境，相得益彰。

◎ 经典中国当代艺术展

由《雕塑》杂志社、对外文化交流集团国粹美术馆主办的“经典中国当代艺术展”于2012年9月25日在国粹苑1号馆4层开幕。活动共展出88件囊括老中青三代雕塑家的经典作品及艺术家刘子龙四十余件抽象油画作品。

◎ 绽放——广州地区雕塑展

2012年9月26日，“绽放——广州地区雕塑展”在岭南美术馆开幕。展览由广州市文化广电新闻出版局主办，广州雕塑院承办。本次展览共汇聚了广州地区 39 位雕塑家的 45 件作品，展览持续至 10 月 10 日。参展雕塑形式多样，风格各异，既有许鸿飞等的名家名作，也有周巍、刘畅畅等后起之秀的新作，充分展现了广州地区的雕塑创作整体水平。

拾月

◎ **赵成民钢铁雕塑展举办**

2012年10月12日上午，由首钢主办的“钢铁韵律”——赵成民钢铁雕塑艺术展在首钢二通“中国动漫游戏城”开幕。此次展览展品近百件，是赵成民于中央美院研究生毕业三十多年来钢铁雕塑的全部精华。展览把文化元素融入首钢的转型发展之中，使艺术与实业嫁接在一起，成为一种文化型经济发展的全新探索模式。

◎ **“穿越 · 曾成钢雕塑展”在德国举办**

2012 年 10 月 14 日，“穿越 · 曾成钢雕塑展”在德国北部著名的基尔运河之滨、汉堡地区伦茨堡卡尔舒特艺术中心开幕。展览由中国国家博物馆、清华大学、中国美术家协会、中国雕塑学会和德国北方艺术中心联合主办，是中德文化年系列活动之一。

◎ **无所遁形——展望个展现场**

2012 年 10 月 26 日，“无所遁形——展望个展”在 798 长征空间拉开帷幕，此次展览展出的作品囊括了装置、影像以及雕塑等，不同的材质和媒介在现场为观众献上了一份非比寻常的视觉体验。展览展出了艺术家 7 件作品，其中《小宇宙》系列作品于 2012 年在新加坡、台北和北京三个地方展出，可算是展望近来的力作。

◎ **2012 中国 · 芜湖第二届刘开渠奖国际雕塑大展**

2012 中国 · 芜湖第二届刘开渠奖国际雕塑大展暨第二届中国雕塑论坛于 2012 年 10 月 27 日在安徽省芜湖市隆重举办。开幕式揭晓了金、银、铜、特别荣誉、优秀、评委奖等各个奖项，其中金奖被来自清华大学美术学院的谭建明摘得。本次活动继续由中国雕塑学会、中国美术学院与芜湖市人民政府三方联合主办。大展在 2011 首届“刘开渠奖”国际雕塑大展成功举办的基础上，继续“创新 · 超越”的主题和展览宗旨，进一步提高展览影响的深度和广度，继续完善活动组织规则，使 2012 中国 · 芜湖第二届刘开渠奖国际雕塑大展具有更加卓越的学术品质，鲜明的艺术特色，彰显时代精神。

◎ “阆风艺术”2012 捷克玻璃雕塑展

阆风艺术于 2012 年 10 月 27 日为大家呈现第二届 iGlass 国际玻璃雕塑展——捷克玻璃雕塑艺术专场。此次展览共展出 8 位来自捷克共和国及斯洛伐克的玻璃艺术家的 21 件玻璃雕塑作品。每件作品都可谓别具匠心，各有特色。与意大利、法国相比，捷克玻璃艺术的最大特点在于丰富的几何造型，表达抽象的艺术思考，体现玻璃雕塑艺术的张力。这其中包含了捷克人日积月累的研磨作品和玻璃材质本身的特性。捷克具有悠久的玻璃艺术传统，在艺术根基如此扎实的国家并不难找到相当优秀的青年玻璃艺术家。

◎ 于凡“置上”作品展

由中央美术学院主办，中央美术学院造型艺术学院、中央美术学院美术馆承办，尤伦斯当代艺术中心支持，冯博一策划的“置上——于凡作品（2000–2012）”展览开幕式，于 2012 年 10 月 28 日下午在中央美术学院美术馆 3B 展厅举行。本次展览展出于凡从 2000 年至 2012 年创作的雕塑作品四十余件。这 12 年的创作过程对于凡来说，或许是他给自己安排的课程，每一个阶段的系列作品如同在与雕塑史各个时期的对话与交流。

◎ “个人方式——格物和内省”谭勋作品展

由天津美术学院，天津美术学院当代艺术研究所主办，天津美术学院美术馆、史论系承办，高名潞先生策划的“个人方式——格物和内省”谭勋作品展于 2012 年 10 月 31 日在天津美术学院美术馆举行。本次展览是以“个人方式——格物和内省”为主题，展出了天津美术学院雕塑系谭勋教授继“李明庄计划系列作品”之后 2012 年创作的装置、雕塑、影像等不同形式语言的三组大型作品。此次展览由四个个展组成，是天津美术学院近年来最具学术特色的重要活动之一，也是策展人高名潞先生及他主持的天津美术学院当代艺术研究所在天津的第一个重要的艺术实践学术活动。

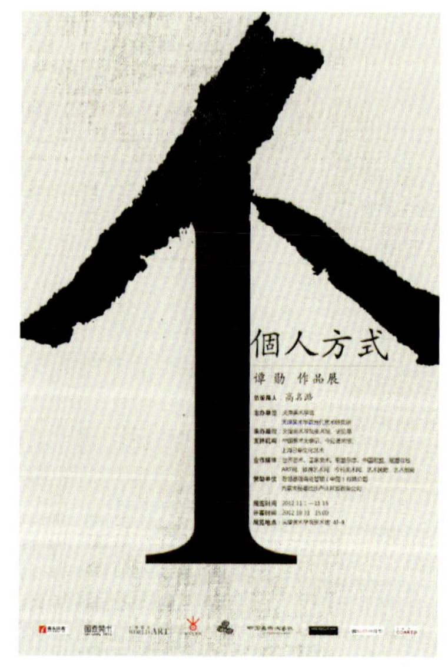

拾壹月

◎ 第二届中国（铜陵）国际铜雕艺术展开幕

2012 年 11 月 1 日，以“铜韵 · 梦想”为主题的“第二届中国（铜陵）国际铜雕艺术展”在安徽铜陵开幕，展览由全国城市雕塑建设指导委员会、铜陵市人民政府共同主办，全国各地城市雕塑建设领导、国内外雕塑家等参加，共有来自 25 个国家和地区的 35 位艺术家参加，展出 35 件作品，其中中国雕塑家作品 14 件。活动期间，还举办了架上雕塑展、全国城市雕塑工作经验交流会，并成立了国际雕塑创作营联盟大会，以促进国际雕塑艺术交流，提升我国铜雕国际知名度，推动城市雕塑良性的可持续发展。

◎ 影子——张峰雕塑艺术展

2012 年 11 月 17 日至 30 日，由中国美术家协会主办的“影子——张峰雕塑艺术展”在中国美术馆举办。此展由张英超先生策划，展出艺术家近年来的雕塑新作，并融入艺术家生活与创作纪录片段，从多个视角近距离地展现张峰艺术与创作的历程。

◎ 首届中国当代抽象雕塑展西安开幕

“第 18 届中国雕塑论坛暨首届中国当代抽象雕塑展”于 2012 年 11 月 17 日在西安开幕。在为期 10 天的展览上，80 余件由中国当代知名雕塑家创作的抽象雕塑作品，为参观者献上一道丰盛的视觉审美大餐。此次雕塑展以“抽象与雕塑”为主题，共有 100 余位国内外理论家、雕塑家汇聚于论坛，从中外抽象雕塑的发展历史、现状、创作实践、教育体系、公共价值等方面展开主题演讲。专家认为，此次首届当代抽象雕塑展是中国近百年来首次对于抽象雕塑进行系统、全面、深入的梳理与总结，对中国当代雕塑和城市公共艺术的发展具有非同寻常的意义。

◎ 中国美术学院 2012 年雕塑展

11 月 20 日上午，一年一度的中国美术学院雕塑展在美院南山路校区美术馆举行。本次展览的作者涉及全院各个院系共 109 位学生，作品数量达到 150 件以上。据雕塑系副主任翟庆喜介绍，2001 年，当时美院雕塑系正好在滨江过渡，过渡时期由于很空，所以就想着举行一个展览来发动大家的积极性，没想到这个展览一直延续到现在，并由原先的只涵盖雕塑系到现在覆盖全院。

◎ 亚洲玻璃雕塑展

2012 年 11 月 21 日至 2013 年 1 月 30 日，Koru 现代艺廊举办亚洲玻璃雕塑展。展览展出亚洲顶尖玻璃艺术大师的作品，艺术家包括关东海、池本一三、西悦子、孙艺、王铃蓁。他们的作品各自有着不同的特色，从制造技巧到作品造型，每件作品都让人目不暇接。

◎ 雕塑 2012：三官殿 1 号艺术展

2012 年 11 月 23 日，由湖北美术馆主办的“雕塑 2012：三官殿 1 号艺术展”在湖北美术馆开幕。展览展出五位当代雕塑家傅中望、隋建国、张永见、展望、姜杰的最新作品。“雕塑 2012”除展出中国当下最有代表性的几位雕塑家新作之外，它还是一个具有当代雕塑史意义的展览。策展人说：“鉴于五位艺术家在雕塑界的地位，如果把展览放在中国当代雕塑的发展脉络中进行考察，可以说，它不仅仅只是一个展览，很大程度上，它是对中国当代雕塑发展历程的一种回顾、梳理和展望。”

◎ 玫瑰·浮云——蔡志松 2012 作品展

2012 年 11 月 23 日，艺美画廊将首次与艺术家蔡志松合作，在北京草场地空间举办个展。这是蔡志松今年在国内唯一的个展。《玫瑰》与《浮云》系列是继得到了学术与市场双重认可的《故国》系列之后艺术家的全新力作。《玫瑰》将一贯宏大的历史感题材转入到对人类情感的探讨，传达了艺术家对爱情的独特见解。运用现代材料语言融合了时尚元素，以铅的沉静和绚丽将绽放的玫瑰瞬间凝固，表现了“理想的热烈与现实的冰冷撞击”。

◎ 大宁灵石绿地雕塑展

2012 年 11 月 23 日，大宁灵石绿地雕塑展在上海隆重拉开帷幕，为公众奉献一幕艺术的饕餮盛宴。35 位国内外艺术大师携同自己的艺术臻品参与活动。由中国美院的艺术家们创作的体现地域文化的集合雕塑，展示了这块土地过去与未来的关系，为项目文化艺术生活理念的阐释开创了一种方式。

◎ “对话兵马俑——国际雕塑展”在福建省美术馆展出

2012 年 11 月 30 日，“对话兵马俑——欧盟与中国雕塑家作品提名展”亮相福建省美术馆，32 尊风格各异的兵马俑让观众耳目一新。此次展览以“对话兵马俑”为主题，特邀欧盟 27 个成员国每国一位著名雕塑家。32 尊雕塑作品风格各异、材质多样。参展艺术家们运用抽象、具象等丰富的表现形式，展示带有本国文化背景的“兵马俑印象”，用各自的艺术语言与中国文化对话。

◎ 大器无声——雕塑家、教育家张祖武百年纪念展

由湖北美术馆、湖北美术学院共同举办的“大器无声——雕塑家、教育家张祖武百年纪念展”开幕式于 2012 年 11 月 30 日在湖北美术馆举行。本次展览以文献、实物、图片和作品的综合陈列方式，从不同侧面来呈现张祖武先生的艺术成就及其辉煌又坎坷的一生。现场罗列的 500 多

张历史照片、近百份文献史料以及不同人的回忆文章，以让观众了解到一些不为人所知的历史碎片，全面总结和总体展示了张祖武先生的艺术与人生。

拾贰月

◎ 王培波雕塑展在 798 艺术园举办

2012 年 12 月 1 日，清华大学美术学院雕塑系王培波教授个人作品展，在北京朝阳区 798 艺术区北一街三方创意汇画廊成功举办。798 艺术园区的领导参加了开幕式，发表了热情洋溢的讲话。

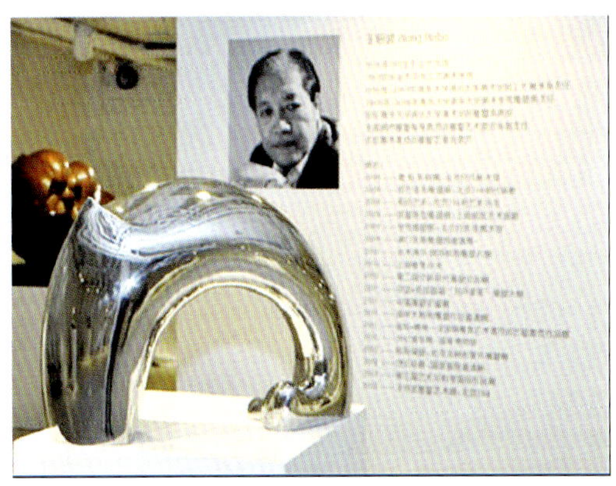

◎ 第二届长江“公共艺术节”在汕头大学举办

2012 年 12 月 12 日，第二届长江“公共艺术节”在汕头大学开幕。公共艺术节是由汕头大学长江艺术与设计学院举办的活动。今年是第二届，主题是“橙色年”，所以今年展出的作品大多都已橙色调为主。“人人都是艺术家”是公关艺术节的主张，公共艺术有公共的一面，有艺术的一面。当今艺术追逐名利，关注拍卖，越来越远的脱离了公众。举办这个活动的目的是要推动艺术回到民众，并且让普通人也能创造。

◎ 2012 深圳国际艺术博览会 12 月开幕

2012 年 12 月 12 日至 16 日，“2012 深圳国际艺术博览会”在深圳会展中心盛装揭幕。艺博会由中国美术家协会、深圳市龙岗区人民政府、深圳市企业联合会共同主办；深圳市龙岗区文化产业发展办公室、深圳市环球展览有限公司、深圳市企联国际会展有限公司承办。近百家国内外画廊、艺术公司、美术院校和艺术基金等艺术机构，展出绘画、雕塑、影像、陶艺等当代艺术作品数千件。首届“艺博会”力求打造成当代艺术最新作品和成就展示以及中外艺术家、收藏家高效互动的交流平台。

◎ 吴为山获“2012 卢浮宫国际美术展”金奖

2012 年 12 月 15 日晚，由法国美术家协会举办的卢浮宫“2012 沙龙展”在巴黎卢浮宫卡鲁塞尔厅举行颁奖典礼。中国画家石齐、何家英、贾鹃丽囊括了三枚绘画类金奖，唯一雕塑类金奖由中国雕塑家吴为山摘得。中国雕塑院院长、南京大学美术学院院长吴为山凭借青铜雕塑作品“天人合一老子”获奖。塑像的身体部分采用中空处理，被铸成一只鼎的造型，内刻《道德经》，以显示老子的虚怀若谷与满腹经纶，体现中国文化的和谐与包容。作品采取中国传统写意与西方抽象主义相结合的创作手法。

◎ 2012 年十大丑陋雕塑评选

搜狐日前发起“2012 年十大丑陋雕塑评选”，郑州中原福塔的“流氓猪”雕塑获网友投票数的首位，紧随其后的还有桂林“扶老”雕塑、乌鲁木齐“飞天”雕塑、重庆永州章子怡雕塑、北大“裸体猛男”雕塑、山西大同“二B 青年”雕塑等。入选“2012 年十大丑陋雕塑评选”候选榜单的还包括北京、上海、广州、杭州、西安、镇江、襄阳等地的一些公共雕塑。

◎ 和而其生——2012 江苏省中青年雕塑家作品邀请展

2012 年 12 月 21 日，由中国雕塑院作为指导单位，江苏省美术家协会、无锡市文学艺术界联合会与江南大学设计学院联合主办的“和而其生——2012 江苏省中青年雕塑家作品邀请展”在无锡市北仓门生活艺术中心隆重开幕。展览共展出 128 件雕塑作品，钱绍武的《曹雪芹》、吴为山的《老子出关》青铜雕塑作为特邀作品荣誉参展。作为雕塑展活动系列内容之一，同时在江南大学文浩馆的千人会场举办了《意聚汇通、器西臻道》钱绍武艺术创作、与《文心铸魂》吴为山雕塑艺术创作两场专题艺术讲座。

◎ 中国雕塑学会举办系列活动庆祝成立 20 周年

2012 年 12 月 23 日，中国雕塑学会成立 20 周年学术活动在中国国家博物馆举办。活动包括纪念大会、作品捐赠仪式、学术研讨会等。活动现场，53 位雕塑家及已故雕塑家家属向中国国家博物馆无偿捐赠了 60 件经典雕塑作品。中国雕塑学会成立于 1992 年，20 年来，形成了拥有“中国姿态 · 中国雕塑大展”“刘开渠国际雕塑大展”等多项常设展的学会展览体系；主持完成了北京奥运雕塑园、上海世博会、国家重大历史题材美术创作工程雕塑监制等国家重大项目；自筹资金实施“中国雕塑学会青年雕塑家推介计划”，与中央美院合作设立“曾竹韶奖学金”，并积极开展文化交流工作。

◎ 水路相望——中国杭州第四届西湖国际雕塑邀请展

2012 年 12 月 23 日，2012 中国杭州第四届西湖国际雕塑邀请展在西溪湿地开幕。本次展览主题为“水陆相望”，定向邀请了五十余位国内外著名雕塑家、国际著名艺术家、优秀青年艺术家等参与创作，最终 51 件作品入选，包括户外雕塑与景观装置艺术品。为期一个月的展览结束后，参展作品将由杭州市政府收藏，长期陈列于西溪湿地等城市公共场所。

◎ 覃福勇师生 50 人雕塑作品联展

2012 年 12 月 23 日，“我形我塑——覃福勇师生 50 人雕塑作品联展”在八面风艺术馆开幕，这场主题为“我形我塑”的展览以雕塑作品为主，现场共计展出覃福勇及历届师生原创雕塑作品 70 余件。展览亦是八面风艺术馆 2012 年度龙年当代陶艺作品收官展。展出的作品中有许多曾在国内外展览中多次亮相的优秀作品，如覃福勇的《飞天》系列；刚刚从杭州西博会展出归来的韦柳能以及他的作品《瓷 · 印象》；“运用传统陶瓷材料艺术语言来表达对快节奏的快餐式现代生活之感触”的刘世勇及他的作品《饭盒》；反映了作者孔维胜对逝去亲人怀念的《生命是一场华丽的葬礼》等。

◎ 2012 上海油画雕塑院研究展

2012 年 12 月 26 日，2012 年度上海油画雕塑院研究展在上海油雕院美术馆开幕。展出了全院 18 位艺术家写生、创作的小品或草图，共 170 余件作品，创造了油画雕塑院历年研究展参展作品的数量之最。此展将焦点放在了艺术家们日常趣味的探索上，虽然尺幅不大，但在作品的思考力度与深度上，绝不亚于大尺幅的主题创作，是观众全面了解艺术家们创作理念、发展方向和综合能力的另一个窗口，能帮助大家深切理解艺术家创作作品中的多面性。

◎ “具象 · 那边”2012 海平线绘画雕塑联展

2012 年 12 月 28 日至 2013 年 1 月 31 日，“具象 · 那边”2012 海平线绘画雕塑联展在上海美协东外滩艺术空间举行。本展共有 28 位中青年画家参展，主办方旨在推介展现上海本土一批坚持具象写实表现形式的艺术家群体。策展人张培成认为，都市的煤气包、外白渡桥、小区花园冬天的枝条、闹市的高楼大厦群等，这些画面新意迭出，作者们破解了水墨的经典性，为水墨释放传统压力而获得了新生。雕塑方面，固有的雕塑概念被颠覆，表达更畅，材质更多样。当代性思维的介入，使作品更有力量感和生命力。

◎ “得意忘形——首届中国当代抽象雕塑展巡展”于 798 开幕

“得意忘形——首届中国当代抽象雕塑展巡展”于 2012 年 12 月 30 日至 2013 年 1 月 10 日在北京 798 艺术区朱炳仁艺术博物馆进行展示。近 30 件作品精选自在西安举行的“首届中国当代抽象雕塑展”。中国工艺美术学会雕塑专业委员会在“首届中国当代抽象雕塑展”的基础上，特从展览中精选部分移师北京，携手朱炳仁艺术中心进行巡展，为观者奉上跨年的献礼。

文献

个案 · 批评

理论 · 研究

教育 · 教学

市场 · 文化

域外 · 交流

优秀硕博论文

个案·批评

精神徜徉与生活实践

【作者】剑青

【刊名】雕塑，2011 年 01 期

【摘要】在著名国学大师王国维先生的文学批评著作《人间词话》中，曾以宽阔的美学视野及时代的眼光对中国旧文学形式及观念做出了新的评论。此著作与中国传统词话类作品的体例及表述方式之间存在着延续性，将词学理论与批评实践呈现于创作之中，显现出艺术领域的历史性对话和时空的跨越以及在更为广义的传统经验之上所达到的新的艺术的自觉与自由。对于艺术发展的继往开来以及对于艺术品性的探求方面，有着某些相通之处。

手工艺与当代艺术

【作者】四味

【刊名】雕塑，2011 年 01 期

【摘要】2011 年 01 月，《手艺农村——山东农村文化产业调研成果展》在北京中国美术馆举办。展览由图片、文献、实物和互动表演若干部分组成。除了详实的调查报告与丰富的手工艺产品之外，现场最让人惊喜的是以传统手工艺为基础设计的几件装置作品。这些作品为我们展示了某些可能，传统手工艺不仅可以在实用层面走出一条现代化的途径，还可以从制作功能性作品中解放出来，扩大与现当代艺术交流的范围，创造出更具精神高度的艺术作品。

写实性艺术的生命力——赏析孙家彬的雕塑新作

【作者】宋伟光

【刊名】雕塑，2011 年 01 期

【摘要】在当下观念性艺术处于强势的语境中，写实性艺术在一定程度上似乎被其所覆盖。然而，写实性艺术依然以其顽强的生命力和新的理念彰显其自身的艺术魅力。写实性艺术的要点在于，在反映客观事物外部真实的前提下揭示出对象的精神内质，是立足于写实的“可辨认”性中深层的艺术表达。鲁迅美术学院教授孙家彬先生是一位善于在重大题材中充分表达审美个性的雕塑艺术家。他长期以来关注对历史事件、历史人物的塑造、刻画。从他所创作的毛泽东、宋庆龄、抗联英雄到表现李四光、张志新等一系列纪念性写实雕塑作品中，我们可以看出，他不仅善于运用具象的写实手法，创作出现实主义的雕塑艺术，还探索着以具象的方式表达象征喻意的语义方式。

五行和地域性文化在雕塑小品设计中应用刍议——以甘肃国际会展中心雕塑小品设计为例

【作者】王鹏鸣

【刊名】雕塑，2011 年 01 期

【摘要】所谓五行，指金、木、水、火、土，经过长达千年的历史发展和传承，现在成为了中国最具代表性的非物质文化遗产之一。金，具有坚韧性，古时对于物质世界中有坚固性能的，以金代表。木，代表了树木，代表了生命的生发功能。水，代表了流性，川流不息的作用。火，代表了热能。土，代表了地球的本身。因为这五种东西，互相在变化，这个物质世界的这五种物理，互相在影响，变化得很有规律性。在此次以五行文化为主题的小品雕塑设计中，我们就把五行的抽象范畴具体化，分别和甘肃特有的物质文化遗产相结合起来。

手工艺的情感

【作者】光微

【刊名】雕塑，2011 年 01 期

【摘要】中央美术学院教授任世民先生以錾金工艺创作了《禅宗祖师》《菩提达摩》《鉴真大师》《迦叶摩腾大师》等“錾金造像艺术”。这些作品阐发的意义有两点，一是手工艺的价值，一是人文价值。艺术作品是技术时代的文化现象。在技术日新月异的今天，技术在不断进步，技术愈发进展，人的动手能力相对便愈发减弱，使得手工艺曾一度无立足之地。这种对技术的追捧，虽然增强了社会生活的能力，但也使得体现人的原始能力的手工性技术处于渐次渐忘的境地。当人们对技术的追捧产生饱厌的情绪时，人们的怀旧之情、返古之态又不可遏制地成为一种新的价值追求和心理体现。因此，手工性的劳作这种古老的劳动性体验，在今天愈发显示出它的这种难以用机械取替的人文性特质，所以愈显珍贵。这种特质在任世民手中呈现出的是以手工技能的能量，所传播出的人的体温，手感和“手的思考”所带来的人文性艺术价值。

新艺术的立场与历史书写——青年批评家论坛

【作者】何桂彦

【刊名】大艺术，2011 年 01 期

【摘要】讨论 2000–2010 年的艺术，一方面需要将其与过去的传统联系起来，在艺术史的上下文关系中去考察它与此前的创作脉络保持着怎样的关系，然后做出价值判断；另一方面需要建构一种新的批评话语。回答上述两个问题，笔者认为，如果以10年的时间为界，过去的30年可以划分为3个部分，并且可以发现在过去的30年的文化建设中，我们不仅做出了巨大的贡献，而且也是有自身的价值尺度和评价标准的。

主旋律：中国现当代艺术中的普世价值

【作者】吴为山

【刊名】中国美术馆，2011年01期

【摘要】20世纪中国艺术最重要的是中西合璧，是艺术观念、技巧的融合，实际上是用中国文化的观念来改造西洋画。笔者认为，画家只不过是用中国的写意观念来画西洋画而已，还是焦点透视，但却把中国的气味介绍给了西方。新中国成立以来，从当时整个国家的政治环境、文化环境来看，有很大的变化，人们的心情很舒畅，美术科研也在发展。笔者认为美术的推动由三个方面组成：文化思想、政策和推动机构。国家的文化思想建设必须要有理论研究，而这两者之间还需要一个衔接，那就是政策支持。有了组织机构上的保障，会对全国的美术发展起到引导作用。笔者从“研究中心的构想”“当代美术中的认识误区”“‘拂去尘灰’：弘扬文艺创作中的主旋律”三方面阐释了中国现当代艺术的普世价值。

自由精神下的20世纪美术

【作者】郑工

【刊名】中国美术馆，2011年01期

【摘要】20世纪是中国美术界乃至整个中国社会逐步面向现代化的过程，在强大的革命风潮裹挟之下，众多观点和运动错杂共生，也有循环往复，这些共同构成复杂的历史景象。伴随着新文化运动的开放包容思想，西洋艺术在20世纪大举进入中国。20世纪早期的青年画家乃至整个青年群体中具有自我牺牲的精神，但当今的人却极度缺乏这种精神。换而言之，在当今的美术界，艺术家已经很难回归到最初的心态，保持那种艺术上的纯粹了。

中国双年展策划人制度的现状评析

【作者】杭海宁

【刊名】中国美术馆，2011年01期

【摘要】双年展这种形式在1895年起源于意大利的威尼斯，距今有着100多年的发展历程。在艺术领域，它有着极其完善的组织形式和展览制度。它本身就是当代国际艺术，主要是西方艺术的风向标、晴雨表和观察哨。笔者从国际双年展出发，引出了策展人制度的形成，并分析了中国的双年展策展人制度，认为当代艺术双年展策划人应该承担起法律赋予的神圣职责，充分行使自己的学术自主的权利，而不是像现在这样，只有做成了“美术官”才能做学术主角。传统体制中行政与学术不分、管理与专业合一的结构使行政没有范围、学术没有规范，这是中国双年展制度上与真正的当代展览制度存在的最大的差别，真正意义上的策划人制度在中国还需要时间。

充满人性化与个性化的现代金属器皿艺术

【作者】施蕙雨

【刊名】中国艺术，2011年01期

【摘要】从20世纪上半叶以来，工业化的发展成为不可扭转的趋势，在推动了人类物质发展的同时，在精神领域也发生了巨大的变化。工艺美术运动、新艺术运动和装饰艺术运动大大促进了现代设计和现代艺术的发展。在艺术的创作中，不同领域的内容相互渗透，打破了边界的限制。金属器皿艺术有着悠久的历史，现代工业社会的发展对它又将产生什么影响呢？本文以现代金属器皿艺术中的人性化和个性化表现为研究对象，通过多层次的分析，突出现代金属器皿的艺术价值和发展潜力。

浅谈室外陶瓷雕塑——周国桢的《十二生肖》

【作者】井村

【刊名】中国艺术，2011年01期

【摘要】周国桢教授的大型陶瓷雕塑《十二生肖》，创作于2009年，现落成于湖南省安仁县的周国桢陶艺广场。这组最大3.5m、最小1.2m高的室外陶瓷雕塑，从室内小巧细雅的博古架上，一跃走向了宽阔而空旷的大型广场，成为环境艺术中重要的组成部分，不仅丰富了当代陶瓷艺术的语言，为古老的雕塑艺术找到了一条新路，而且便于所有的观者都能近距离欣赏它。当人们从城市、乡镇，从四面八方来到安仁，一睹这些运用陶艺手法制作出来的、令人着迷的室外动物雕塑时，立即被这一件件作品吸引，被其天才的震撼力量吸引。这些室外动物雕塑之所以如此吸引我们，因为它不仅是泥与火的结合，更是源于这位年近八旬的艺术家在材质、成型、烧成等工艺上的新突破。

回归艺术的本体

【作者】张浩达

【刊名】雕塑，2011年02期

【摘要】当下的艺术状态在很大程度上所反映出的已不是艺术本身或者说艺术之本体问题。在当下大量的艺术作品面前，我们看到的往往是一种社会思潮或图像而不是艺术本身。这种缺失对艺术本体意义方面的探索，缺少对本体语言的贡献的现象，最终会导致艺术精神的贫血。所以，在目前这种趋向中强调一下“回归本体”，这从美术史的角度上看，可能具有一点“历史”意义。

从关注到关怀——说胡学富对少数民族题材的精神“写实”

【作者】宋伟光

【刊名】雕塑，2011年02期

【摘要】对于少数民族风情的表现是许多艺术家所青睐的，从这个现象的表象来看，好像反映出来的是艺术家对于少数民族风情之奇、服饰之美的偏好，其实这种现象是有其社会根源的。新中国成立之后到20世纪80年代初，中国的文艺是体制下人的意识形态的反映，这种体制下的艺术特征是鲜明的政治立场和尽可能完美的艺术形式之结合。然而，在鲜明的政治立场的前提下，艺术作品难以充分表现其“尽可能完美的艺术形式”。但是表现少数民族，反映少数民族的风土人情，既可以使自己的作品抒发着些许浪漫色彩，又不违背当时的文艺方针。如此，表现少数民族成为了美术家们为自己寻找到的一点可供休憩和表现的空间……

见山只是山

【作者】顾春芳

【刊名】雕塑，2011年02期

【摘要】北京大学朱青生教授在798区举办的“漆山文献展”，是其对践行“公共艺术”和“自然雕塑”理想的一次总结。公共艺术是可以共享的“形相”，应当避免人为的建造，而转为和自然和谐生辉；自然雕塑强调没有被理性、技术、材料以及意识形态所遮蔽的真实的空间。朱青生创造性地用漆山这种夸张的行为来宣扬“天地与我并生，万物与我为”的艺术思想和精神旨归。

艺术批评与人文学科
——回应宋伟光先生的《哲学是艺术吗？》

【作者】刘柒否

【刊名】雕塑，2011年02期

【摘要】“哲学是艺术吗？”这样的反问隐含着一种否定的答案，以此为题，宋伟光先生在本刊2010年第3期与第5期发文，对把艺术当成“哲学式的视觉图像”的现象提出质疑。对于此问题，曹意强先生在一次关于艺术的学术性的报告中指出：艺术创作本身就是学术，它与哲学一样都是对世界与人的探索，只有材质与手段的不同，它要求具体、生动，而不是要借助抽象思维，更不要拿哲学当填充物以证明艺术的价值。艺术的哲学化或观念化看似是为艺术寻求出路，实则为艺术的自我贬低、甚至是自我毁灭的简便途径。它是由艺术家的一厢情愿与批评家的理论填补共同造成的。所以在宋先生的追问中隐含着另一个问题：哲学是艺术批评吗？艺术批评作为一门年轻的人文学科，它的诞生即是伴随着矛盾的。

别拿城雕不当名片

【作者】四味

【刊名】雕塑，2011年02期

【摘要】近年来，伴随着城市环境建设的发展，城市雕塑建设的势头有增无减，许多城市都热衷于打造独特的城市名片。这为雕塑家们尽情发挥才智能力提供了良好的机会，但与此同时，城市雕塑建设管理制度的不完善，参与人员法制意识的薄弱，使得城雕侵权案件屡见不鲜，城市雕塑维权问题日益突出。维护当代新文化的建设，唤起人们对文化建设环境的广泛关注与对责任承担的深思，推动城市雕塑建设管理机制的完善与成熟，正是我们从一桩桩城雕侵权案中获得的反思与动力。侵权者或准备侵权者，清醒吧！别拿城雕不当名片！有无数双眼睛审视着你们呢！

重塑青年毛泽东的意义

【作者】许钦松

【刊名】美术学报，2011年02期

【摘要】重新塑造青年毛泽东像，重新又回归到一个我们回望历史的时候，成为一个集体的记忆。而我们后面这些年轻人究竟对毛泽东是怎么看待的，往往存在着这种担忧，因为很多场合，包括外面的很多当代艺术，包括本国很多的当代艺术，在某些时候都把毛泽东的形象作为一种调侃的对象，对他的评价可以交给历史学家去评论。毛泽东对中华民族的未来抱着一种忧患意识，他在思考中国的前途、民族的存亡，他在青年时期的抱负，这不单单是一个雕塑本身的意义，它远远超过了这个纪念碑雕塑的意义。

城市雕塑需要什么样的发展观？

【作者】孙振华

【刊名】大艺术，2011年02期

【摘要】城市雕塑的发展观首先应该体现在城市雕塑与城市相“匹配”的问题。城市雕塑只有与这个城市的政治、经济、文化发展的整体水平相协调一致的时候，它的城市雕塑的建设和发展的速度才可能是适宜的，否则，用搞运动的方式，用突击的方式来发展城市雕塑，最后还得自己咽下自己种出的苦果。

一个国家图腾的诞生
——自由女神像在传播中的语境转换和价值生成

【作者】乔迁　王怡

【刊名】装饰，2011年02期

【摘要】自由女神像是美国国家形象和精神的象征，其内涵和价值远远超越了艺术的范畴，已经成为凝聚美国民族团结力量的国家图腾。随不同时代的语境转换，自由女神像所承载的精神价值和文化价值在不断衍生和强化，在美国国家精神确立的时代语境下建成传播，迅速成为被美国公民普遍认同的国家象征；在全球化过程的语境中，自由女神像又成为美国对外传播价值观的有效载体。

在魔咒的内部
——解析向京及作品

【作者】朱朱

【刊名】美苑，2011年02期

【摘要】“通过身体说话。”向京的初始选择与当今的女性主义集体途径并无二致，尽管她反感于“女性艺术家”的标签，仿佛这已经意味了歧视，意味了“将女性的血肉之躯变为钉死的蝴蝶"的暴行，但是，如果没有那种显在的女性主义理论作为背景，没有"第二性"的文化命题可以作为反抗与抗争的藩篱，她的创作意识与作品效果就不会来得这么清晰、凝聚和有效。事实上，置身于她或她的雕塑面前，我分明可以感觉到一根隐形的警戒线，就连我在交谈中开始谈论《你的身体》里那个"女性的身体"时，她立刻迫不及待地纠正我："这也是男性的身体"，如此恰好也泄露了她对于两性议题的紧张感，她紧绷着神经的、条件反射般准备随时反击的态势，在事实上还原了她心理的悖论状态：一方面她希望观众忘记她的性别，仅仅将她作为一个艺术家来看待，另一方面她自己时时着意于男权的稽查与缉拿——如是观之，她的女性意识是再也强烈不过了。"打破性别"一语本身即意味着性别构成了主题，构成了魔咒，而她的《你的身体》正是试图解除这个魔咒。

塑老子

【作者】吴为山

【刊名】雕塑，2011年02期

【摘要】老子，作为道家思想的创始人和表征者，在中华文化史上是一座恍惚悠然的精神奇峰！诗有之："高山仰止，景行行止。虽不能至，心向往之。"以雕塑艺术礼老子，通神于其哲思的渊深玄妙与精微博大，是我内心时刻涌动的意念，也是我20多年来历史文化名人造像课题研究的一个文化维度。

崇高感与永恒感

【作者】梁明诚

【刊名】美术学报，2011年02期

【摘要】对青年毛泽东雕像，我做一个定位评价，这个比较大胆。我觉得橘子洲毛泽东像，能在世界上可以数得出来的一些巨型雕塑里面站得住脚，艺术性站得住脚。这些年我们中国也出了不少的巨像，比如佛像、观音，但是我觉得不算，只是小工艺品放大而已，纪念性的伟人形象，必须具备纪念性雕塑最基本的特点。一个是崇高性，一个是永恒性。黎明做的这个像两点都达到了，具体的雕塑创造上也有他过人之处。

当代名人雕塑园的营造——江西名人雕塑园的策划思考

【作者】徐林晃

【刊名】雕塑，2011年03期

【摘要】江西名人雕塑园是在南昌文化大发展契机下的一次成功的尝试。这座主题性文化园，以雕塑这种空间艺术的话语形式展现江西历史名人，以此为切入点彰显江西丰厚的人文积淀，进而将丰富的历史遗存与城市记忆，转化为当代人宝贵的知识给养与精神动力；集结全国众多知名雕塑家，旨在凸显"名人雕名人"的文化主题，汇集大批兼有学术理念与地域针对性的雕塑精品，以富有前沿性的文化成果，引领南昌以创造全新城市文化的姿态步入当代。

西域历史记忆碎片的邂逅——李永康"故城系列"雕塑解读

【作者】李开荣

【刊名】雕塑，2011年03期

【摘要】西部青年雕塑家李永康，人称大康。近年来，他创作了《故城系列》铸铜作品，以其丰富的想象、奇异的造型、强劲的表现力，赢得同行关注。在此，就个人感受，对其做一点解读，以期与关心西部雕塑的朋友一起走近西部，走近永康。

用纸张雕塑历史

【作者】韩庆生

【刊名】雕塑，2011年03期

【摘要】用纸张记录历史是人们司空见惯的事情，而用纸张雕塑历史恐怕就是新奇之事了。而这新奇的创造者就是纸塑艺术家吉胜久先生。早在远古时代，随着生产不断发展，逐渐产生了石雕、陶雕、砖雕、牙雕、果核雕等，祖先创造的这些富有观赏和实用价值的雕塑作品世代为人们称赞。而纸雕塑，是区别于民间糊匠手艺的一种三维的素纸模型手工，即通过对平面纸进行硬用纸张雕塑历史笔划痕、折剪、刻挖、折峰（凸折）、折谷（凹折）、粘贴等方法设计制作的一种立体的艺术形式。其形象单纯、精巧、秀美，具有独特的艺术魅力和审美价值。

红色考古——栗宪庭访包泡

【作者】栗宪庭

【刊名】雕塑，2011年03期

【摘要】跟大多数经历过"十年动乱"的艺术家不同，包泡的反思显得更为独特，当然也更为深刻。他将文革的产生归结为整个民族缺乏自我判断的"集体无意识"的推动，而不仅仅是一个政治领袖的个人思想的倡导。包泡在宋庄的这次名为"红色考古"的展览共分为六个部分：红卫兵、红小兵、通道、钵、宗堂和塔，既是历史的呈现，也是观念的表达。这些数量惊人的作品静静地摆在那里，呈现着一个时代的荒诞记忆，迫使我们做出更深的思考。

我的艺术路线

【作者】傅中望

【刊名】美术大观，2011年03期

【摘要】本文通过自己的艺术经历，以"轴线"的概念，作为自己的所有艺术创作及思考，分析了自己的艺术路线。最后作者指出，"轴线"并不是继"榫卯结构""异质同构"之后所提出的一个新的定义，而是对艺术创作的总体概括，涵盖了我对历史、文化、艺术以及当下的社会现状与个体生命的思考，也是贯穿于我的整个创作与人生经历的艺术之线、生命之线。"轴线"并不是一段总结式的告白，而是一种寓意性的开始。

我看傅中望

【作者】孙振华

【刊名】中国艺术，2011年03期

【摘要】在中国当代雕塑史中，傅中望是一个绕不过的人物。他的重要性表现在他不只是为中国当代雕塑贡献了一批优秀的作品，更重要的是，30年来，傅中望以自己敏锐的观察力和创造力，始终关注着当代雕塑的前沿问题，一直引领当代雕塑的学术方向。在北京求学的日子里，他孜孜不倦地学习当时才刚刚引入、十分少见的西方现代艺术，并在创作中进行了各种尝试。回到武汉，在轰轰烈烈的"八五"艺术运动中崭露头角。他此时创作的"榫卯结构"系列与同时代人相比，已经先行一步，跳出了对西方现代主义艺术简单模仿和学习的阶段，从中国的现实和传统资源出发，创作出了中国式的当代雕塑作品。

简论公共艺术的起源——以帕提农神庙为例

【作者】陈子劲

【刊名】新美术，2011年03期

【摘要】仪式和典礼古今往来都有，现"公共活动"一词可以概之，与其相伴的"艺术"，理所当然应该冠名为"公共"。就如复活节岛巨像、龙门石窟、吴哥窟、泰姬陵、凯旋门、埃菲尔铁塔、自由女神像等，以及文中用于例证的帕提农神庙[Parthenon]。那么，公共艺术从何而来？为什么英国索尔兹伯里平原会有史前巨石阵？为什么埃及人要筑狮身人面像？为什么中国人要雕刻乐山大佛？或许是我们只顾流连忘返于帕提农神庙，万分赞叹之余，忽略了它是为祭祀雅典娜[Athena]而建，是为泛雅典娜节[Panathenaic festival]而用。人类为何要举行这些活动？这些活动是什么？这些问题虽然已被人类学、历史学、社会学、考古学所回答，但是，这些活动与公共艺术有何关系？这个问题显然未得到系统的回答，或回答未有足够的影响力，以至于存在着普遍性的认知模糊。

从嫁接到基因——一个关于中国当代装置艺术的视角

【作者】韩淑英

【刊名】天津美术学院学报，2011年03期

【摘要】中国的装置艺术作为当代艺术的一种形式在今天得到了前所未有的发展。在各种大小展览中都有很多的装置作品。即使是油画家也开始纷纷制作装置等空间作品，来"迎合"国际策展人的口味，开始被冠以"艺术家"头衔。而究其源头，人们通常认为，中国的装置艺术产生于20世纪80年代初期，是从西方的艺术样式直接"嫁接"移植的结果。而经过当代艺术30年的发展，开始逐渐演变为自身文化的基因。20世纪80年代，随着中国的改革开放，一些国外的哲学思想、艺术作品等包括各种出版物和展览启迪了一些中国艺术家。1985年，美国艺术家劳申伯格在中国美术馆举办展览，在这个展览上，大量的现成品在作品中的直接挪用对中国的青年艺术家产生了巨大影响。

灵魂的容器

【作者】田喜

【刊名】美术大观，2011年03期

【摘要】互联网时代，我们正在经历着众所周知的巨变。网络正在迅速地连接这个星球的每个角落、每个人。网络给予我们前所未有的获取知识，了解世界的能力，使我们更加方便地与他人接触而不再受时间和空间的限制。网络已成为我们生存方式的一部分。本文通过对巨人症、侏儒症、虚无者三类肖像的分析和研究，最后指出，我需要的是对这结果进行一种带有人文主义性质的更为精致的感性解剖，需要的是透过那作为容器的半透明的肉身去寻出其中那灵魂的气息。

《杭城九墙》艺术创作研究

【作者】令香

【刊名】雕塑，2011年04期

【摘要】中国美术学院对中山路工程改造提出了"有机更新"的理念。目的在于"还杭州一个历史文化名城以当代的风貌"。通过整理捡拾历史碎片，通过梳理，使其和现代建筑紧密融合，从而体现出一种独特的古韵。这其中包括十一项作品构成的公共艺术精品长廊。杨奇瑞教授的《杭城九墙》是其中一件。

曹雪芹像

【作者】吴为山

【刊名】雕塑，2011年04期

【摘要】建筑大师吴良镛院士为南京设计了江宁织造府，这处建筑位于南京大行宫与长江路交会处。这是一座融于六朝古都、立于现代文化都市环境中的建筑，吴先生意匠独运，信笔纵横，构造了可游、可居、可赏、可思的精神乐园。2006年，吴先生良镛院士设计了新的江宁织造府，欲塑曹雪芹像于庭中，用吴先生的话："没有曹雪芹，就没有其他。"吴先生还说："核心是曹雪芹，其他设计是舞台背景和他的著作红楼梦。"

中国玻璃艺术的拓荒者——专访沪上玻璃艺术家庄小蔚、王敏、萧泰

【作者】王艺衡

【刊名】上海工艺美术，2011年04期

【摘要】玻璃艺术作为一个独立的概念发端于20世纪70年代，起源于美国并在欧洲迅速传播的"玻璃工作室运动"，浪漫的玻璃语言使艺术家享受到更多的自由。与发展了半个多世纪的欧美现代玻璃艺术相比，中国玻璃

艺术虽然还远未形成规模，但却呈现出蓬勃发展的势头。庄小蔚、王敏和萧泰这三位杰出的上海玻璃艺术家为打造优秀的中国玻璃艺术做出了举足轻重的贡献，对中国玻璃艺术的发展形成了至关重要的影响。

用中国的方式描述中国——读田世信先生的雕塑新作《王者之尊》

【作者】孙振华

【刊名】美术大观，2011 年 04 期

【摘要】田世信先生的新作《王者之尊》是中国雕塑界近些年来比较少见的大制作、大手笔。它是雕塑家在个人创作中，凭借着内心的指引创作出来的名副其实的“重大历史题材”。作为一个勤奋不辍、努力探索的雕塑家，田世信先生的《王者之尊》以全新的面目，体现了他四十多年创作生涯中的一个重要变化。他的新作与其说是精心创作了一组有着鲜明特点的人物雕塑，不如说是通过作品有针对性地面对中国雕塑的现状提出问题，并尝试着解决这些问题。

宋冬和尹秀珍“筷道”

【作者】洪迈

【刊名】艺术界，2011 年 04 期

【摘要】在最本质的层面，宋冬和尹秀珍正在进行的合作项目“筷道”是一个简单的二元体，如同夫妻一样，一根筷子需要另一根筷子的配合才能正常使用。宋冬刻画了他们婚姻的本质，从一根巨大而平凡的筷子中凿出来的包含 12 个局部的沉思，而尹秀珍的筷子的每一个部分则毫不犹豫地回眸着，忠实地倚靠在宋冬作品的旁边，或者异常稳固地固定在上方的墙上。她的阴与他的阳，永远不会离得太远。

策展方法之我见

【作者】冯博一

【刊名】中国美术馆，2011 年 04 期

【摘要】在中国当代艺术生态中，展览和展览策划本身已构成当代艺术发展变化的一个重要组成部分，且作为这一系统链接环节的作用与影响已获得广泛的共识。将展览和策展人的工作与艺术创作关系纳入到当代艺术史中加以研究论述，则丰富了视觉艺术研究的视野。本文在选择艺术家和参展作品以及展场的设计上，强调静态的视觉性、纯粹性和展览整体完整的感觉。期冀公众在由各位艺术家对这样有着切身感受的现象和问题而构成的若干艺术作品当中，不同的意见和观点之间通过碰撞、交流和融合而逐步趋向于相互理解和共同价值观的形成，丰富乃至进一步提升公众对所关注话题的进一步思考与追问。

关于策展的学术研究

【作者】贾方舟

【刊名】中国美术馆，2011 年 04 期

【摘要】策展人作为一种职业，最早主要是指 16 世纪以来出现于西方博物馆内负责藏品研究、保管和陈列的专职人员。17 世纪以后，西方博物馆经常按时代或主题组织一些专题艺术展览或陈列，这样就出现了早期的“策展人”。18 世纪以后，在欧美等地出现了艺术机构常设策展人。19 世纪末、20 世纪初独立策展人在西方兴起。西方策展制度进入中国是在20世纪80年代末，1989年“中国现代艺术展”造就了中国第一批策展人。策展目前已成为中国当代艺术的重要组成部分，此文为笔者邀请有关专家就“策展”问题展开的学术探索，以期为研究中国当代艺术提供一个有价值的学术坐标。

艺术创作：无须制造“通天塔”

【作者】孟潇

【刊名】中国美术馆，2011 年 04 期

【摘要】如果天地是一个美术馆的话，最让天地受到惊吓的恐怕会是人类妄图建造的通天塔了。按照相关宗教书籍的描述，通天塔最后以倾倒、碎裂而告终。然而，在目前的美术界，又出现了种种庞然巨制。那些悬垂、铺陈在当代美术馆高墙阔地内的大画儿、大装置，因其巨大的形制而瞬息间夺人眼目，似乎这些幅体巨大的作品是为高墙阔地的专意订制，而面对它们仔细审视，会发现它们常常是空洞的，经不起推敲。笔者通过令人生发感慨的几幅有深刻含义的巨作来批判那些大尺幅、大体量却仅仅是执意放大的苍白山水，刻意强化的贫乏心灵，矫情的民俗风情场面的作品。

中国当代策展人的困惑与尴尬

【作者】王筱冰

【刊名】中国美术馆，2011 年 04 期

【摘要】在艺术市场化气氛浓厚的今天，独立策展人还能够在多大程度上保持应有的学术针对性而不被资本利益驱使已成为一个不得不认真思考的问题。独立策展人身份的转变随着艺术市场的变化而变化。在外部力量和内部力量的共同影响下，策展人的学术权利和影响力被消解。展览方式、展览思路、展览理念和语境常常成了走过场。策展体系的不健全，使得许多策展人蜻蜓点水，很难深入，在无奈、悲愤、绝望、宿命的种种态度中，策展人这一角色除了充分了解现实并保持“在场”的态度之外，也不得不在学识理想与市场操作之间寻找折中的解决办法。在今天的这个时代背景下，策展人的所有学术工作都无法与市场、资本脱离开来，这也许正是所有策展人的困惑与尴尬所在。

策展与批评

【作者】于洋

【刊名】中国美术馆，2011 年 04 期

【摘要】关于“策展人”这一角色所带来的争议与困惑，已经成为当下国内艺术界关注和讨论的焦点。在中国，

策展人的身份焦虑还来源于这一行业的舶来性。策展人在西方的勃兴，是伴随着大型国际双年展的繁盛而兴起的。艺术策展人才的培养过程是和国内策展机制与外部环境共同成长的。在这一语境中，塑造未来的策展人既是书写艺术策展发展史的过程，也是对中国当代艺术冷静把脉、正本清源和寻找对策的过程。

造景
——解读雕塑与贝聿铭建筑的关系

【作者】李晓方

【刊名】美苑，2011 年 04 期

【摘要】贝聿铭建筑的公共空间中连续而富于变化，雕塑是其造景重要手段，它与贝氏建筑简洁语汇形成一种共生、互动关系，并体现了东西方造景思维的有机融合。解读其中的艺术内涵有赖于剖析贝氏的思想背景与造景手法。在贝氏诸多造景的语汇中，雕塑一直占有不可替代的地位。在他的代表作国家艺术博物馆东馆（华盛顿，1968—1978）的 9 项艺术品计划中，雕塑占了 5 件之多。贝聿铭作品中借重艺术品造景的思维，源于以下几个方面的因素：首先，贝氏强调建筑应该成为“大时代思想发展的一部分”。其次，从贝氏的建筑语言上看，他的作品以简洁的几何结构为造型主线，他力求在公共空间中以一种移步换景的方式取得视觉上的节奏变化。再次，贝氏在造景中重视地域文脉元素。

当代艺术的核心价值是什么？

【作者】顾丞峰

【刊名】大艺术，2011 年 04 期

【摘要】当代艺术是从现代艺术的母体中脱胎或自然继承而来，现代艺术的核心价值观在笔者看来主要有两个方面：精神批判和形式主义。中国当代艺术的价值容纳量已经超过了现代艺术，用多元价值观来消解当代艺术的启蒙任务是危险的，提倡启蒙的价值体系并非提倡对抗的二元论思维，特别是当一个概念外延在不断扩大的当下，作为美术批评应该承担起这个任务——请返其本。

萧传玖雕塑作品《地雷战》的抢救性修复与收藏

【作者】裴建国

【刊名】中国美术馆，2011 年 04 期

【摘要】萧传玖先生是中国现代雕塑史上的名家，是人民英雄纪念碑浮雕的 8 位主创者之一。由他主持创作完成的《南昌起义》与另外几位雕塑家分别为人民英雄纪念碑创作的浮雕一起，已经成为新中国雕塑史上的开篇大作和艺术经典。《地雷战》（1957 年作）是萧传玖创作鼎盛期的作品。“文革”中，该作品未遭到彻底破坏。后由程允贤找出修复，铸成铜像，陈列于中国人民革命军事博物馆的“抗日战争馆”内。2008 年铜厂清理环境，笔者得到信息，立即把这件他们准备当作垃圾处理掉的《地雷战》石膏像运回中国美术馆。中国美术馆领导采纳笔者的建议，将这件作品列入中国美术馆藏品序列。作为萧传玖创作道路上的一座新的里程碑，《地雷战》无论在思想性和艺术性上都有很大突破。

吴光让与大吴泥塑

【作者】王连海

【刊名】中国美术馆，2011 年 04 期

【摘要】大吴泥塑在不同的历史时期或不同的地域范围内，名称各异。笔者介绍了大吴泥塑的发展历史进程，探讨了大吴泥塑的特征。吴光让是大吴泥塑艺人群体中唯一的国家级非物质文化遗产保护项目代表性传承人，他的作品就成为大吴泥塑的代表作，他的艺术经历是当代大吴泥塑发展史的缩影，在一定程度上也折射了全国各地民间泥塑艺术共同经历的历程。因此，吴光让的艺术经历与作品，不仅对研究大吴泥塑具有重要的价值，而且对研究中国现代民间雕塑史也具有重要的文献意义。

雕塑空间形态的轨迹与延伸
——第十七届中国雕塑论坛主题阐述

【作者】范伟民

【刊名】雕塑，2011 年 05 期

【摘要】从美术史的角度来看，雕塑艺术在历史的不同时期呈现的空间形式是不同的。它所呈现出的空间形态，表述着雕塑艺术发展的历程。在当下雕塑艺术表现方式的繁杂语境中，重新审视雕塑艺术的本体语言，对于深化雕塑艺术的表现功能，是有其重要意义的。鉴于此，本期重点推出目前在雕塑艺术领域里卓有见识的专家之文论，以期引起对雕塑与空间深入挖掘的学术兴趣。

超日常的挑衅
——琴嘎访谈

【作者】蒲鸿

【刊名】雕塑，2011 年 05 期

【摘要】本次访谈也不同程度地将一位艺术家的生活状态反映了出来。琴嘎认为，在这十余年的创作中，是具体的生存体验决定了他的创作态度与形式，而不是所谓的一个明确的风格样式。他这十几年的创作涵盖了雕塑、装置、影像、行为、声音等，他说自己艺术实践的道路是缓慢的、曲曲弯弯的，但他一直享受这个不明确的摸索、选择再选择的过程，不断尝试把内心对现实困境的体验和态度转嫁到贴近自己的艺术形式上，这是个纠结而又自由的生命体验。

不要让你的作品被绑架

【作者】张浩达

【刊名】雕塑，2011 年 05 期

【摘要】雕塑与受众的关系各具形态，不同时代、不同社会制度、不同文化背景下的呈现的艺术关系是不同的。

在当下的社会情境中，公共艺术在很大程度上表现出的应是雕塑家本身的审美个性与公共性的融洽，雕塑家应以实现公共性的目的而创作，而不是做权利与利益的屈从者，文章从不同的角度展开了对这一问题的剖析与批评。

雕塑如何面对公众

【作者】曾令香

【刊名】雕塑，2011 年 05 期

【摘要】要逐步建构起理性的公众主体，建构有效的真正民主而科学的监督机制，这种机制的科学性在于一方面能确保雕塑作品成为真正理性公众所能关注并参与的有意义的作品，另一方面也能保证雕塑作品的个性发挥和保障作品的艺术效果的完整实现。最后要说的是，在雕塑如何面对公众的发问中，我们必须再次确认：在雕塑作品的创作中，雕塑艺术家理当一如既往地奉行独立担当、自由理想的文化精神。

悬着的霉斑

【作者】高波

【刊名】雕塑，2011 年 05 期

【摘要】我们往往强调了表达的重要性，而忽视了方法、工具材料的重要性。在另一种意义上讲你所使用的方法、工具材料就是你所表达的。豆腐皮易于消化又营养丰富，极易附着霉菌，产生霉变。这正如所有生命从诞生走向衰败，直至死亡，这也正是我作品的抽象的含义。而这种含义正是基于作品特殊的材料，表达和不断延伸着我对自然生命的体验，因此我把对这种自然生命的体验理成感悟式的文字。

公共性或者个人化：“蓝色交响——中国南戴河国际雕塑展”

【作者】遥戈

【刊名】雕塑，2011 年 05 期

【摘要】“中国南戴河国际雕塑展”中所展出的作品，尽管手法丰富，具有不同的文化背景不同的表现语言，其实也可以在某一种层面上获得一种统一性。这种统一性表现为，他们以艺术家特有的敏感性意识到雕塑与公共空间的重要性，并且以实践证明了雕塑是艺术介入公共空间最好的表现形式。

山水城市的景观雕塑设计探析

【作者】郭晶

【刊名】设计艺术，2011 年 05 期

【摘要】“山水城市”是以隆起的地形与展开的水体这样良好的生态环境为物质基础，并将中国特有的山水文化与自然景观、城市建设结合而成的，有山水画般意境的城市。而景观雕塑是以公共景观为平台，设立在户外公共环境中，能唤起人们视觉与心灵美感，并与周边环境相协调的雕塑艺术作品。山水城市中的景观雕塑，作为山水城市文化建设的重要组成部分，以其独特的空间、形体、色彩、材料、尺度等艺术语言向市民大众传达着山水城市中迥异的历史文化、风俗习惯、审美趣味，形成了不同的文化认同与欣赏趣味。

高密泥塑艺人聂希蔚访谈录

【作者】小乔

【刊名】中国美术馆，2011 年 05 期

【摘要】当时的社会上没有其他的儿童娱乐渠道，聂家庄泥塑就成了没有钱的老百姓最好的消遣。到了年关，或者是节日时期，赶庙会的都到聂家庄来贩卖这个泥塑，所以在销售量特别大，生意特别红火。当时有一个民间俗语“聂家庄，门朝南，家家户户捏泥人。”但是，到了“文革”期间，泥塑遭到了坚决取缔。当时的政策是“抓”“砸”“打”，谁制作泥塑就是走资本主义道路，在那时候，聂家庄的泥塑基本上是灭绝了。后来，由于中央政府到了 20 世纪 70 年代后期拨乱反正，民间艺术重新得到了重视，在一次会议上提出了抢救民间文化的报告。随后，当地的政府派了大批文化干部到聂家庄挖掘这些东西，并且将泥塑制作恢复起来，聂家庄泥塑的发展才逐步走上了正轨。

熊秉明：从哲学到艺术

【作者】朱小明

【刊名】数位时尚（新视觉艺术），2011 年 05 期

【摘要】熊秉明原本是学哲学的，后来转向了艺术创作和艺术研究，在创作和理论研究上均取得了令人瞩目的成就。熊秉明以自己毕生的智慧、勇气和实践，完成了他人生的回归。他的人生与艺术经历给我们以极大的启迪。

裴建国雕塑作品简评

【作者】范迪安

【刊名】中国美术馆，2011 年 05 期

【摘要】此文为范迪安先生对裴建国先生雕塑作品的简评。范迪安认为三十多年来，裴建国虽不能像职业雕塑家那样有充分的时间和条件投入创作，但他在每一件作品上都投以认真的态度和努力的深化，已积累起丰富的经验。他的肖像作品建立在对人物身份、经历和形貌特征研究的基础上，注重造型与传神的统一，注重透过形式手法刻画人的精神世界，在气质上富有人文意涵，在品格上落落大方，呈现出一种朴素、含蓄、内在的风格。除了做好本职工作，裴建国还就一些学术专题做研究文章，反映在雕塑上，则是忙里偷闲，勇于实验，也勇于突破自我，做了一批现代形式的作品。

大美无言
——张燕根及其公共艺术的启示

【作者】孙振华

【刊名】雕塑，2011 年 06 期

【摘要】张燕根是一个长期参与国际艺术“驻村”创

作并活跃于许多国家的各种创作营、深受当代国际艺术氛围浸润的中国艺术家，这是我们了解张燕根艺术背景十分重要的一点。环顾当代中国艺术界，类似张燕根这样，有着如此丰富“驻村”经历的艺术家，是比较少见的。这些雕塑给我们的直观印象是“很国际”，也就是说，当张燕根和国外艺术家同台竞技的时候，他们能够在一个水平线上，用互相能够理解的语言进行交流。当然，即使如此，张燕根的作品仍有他的强烈个性，这些个性与他的生活经历、文化背景有关。

解构神圣
——戴耘艺术中的三对关键词

【作者】殷双喜

【刊名】雕塑，2011 年 06 期

【摘要】在中国当代雕塑艺术的发展图景中，青年雕塑家戴耘近年来十分活跃，多次入选重要的当代雕塑展并获奖，引起专业界甚至媒体界的关注。其实，戴耘的艺术创作是在 2000 年前后进入活跃期的，在他的一系列作品中，都涉及了当代艺术的当下性与历史性的关系，用评论家鲁虹的话说，戴耘“努力地向大众文化学习并汲取精华，同时将自己所发现的文化问题置于历史的文脉中加以认真考量。所以他的作品既有当下性与大众性，又有历史性与深刻性”。

手艺的“寓言”
——读解何马寿山石雕刻风格中的典型性

【作者】苏少凌

【刊名】雕塑，2011 年 06 期

【摘要】读解、梳理何马雕刻创作中的典型性，发现隐喻在作品中的象征符号和艺术观念，释读何马石雕风格典型的现代性视觉表征和审美意味，成为感受、认知当下寿山石雕刻风格创新转向的路径和方式。

漫议陈宏践和他的雕塑作品

【作者】石浚

【刊名】美术学报，2011 年 06 期

【摘要】近七八年来，陈宏践逐渐走进人们视野，这绝不仅仅是由于陈宏践屡获大奖和传媒的影响力，对于行内人来说，是因为他的一系列作品中存在着“硬道理”。从他的作品中不难看出，他具备扎实的造型功底和平实的性格。其艺术创作不张扬外露，内敛含蓄，平静细腻，在几何、规则、概括的形式语言中涌现出无限的激情，让人感受到一种由内而外的张力。

论雅俗从来不共赏

【作者】王佳泉

【刊名】艺术评论，2011 年 06 期

【摘要】所谓雅俗共赏，不过是一个文化神话，然而，它不仅为人们在日常生活中所津津乐道，也被专家学者在严肃的学术话题中屡屡提及；不仅可以使有了这种所谓雅俗共赏的成就的作家、艺术家为之沾沾自喜顾盼自雄，也正不知被多少有这种追求的作家、艺术家所心向往之孜孜以求。但是，神话终归不过是神话，作为认识的误区，它不仅会导致文化与艺术欣赏上的误判，也必然带来文化与艺术建设上的弯路与歧途。

广州陈家祠建筑装饰雕塑作品的喻意手法

【作者】刘子川

【刊名】艺术评论，2011 年 07 期

【摘要】广州陈家祠（陈家书院）建筑装饰雕塑艺术品主要包括木雕、砖雕、石雕、陶塑、灰塑、铜铁铸六种，其中“灰塑是广东特有的传统建筑装饰”。这些建筑装饰雕塑作品表现内容广泛，主题意义鲜明，如：忠勇仁智、信义贤孝、功名利禄、富贵长寿、多子多福、吉祥喜庆等。其中表达吉祥喜庆主题的雕塑，还可分为历史故事和非历史故事、神话传说和非神话传说几个类别。本文试论说非历史故事题材中表达吉祥喜庆主题的雕塑作品，重点探讨这类作品的喻义表现手法及其文化历史渊源。

论泥塑《收租院》的顽强生命力

【作者】张幼云

【刊名】中国美术馆，2011 年 07 期

【摘要】接受历程与顽强生命力的呈现在中国现代美术史上，没有哪一件雕塑作品的接受历程，像泥塑群像《收租院》那般具有传奇色彩：这件泥塑巨作，是 1965 年随着当时全国深入开展的社会主义教育运动应运而生的。当它刚一诞生，就赢得了高度一致的广泛赞赏。当时在舆论声势的推助下，公众观赏热潮一浪高过一浪，其社会影响迅速波及海内外。它作为中国革命现实主义美术的典范性作品，虽经大起大落的风雨历程，但至今仍未丧失感人的艺术魅力，它的社会影响不限于以阶级斗争为纲的极“左”时期，而延伸到了当下；这种影响不限于国内，还延伸到了国际上。它实实在在地成为新中国美术史上的一道奇观。

身份与职责
——当代艺术家的文化角色与社会意识

【作者】翁剑青

【刊名】美术观察，2011 年 07 期

【摘要】艺术家，是近现代社会分工下的一种职业并超越专业概念的称谓，同时，又意味着是承载和传扬人文精神和道德文明的文化个体。在当代社会及其文化发展中，以呈现精神作用和表现文化价值理想的艺术家个体，如何看待自我的身份特性、社会角色和职责，客观上将直接影响和作用于艺术家自身的观念构造及其与社会“共同体”的相互关系。而当下突显的问题之一，是一些艺术家把自身（或小团体）的利益、对个人名望的追逐凌驾于社会及公益之上，呈现出许多与当代艺术家的身份内涵和道德操守不相符合的状态。这促使艺术界显现出帮派化、江湖化

的情形与乱象，形成了不良的社会影响。而这似乎早已司空见惯，并非一朝一夕所至。我们的社会和时代需要通过艺术家们的努力工作与奉献，给当代中国社会带来更多具有独立的创造性价值和有益于社会公共文化生活的艺术成果和精神食粮。

让雕塑真正深入百姓的生活和思想中
——吕品昌访谈

【作者】陆军 孟繁玮

【刊名】美术观察，2011年07期

【摘要】面对陆军“舶自西方的雕塑在中国今天的社会环境中是否能够真正地生存于公众当中？”的提问，吕品昌说：应该说这个问题是站在保护传统文化的角度提出的。“五四”以后，我们的眼光主要投向西方，我们很多雕塑前辈曾留学欧洲，带回来的是西方古典写实雕塑技术，从历史的角度看，向西方学习是必然的，是根据当时中国的社会发展做出的一个出于自身发展需要的选择，不是盲目的。这个体系在中国，经过半个多世纪的实践和改造，已形成了自己的特色和发展模式，并且扎根于中国土壤之中。当然，这种来自西方的雕塑教育和创作模式，其价值核心与审美趣味也一定是西化的。很多人担心中国传统雕塑的生存空间会受到影响，现实的情况也的确如此。

关于当下传统雕塑与公众关系的一次笔谈(1)

【作者】于亮

【刊名】美术观察，2011年08期

【摘要】雕塑艺术不仅指矗立于广场和公共空间中的大型作品，也包括那些具有实用、装饰、把玩等功能的小型作品。作为中国工艺美术的重要门类，传统雕塑从创作到产出都具有深厚的群众基础，和百姓生活建立了密切的联系。随着时代的变迁，传统雕塑在形式、技法和功能上也发生了一些变化。在新的文化语境下，如何使传统雕塑的文化价值契合当代的审美精神？如何处理传承保护与发展创新之间的关系？如何使过去昂贵高雅的宫廷艺术走向大众生活？这些问题都是需要当代雕塑家们深入思考的。本期受《美术观察》编辑部之托，特别邀请了几位从事传统雕塑的工艺美术大师，结合他们的行业特点和实践经验，谈出了许多有价值的观点。

公众接受才是文化建设
——黎明访谈

【作者】夏天

【刊名】美术观察，2011年08期

【摘要】访谈中夏天提出：在今天的中国社会环境中，乡村与城市存在着相当大的文化差异。这种现实状况与建立一个真正意义上的中国文化是否会有一定的矛盾性？黎明回答：现在回过头来参考国外的一些成功作品，比如原野中、山顶上做的雕塑作品，那既是一种人类创造的痕迹，也是对大自然的敬畏或与大自然的融合，是非常好的，如俄罗斯的《祖国——母亲》等作品，都磅礴大气；欧美等国家的小村镇中的雕塑，又显得很亲切，呈现出他们国家的文化和谐多元的特点，与人民生活的关系也很密切。所以我们现在要反思，在城市中建立的这个雕塑有什么意义，如何更加赏心悦目，让百姓更加接受，这就成为一种巧妙的智慧了。公众接受才是文化建设，如果他们不接受，再大的文化建设成就也是一句空话。

雕塑问题与公民社会
——许健与张克端对话录

【作者】许健 张克端

【刊名】美术观察，2011年08期

【摘要】许健：《美术观察》提出的“雕塑如何面对公众”这个话题，现在我们来讨论它，我觉得这里的问题挺大的。第一个问题就是“公众”。就是说，雕塑对于公共大众来说，它究竟是怎么一个概念？这个问题也会从现在的所谓“公共艺术专业”那里生发出来。张：我觉得这个讨论涉及的问题比较复杂、比较多。我们学校最早的名称叫西湖艺专，1928年创建，当时的雕塑教学引入了法国巴黎高等美术学院的雕塑教学体系，是外来的。不过，这里所谓的雕塑是外来的还是民族的这个问题，是对于今天的年轻人或是普通公众来说的，在民国初年的时候这个问题对于当时的年轻人或普通公众来说却有很大的不同。

肉体与清纯
——关于老达（陈连富）的人体雕塑

【作者】尹吉男

【刊名】美术教育研究，2011年08期

【摘要】从男性的视角来关注女性身体属自然行为，用艺术语言表达出来则又成了老达（陈连富）的艺术品。老达的艺术视角无疑是男性、唯美、主观的。他的艺术语言是写实、具象、典雅而又细腻。老达的人体雕塑的确是围绕着女性肉体和性感展开的，而那些诉诸感官的肉体和性感又是围绕着女性的青春和清纯展开的。雕塑的肉体和性感是具体的（借助了写实和唯美，凸显传统的性别视角），而她们的青春和清纯却都是抽象的（通过更多的作品暗示出来，凸显了年龄上的反差）。也许正是这种双重性构成了引力。

雕塑的问题在哪里？

【作者】孙振华

【刊名】美术观察，2011年08期

【摘要】对中国雕塑的当下表现，学术界的总体评价并不乐观，由于问题背景和参照系不同，学术界的评价与雕塑界对自身的评价并不完全一致，但无论如何，一个学科要发展，就应该时时面对和反思自己的问题，这应该是我们讨论雕塑问题的出发点。限于篇幅，在这里我想讨论两个问题：一是西式雕塑作为外来文化与中国本土文化和民族雕塑传统的关系问题；二是雕塑与公众关系的问题。

我认为，重要的不是二者的对立，而是思考这个问题的思想方式有问题，这对目前中国雕塑的影响可能更大。中国雕塑与其他艺术门类相比，具有自己的特殊性。这种特殊性在于，西式雕塑进入后，中国没有相对应的民族、民间雕塑与之对话和补充，中国古代留下来的雕塑传统基本处于中断状态。这才是中国雕塑真正的问题。

艺术家的自我实现与社会担当

【作者】孟繁玮 祝帅

【刊名】美术观察，2011 年 08 期'

【摘要】每位投身于艺术的人都追求自我完善与自我实现，这种“实现”不仅仅指专业技术、理论知识的纯熟与精深，更包括人格修养应当达到的高度。同时，作为一个“社会人”，那些在一定程度上获得了“自我实现”的艺术家，更加不可推卸地具有一份社会担当和责任。在当代，这种“担当”是一种行为，更是一种意识，它包括能否以一位优秀艺术家的形象为未来的从艺者树立良好的榜样，能否以自己的艺术作品和艺术行为对社会大众发生积极的影响等。尽管成为艺术家是一种个人行为，但是当一位艺术家获得了一定的社会地位、占有一定的社会资源和话语权利后如何处理好自我实现与社会担当二者的关系就显得更为必要了，而在现实中这一点往往容易被忽视。本期参与讨论的既有艺术家、理论家、批评家，还有策展人、高校教师。相信这些不同社会角色的心声，将促进我们对这个选题的深思。

论当代城市公共雕塑的地域性——以无锡长广溪湿地公园五里天堂雕塑园几件雕塑为例

【作者】唐国庆

【刊名】美与时代（上）2011 年 09 期

【摘要】当代城市公共雕塑在建设中往往缺乏专业性的设计、统一的规划和科学的论证。现在的城市公共雕塑在建设上多是模仿、复制，因袭守旧，并不认真考虑当地的自然环境和历史文脉，导致建成的城市公共雕塑常常与环境不相协调，不能与公众产生很好的互动关联。不仅外来游客无法读懂，就连当地人也是无从知晓，作为当地主人的自豪感和优越性更是无从谈起。本文以无锡长广溪湿地公园五里天堂雕塑园几件雕塑对这一问题做了有益探索。

爽练塑刀柔婉诗——魏小杰雕塑艺术谫说

【作者】郑志刚

【刊名】美与时代（中），2011 年 09 期

【摘要】魏小杰的作品追求典雅、完美，多有感而发，少无病呻吟。雕塑语言纯正、技法娴熟，冷静而不乏激情，宣泄中抱持理性。她常常将生活中打动自己的点滴感悟深藏、发酵，再以一种新颖的方式传达出来，期与观者共鸣。查探她的作品，西方观念观照之下的材料技法及形式感的运用痕迹时有显现。而在探寻自己个性化造型语言的过程中，中国传统雕塑的意蕴及本土文化内涵的自觉濡染与渗透，也使得魏小杰的作品展露出一种女性少有的真纯、简朗与人气。

城市雕塑亟待“减速”

【作者】沈军

【刊名】中国美术馆，2011 年 09 期

【摘要】摄影、绘画、雕塑、音乐等，不论何种艺术形式，真正的艺术精品都是艺术家全部心血的结晶。艺术应该注重艺术家本身的身体力行和真实的创作，而非都市化进程中一味的无趣的“复制”。笔者针对当下雕塑的发展状况，肯定了 20 世纪 50 年代中国雕塑的辉煌的同时，提出了现在雕塑所面临的问题——物质消费时代，城市雕塑很难保证作品的艺术纯洁性。雕塑不应该作为“政绩”和权力金钱的象征，它是艺术家心灵的体会和对社会现状的感慨。笔者呼吁当下的城市雕塑应放缓“前进”的步伐，静下心来，在质量上多下工夫。

当雕塑与城市发生遭遇时

【作者】高岭

【刊名】画刊，2011 年 10 期

【摘要】雕塑正在从以往表现概括普遍的人类情感和严整的时代精神，内化为表达雕塑家对当代社会个人的内心精神世界的体验。本文通过对雕塑家，政府决策人和城市居民三者之间的多边复杂关系进行详尽的分析，找到了矛盾的关键在于城市管理者在管理和运行城市的机制和思维方式的主观化和简单化。笔者认为能够更好地做到既充分尊重雕塑精英的创作成果，又兼顾社会大众的审美要求，建议城市执政管理部门和规划部门作为城市雕塑的出资人和委托人，同时也作为广大城市居民和所在地行业机构的代言人，应该在城市雕塑的区域规划与安放方面进行系统的科学调研。

柳青的城市景观

【作者】杨涓

【刊名】美术，2011 年 10 期

【摘要】艺术的形式和创作方式因艺术家思考的问题不同而千差万别。艺术家总是在寻找一种合理的言说逻辑来组织语言，以便更好地契合要表达的主题。在柳青的创作中，他用一系列具象人物作为其表达的载体。柳青的雕塑创作充分发挥着他的技术优势，并且逐渐探索和选择了自己的言说方式。柳青的雕塑与当下生活有着密切的联系。艺术家没有哗众取宠式地卖力招呼，他沉稳地运用自己擅长的语言有节制地表达。然而这些生活场景的片段中的每个人物就像一条线索，重新连缀起我们对于生活那些碎片化的记忆。柳青将自己隐匿于人群中，他不动声色，冷静而理性地延展着城市的景观，这是人们褪去面具的样子，或许有时带有种种丑陋、缺点，却也更加真实。

中国当代女性艺术

【作者】徐虹

【刊名】中国美术馆，2011年11期

【摘要】在中国当代文化背景中，以女性立场和视角探讨、评价美术作品中和性别有关的问题，被称为“女性主义”艺术批评，但是大部分理论家不太清楚这种方法的基本理论立场和针对性，而仅仅从表面的文字理解，想当然地认为“女性主义”艺术批评仅仅是有关“女性”的艺术作品批评，而用女性“本质”化的术语来描绘和评价女性的作品，就成为一种既老套又“赶时髦”的话语方式，说明“女性主义”在中国文化语境中具有的含混和模糊性。它表达的不是一般含义的、过去时代不断重复的包含性别歧视意味的男女之别，而是有社会和文化结构的分析批判的性别意识，显然当代女性的自我意识和性别自觉具有颠覆性的力量。

评论家的润笔费

【作者】韦宾

【刊名】中国美术馆，2011年11期

【摘要】笔者由乔布斯和齐白石对职业的态度引出对评论家生活现状的思考，从而提及评论家的润笔费。艺术市场的繁荣给画家带来了诸多利益，而许多自视清高的评论家却常常囊中羞涩。自古以来，文人卖艺自全，并不是一件羞耻的事。君子爱财，取之有道，何况今天大多数的评论人，亦仅在求一温饱生活，卖文全生，天经地义。笔者以为，评论家润格的确定，应以劳动价值等价交换为前提，其形式可灵活多样，提出三种评论家收费标准。

李象群雕塑艺术创作论

【作者】岛子

【刊名】美术大观，2011年11期

【摘要】李象群是中国当代著名雕塑家、最有实力的雕塑家。本文从他的代表性作品入手，通过细读分析，对其艺术地位有整体客观的基本认识。李象群的历史人物肖像雕塑具有后现代历史学认知意义，他的雕塑作品，在继承传统的前提下，紧紧把握时代的脉搏，从更深的层面上显现出与众不同的、有着突出个性的艺术风格。李象群强调向社会生活和艺术的可能性的整体开放，克服任何二元分立的形而上学逻辑。

触碰梦想的艺术
——天津泥人张的“型”与“韵”

【作者】马静　郑勇

【刊名】美术，2011年11期

【摘要】作为中国本土的非物质文化瑰宝——天津泥人张彩塑，也是以其具象写实的风格、“随类赋彩”的手法表达、塑造人物情感和性格的。天津泥人张彩塑将津门百姓的勤劳聪慧凝聚于物化了的彩塑之美当中。它利用泥土的“可塑性”塑造出神采奕奕的人物形象，将自然的本色之美与人文情怀巧妙地凝结在一起。经由道光至今，以其丰富的题材、匠心独运的敷彩和鲜明的现实主义特色，在北方彩塑中显示出独特的张力。它所具有的地缘性、大众性和独创性，将天津市民生活的林林总总凝聚在妙趣横生的彩塑小品当中，成为一种可以被认知、被触摸的，体现了城市文化发展脉络的实物见证。这种秉承地域性和传承性的艺术佳品给津门百姓留下了许多宝贵的记忆，也对天津民间工艺的传播和发展有积极的辐射作用。诚如郭沫若先生所言：“昨日造人只一家，而今桃李满天下。”

雕塑与漆艺的邂逅
——花韵系列雕塑的漆表现

【作者】李金仙

【刊名】雕塑，2012年01期

【摘要】女人是雕塑表现的经典主题，而以花比喻女人，是女人最欣喜的赞美。本文旨在探讨女人与花这两种经典命题在现代审美下的雕塑表现方式，进而提出将古典漆艺的手法引入雕塑主题进行创作的可能性，并最终尝试解释笔者花韵系列雕塑的意义。雕塑与漆艺的结合基于对女人——花这题材的现代风范的要求，以老一套雕塑的手法来表现是不可能有新面目的，在雕塑的语言上，形体的表现上，甚至连雕塑材料的选择上都需要突破。雕塑语言是一种视觉艺术语言，是雕塑家长期的艺术实践形成的，优秀的雕塑，除了内容的深邃，形式的生动感人，语言的独具匠心外，材料的选用上也有着非常重要的作用。

他唤醒翡翠新的样式
——许鸿飞翡翠雕塑作品的新观

【作者】黄礼孩

【刊名】雕塑，2012年01期

【摘要】广州雕塑院院长许鸿飞最近以翡翠这种传统的工艺材料来表现他的“胖女人”，创造出了“胖女人”的别样的韵致。艺术家迷恋于什么样的材料就显示出什么样的世界，这正是把材料作为思维的结果。翡翠此时作为一种雕塑材料媒介，它带来雕塑新的视觉，成为生命状态新的象征，雕塑家把既熟悉又陌生的材料导入感性的认知，诞生新的作品。雕塑很难像油画一样在材质的协调、颜色的运用、题材的选择上做到和谐的统一。用翡翠做雕塑作品后，许鸿飞发现翡翠在抛光后呈现出多样的光彩，呈现出感觉的质料和思维的质料相互渗透的美感。

心·物
——关于雕塑材料的体悟

【作者】史钟颖

【刊名】美术观察，2012年01期

【摘要】雕塑是社会文化的一部分，在用各种材料进行创作的过程中，每种材料都带有各自的文化属性。材料不但可以与造型共同表现雕塑的形式美感，还可以使雕塑传达出更多的文化信息。有时材料甚至成为雕塑最终表现形式的主角，而人为的造型因素则可减至近乎于无。但相隔多年之后，它们的出发点已有了明显的不同。现在我以一个欣赏者的角度去静观这组我与自然共同进行置换而形成的作品时，我又有了一些新的体悟。正是在用各种材料塑造一件件作品的过程中，它们也逐渐塑造了我。我与它们的关系，不仅仅是我用它们去表达我的理念，表现我情感的物质载体的关系，更是一种相互体验、平等合一的关系，我们在一次次的交流中共同成长。

形与意的熔炼
——关于朱炳仁的熔铜艺术

【作者】滕小松

【刊名】雕塑，2012 年 01 期

【摘要】中国的青铜艺术，因为源远流长，也因为博大精深，更因为特别的技高艺巧，任何一丁点的推陈出新，都绝非易事。朱炳仁奔波于这条既有璀璨的历史光色又不乏复杂的现实迷阵的青铜艺术大道上，用超常的才情和非凡的勇气，把握机遇，超越传统，创造了一串串让人惊叹的艺术奇迹，也赢得了一个个令人羡慕的文化荣耀。透过“中国铜王”“中国当代铜建筑之父”“中国工艺美术大师”等魅力四射的耀眼光芒，可以领略到朱炳仁身上散发出来的那种简洁素净的儒雅气质和聪慧敏锐的艺术灵气。这或许才是他艺术人生最为夺目的光束。朱炳仁在形与意的熔炼中拓新并拓展着“文心熔艺”的康庄大道。

集体迷失

【作者】韦天瑜

【刊名】雕塑，2012 年 01 期

【摘要】20 世纪的现代派作家开始对人类社会特别是近几百年来的种种行为重新认识。现代派作家关注人的异化，人丢失了生存价值、丧失自我后的悲哀和痛苦。许多作家通过各种不同的表现形式和手法如意识流、寓意、象征、内心独白、荒诞、变形、神话等反映人已经变成社会现实中一种不可理喻的没有自由意志的怪物。各种新的文学流派和表现思路在残酷的现实生活的母体内孕育并爆发出一股巨大的反传统的变革力量，一股新的价值取向和美学取向在文学领域形成了强大而持久的震荡。传统的典型环境中的典型人物描述不见了。人以各种被社会现实所异化的非人面貌出现。他们甚至丧失了人类的外观，丧失了自我的主体意识。

由情入境，因意塑形
——从艺二十年创作随想

【作者】佘向群

【刊名】雕塑，2012 年 01 期

【摘要】笔者细数自己从事莆田木雕二十年的创作心路历程，既蕴含真挚饱满的情感，亦不乏理性的思考与总结。最终她将自己的创作理念归结为“由情入境，因意塑形”。笔者认为自己不是大师所说的古今之成大事业、大学问者，也没有取得什么值得炫耀的成就，但由此联想到自己二十余年的求艺之路，竟与王国维所提及的三种境界很是相似。从意气恢弘、踌躇满志，到失意痛苦、困顿探索，再到海阔天空、闲庭信步，所以笔者以深厚的执着与热情，挥洒了自己迂回曲折的艺术探索历程。

陈刚作品集评

【作者】王林　邓乐　郑娜

【刊名】中国艺术，2012 年 01 期

【摘要】针对陈刚先生的作品。王林认为其作品对形的表现力有独到而深入的理解。其线与体、实与空、意与形的处理，如此快捷、澄明，恰如其分，乃是很有东方思维智慧的。邓乐先生以为陈刚的作品一直在追求空间表现，在作者文化观和价值观决定下，选择什么样的图像，削什么样的形，一切都有了可能。郑娜以为其雕塑作品常常选择今天大众消费的代表性物质载体，艺术家均匀平和却毫不留情地削开其表皮，揭示其内部构造。在虚实交错的视觉异常中，设计与被设计、消费与被消费，操控与被操控的边界被轻松解构。

90 年代中国雕塑创作现状

【作者】王林

【刊名】大艺术，2012 年 01 期

【摘要】20 世纪中国雕塑的探索基本限于形式主义范畴，不少有文化意义的作品都诞生在 90 年代。90 年代中国雕塑创作开始呈现出活跃的势态。究其原因有：其一，一批具有前卫意识的中青年雕塑家逐渐成熟并走向历史舞台；其二，公共雕塑开始在罗马样式、罗丹样式、苏联、前南斯拉夫样式之外，接受某些自由创作；其三，装置艺术在国内不断出现，引发了人们对雕塑的不断思考，也刺激了雕塑家们的创作欲望。艺术在今天，仍然是体会生命及其存在意义的方式。从这个意义上讲，雕塑以其永固性特征在介入当代艺术时，仍然保持着对人文价值的尊重。

一块泥巴一支笔
——高密聂家庄泥塑的艺术特征

【作者】崔研因　赵圣龄

【刊名】美术，2012 年 01 期

【摘要】高密聂家庄泥塑至今约有 400 年历史了，自 20 世纪 70 年代末被高密文化馆焦岩峰等人发掘和保护以来，聂家庄泥塑一直受到社会各界的关注，2007 年被正式公布列入山东省首批非物质文化遗产保护名录。聂家庄泥塑其艺术价值和民俗价值无疑是非常高的，但就其制作工艺来讲，却又相对比较简单。除了原材料和工具全部是就地取材外，其工艺流程和设备简单。高密聂家庄泥塑具有题材寓意吉祥喜庆的、造型概括夸张、色彩明快艳丽的艺术特征。正是如此聂家庄泥塑才能在竞争中求得发展，历经数百年依然能够顽强生存下来，并在民间工艺美术中占

有重要的一席之地。

咏物
——焦兴涛转述“物”的方式

【作者】高名潞

【刊名】美术大观，2012 年 01 期

【摘要】对于精神和物质的探讨，哲学家最为丰盛。艺术创作中最复杂的问题仍然是唯物和唯心之争。本文通过对艺术家焦兴涛艺术思路的讨论，结合其作品《塑料袋》进行了更为深入的分析，表明以咏物的方式转述“物”。

试论滑田友雕塑作品的情感表达

【作者】华龙宝

【刊名】美术大观，2012 年 01 期

【摘要】艺术作品必须表现艺术家的真情实感，才有可能感染观众，具有生命力。滑田友先生是中国现代雕塑艺术的主要开拓者和创造者之一。滑田友雕塑作品中情感的源泉来自于艰辛而丰富的生活阅历、对祖国与人民的爱，以及发自内心的对艺术的真诚追求。正是因为有了对于人生的深刻体验与感悟，他才能在创作中自然地表达真情实感和所思所想，作品也才具有了感人至深的力量。

触碰梦想的状态
——试读袁佳木雕近作

【作者】马文甲

【刊名】美术，2012 年 01 期

【摘要】艺术和对艺术的认识总会被局部的火花和个案的英雄式崛起而颠覆和改变。当我们看到袁佳的木雕艺术之后，就会对木雕艺术的发展和创作充满极大的信心。看到她用木头所创作的一系列动物和菜肴，会使我们在童话般的浪漫场面中回味着一丝忧伤和悲情。这些木雕艺术作品将菜肴和已入案板的餐前生肉做成玩具般的活动关节和开盖结构。艺术家对造型和描绘，既写实而又颇具主观性的处理，使得这血淋淋的场面并不显得那么可怕，而是有着童话般的语言色彩和戏谑的醒世意味。袁佳认为任何一种思考和想象都足够经过生活细节过滤，那些生活中的遭遇和现象只是激发艺术创作的营养，其本身并不是艺术表现和创作必要的题材性因素，这种逻辑符合女性艺术家的高度敏感和对自身书观感官接受的创作特征。

为何那么多观众说当代艺术展“看不懂”

【作者】王林

【刊名】大艺术，2012 年 01 期

【摘要】在中国美术界，谈论知识分子、精英文化、先锋艺术等等之所以仍属必要，乃是因为公众性、大众化之类的话题有太多的虚假性和欺骗性。知识分子、精英文化、先锋艺术这些词，是说当代艺术必须保持其揭露社会隐秘的批判性。在向大众展示丰富艺术作品的同时，及时通过他们的传播平台，提供更多有助于公众视听、艺术修养的信息是很必要的。

精神裂变
——创作随感

【作者】唐勇

【刊名】美术大观，2012 年 01 期

【摘要】目前，传统雕塑语言已不能承载很多雕塑家内心的思考，本文以“红砖”系列为例，通过对小人、避孕套与骷髅等要素以交错的方式介入作品之中，这种创意在生死之间隐含着对生存价值的追问，对存在意义的思考，对生存的体验随时间的推移而跟进，在生命的过程中获取存在的价值与认知，并不断寻找某种方式与途径去呈现生存的困境，去体验精神的冲突，进而成为强化视觉张力与承载思想的重要媒介。最后指出，“红砖”系列雕塑把扭曲、惊恐、机械、呆滞的人物造型与红砖这一特殊的历史文化符号相融，呈现出强烈的视觉对应与冲突，并以异化的躯体构造获得一种观念上的表达，从中宣泄自我精神的束缚与青春萌动时期肉体的压抑。

公共艺术的场域精神
——说吕军对公共艺术的创作态度

【作者】宋伟光

【刊名】雕塑，2012 年 02 期

【摘要】在当下多元化的艺术语境中，一位艺术家是否具有独立的审美意志，早已成为评价一位艺术家是否“存在”的标准。作为一位具有鲜明的艺术个性，富有创造力的雕塑家吕军，关注更多的却是“公共艺术”领域。置于公共领域中的雕塑与架上雕塑有着不同的价值趋向，与架上雕塑相比较而言，公共艺术解决的不单是艺术问题，更为特殊的是还要解决好公共性问题。因此，公共艺术首先须把艺术家个人的审美意志完成在对公共性的体现之中。从《baby 系列》到《十万工农下吉安》，吕军长期从事着公共项目中的雕塑艺术，实践着把自我的审美个性融入对公共性的认知之中，融入到公共空间与人文生态的审美观照之中。

建筑空间环境中浮雕尺度的审定与主题植入
——以《鹭翔云应“一行白鹭上青天”》浮雕创作为例

【作者】王治君

【刊名】雕塑，2012 年 02 期

【摘要】2010 年岁首，笔者受厦门理工学院校方委托，承担创该校音乐会堂大型浮雕的创作。接到委托后笔者并未急于设计，而是依循：现场调研→学校历史背景→地域历史→主题表现内容确定的设计路线。白鹭别名鹭鸶，借其谐音有“思天、思地、思人”的“三思”之寓意。白鹭给予了人们美好的愿望，它是厦门人心中的吉祥鸟。浮雕隐喻厦门理工人博学博爱，以聪慧、才情为翼，让理想插上翅膀，像白鹭一样自由飞翔。

传统与当代的纠结
——谈传统雕塑艺术的传承与蜕变

【作者】朱伯钦

【刊名】雕塑，2012年02期

【摘要】由于受到现当代西方视觉造型的主流冲击，中国传统雕塑的样式风格未能全面地传承和延展，对传统雕塑艺术如何传承和借鉴，并使之发扬光大，是摆在我们面前的课题。齐鸣认为，在经过了冲击、比较和反思等不同阶段后，雕塑艺术家会重新回归自我。绳锯木断，水滴石穿。时间改变的不只是物质存在的状态，连其最本质的东西都有可能换掉，也许在现在看来只是一点点的变化，但是量变终究会引起质变。

雕塑是城市影像，也是心灵记忆

【作者】许鸿飞

【刊名】雕塑，2012年02期

【摘要】雕塑浓缩立体的艺术要带给人们难以磨灭的印记，这应是雕塑作为艺术作品的一种审美诉求。广州雕塑院遵从“雕塑艺术就是形象的提升，雕塑艺术就是时代的影像，雕塑艺术就是一首凝固的歌的美学追求”，在时间的媒介上雕刻出形态各异的作品。多年来，广州雕塑院的雕塑家从不同的审美角度，对自然、社会及个体情感进行关注，也对历史、现实和未来进行思考，不断地把所思所想树立起来。

杜尚真的非艺术了？

【作者】曹磊

【刊名】美术向导，2012年02期

【摘要】杜尚是20世纪现代艺术的代表人物，他的艺术形式和艺术思想是空前的。但杜尚真的消除了艺术和生活的界限，让艺术非艺术了吗？本文从艺术的角度出发，以杜尚的作品为实例来论述杜尚的作品并没有游离于美学之外，更没有真正地让艺术非艺术化。杜尚的作为正是抛开人们相对的美与丑的标准，突破人类在艺术领域所表现出来的狭隘与偏见。杜尚的创新精神和思想传达以及对艺术的态度才是应该被更多关注的，而不是他的“怪诞”。

“无限繁衍视觉案例”
——写在2011当代女艺术家邀请展之前

【作者】薛扬

【刊名】大艺术，2012年02期

【摘要】中国的女性艺术不仅仅是在男权话语体系下的命题，更是西方中心主导下的文化命题，这样的社会背景，让中国女性的艺术研究学者隐约觉得无奈又不安，而作为女性艺术家本身，在通过集体展示给自己一个言说的平台的同时，又不愿意以女性身份给自己一个界定和归类，导致女性艺术家在艺术研讨会中，选择沉默或者宣称自己的作品与性别无关。持续的对女性艺术的关注和和不断地为女性艺术家做展览是有意义的，笔者认为只有给她们提供足够的空间展示自己，才能削弱所谓的性别偏见。

回望“经典”

【作者】黄斌

【刊名】中国美术馆，2012年02期

【摘要】在充斥着“一次性”消费的现代文明中，传统性的品质似乎不被人们所看重，而这种传统、经典正是现代的艺术所缺乏的。经典的东西往往会经常存在于人们的意识中，却很难逾越至作品中，“传统经典”对应的是时效和表层，它首先是体现于艺术从形式到内容的经典性（历史感）之中。笔者认为“经典”作品与艺术的演进并不矛盾，而且历史与当代的成功范例证明：成为代表时代的作品一定包含“非当代”因素，要由“非当代性”成为其框架支撑，否则它只是时代的一回“一次性消费”。

身体的发现
——陈连富雕塑漫谈

【作者】孙振华

【刊名】美术，2012年02期

【摘要】在艺术的表现上，身体是遮蔽还是敞开？是鄙视还是膜拜？都是我们解读人类文化的一种方式。也就是说，不同时代的身体观念和态度，不同时代的身体艺术和表现方式已经成为人们窥视人类文化的一个特殊角度，这就是——发现身体。所以，在肉体上，在生理学意义上，喜欢女人的身体并不是一个“当下”的问题；但发现身体的重要性，将身体问题提升为一个文化问题，则毫无疑问地是一个当下的问题。在这个意义上，陈连富将女性身体的表现作为他一贯的研究课题就不再是一个男人喜欢女人那么简单；也不再是从两性的意义上对身体本身的关注，而是将身体问题提升为一个文化人类学的研究课题。关注和表现中国女人的身体，也就是发现中国、研究中国的一种特殊的文化方式。只有把陈连富的工作放在历史中、放在中国女性身体艺术的发展链条中，才可以充分地发现他的作品的意义。

超越与反观邱启敬当代玉雕暨跨媒介艺术展

【作者】异悦

【刊名】上海工艺美术，2012年02期

【摘要】自2006年始，邱启敬以他的大型地景装置作品“大迁徙”，将寿山石从工艺美术传统雕刻的领地中，带入当代艺术，关注社会人文的视野。数百年的工艺传承，借助青年艺术家颠覆性的想象力，以粗犷原始的面容，进入当代文化的现场。传统的材料，传统的刀法，在全新的文化语境中别开生面。

公器者说
——王志刚当代雕塑的生命轨迹

【作者】佟玉洁

【刊名】雕塑，2012年03期

【摘要】器在中国传统文化中扮演着重要的角色。作为一个雕塑家要担当起一个公器者的文化角色，让自己成为具有公共意义的文明的怀疑者和建构者，必须具有器与道的两种文化的整合能力。更进一步，雕塑家的艺术的反动与发现，体现出在与传统的艺术经验的背离中，将文化资源植入当代社会的语境中，在器与道的文化整合之后，建构个性化艺术语言。以王志刚作品为例，《无为》系列让自己的艺术理念与老子的哲学理念有了几个文脉上的衔接，同时以一个公器者的角色，思考并诉说着中国当代社会文明进程中所遭遇的文化的坚守与失落的问题。

韩美林艺术大展开幕式致辞

【作者】冯骥才

【刊名】艺术评论，2012 年 03 期

【摘要】韩美林先生在他审美创作的全过程中，能自觉地注入一种哲学层面的思维，继承了中华民族优秀美学艺术传统的意象思维。他的创作不是纯粹的形象思维和感性思维而是注入了一种理性思维，并且融入到审美创作的全过程中。

走向生态文明的城市艺术

【作者】孙振华

【刊名】雕塑，2012 年 03 期

【摘要】2006 年上海城市建筑双年展，邱黯雄的《新山海经》使我们认识到城市的生态问题、人和自然的关系变得日益对立和尖锐——“人类中心主义”问题的严重，人类中心主义思想与城市艺术的关系也日趋紧张。可喜的是，当代城市生态美学极力打破人类中心主义，尊重自然、生态自我、生态平衡与生态同情，强调自然生态的整体性，强调人与自然共存共融，强调人和其他生物共同享有在生物链上的平等地位，以“半截子气象塔”的改造工程为例，解释了这一观点。值得注意的是，尽管在当代城市艺术中，生态、环保、人与自然的和谐已经成为一种主流的价值观，但是城市艺术真正要告别“人类中心主义”，走向生态文明，客观上还必须面对一些问题，城市艺术也将同时不断开辟自己新的道路。

玉不琢，不成器
——从汉白玉雕《仕女》作品谈艺术的创造

【作者】邹敏智

【刊名】雕塑，2012 年 03 期

【摘要】玉石质地坚硬温润，色泽鲜明，晶莹纯洁，深受中国人民的喜爱，在悠久的历史长河中形成了璀璨的玉文化。每个时代的艺术家匠心独运，把玉雕琢成装饰品、艺术品，赋予美好、珍贵、高尚、圣洁的文化内涵。本文将通过汉白玉雕作品《仕女》的创作，来阐述艺术创造的魅力。

谈数字技术时代的综合材料艺术创作

【作者】殷海华

【刊名】美与时代(中)，2012 年 03 期

【摘要】数字技术时代是一个史无前例的经济和科学迅速发展的时代。数字技术给当代艺术造成了什么样的冲击和影响？如何在当代艺术潮流中理解综合材料艺术的形式语言？在视觉艺术中它从属于什么样的文化地位？这既是迫切要回答的理论问题，也是实践的问题。综合材料艺术是 20 世纪之后兴起于西方的艺术形式，而数字技术成为综合材料艺术的媒介手段在我国最近 20 年才成为越来越流行的艺术发展趋势。综合材料这样一个年轻的艺术形式，在当代也成为身份认知语境中的一个重要组成部分。因此，探索和研究这门艺术在创作中的自主性与独创性就显得十分重要。

我们今天如何认识包豪斯

【作者】周至禹

【刊名】美术观察，2012 年 05 期

【摘要】笔者的观点是，无论从广义的设计教育的发展方向，到狭义的具体的设计基础课的教学，包豪斯都是一个值得不断挖掘的宝藏。从世界范围讲，包豪斯在艺术、工业设计、平面设计、室内设计、现代戏剧和现代美术等领域都产生了显著的影响。包豪斯的本质是一种设计教育的理念和方法，而不仅仅是工具和技术操作。而最重要的一点，就是我们对于包豪斯诸位大师们具体的教育思想和方法实际上了解并不透彻，也缺乏横向比较与研究。把包豪斯仅仅理解成一个“设计传统”是不够的，历史地看，我们可以把包豪斯的设计风格看做是历史的进程中的一个阶段，包豪斯的研究仍然具有现实意义和发展意义。

请从狂欢中冷静下来
——举办“五行和声”当代雕塑展有感

【作者】王梦佳

【刊名】雕塑，2012 年 03 期

【摘要】任何事物包括现成品、身体、思想，都可以作为创作的材料，但对于一件雕塑作品而言，仅仅有材料就够了吗？我们对于材料的追求是否走向了误区？材料是否成为一种眼球刺激的噱头？是否使我们忽略了形式、空间等其余雕塑语言要素的发展？有多少作品看似光辉实则空洞？又有多少作品真正能做到材料、形式、空间、内容等的内在统一？带着这些问题，通过研究“五行和声当代雕塑展”，我们或许可以进入到深层的思考中。本文分别从尊重材料、艺术家主导和组合上讨论了雕塑与材料的关系。

博艺之道
——读韩美林先生的雕塑艺术

【作者】吕品昌

【刊名】艺术评论，2012 年 03 期

【摘要】韩美林先生是一位有社会责任感、民族荣誉感的艺术家，他以深厚国学、博大胸襟治艺。他的作品善

于在造型上做减法，再将其特点夸张变形。文章通过阅读韩美林的雕塑艺术获知其艺术审美，打破固有学院式的造型手法，以点线结合的方式创作，并借鉴了古时青铜器纹样以及民间纹饰，创造了全新视觉经验的同时，也颠覆了固有的雕塑审美定式。模糊了人们对质朴与装饰这二极的绝对划分，消解这对立二元在认识上的界限。这正是韩美林先生雕塑艺术的特有气息，以及美学创见。将民族艺术的精华继承、传承，这正是他的博艺之道。

语义的修正与混淆
——分析四位西方当代艺术家作品

【作者】王尊

【刊名】湖北美术学院学报，2012 年 03 期

【摘要】近年来的各类视觉艺术盛宴引发了人们极大的兴趣、关注与投资，伴随而来的，则是诸多责难和非议。如同新兴的艺术家和艺术方式，区别或植根于过去伟大传统的视觉意味——这些挑衅与共荣的处境，为新视觉艺术的进化提供了相应的佐证。在现代艺术若即若离的从具体绘画性的描述中抽身而出的同时，它却依然想方设法的在证明自己同电子文化、广告文化、商业媒体文化之间的差异。本文就西方近 30 年来美国画家来 · 托布里、柏林艺术家乔治 · 巴塞利兹、英国艺术家托尼 · 克拉格、纽约艺术家杰夫 · 昆思的几个作品佐证，来研究新艺术形式发展的契机与对比。

从设计到雕塑
——五十岚威畅近作分析

【作者】郭翀

【刊名】美术研究，2012 年 03 期

【摘要】日本多摩美术大学校长五十岚威畅，既是设计师，又是雕塑家。早在 20 世纪 90 年代，他在国际平面设计领域的地位已经是举足轻重，其作品对日本当代设计界的影响非常深远。后来他更多转向雕塑创作。他的早期雕塑，依然透出明显的设计的影响，而后期雕塑则有意识地回归日本文化。

一切坚固的东西都烟消云散了？
——傅新民的现代雕塑

【作者】谢慧英

【刊名】画刊，2012 年 03 期

【摘要】今天，我们已然置身于一个坍塌与撕裂的时代，正如 100 多年前马克思在预言资本社会图景时所感慨的："一切坚固的东西都烟消云散了，一切神圣的东西都被亵渎了。"时代像一个疯狂旋转的涡轮，速度、激情、奢华和无所不在的欲望魅影，使我们身不由己卷入其中，成为它的一部分。行动就是一切。除了仓皇疾行，一切——包括我们自身——都已经被忘却。傅新民的雕塑作品，却有一种巨大的力量，让你停下来——安静、凝视、沉思。

个性强化形式简化

【作者】王镛

【刊名】艺术评论，2012 年 03 期

【摘要】现代艺术发轫于西方，但并非西方专利，东西方现代艺术具有不同的文化内涵，却有类似或相通的艺术特征。笔者通过对东西方诸国现代艺术的实地考察和比较研究，逐渐发现：强化个性与简化形式是现代艺术的两大特征，而且是东西方现代艺术的共有特征。强化个性与简化形式有时矛盾，有时互补。一般说来，形式越简洁，个性越鲜明；形式越繁琐，个性越模糊。

2012 全国高校毕业生优秀雕塑作品展观后感

【作者】张松涛

【刊名】雕塑，2012 年 04 期

【摘要】七月前的半年奋斗与打拼，各高校的雕塑毕业生们经历过智慧与技术的碰撞与磨合，终于在如火如荼的毕业季，拿出了令人满意的结果，那些激情与汗水也使 2012 年的中国高校毕业生优秀雕塑作品展的到来显得格外的厚实而不负众望。在今年的优秀作品展的展厅里，我们看到的来自全国各大美院以及综合类院校的雕塑系部或专业的优秀作品。除熟知的八大美院，我们也看到了来自不同地区的综合类院校的风格和气质，越来越多的非美院院校的雕塑作品都日渐成熟，很有想法，他们带来了和美院作品不太一样的思路，这在近些年的雕塑类专业里是非常可喜的一个现象。

艺术物化与艺术批评"被物化"

【作者】王列生

【刊名】艺术评论，2012 年 04 期

【摘要】艺术正在旷日持久的世界市场事态和越陷越深的人类去精神化事态面前走向全面物化。艺术物化所呈现出来的符号骚乱、主体迷失、意义去存以及消费快感对审美愉悦的置换、商品存在形态对作品存在形态的置换、价格尺度对价值尺度的置换等，正在极端物质主义的全球化现实小聪明中，与形而上终极精神危机和社会理性危机一道，残酷并且在合法性的外衣下深刻地消解着人类与艺术之间的基本价值关系。艺术物化与艺术批评的"被物化"已然是捆绑之下难以逃脱的必然宿命。

观念是怎么炼成的
——隋建国访谈

【作者】《画刊》编辑

【刊名】画刊，2012 年 04 期

【摘要】隋建国在回答画刊提出的问题时说：我一直称自己为"雕塑家"，就是因为我坚持认为当代雕塑最具实验性和可能性，它的内涵和外延不停地扩展。我想做的就是以自己的艺术实践不停地拓展它的边界。雕塑作品因为其固有的物质性，可以成为世界的物质存在的核心——雕塑与作品因为不受使用性的束缚而拥有这种自在、自由

与自为。新中国第一代进入现代和当代状态的雕塑家经过了观念艺术洗礼，对待艺术与生活的态度与之前的三代雕塑家不同，真正要做的工作是开始尝试彻底清理来自西方的艺术与中国本土传统艺术之间的非此即彼的关系，打破外来与本土二元对立，经过一次次清零，重新建立雕塑艺术的地基，完成中国文化艺术的现代性过程，将艺术创造建立在独立的个体这样一个现代性的基础之上。

张祖武雕塑艺术探微

【作者】张卫

【刊名】湖北美术学院学报，2012 年 04 期

【摘要】张祖武先生在雕塑创作中，不论对象是什么样的职业身份他都能够准确生动地塑造出符合对象特质的艺术形象，其间在塑造手法上先后呈现严谨、细腻与奔放、恣意两种不同风格，但有一种特质是它们共同拥有的——非常地有味道，每件作品都让你如品茗一般地回味，这样的品质感受难以言传。在张祖武先生所有浮雕作品中，上述艺术风格还是以严谨、大方、精微、概括为其主要特点，这与作者的圆雕创作风格有着某种内在的统一性、但是如果说作者的圆雕创作风格给我们带来的视觉感受是交响乐的话，而其浮雕艺术则是古琴曲。

南宁连通明渠工程渠壁立面艺术装饰——浮雕设计

【作者】林海

【刊名】美术大观，2012 年 04 期

【摘要】南宁连通明渠工程渠壁立面艺术装饰、浮雕设计方案，是南宁南湖竹排冲水系环境综合整治工程景观分项工程中的重点改造部分，本文分析了竹排冲、连通明渠整个环城水系环境和设计理念及方法，为进一步探索现代城市公共景观的创新型发展道路提供理论依据。

浅谈临夏回族砖雕艺术

【作者】许林

【刊名】雕塑，2012 年 05 期

【摘要】临夏砖雕是临夏县一种传统的建筑装饰雕刻。在吸收了绘画、木雕的艺术特色，又与建筑紧密结合，使得这种艺术形式显得更加完善精美。作为建筑艺术的重要组成部分，“砖雕工艺”在我国已有很久的历史了。自从砖当作营建建筑物的材料之后，就出现了对砖进行装饰的要求。与此同时，应运而生的“临夏砖雕”是一个特定时代的产物。它凝聚了回族艺人的智慧和心血，这支建筑装饰园地中的奇葩，至今仍焕发着异彩。

文县田家大院建筑及其木雕装饰的地域文化特色

【作者】岳锋、余永红

【刊名】雕塑，2012 年 05 期

【摘要】文县田家大院属于典型的陇南南部四合院民居建筑，具备陇南南部民居建筑的所有典型特征，并体现了南北建筑风格的融合，结构紧凑，布局严谨，装饰精美，具有鲜明的地域文化特色以及浓郁的传统文化气息。特殊的地理因素和丰富深厚的民族历史文化，形成了当地独特的人文景观和民间艺术。各个历史时期的建筑，都反映了文化的时代、民族和地域特色。民居建筑是地域文化和民间艺术的典型代表，其结构和装饰中，既折射出地理位置的特殊性，也蕴含着地域文化艺术的独特性，是地域文化和民间艺术的复合体。

当代艺术的原创性何在?

【作者】王林

【刊名】雕塑，2012 年 05 期

【摘要】当今互联网的高度发达，促使了信息共享，致使人们在对问题的认识上趋于扁平化。导致了艺术创作拷贝与抄袭之风的泛滥，这种原创性的缺失，是社会生态的一种反映。其根本原因，还在于艺术创作者缺乏对艺术的本真态度和对文化修养的追求。当代艺术的创造性问题本雅明讨论机械复制时代的艺术，指出机械而非手工复制的生产性与批量性，造成既往艺术神圣与崇高之感的消失。新出现的影像技术的“可怕”之处，在于和艺术发生关系时，一开始就取消了原作概念。要知道艺术原创性本来是落实在原作概念上，没有原作只有拷贝的影像作品对原创性的颠覆是根本性的。

当代艺术的原创性就是观念性

【作者】吴毅强

【刊名】雕塑，2012 年 05 期

【摘要】原创性是当下一个被频频提及的话题，原因在于这一概念在当代艺术中所遭受到的种种尴尬处境。原本笼罩其尊贵华丽、光芒四射的灵晕似乎越来越黯淡，失去其灿烂如炬的光芒，本文试图简单追溯这一概念的前世今生，重点论述其在当代语境下的意义转换和嬗变。在全球化的当下，观念的大举入侵并非要终结艺术，而是艺术家创作的方式发生了很大的变化，当代艺术家充分地立足于当下现实的文化语境，运用自己全部的感性和智性创造力，调动一切历史和当下资源去构建一个新的富有意义的历史空间。当代艺术家首先是一个思想家，而思想家最拿手的原创性无疑的是其观念性。

对艺术创作原创性的思考

【作者】宋伟光

【刊名】雕塑，2012 年 05 期

【摘要】在艺术创新方面，抄袭与模仿以及借鉴存在着临界点，如果没有观念性的突破，模仿与借鉴便都有抄袭的成分。造型艺术是形意不分的艺术，反映在造型艺术中，抄袭表现为对别人构思的挪用或对形体的模仿。而借鉴则表现为对构思或形体的衍展或演变。当下我们处于一

个文化消费的时代，这个时代是一个视角多元的时代，是一个信息爆炸的时代，是一个趋利的时代，它使人们产生了消解经典，无视崇高的心态。在这种境遇中，原创性的缺失也是社会生态的反映，但我们却不能为此开脱自己。今天互联网的高度发达，促使了信息共享，致使人们在对问题的认识上趋于扁平化，这的确是问题之所在，但却不是问题的根本。根本还在于我们的态度、我们的修养。我们应冷视人生，注意事物的原发点，而不被繁炫的外观所蒙蔽。

繁荣的空洞
——论当代艺术的原创性缺失

【作者】王忠林

【刊名】雕塑，2012 年 05 期

【摘要】在中国这个崛起的艺术国度，当代艺术家们幸遇到更多的选择和机遇。他们不仅创造了中国当代艺术的国际神话，而且也推动了当代艺术的深度发展。然而，表面持续繁荣的当代艺术圣坛其实在新世纪来临之际就已经危机四伏，陷入空前的茫然和失语。产生这一窘境的原因很多，究其根本原因还是当代艺术原创性的缺失。“中国牌”“后感性”在当年也曾炙手可热，而如今已经被淡忘，“四大金刚”的光环也逐渐褪色。于是，人们逐渐意识到应该关心的是当代艺术的本质，而非你方唱罢我登场的热闹表象。由此，艺术的原创性也越来越成为当代艺术关注的焦点。

人文原创何以可能？

【作者】李伟

【刊名】雕塑，2012 年 05 期

【摘要】在自然科学领域，进步、创新、原创自不成问题，故很少有人关注及此。一旦涉及人文领域，马上就出现正相背反的观念：“有原创，否则何谈学术”以及“没原创，一切都是旧有的”。“原创”本是人文工作的最基本诉求，是其价值、理想、安立之所系。至于事实上我们竟能有多少真正原创的工作可做——不论是艺术创作还是理论建构，都不应与前者相混，不能用事实之不可能来否证对价值和理想的追求。本文之意图即在提请倡言原创者既要有理论上的自知之明，又要明了问题的关键在于如何理解原创以及原创何以可能。

作为价值的原创性

【作者】张晓剑

【刊名】雕塑，2012 年 05 期

【摘要】经过后现代思潮的侵袭，我们已经难以再像过去那样讨论艺术的原创性了。但这并不意味着对“原创性”可以弃之如敝屣，反倒是在模仿、复制、抄袭、挪用大行其道的当代文化中，“原创性”这个议题变得更加迫切、更加需要直面了。而这必然需要重新延伸到艺术中的传统、艺术的价值等通常的议题。本文想把原创性置于同传统、同未来的关系中来讨论，坚持认为原创性在当代依然是艺术的一个基本价值。

谈批评

【作者】黄勇

【刊名】雕塑，2012 年 05 期

【摘要】当代艺术语境中，艺术家是非常自由的。当代艺术的创新似乎也被钉在所谓“观念创新”的十字架上，以至于人人都可以是艺术家，艺术创作也不必经过专业的基本训练。在这个误区的诱导下，国内艺术院校学生的素质也每况愈下，他们不仅忽视了艺术基本功的训练，而且也忽略了培养独立思考的习惯。批评是不可或缺的，艺术的意义就是在批评中产生的。“批评”是一柄利器，它需要纯粹的精神，公平的环境，客观的评价，否则，批评就会成为一种决斗，非死即伤。

“三级跳”之后：中国当代艺术需重新认识现代主义
——记 2012 年毕加索中国大展

【作者】何桂彦

【刊名】艺术评论，2012 年 05 期

【摘要】在 20 世纪的西方现代艺术史上，毕加索的重要性无可置疑。2012 年 3 月，“毕加索中国巡回展”在成都当代美术馆举办，展览组委会精心策划了“毕加索与 80 年代新艺术”的学术研讨会，邀请了国内的艺术史家、批评家、理论家共 30 余人参加。尽管与会专家发言的角度不尽相同，但议题主要围绕以下三个方面展开：一是西方现代艺术史上下文中的毕加索；二是从传播与接受的角度切入，讨论毕加索是在什么样的历史条件下进入中国美术界视野的；三是毕加索与 20 世纪 80 年代中国当代艺术之间的关系。

艺术是有系统的人文精神
——对话朱其

【作者】《画刊》记者

【刊名】画刊，2012 年 05 期

【摘要】朱其在答问时说：中国创办美术学院到现在已经快 100 年了，我们引进了西方的教育体制，一个是用现代美术学院的方式来训练传统的书法、国画；另一个是把西方从古典写实主义到超现实表现主义，再到现在的观念艺术、多媒体艺术等，基本上全部引进了。可无论是西方艺术还是中国传统都是偏重于技术训练，现在美院教学，主要是解决了技术训练的过程和模式。艺术思想史和人文精神训练明显不足或有着重大缺陷。艺术产业化之后，整个美院人口极其膨胀，课程过度技术化，如今技术没有问题了，但培养的学生，基本上属于既不懂国学，也不懂西学。艺术创作作品内容都比较苍白。艺术最终不是一个技术问题，它是有系统的一种人文精神。现在关键的问题是我们的艺术思想训练和文、史、哲训练不够，人文精神的

培育不够，这个是最核心的部分。

对内面性的正面突破——舟越桂作品略谈

【作者】张威

【刊名】雕塑，2012年05期

【摘要】艺术家通过另一个有着生命历程的载体来承载自己的生命体验，是一件非常奇妙的过程。艺术家自身与材料是平等的关系，对木料的每一次雕琢都是与材料的对话，这带有很强的东方哲学的色彩。所以，笔者总结舟越桂的作品是具有亲和力的，材料是有温度的，是有触摸的感觉的。笔者带领我们去解析舟越桂如何在后现代的语境中找到雕塑语言的合理性与可能性，并成为一名优秀的雕塑家。

反思中国建筑地标潮

【作者】顾骁瑾

【刊名】美术观察，2012年06期

【摘要】地标建筑的劲风曾在美国盛极一时，继而在欧洲蔓延，一直吹到中国，伴随着中国经济的发展在华夏大地如雨后春笋般涌现。可是，在地标建筑炙手可热，甚至已经成为经济发展、城市规划建设的“法宝”之时，我们则有必要冷静地面对，客观地评价，积极地反思。

城市建筑的地标潮

【作者】杨简茹

【刊名】美术观察，2012年06期

【摘要】新近的几则消息，让美术界一度把目光集中在了以往被视为“理工科”的建筑身上。一是中国建筑师、中国美术学院建筑艺术学院院长王澍获得2012年普利茨克建筑奖，据称，这个奖项被誉为“建筑界的诺贝尔”。然而，在这一切表象的背后，我们还很难在实践领域看到中国建筑的实质进展。在中国城市化进程大踏步前进的同时，我们的城市增加了许多“地标”，却并没有给我们的生活带来应有的美和愉悦。几乎每一个新的重要的建筑项目都被希望打造成“地标”，在北京，在上海，在广州……每天都在上演着一个个“打造城市新地标”的神话，甚至为此不惜穷尽恶俗、炫奇之能事。那么，我们该怎样评价这股方兴未艾的“地标热”？如何反思建筑师在这个过程中所扮演的角色。

建筑教育如何应对“地标潮”

【作者】宋扬

【刊名】美术观察，2012年06期

【摘要】中国美术学院王澍成就了国内第一个建筑界的“诺贝尔奖”，引发了建筑领域的热烈讨论。在风起云涌的中国建筑地标潮中，作为教师和建筑师，我们该如何应对这样的局面？国内的建筑教育应该怎样展开？这都是值得思考的问题。建筑设计教育是建筑行业持续发展的根本，设计基础教育更是根本的根本。我们一定不可忽略设计基础教育中的两个方面：传承与发展。笔者在多年基础课程教学中深刻地体会到：创新应该是课题上的，传承应该是针对知识点和教学目的而言的。一味创新，会造成知识链的缺失，会对学生长远的思维拓展不利。尤其是在当下地标建筑的风潮中，如何在建筑教育中让学生认识传统与创新的平衡关系则显得极为重要。盲目求新求变，更加滋长国内地标建筑的泛滥，也容易使学生误入建筑设计的怪圈。

城市地标的文化解读

【作者】陇艺梅

【刊名】美术观察，2012年06期

【摘要】古今中外，一个城市的代表性建筑无一例外地均由历史和文化合成，同时也是财富和权力的象征。城市的建筑标志不仅体现着那个朝代或那个国家的建筑风格的风向标，也反映了其时代、社会、民族的整体文化内涵。而今天国家的经济强悍、科技发达，却在短短的三十年之间，滥用技术与金钱，马不停蹄地建造了如此没有文化张力的城市风格，没有了以往城市的文化底蕴。冯骥才在全国政协提案中不无遗憾地写道：“走遍中国60座城市，全是一样。”这个事实应该使我们清醒了！

追求“地标”应有度

【作者】邱听

【刊名】美术观察，2012年06期

【摘要】从城市发展历史来看，为了增强新建城市街道的可辨识性，在最初的城市规划理论中就提出了“landmark(地标)”这一概念，在城市的重要节点应当设计一些辨识度高的构筑物，方便生活其中的居民辨别方向、增添归属感。因此，在各个城市中都出现了可以让市民引以为傲的标志性建筑。近年来，中国已经毫无悬念地成为世界建筑的展示柜和角斗场。一座座地标性建筑，争先恐后地凸起在中国的大地上。体态越来越大，身材越来越高，风格越来越怪。这些“新地标”有些确有其独特的价值，为城市增添了魅力，而有些却显得勉强。究其原因，笔者以为是“度”的问题。

地标式建筑潮：现代化城市进程的吊诡

【作者】杨简茹

【刊名】美术观察，2012年06期

【摘要】地标式建筑，成了近些年中国的一个关键词。然而自古以来所有的地标建筑在营建之初并不是本着做“地标”的目的开始的。公元前6世纪，巴比伦城里有一座举世闻名的“空中花园”，这个可谓是巴比伦最重要的地标式建筑却源自一个简单的动机——仅仅是尼布甲尼撒二世为了博他的妃子一笑。那是旧帝国时代的神话。时至今日，神话还在上演，但演出的地点和内容则千变万化。

从雕塑的文化反溯来思考“雕塑与公共空间”

【作者】林早

【刊名】美术观察，2012 年 08 期

【摘要】将雕塑置于公共文化建构的中心，严格说来这是西方的文化传统。在以西方文化为蓝本的中国现代性进程中，嫁接西方传统已成为现代中国新的文化形态。而由文化建构的功利主义心态导致的粗放型的文化嫁接，给中国文化的现代性带来了一些弊病，其中之一就是缺少审慎的文化反思精神。因此，反思雕塑究竟应凭借何种态度、何种方式进入当下的公共生活中。当我们将与城市雕塑的相遇置于公共生活的空间话语系统时，这种空间话语系统的生效或许应更多地建立于主体间的理性交往，而不是某一主体单方面的文化书写或想象。

丑陋城雕谁之过

【作者】王洪义

【刊名】艺术评论，2012 年 10 期

【摘要】最近搜狐网举办的“2012 年首届全国十大丑陋雕塑评选”活动，网民可以通过投票表达对自己心目中丑陋雕塑的看法。这样的活动是令人振奋的，因为在中国从古至今的各类艺术活动中，很少听到普通民众表达意见的声音。今天拜科技手段和大众媒体之赐，使每一个关心所处环境状况的中国人，有条件为表达对某种拙劣艺术的负面看法投下有价值的一票，这是一个范围虽小却有很大象征意义的进步。

立竿见影
——读张峰雕塑艺术有感

【作者】张英超

【刊名】中国美术馆，2012 年 11 期

【摘要】当人们见到张峰作品那些拖着影子的雕塑时，不禁会问：这是雕塑吗？答案当然是肯定的。但是，张峰的确打破了人们既有的视觉经验，于人们看来从古至今哪一件雕塑不带影子？但哪个影子像张峰这样理直气壮地变成青铜凝固在那里！在人们心中飘忽不定的影子在张峰在这里却得到至高无上的肯定和尊重。人们会说“影子怎么会是这样？影子原来可以这样！”

惠山泥塑及捏制、彩绘技艺传承人：喻湘涟 王南仙

【作者】周佳

【刊名】中国美术馆，2012 年 11 期

【摘要】在惠山泥塑艺人中，现在有名可考者有七八代人，他们通过一代代的努力，将传统相承、手艺相继，并产生出杰出的民间艺术大师。这其中，喻湘涟和王南仙是最为优秀和典型的两位。她们一个巧于捏塑，一个擅长彩绘，合作近四十年，创造出无数手捏戏文精品。在过去一向“传男不传女”的行业中，两位女艺术家不仅将这项传统艺术坚守下来，其成就更是超过了诸多男艺人，成为当代惠山泥塑技艺的领军者。她们用 8 年多的时间恢复和复制了传统惠山泥塑三百余种，为人们留下了一份可视的较完整的惠山泥塑资料。

“后”的几个修正意义
——“后民间”雕塑家于庆成对当代雕塑史书写的启迪

【作者】顾浩

【刊名】中国美术馆，2012 年 11 期

【摘要】就文化现象而言，“后”是对“前”的修正或否定。“后民间”雕塑是相对于传统“民间”而言的，它包含了一个时间判断概念，特指“民间”的社会物质基础改变之后的时间段，也就是以机械化大生产替代农耕生产后的历史时期。后民间艺人带有对传统“民间”理念或形式的自觉变革意识，他们是处于民间、融合于“民间”文化介质中的新创作者，他们将原来“民间”意义变得更为多元化，因而具有了“后”的修正特征。于庆成对于当代雕塑史书写的启迪在于其全然无为而为的中国式趣味，也就是他以去功利的态度面对雕塑的民族化。

田世信雕塑艺术中的传统文化精神

【作者】杨通华

【刊名】美术教育研究 ,2012 年 15 期

【摘要】在当代中国雕塑界，田世信，一个北京人，从小受到家庭文化艺术熏陶，毕业于北京艺术学院，在贵州 25 年的雕塑创作与教师生涯，成为他艺术积累创作的财富，也是他产生杰出作品的精神基础；田世信是一位有强烈个性和独特风格的艺术家，他以特有的抒情诗人气质，在纯朴的贵州少数民族地区不断发掘那些能唤起自己激情和创作灵感的形象与情景；他凭自己的生活积累和体验，用自己的智慧和技巧构思、创作，每件作品都匠心独运、精心锤炼、别出新意，这是充分汲取了中国艺术之长处而取得的可喜成果，具有跨时代的意义。

艺术阐释的刻度

【作者】周青

【刊名】艺术评论，2012 年 12 期

【摘要】对于艺术品的阐释问题似乎令人困惑过。科学技术和思维方式的进步反而加剧了我们面对艺术品时的争论，使我们越来越陷入相对主义的危险之中。阐释一件艺术品似乎变得比问题的主体——创作艺术品本身——更加困难。问题的关键已经不是越来越多的阐释是否能够令人信服的问题，因为它们看上去都是合情合理，至少都能够自圆其说。艺术品阐释的刻度，就是在不同的时间和地点，根据环境的需要和可能不断变化。

抽象议题的内在思考
——对于雕塑创作本质的再确认

【作者】杨飞

【刊名】雕塑，2012 年增刊

【摘要】笔者认为台湾现代雕塑发展的面貌虽不脱离世界雕塑发展的大致样貌，但也有其独特之处，或许正因台湾是一个多元文化共存、世界信息转运进出快速的社会，台湾雕塑家常频繁地面对新艺术的冲击，反而造就了一种创作上的自由态度，学会不在自己身上加诸太多守成的包袱，就像台湾著名雕塑家朱铭常说自己创作的态度就是“丢”跟“忘”，永远乐于学习新知，我觉得这也是台湾艺术家的长处——永远为自己的创作世界留白，等待未知的创新。因此台湾虽小，雕塑家的创作风格差异性却很大，十个人就有十种模样，这也是台湾艺术发展有趣的地方。

捕捉肖像雕塑神态最打动人的一幕

【作者】江毅

【刊名】美术教育研究，2012 年 11 期

【摘要】历来人们对肖像雕塑的评价都有两个标准，一曰形似，二曰传神。形似者止于外在形貌，仅得人物皮相；神似者则入乎形貌之内，揭示出人物精神，“神形兼备”是肖像雕塑的最高境界。所以，肖像雕塑一直被认为是众多雕塑类型中难度最大的一种，也是技艺专业性最强的一类。形体准确是肖像雕塑最基本的要求，雕塑家靠扎实的基本功从各个角度塑造出对象“形”的特征；而对人物“神”的塑造，则需要雕塑家用敏锐的眼睛捕捉对象最打动人的一幕。

砚雕艺术的高境界——“不雕而雕”

【作者】柯仲运

【刊名】美术教育研究，2012 年 15 期

【摘要】砚雕艺术，历史悠久。自西汉以降，精美砚制数不胜数，美不胜收。砚雕大师代有才出，风格独标，风骚独领。大师们在历史的各个时期，在长期的实践中创立的雕刻艺术理念以及表现出来的各种艺术风格，其中，“不雕而雕”则是砚雕艺术中难以言传，全凭心与灵的体味才能达到的最高境界，成为宝贵的文化遗产，正在被我们后辈传承，并在新的历史时期有所发展，有所创新。

公共环境陶艺研究

【作者】刘光文

【刊名】美术教育研究，2012 年 17 期

【摘要】公共环境陶艺在欧美等地已经有了数十年的创作实践，然而在韩国、日本等地，公共环境陶艺是近十几年才出现的新理念，我国的陶艺家更是近几年才开始重视并引入环境陶艺这个概念的。当前我国的环境陶艺还没有形成一个完整的理论体系。环境陶艺一定要结合周围的环境、文化特征等外在因素，通过其个性特征、装饰语言和科学技术等，以丰富多彩的形式广泛地介入城市的各种公共环境空间，以实现精神体验、情感慰藉等功能，为公众释放生存压力提供良好的载体。由此可见，加强对公共环境陶艺研究是当代城市建设的必然要求。

论紫砂雕塑的题材与美感

【作者】殷小平

【刊名】美术教育研究，2012 年 22 期

【摘要】任何一种艺术门类必须依附或者寻求一种与之相符的形式载体，这种载体的可溶性、可塑性与可读性都能较好地符合该艺术门类的特性、法则与规律，比较合理地再现它的内涵，从而使得它的形式之美历久弥新。紫砂雕塑就是从紫砂陶艺的形式中蜕变而出的综合性艺术。它既包含着紫砂艺术所赋予的民族民间文化色彩，又具有雕塑艺术的高雅深沉的风格，在形成的过程中，其又不断受到俗文化和其他艺术的影响，发展成更为精练唯美的艺术形式。

理论·研究

“被”传播的雕塑

【作者】焦兴涛

【刊名】雕塑，2011 年 01 期

【摘要】从前的雕塑是时尚的代言人，是权威的形象，是城市的象征，是每天必须的日课。它们毫无悬念地占据着国家和城市最显赫的位置，从古希腊、古罗马到古老的东方，在所有的教堂、庙宇、宫殿、陵墓、街道、村落，最重要的地方，以珍贵的青铜、大理石的方式，讨论着、宣扬着、记载着所有关于信仰、英雄、传说、祖先、文明、圣洁、卑微、正义、邪恶这样的话题。它们就站在那里，仿佛今天城市里的LED显示屏，被人们簇拥着、观看着、讨论着、理解着、传诵着，如广告牌和促销传单一样司空见惯。从前的雕塑并不像今天，像个乡下人一样窘迫、寒碜，常常被人数落，顶着不搭调的头巾在新艺术的殿堂里怯声怯气地左顾右盼。那时，雕塑本身就是最重要的媒体。雕塑所处的这些空间，正是当时的人们以口传和耳闻为手段来获取和传播知识的最佳场所，雕塑也因此获得了绝佳的展示和广泛的传播。功能、内容和形式的三位一体，铸就了雕塑在户外公共空间至高无上的地位。

雕塑功能与内容信息的扩展

【作者】张浩达

【刊名】雕塑，2011 年 01 期

【摘要】雕塑功能与内容信息传播的扩展总的来说，艺术活动是一种信息传播活动，内容是主体，载体是媒介，主体透过载体要传达的是艺术家想告知社会的信息。承载艺术信息的媒介在今天看来非常之多，以至于人们有时候会问艺术家，还有什么东西不能成为艺术信息的载体。雕塑分为圆雕、浮雕和透雕（镂空雕），是以雕、刻、塑、堆、焊、敲击、编织等手段制作的三维空间立体艺术。传统的载体有泥、木、砖、石、陶、金属等。传统观念认为雕塑是静态的、可视的、可触的三维物体，以主体的造型形象和空间形式反映现实。从雕塑的功能性划分有：陵墓雕塑、园林雕塑、城市雕塑、装饰雕塑、案头雕塑等。按题材划分有：宗教的、纪念的、政治的、历史的等。中国直至“新文化运动”之前，雕塑基本上没有离开宗教和陵墓这两大功能领域（可能还有一点儿工艺美术玩偶），雕塑作为独立艺术形式存在的案例在我国历史上屈指可数。

天地之美 山水无言

【作者】王晓昕

【刊名】雕塑，2011 年 01 期

【摘要】《庄子·知北游》有云：“天地有大美而不言，四时有明法而不议，万物有成理而不说。”美存在于“天地”之间、大自然之中，要了解美，寻求美，就要到“天地”之中去观察，去探寻。静穆的神山、静谧的圣湖这些在传统雕塑中很少表现自然之物，以“道”的规律被重新组合演绎，使“山水无言”系列作品突破表象描述而进行深层的探究，那就是追寻一种静谧的美、一种超然于世外的意境。现代雕塑作为工业资本主义的浪漫颂歌，体现着工业化时代的视觉经验与精神危机的反应。从某种意义上讲，可以说现代雕塑是人们对于工业化社会做出的一种“形式”上的反应，也就是说“形式”是现代雕塑追求的根本。“山水无言”系列作品在追求一种融合，既保持作品强烈的形式感，同时又着力避免形式内容的空洞化，通过形式的转化来引申出形式以外的某些内在性关联，使形式承载超越视觉内容的精神意义，并不是孤立的存在，而是成为文化与精神的共同载体。

青田石雕源于生活之美

【作者】许文敏

【刊名】上海工艺美术，2011 年 01 期

【摘要】青田石雕作为一门艺术，它最大的艺术空间是生活的体验，思维的想象，而因材施艺与作品和谐统一是每个创作者为之奋斗的终身目标，也是石雕艺术创新的关键所在。运用青田石的原有形态、颜色，经过加工、点化、情化而成为具象或抽象的石雕艺术品，这是“天人合一”“自然美与艺术相互结合”的产物，也是作品的灵魂，是创新的立足点。笔者多年从事雕刻创作，加深了对源自生活的“意境”“情境”“物境”的理解。石雕创作必须善于捕捉刹那间的灵感，在生活所创造的意境、物境中大胆地表现真挚情感，才能在对生活之美的发掘中成就雕刻技艺。

从凤翔泥塑设色看民间美术色彩选择的文化内涵

【作者】郝一甲

【刊名】美与时代（中），2011 年 01 期

【摘要】中华民族传统文化中的民间美术，在数千年的传承中形成了独具特色的艺术风格。色彩作为其重要的构成元素，彰显着一种文化，在其应用过程中显现着一个民族的情感、经验和思想，是人们寻求精神和情感表达的一种方式，它以不同的色彩表达特定的观念，反映了民族传统习俗及审美观念的延续和发展。

艺术批评的媒体化

【作者】于洋

【刊名】雕塑，2011 年 01 期

【摘要】在全球一体化现象日趋显著的今天，传媒时代已经从一种抽象的概念，成为形象地、立体地伴随着我们的生活现实和文化图景，并空前直接地影响着我们的思想与表达。在纷繁琳琅的艺术界，艺术批评在传媒时代的复杂语境中也发生着显著的变化，艺术批评的新旧对比，正如亨利·吉罗等西方学者所描述的：传统评论式批评往往依附于创作而存在，总是针对具体作品谈感受或开药方，从而沦为创作的附属品；新时代的传媒批评并非传媒实践的附庸，它与传媒实践之间，应该是一种“文本间性”（intertextual）的平等“对话”关系，而不是从属于传媒实践。批评家愈来愈倾向于某种媒体姿态，而媒体也不断寻求着一种独立的评判视角，在这样一种新的文化语境中，真正的批评家面临着新一轮的文化使命，即积极进行避免乃至挑战霸权的思考实践，为建构一个传媒时代中合理、有效的公共批评话语空间而贡献一己之力。

中国汉代雕塑研究
——以霍去病墓石雕群审美取向的分析为例

【作者】闫松岭

【刊名】雕塑，2011 年 01 期

【摘要】想弄清两千多年前的事物是很困难的，笔者结合自己多年对雕塑的学习和感悟来解读霍去病墓石雕群的审美取向。本文以老子思想来揭示霍去病墓石雕的审美取向的决定因素，最后以评述霍去病墓石雕群审美取向的客观历史地位为结尾。

抽象艺术的理论死亡

【作者】易英

【刊名】大艺术，2011 年 01 期

【摘要】当我们面对一件抽象艺术品时，不论是绘画还是雕塑，首先是一种直观的反映，也就是形式的判断，它可能作用于我们的生理——心理感应，达到一种视觉或审美的愉快。这种愉快其实是很低级的，就单纯的形式构成而言，其空间范围极其有限，没有思想的支持和技术含量，唯美的形式很快就走到了尽头。关于这个问题，抽象艺术家和艺术批评家都有充分的认识，抽象艺术的基调都不会定位在纯粹的形式关系和视觉愉悦之中。

情铸“绞胎”陶艺
——“绞胎”陶艺创作中的情感表达

【作者】张保军

【刊名】美术大观，2011 年 01 期

【摘要】文章重点阐述了执著的情感在“绞胎”陶艺创作中的重要作用及意义，它是艺术家感性认识的基础和原动力，是创作“绞胎”陶艺中根本的表现方式所在，是艺术家与其作品在艺术市场中得以生存和发展的重要因素，同时也是陶艺作品多样化、个性化并呈现出各具特色的艺术形式与风格的标志。

20 世纪中国美学以及美术研究的回顾与反思

【作者】刘曦林　徐沛君

【刊名】中国美术馆，2011 年 01 期

【摘要】19 世纪末 20 世纪以来，中国美术也出现了巨大的变革，各种观念与理论纷纷出台，形成了多元放射的艺术格局。因此重新研究、反思 20 世纪以来中国美术的利弊得失十分必要，这对于构建 21 世纪中国当代美术来说是一个重要的坐标。作者认为研究 20 世纪中国美术的前提是弄清史实，还原历史。

佛教艺术东渐中若干题材的图像学研究之二

【作者】翁剑青

【刊名】雕塑，2011 年 01 期

【摘要】巴尔胡特（Bharhut，印度中央邦萨特纳县城境内）现存的公元前 2 世纪中叶的堵波围栏立柱上的夜叉雕像，令人注目。如其中著名的巴尔胡特《旃陀罗药叉女》（公元前 1 世纪，巴尔胡特出土，加尔各答印度博物馆藏）深具典型意义，极具印度古代民间艺术的风韵，留有明显的民间木雕技法的韵味。她举起右手攀折花枝繁盛的树枝，左臂和左腿环绕于树干，左手指间从自己的下身抽出一支花束，以象征她是主宰自然生命繁殖的人格化的“树神”。

从空间环境中感悟现代纤维艺术的魅力

【作者】齐 霞

【刊名】美术大观，2011 年 01 期

【摘要】现代纤维艺术是一门多学科、多层面、多领域、多角度的综合材料运用的装饰艺术。成为空间环境设计中重要的形式语言和高雅的装饰艺术品，呈现在我们日新月异的生活中。文章从现代纤维艺术发展的多样化、现代纤维艺术材料表达的重要性、现代纤维艺术与室内环境的关系、纤维艺术的色彩在空间环境中的影响、纤维艺术在建筑环境空间中的装饰美与形式美五方面叙述现代纤维艺术，指出纤维艺术与建筑环境都来源于人类悠久的历史传统中，以人类文明的遗产和自身独特的装饰语言，向世人展示着丰富的文化和独特的艺术魅力。

西湖石窟造像考

【作者】钟磊

【刊名】新美术 ,2011 年 01 期

【摘要】杭州自古就有江南佛国的美誉，五代吴越国在此建都，更曾是南宋都城临安的所在地。从五代吴越时代起，于西湖周边的山岩洞壑中，信徒们开始开窟造像，至宋、元、明一直延续不断，西湖四周的群山中现在依旧散落着大量五代、宋、元时期的石窟造像遗存，它们统称为“西湖石窟”。西湖石窟大部分开凿于公元 10 世纪至 14 世纪，其题材为罗汉和观世音、藏传佛教题材。西湖

石窟是由大小十多处石窟组成分布散落的石窟群，环西湖周边的紫阳山、凤凰山、宝石山山麓，西南山麓的南高峰以及西北山麓中的飞来峰均有分布。若把这些散落的石窟集中起来，西湖石窟的总体规模堪比一座北方大型石窟寺。

不能忽视对20世纪中外美术交流的研究

【作者】王镛　徐沛君　陈醉　杜少虎

【刊名】中国美术馆，2011 年 01 期

【摘要】中外美术交流不能忽视对 20 世纪中外美术交流的研究。笔者对交流 60 年的三个阶段做了详细的举例介绍。国外对中国近现代美术还是有兴趣的，我们自己让国外知道更多国内的优秀美术家，把这项工作做好了，做扎实了，可能会引起国外的关注，进而可能对中国美术的传出工作起到推进作用。我们应该用我们现在的、中国本位的文化，要和西方的“当代”有所区别。做研究时要区别是我们的“现当代”，不是西方的“现当代”的概念。

区别概念：中国美术的现当代不是西方美术的现当代

【作者】陈醉

【刊名】中国美术馆，2011 年 01 期

【摘要】笔者就西洋画进入中国对中国本土艺术的影响及中国艺术发展的局限性提出字节见解，认为美术交流活动本应是双向的、互动的，但 20 世纪的中外美术交流严重不平衡——我们借入的多，传出的少。如果说改革开放前这种现象可归因于我们国力弱，那么如今我们的国力有了很大增强，为什么还是出现这样的现象？当代美术批评，僭用了一种术语，作为西方需要的那种文化观念。其实，我们应该用我们现在的、中国本位的文化，要和西方的“当代”有所区别。做研究时，首先要区别概念：是我们的现当代，不是西方的现当代。

传统动物纹样在玉雕艺术中的演变

【作者】傅跃慧

【刊名】上海工艺美术，2011 年 01 期

【摘要】玉在华夏民族璀璨的历史长河中拥有不可替代的地位，中国人历来视玉为瑰丽、高尚、坚贞、圣洁的象征。作为具有独立审美意识的玉雕工艺，也随着时代的发展而不断进步，其纹样装饰的演变也顺应着人们对玉的理解以及审美意识的提高。饕餮纹和龙纹被广为运用于玉雕装饰，这两种纹样的出现与发展同样也丰富了玉雕的装饰意味和内涵。本文回顾了饕餮纹和龙纹这两种纹样先后的发展历程，从一个侧面反映了玉雕艺术的审美倾向和价值的转变。

元代陶塑的艺术魅力——以内蒙古艾博云集博物馆元代陶俑为例

【作者】娜丽莎

【刊名】美术大观，2011 年 01 期

【摘要】元朝是由蒙古族建立的封建帝国。新中国成立后，发掘出土的元代陶塑数量众多，这些陶俑独具特色的造型和装饰，是元代蒙汉民族生活习惯和审美情趣的真实反映。虽然蒙古人不实行墓葬，但是在元朝时期从政的汉族仍然遵循本民族的习俗，延续着随葬风俗。本文以内蒙古艾博云集博物馆的元代陶俑为研究个案，以求更好地揭示元代陶俑之艺术魅力。最后作者指出，元代陶马之造型水平，明显逊于元代陶塑人物之造型。这是元代陶塑作品美中不足之处。元代陶俑的丰富造型揭示了中国北方草原游牧民族精神世界的宽广与复杂，深深地震撼着现代人的心灵，它的美学价值将为今天的陶艺提供可资借鉴的丰富资源。

我国手工艺的行业神崇拜

【作者】郭 艺

【刊名】中国美术馆，2011 年 01 期

【摘要】手工技艺多是手中的技术，最后是否有所成就，在从业者看来，一定是“谋事在人，成事在神”，因此这位“神”在传统手工行业里具有重要的意义。行业里信奉的“神”与他们的事业息息相关，甚至认为关系到行业的福祸兴衰，这就是所谓行业神的作用，行业神是传统社会中从业者不可缺失的精神寄托。行业神大多是在某一个领域卓有成就的人物，民间崇拜以至神化这些人物，行业神除了神化的人，还有传说中的神，手艺技艺者通过对神的敬畏，提高行业地位，改变他们的生活。行业神崇拜的礼仪多带有功利性，而正是这种现实的需求，让一代代工匠们有了行业遵循的承袭模式，从而较完整地保存了行业的内在精神。

浅谈建筑中的雕塑

【作者】陶涛

【刊名】美术大观，2011 年 01 期

【摘要】在古今中外的建筑中我们可以看到大量的雕塑，它们或以独立的艺术作品呈现，或作为建筑物的装饰部件，但几乎都能做到和建筑物相得益彰，从而为建筑增添了独特的艺术魅力。建筑和雕塑同属艺术类，两者的结合十分自然合理。建筑雕塑的出现及其发展优秀的建筑应该同时具有实用性和艺术性。中西建筑结构与风格迥异，建筑雕塑在媒介选择上也表现出极大的不同。不同地区、不同的历史和文化对建筑物的构造模式产生了影响，进而也影响到建筑物中的雕塑。

本真朴素

【作者】宋伟光

【刊名】雕塑，2011 年 02 期

【摘要】后现代消解历史意识与精神衡量，表现出了它的颠覆性，客观地讲，中国的当代艺术还未真正进入到所谓后现代状态，往往是在追求语言的快感、追求大众消费、迎合商业目的的同时还竭力追求哲学意味、观念性和

挖掘个性，竭力在材料、形式法则方面特立独行，似乎不如此便不能立言。笔者无心批评这种状态，只是感觉到应对当下的艺术思潮作一下反思，我们会看到在当下的这种艺术追寻中，在如此的表现个性之时，恰恰与艺术的目的和功用渐行渐远，这种挖空心思的心态必然会忘却“自然而然”的本真心性。

浮雕中的绘画元素
——从作品浅谈浮雕的绘画元素表现

【作者】李春辉

【刊名】数位时尚（新视觉艺术）,2011 年 02 期

【摘要】浮雕是一种介于圆雕和绘画之间的艺术表现形式。浮雕与绘画艺术创作的差异性与共通性在于浮雕是通过造型、光线和阴影等来达到其表现效果，而绘画则通过色彩和线条等来表现，两者虽有差异，但表现形式基本上是相同的，这两者有着一些相同的构成元素，如构图、透视以及装饰性、写实性等。

佛教艺术东渐中若干题材的图像学研究（3）

【作者】翁剑青

【刊名】雕塑，2011 年 02 期

【摘要】本文是北京大学教授翁剑青《佛教艺术东渐中若干题材的图像学研究》之第三部分， 是对佛教中有关“化生”之图像学研究。“化生”，是佛教中关于往生佛国的一种奇妙方式，作者从诸多有关“化生”的图像中，考察出佛教中莲花题材及图像的基本内涵及象征意义以及与日常生活的联系。

构建新世界的艺术
——构成主义艺术

【作者】张学忠

【刊名】雕塑，2011 年 02 期

【摘要】20 世纪初的构成主义艺术通过对结构和功能的表现，探索艺术的时代精神价值和应用于生产、生活等领域的实用价值，表达了他们的艺术理想甚或是社会理想。构成主义艺术不仅是现代艺术发展史上艺术观念和方法的一个重要转折，而且还实现了艺术创造“内省”功能和“构建未来”功能的重合。

色彩在现代雕塑中的运用

【作者】马克

【刊名】雕塑，2011 年 02 期

【摘要】现代雕塑作品中色彩与形体是相融相伴、密不可分的。色彩在现代雕塑作品中的运用要适应人们的心理感受和审美情趣，和城市环境做到和谐统一，体现现代雕塑的视觉特征，以促进现代雕塑的发展。

从哪里来，我们向哪里去

【作者】郅敏

【刊名】雕塑，2011 年 02 期

【摘要】如果我们将眼光放远，我们仿佛能看到中国第一代雕塑家所学习的欧洲古典雕塑体系是一个不断轮回的艺术历程，阶段性回归似乎成为艺术演进中的一种必然方式。艺术家们在不断回溯文化源头的过程中，在对经典艺术充满敬意的吸取中，不断得到力量，创造新的经典。这个巨大的漩涡中心，一定是驱动艺术演进的根本动力和引力，那是人性的光芒。而在具体艺术作品和艺术家身上，又展现出代代相传、生生不息的局面。

中国古代雕塑潜理论撮要

【作者】滕小松

【刊名】雕塑，2011 年 02 期

【摘要】雕塑理论，在中国一直没有自觉意识，更没有独立地位。相比浩瀚的书学画论，雕塑理论在中国艺术史册上大概是只言片语；相比浩博的雕塑作品，雕塑著述在中国雕塑史海中也只能是暂付阙如。造成雕塑理论匮乏的原因肯定很多，但有一点可能是最为直接的，那就是：雕塑在中国古代被视作工匠们的“皂隶之事”，那些“雅好丹青”的文人士大夫们对此不屑一顾。文人的长久缺席造成了雕塑难以像琴棋书画那样成为人们把玩、论说和思考的对象。在没有文人参与的情况下，系统性、完整性的雕塑理论形态也就无法建立。因此，中国雕塑史几乎是由实物串成而无理论支撑的雕塑作品史。寻找雕塑的思想血脉和回望雕塑的理论灵光仿佛成了今天雕塑史论家们难以企及的学术幻想。但无法否定的事实是：中国古代雕塑作为世界三大雕塑传统之一，也像“埃及——希腊的雕塑传统”和“波斯——印度的雕塑传统”一样，既有明晰的历史脉络又有连贯的实物遗存。

浅谈南派雕塑

【作者】胡博

【刊名】美术学报，2011 年 02 期

【摘要】我们今天评价青年毛泽东的巨型雕塑，恐怕也需要一种长远的历史眼光。其中的很多价值和意义恐怕也不是我们今天能够认识到的，可能有很多非常深远的巨大的价值和意义，在将来解读的人会把他重新解读出来。因为一件艺术品，存在几百年上千年，后人的解读将是多种多样的。这件雕塑在风格方面的应是经潘鹤、梁明诚到黎明这些广东雕塑家一个长时期的摸索、开拓、演变、传承，所形成的独特的艺术风格，所有这些南派风格的东西都有某些内在的联系和共同点。

谈现代陶艺中的时尚性元素

【作者】林德跃

【刊名】雕塑，2011 年 02 期

【摘要】一个陶瓷艺术品的呈现，尤其在今天这个世界，不单单有中国传统文化元素的部分，也应该包含这个时代的时尚性。本文从时尚性元素在现代陶艺中的应用，

及其影响等方面出发，浅谈现代陶艺中的时尚性元素，并对现代陶瓷艺术的发展前景充满信心。

康县谈家大院走廊石雕的艺术特色和文化意蕴

【作者】余永红

【刊名】雕塑，2011 年 02 期

【摘要】陇南康县谈家大院位于康县县城西南 30 公里的豆坝乡栗子坪村，为典型的陇南南部四合院结构居民建筑，风格古朴，装饰精美。其中最为经典的装饰当为正房走廊上的石雕，内容总体上以中国传统花鸟为主体，丰富多彩，构图完整，雕刻手法娴熟，造型逼真准确，具有丰厚的传统文化意蕴。

简论雕塑形态与中国远古陶器的关联性

【作者】杨俊

【刊名】雕塑，2011 年 02 期

【摘要】本文以远古陶器为分析对象，简论雕塑形态与陶器构形的雕塑性语言特征及技巧和法则。从远古人类重要的生活资料——陶器的发生、发展来论述我国传统雕塑艺术的起源，陶器构形的雕塑性语言特征和雕塑形态体现在远古陶器中的实用审美性以及实用和装饰相结合的美学法则。

浅谈中国传统艺术中的言、象、意关系

【作者】吴怀信

【刊名】雕塑，2011 年 02 期

【摘要】中国传统艺术中关于言、象、意的理论早在先秦时期就已经出现了，从“书不尽言，言不尽意。”到“立象以尽意”，它们三者之间的关系不断地在探索中得以理论完善，历代以来更是深为艺术家所重视，并有意识地、自觉地应用于自我的艺术创造中去。此外，三者与道、器也有着密切的关系。

邢台门墩石雕艺术小考

【作者】孔永军

【刊名】美术大观，2011 年 02 期

【摘要】作为具使用价值的门墩石雕，伴随着民居建筑的出现而存在，它既是一种显示身份和地位的建筑构件，同时也具有装饰性很强的雕刻性质，门墩石雕艺术当属民间美术范畴。古代邢台门墩石刻艺术当为明清及民国时期的作品。官制型、普通型和淳朴型是邢台门墩石的特点。随着时代的变迁，新式门楼特别是经济发达地区已不再应用门墩石，而老式门楼里的门墩石刻依然散发着艺术的光彩，是邢台民间美术瑰宝的重要组成部分。

青海民族民间石刻艺术浅析

【作者】李懿文　宋卫哲

【刊名】美术大观，2011 年 02 期

【摘要】青海的石刻历史源远流长，其民间石刻极具农耕性特征与宗教色彩，表现在习俗上也显出不少差异。它包括三个不同的文化类型。一是以河湟谷地为特征的民间石刻。二是以青海湖西南部游牧文化为特征的民间石刻。三是宗教艺术，主要是藏传佛教石刻艺术。从题材内容和功能上大致可分为陵墓石刻、宗教石刻和实用性石刻三类。这些石刻艺术展现了青海的自然风貌、民俗风情，开掘了历史文化、宗教艺术，更可贵的是揭示了青海人的性格、气质、精神和境界，融合了青海的大美之美、神秘之美。

抽象，艺术图式的逻辑起点
——原始表意思维中的“视”语言与西方抽象艺术中的表意图式

【作者】高薇

【刊名】湖北美术学院学报，2011 年 02 期

【摘要】抽象艺术，是一门基于视觉象征与形式逻辑的艺术。与其他艺术方式一样，抽象艺术同样源自于人类进化阶段的表意思维的逻辑演绎。当原始人把发声的“音”转变为习惯性的音律表达时，辨音识别作为启悟人类视觉的语言先导，使结绳记事或涂抹痕迹的现象逐步演绎为约定成俗的、具有抽象意义的符号记忆。原始人类的生存语言，改变了人类发展的基本进程。在音节记忆和图符记忆的双重演绎下，记录或重复使用语言的交互需求，使表音、表意的字符语言逐渐萌芽。其中，出现于文字萌芽时期的表意文字，通常以刻符、岩画、文字画以及图画字等手段来实现不同形意的视觉表述，如古埃及文字、楔形文字等。

创造诗意的空间
——试论雕塑空间的美学构成

【作者】顾春芳

【刊名】雕塑，2011 年 03 期

【摘要】空间问题不仅是艺术的问题，也是建筑学、社会学、历史学、地理学、人类学的问题，更是哲学、科学、宗教的大问题。20 世纪中叶以来，空间问题紧随时间问题成为了最为主要的美学问题。“诗意空间”创造的是“时空统一的艺术”，它的“时空统一性”的特征，体现在造型对于空间的占有，空间在时间中的延展。在“诗意空间”中，雕塑既是“时间中的空间”，又是“空间中的时间”。艺术创造最根本的问题是对生命的此岸和彼岸问题的觉悟，是人类对于世界的本质和生命的真相的终极体验和认知。如果这种终极性是不可言说的，那么艺术就是对这种不可言说的真实和永恒的言说，而唯有这样的言说才能说是包含着真正的智慧和觉知的“诗意”，才能创造一个浑然天成，意味无穷的“诗意空间”。

我的艺术路线

【作者】傅中望

【刊名】中国艺术，2011 年 03 期

【摘要】之所以将我的展览冠以“轴线”的名称，是

因为“轴线”的概念，包含了我的所有艺术创作及思考。从建筑学的角度，中国古代建筑群平面中统率全局的轴线被称为“中轴线”，而“轴线与中心相并列，是最基本的形态秩序之一”。如果将其概念延伸开来，不难发现：这一建筑规划术语所承载的，其实是与中国的历史、文化、思想、社会形态等相关联的多种意义。因此“轴线”并不是继“榫卯结构”“异质同构”之后所提出的一个新的定义，而是对我艺术创作的总体概括，涵盖了我对历史、文化、艺术以及当下的社会现状与个体生命的思考，也是贯穿于我的整个创作与人生经历的艺术之线、生命之线。

雕塑·场

【作者】何力平

【刊名】雕塑，2011年03期

【摘要】在一般的观念中，认为雕塑作品指的是三维的、不动的、恒久的实体。这是静止片面地理解雕塑作品，没有把雕塑作品及其存在的环境作一个全面的考察。忽略了雕塑艺术作品是时空中存在的一个过程，是发展变化着的，是一种由材料、艺术家、雕塑体、观众互动的一系列关系的总和。这就好比原子，围绕原子核的还有一个复杂的场。雕塑体好比是原子核，它的场包括材料、艺术家、雕塑体、观众，这四大部分构成了雕塑艺术的全部。从这个意义上讲，雕塑艺术是四部分关系的互动与发展的结果。我们在不同时刻看到雕塑作品时，我们的理解评价都是这些关系发展到此时作用于我们心灵的结果。这个结果随着进程的发展，每个时期，每个阶段都是不一样的。这就是为什么不同时期面对同一件雕塑作品，我们的理解、诠释、评论会有相同的部分，也会有不同的部分，有时这不同的部分甚至会相差很大，甚至于截然相反。

雕塑就是寻找艺术的春天

【作者】许鸿飞

【刊名】雕塑，2011年03期

【摘要】雕塑是对美进行凝固的艺术，只是每一个人对美的理解不甚相同，这便出现了艺术的多样性。优秀的雕塑艺术往往隐藏着多种可能性和丰富的涵义，那种过于单一的作品第一眼看起来挺美的，但细看后你会觉得不够丰富，缺少延伸的东西。随着人们欣赏水平的提升，艺术家对自己的作品难度的要求也在相应加深。

国学的意义
——与雕塑界同行的交流

【作者】吴为山

【刊名】雕塑，2011年03期

【摘要】“诗人何为？”海德格尔的发问引发我们追问：“塑者何为？”在全民强调传统文化，大谈中国文化的现代化，强调“国家影响力”“软实力”一些名词的时候，我们如何才能真正让传统文化成为精神的琼浆融入我们文化的脉搏而生生不息，且由内化而外化，渗透到我们的艺术作品中，这是我们面临的真正课题，为此我写了一篇短文，似乎与雕塑无关，也似乎与我以往的专栏文章有殊，然而，正是这些思考与我们的雕塑艺术有着内在的联系。

诗歌与艺术的角逐
——兼及诗性空间

【作者】宋伟光

【刊名】雕塑，2011年03期

【摘要】莱辛在所著《拉奥孔》中讲，诗是时间上承接的艺术，利于表现在时间上发生的事物，绘画是空间性艺术，利于表现在空间上发生的事物。这道出了时间性与空间性两个不同性质的艺术在表现方式上的区别。然而这两者又是互通或互换的，正所谓“诗中有画，画中有诗”，即诗之语境中能呈现出画之意味，而画之意味中又能呈现诗的含蓄之意，这种互通互感，转换与更替的心理体验，实与佛教禅宗经典《五灯会元》描写感官互通的诗相类，诗曰：“鼻里音声耳里香，眼中咸淡口玄黄，意能觉触身分别，冰室如春九夏凉。”

视觉修辞在艺术创作中的诗性作用

【作者】张浩达

【刊名】雕塑，2011年03期

【摘要】本期所探讨的主题是艺术思维的“诗意空间”，承上一期“回归本体”之意指，似乎艺术的如何再现成为了一个焦点问题，因此，自然地要牵扯到“诗性”问题。语言空间转换到视觉空间，诗性起到了重要的作用，在历史的长河中，每一次时间性艺术（诗歌）和与视觉空间性艺术（绘画、雕塑等）的亲近与分离都在演绎着一次艺术史的变革，都在重新审定着视觉艺术的价值。本次讨论的意义在于通过了解书写语言与视觉图像之纠合，明晓自我在当下语境下所秉持的话语权之得失，这也许会给艺术创作的方向带来一点参考的作用。

中国古代雕塑家何在何为

【作者】小松

【刊名】雕塑，2011年03期

【摘要】在中国古代美术门类中，雕塑创作可谓工程繁重、数量浩大、品种众多。无论质量是数量，雕塑在各种造型艺术中占绝对压倒优势。这是因为：①中国是唯一完整的保持自身文化传统而没有中断的文明古国，源远流长的文化为雕塑的发展铺设了厚实的河床。②中华大地幅员辽阔，无论地上还是地下都散布和蕴藏着大量的雕塑遗存。③雕塑艺术总是与构成它的材料合为一体，只要材料还在，哪怕是残缺或受损，雕塑也就存在。在琳琅满目的中国艺术长廊上，秦陵兵马俑、霍去病墓石雕、昭陵六骏等精美绝伦的雕塑，以及敦煌彩塑、云冈石窟、龙门石窟、大足石刻等气势恢宏的造像，几乎家喻户晓。然而，这些杰作的真正创造者却无法知道。历史老人对雕塑家们的丰功伟绩过于吝啬笔墨，倒是特别在意书画家们的轶闻趣事，以至于浩繁的中国雕塑史几乎是一种没有雕塑家名字、更没有雕塑家故事的历史。

佛教艺术东渐中若干题材的图像学研究（4）

【作者】翁剑青

【刊名】雕塑，2011年03期

【摘要】本文是北京大学教授翁剑青所著的《佛教艺术东渐中若干题材的图像学研究》之第四部分。天宫乐伎，原指佛国中一切从事乐舞的菩萨等，作者从有关“天宫乐伎”的图像考察中，认识到天宫乐伎题材之图像在中国本土的表现形式与手法与中国本土文化中儒、道、释三教合流，互补的历史背景和语境之间的关系。

清乾隆年间瓷器器皿上的雕塑装饰浅析

【作者】邹红琴

【刊名】雕塑，2011年03期

【摘要】本文通过对器皿上的雕塑装饰进行多方位分析、研究，希望能引起人们对陶瓷复合性装饰的重视，纠正人们对乾隆朝瓷器所持的偏狭态度，使传统的制瓷技艺能为当代瓷艺设计与创作提供某种启示与借鉴。

兰州“百里黄河风情线”雕塑设计中的文化本质

【作者】孟祥武、叶明晖

【刊名】雕塑，2011年03期

【摘要】本文通过对兰州市“百里黄河风情线”雕塑设计概念的调研、分析与总结，提出了雕塑设计当中历史文化概念营造对于城市文化脉络传承的重要性，并且对城市历史文化应该进行多方位的诠释，旨在使人们对城市重新建立文化认同感。

现代金属雕塑的变革

【作者】王晓昕

【刊名】美术大观，2011年03期

【摘要】金属雕塑是直接以金属作为物质材料进行雕塑创作的作品。社会文明和艺术观念的变化带动了现代金属雕塑的变革，完全改变了传统雕塑的创作原则。现代金属雕塑是近现代社会文明和艺术观念变革的产物，它颠覆了几千年来的雕塑传统，体现出强烈的时代气息。本文从现代金属雕塑的形式构成、材质表现及空间认识三方面入手，论述现代金属雕塑的变革和发展。

浅析影响我国现代城市建筑形象发展的因素

【作者】李凌雨 陈琳 张中华

【刊名】美术向导，2011年03期

【摘要】我国目前城市建筑形象出现了民族特点模糊、市镇面貌相似、城市内建筑形象混乱等问题。本文从自然因素与人文社会因素来分析影响我国现代城市建筑形象发展的原因，并且提出注重民族审美文化体系培养，城市规划应进行前瞻性、科学性规划，根据建筑诉求建立科学的建筑方案选定机制三点建议来逐渐改良城市建筑形象。

观念驱动雕塑创作

【作者】项祎

【刊名】西北美术，2011年03期

【摘要】中国当代雕塑艺术的发展已经摆脱了纯然审美的阶段，向着关涉观念的新艺术时代过渡。在借助观念表达的发展过程中，从视觉审美发展至观念的构造，始终强调一种概念被解构之后的思想表达，传统形式被认为不是唯一表达方式之后的观念重构，在挣脱了传统视觉审美所带来的语言上的局限之后，当代雕塑的艺术实践进入了一种更为广阔的观念的艺术表达领域。当我们重温当代雕塑创作的历程时会发现，有相当一部分雕塑艺术家已经逐步从一味的形式、材料、语言探寻中解脱出来，在创作作品时，更加注重以思想的创新带动艺术语言的不断发展。笔者认为观念渗透在雕塑创作中，创作者观念在雕塑创作中起决定性因素，直接影响着创作者思维的形成，甚至艺术创作的整个过程，乃至作品的优劣。观念对雕塑艺术的发展和创新主要起着个性伸张、精神诠释、现实批判、观念驱动的重要作用。基于现代主义的本体论语境中，新波普、架上新具象和新现实、新观念艺术、综合材料、观念装置、行为现场、大地艺术、多媒体、公共艺术、本土艺术等多种语言实验方向都可引入雕塑创作。但不管有多少个发展方向，语言的解放只是手段或载体，观念才是雕塑艺术家的感性力量、思想力量、独立精神与生命的境界。

论公共艺术的内涵及文化属性

【作者】蔡劲松

【刊名】设计艺术，2011年03期

【摘要】从世界艺术史的角度看，公共艺术是与人类发展息息相关的重要内容。本文追溯了公共艺术的发展历程，从文化视野界定了公共艺术的概念与内涵，探讨了公共艺术的文化属性。认为当代公共艺术是一种以“艺术”为前提、以“创新”为品质、以“文化”为属性、以“互动”为语境、以“发展”为指向的崭新的文化现象与景观。

玉雕创作中传统工艺和现代审美的关系

【作者】洪新华

【刊名】上海工艺美术，2011年03期

【摘要】中国玉文化有着经久不衰的独特魅力，在世界文化中卓尔不群，其中一个特别重要的原因，即玉被人格化、道德化了。琢玉是窥镜自照，每一番雕琢打磨，都透射出琢玉人的思想境界和道德情操。在今天，随着玉雕工艺的快速发展和白玉收藏者欣赏水平的提高，不断有新的品种、题材、作品的出现。海派是当今中国玉雕重要的组成部分，它的创意题材、随形设计、皮色应用、工艺技法和打磨效果在国内都是一流的。创作时应以现代人的审美眼光、把玩的感受出发，在结构、造型、线条上提炼元素，采取夸张、强调、虚实变换等手法，在传递白玉传统文化的同时，接受西方绘画、雕塑及现代美学理论，在设计上融合了现代的艺术手段，反映当代人的精神诉求。

试论剪纸艺术介入现代雕塑的价值

【作者】杨 静　陈 杰

【刊名】美术大观，2011 年 03 期

【摘要】我国雕塑艺术近几年得到了迅猛的发展，众多雕塑家开始关注本土文化和本国艺术与雕塑融合的可能性和必要性。中国民间剪纸艺术作为中国传统文化的重要组成部分，在众多传统文化中是最易于接受的一种艺术形式。本文通过雕塑创造形式的丰富、思维方式的转换、民族文化艺术传承等方面来阐述我国剪纸艺术与现代雕塑的相互借鉴和融合的价值。这对提升雕塑作品的价值和民族文化的传承、汲取民族文化的精华具有启示作用。

大朴不雕
——试论雕塑中朴素之美的创作观

【作者】尹悟铭

【刊名】南京艺术学院学报（美术与设计版），2011 年 03 期

【摘要】梁思成在《中国雕塑史》中曾说过："艺术之始，雕塑为先"。中国雕塑早在文字产生之前已有着悠久的历史，它客观、形象地记载了中华文明的发展历程，凝聚着广泛的民族心理情结和普遍的民族审美意识。在几千年的发展历程中，中国传统文化有着旺盛的生命力和非凡的包容性，经历无数次的碰撞、分裂与融合，不断丰富完善。中国传统美学中天人合一的思想和重视道德人格的培育人文精神尤为突出。中国传统艺术追求一种返璞归真、大巧若拙的哲学境界，这种美学思想对中国传统雕塑艺术有着深切的影响。

中国古代佛教造像艺术表现手法溯源

【作者】肖媛

【刊名】美术大观，2011 年 03 期

【摘要】佛教艺术作品，在其纯粹的造型元素运用上，如同佛教自身一样，随着时间推移和时代变化走过了一条自外而内的融合之路。本文通过对中国古代佛教造像艺术表现手法的追根溯源，将古代埃及、古希腊、古印度、古中国这四个文明古国的宗教艺术传统以及之间的师承关系作了简要的分析。说明我国古代的佛教造像艺术是古代东西方艺术交流的成果。

唐代陵墓有翼神兽雕刻
——略谈唐代以前有翼神兽的发展

【作者】郭 杰　侯卫敏

【刊名】美术大观，2011 年 03 期

【摘要】中国雕塑有着悠久历史，本文对中国雕塑纹样的演变从奴隶社会到春秋战国时期、两汉时期、三国两晋南北朝时期做了具体介绍。隋唐是中国古代雕塑高度辉煌灿烂的时期，在陵墓雕塑方面唐代开创了历代陵墓雕塑仪卫行列体制的先驱。而正是有了千年历史的积淀，才使得唐代陵墓雕刻达到了空前的高度，融合了中国文化里的精、气、神，创造了天人合一的艺术精品。

浅析徽州木雕中的儒学文化韵味

【作者】李群

【刊名】美术大观，2011 年 03 期

【摘要】徽州木雕历史悠久，创造了明清时期民间艺术的高峰。徽州木雕的盛行与其独特的艺术风格，离不开徽州特殊的文化背景。由于程朱理学的影响，徽州人的哲学观呈现出后儒时代的思想特色。深受儒家思想影响的徽商在客观上为徽州木雕的崛起与迅速发展起了不可低估的作用。徽商造宅、建祠，大量的木雕艺术应运而生。后儒时代的哲学观念必然渗透到木雕艺术中。渗透着儒学思想的徽州木雕艺术成为古典儒学精神的民间范本。徽州木雕中所蕴含的以儒家为代表的古典美学思想，是两千年以来中国传统美学的重要内容和本质精神。

浅谈中国现代陶艺在公共环境中的运用

【作者】张晓杰

【刊名】设计艺术，2011 年 03 期

【摘要】随着现代陶艺在公共环境艺术上应用的深入，许多陶艺家们都认识到现代陶艺是面向社会、大众、生活的，而不应该被禁锢在室内。而陶艺在从室内延展到室外时，已经由单纯艺术变成了以设计为重要特征的公共艺术，它们在复杂的环境中，跟从大众的艺术鉴赏品位，跟从社会文明和大众文明发展的步伐，从而使得现代陶艺在公共环境中广泛应用，并且为城市的公共环境建设作出了应有的贡献。

非宁静无以致远
——审美静观对中国当代艺术家的启示

【作者】范晓楠

【刊名】天津美术学院学报 ,2011 年 03 期

【摘要】"审美静观"是中西美学史上一个非常重要的命题。而对这一命题的阐释与分析，在今天的美学研究中仍有着重大的理论意义。中国当代艺术已经走过了 30 年的历程，近几年更受到国际瞩目，艺术市场迅速发展。在全球经济、科技一体化的现代社会中，在迅速实现由传统社会向现代社会转型的当代中国，艺术深受社会经济市场化、社会政治民主化的强烈推动而不断实现自身的转变。经济建设的飞速发展，物质欲望的无限提升，都无可厚非地改变了人们的思想观念、生活方式以及情感状态。中国当代艺术也开始随波辗转于新生代、装置艺术、行为艺术、青春残酷、卡通一代、政治波普、玩世主义、女性主义等各种前卫艺术思潮中。艺术家往往困扰于种种窘迫的现实与躁动的心理，滞留于对西方艺术的不满和对传统艺术的

困乏之间，困置于传统与现代、西方与本土、生存与艺术、迎合市场与表达自我的权衡与取舍的漩涡之中。正因为如此，许多艺术家将他们的目光重新转向东方的艺术源头，试图从传统中汲取有价值的思想养料。

木与泥的碰撞——泛论木雕与泥塑的整合创新

【作者】林青

【刊名】雕塑，2011 年 04 期

【摘要】随着社会文化的发展，现代人对雕塑的艺术形式和文化内涵有了更加深广的理解和诠释。雕塑的诞生和材料是分不开的，雕塑创作行为的本质是对自由的渴望与追求，冲破生活中所谓的“禁锢”，进入一个更为广阔、更为宽泛的维度。

试析汉代画像石中两种“巧合”鱼纹的象征意义

【作者】吴晓玲

【刊名】雕塑，2011 年 04 期

【摘要】“巧合” 是中国传统图案的造型手法。在汉代画像石艺术中有两种巧合鱼纹十分引人注目，它们作为具有历史传承关系的图像，既与人类早期的鱼文化有着千丝万缕的联系，同时作为一种墓葬文化又集中体现了汉代人对待生命的观念。本文将从此类图像的造型特征出发，解读汉画像石中巧合鱼纹所包含的象征意义。

谈根雕艺术的意境美

【作者】靳朝晖

【刊名】美术大观，2011 年 04 期

【摘要】根雕是我国传统而古老的一门艺术，它随着时代的发展而不断变化，随着人类审美情趣的提升而不断演进。本文介绍了根雕艺术，详细分析了意境、根雕艺术的意境美的含义及其创作。一件好的根雕艺术品是艺术家用他们的慧眼发现自然界的物态美后再赋予人的精神状态，并提升它、完美它，使不完满的根材凸显自然本性，使僵死的树根活化起来，使它的观感、手感、形态、意韵、神态，都达到还原自然、高于自然的效果，这就是根雕艺术品的精华所在。

现代与传统融合背景下的城市公共设施设计分析与研究初探

【作者】主云龙

【刊名】天津美术学院学报 ,2011 年 04 期

【摘要】随着当今时代的科技进步，科技革命的领域已经越来越几乎全面地覆盖了人类生活的各个领域，在空间设计的一个分支——城市公共设施设计的发展中，这种科技的进步因素也在不断地“挑战”着设计师和城市居民的时代审美神经，由科技变革带来的设计形式和设计理念的快速更迭，不仅使得相对独立的各色区域城市文化发生了统一化的趋势，也使得符合工业化生产的公共设施施工工艺得到了大面积的普及，由此而形成了千城一面现象在当今时代，尤其是在我国的各级城市的建设和开发热潮中显得尤为明显和严重。那么如何通过城市的公共设施的设计来保持这种历史文化的文脉背景，保持传统的人居理念中积极的因素，也是新时期城市设计者需要考虑的更深层次的主题之一，只有从传统的养分中吸取符合我国民众特有心理的人居理念，才可以设计出和谐的并符合时代特色的公共设施。

限制与重构——现代纤维软雕塑创作方法探究

【作者】梅琦

【刊名】西北美术，2011 年 04 期

【摘要】当下，我们在世界各地的公共空间、室内场馆、美术馆展厅，所看到的现代纤维艺术作品，已经不是人们头脑中反映出的壁挂概念或通常所想的“纤维编织”，而是一种与传统编织手工艺有着千丝万缕联系，在视觉上却有着脱胎换骨的全新面貌，我们称之为“纤维软雕塑”的作品。它不拘泥于传统的编与织等造型手段，而更关注材料自身独具肌理美感和材料通过当代纤维艺术家的创意呈现出的深层精神内涵。材料只是载体，而现代人的审美观和价值观才是其造型手段。被公认为对现代纤维艺术发展产生巨大影响的人物是法国纤维艺术家让 · 吕尔萨。他将现代设计理念和新的装饰语言融入到现代纤维艺术中，将现代绘画与纤维编织相结合，提倡纤维艺术要符合时代精神，并体现纤维材料本身的材质感，要与当代建筑环境相协调，这一系列主张使纤维壁挂从过去的工艺附属品的属性中脱离出来，建立了纤维艺术自身独立的艺术品质，使纤维艺术进入了创造和发展的新时代。 真正使纤维软雕塑具有现代思想意义的是现代观念的引入，而材料的突破又为其思想观念的引入夯实了物质基础。现代纤维软雕塑的技法并不是全部采用编与织的手段来创作作品，而是采用各种创造性的手法，如：粘贴、缠绕、编结、悬挂或以装置艺术的形式直接展现纤维材料的装饰美感，体现更加深刻的精神内涵，它具备了当代艺术的某些特质，并与当代建筑交相辉映，给人们以更广阔的视界。

感受力的社会学和修辞学——对“复感 · 动观——2011 海峡两岸当代艺术展”的策展思考

【作者】张晴

【刊名】中国美术馆，2011 年 04 期

【摘要】英国女作家弗吉尼亚 · 伍尔芙关于“艺术家与政治”关系的看法确认了艺术家在社会中的地位，从侧面提出艺术家与社会的关系。在现代艺术的早期，艺术家用自身的情感、情绪、感受在为这个社会服务，持久勃发出人对自我内在世界、感觉的狂热执迷，并由此带来艺术语言狂飙革命，不停地制造新奇而震惊的新观感和意义体

验，然而当代艺术处于合理化的统治和消费社会两个语境中时，二者深刻地改变了感受力的表达形式和价值谱向。笔者提出在我们的时代，批评与策划的紧要任务之一即是在感受力和社会语境之间铺设新的阐释路径，彰显新的语法关系和意义。“复感·动观”，实际上是在谈感受力的表达，感受性的主体不是本质主义的，而是表现主义的。非媒介的经验是不可能的，拥有深度的感受便意味着拥有丰富的表达力。

复感·动观

【作者】潘显仁

【刊名】中国美术馆，2011 年 04 期

【摘要】当代艺术是再现文化图景与社会脉动的重要面向，提供形塑集体认同与沟通的视觉文本。两岸艺术发展历经数十年的分流，自 20 世纪 80 年代末起逐渐接触交会，如今成为促进两岸相互理解与消弭隔阂的重要触媒。“海峡两岸当代艺术展”在此前提下，借由“当代艺术”的命题，对两岸彼此当下经验的共同关注与视觉文本特征提出讨论。台湾当代艺术自 20 世纪 80 年代初兴至 90 年代，即以百家争鸣、歧异并存之姿，呈现出时代的特殊情境。而 21 世纪全球化、市场化、网络、媒体等当代生活模式，深刻地改变人们对生活现实的认知与经验判断，更加速艺术家在媒材运用、创作语汇、艺术观念的试验与开拓，酝酿出多元且具流动性的基本特征。“复感·动观”即在讨论两岸当代艺术在各自脉络与当代共同境遇下，创作语汇的转化与艺术观念拓展的生成关系。

城市雕塑艺术与城市相共生的基本设计原则

【作者】姜涛

【刊名】艺术评论，2011 年 04 期

【摘要】城市已同其居民们的各种重要活动密切联系在一起，它是自然的产物，而尤其是人类属性的产物。城市雕塑艺术在城市中作为可观的三维形象载体，以其表现形式的多样性和传达内涵的直接性而充分展现着城市的整体风貌，因此，在进行城市雕塑创作时，应该最大限度地追求与城市各种属性之间的共生。这就要求雕塑在创作过程中要遵循以下几个基本设计原则，以满足不同类型的城市雕塑适应于不同时期不同地域的城市环境，增加整个环境的文化内涵。笔者从雕塑在城市环境中公共性的定位、适应性的体现、主题性的传达以及序列性与整体性的统一四个方面对其设计原则进行了总结。

浅论中国原始陶艺的装饰之美

【作者】陆宇澄

【刊名】艺术评论，2011 年 04 期

【摘要】中国彩陶文化是中国艺术大花园中的一朵奇葩，其多样的造型、绚丽的色彩、迷人的纹饰令人回味无穷，如何将这一民族瑰宝运用于现代艺术创作中来，值得人们深思。

工艺美术品收藏价值浅析

【作者】冯增木

【刊名】天津美术学院学报 ,2011 年 04 期

【摘要】工艺美术品具有物质产品和精神产品的双重属性，但从它所包含的门类及其大众性与实用性来讲，它的普遍价值不像纯艺术品那么昂贵（除有级别的文物、特种工艺美术品和升格为艺术品的工艺美术品外）。然而，工艺美术品不同于一般的商品，它的收藏价值更多地体现在精神和文化上，即以满足人们的某种审美需要和精神需求为主。当今设计艺术教育的普及与艺术实践使得“工艺品”概念的外延越来越广，相比古玩，收藏工艺美术品无疑要方便得多，在林林总总的收藏品类中，工艺美术品占有着相当大的比分。纵观工艺美术品在历史长河中的演变轨迹，当代工艺品随着时间的推移也会变成古玩。

海派面塑的传承与发展创新

【作者】汤健

【刊名】上海工艺美术，2011 年 04 期

【摘要】海派面塑创始人赵阔明的面塑艺术博采众长、不拘泥于既定程式，在继承北方传统面塑精华的基础上，又经过江南文化的洗礼，逐渐形成了精致、优美、灵动的艺术风格。对题材、表现手法、人物造型等各个方面进行积极的探索、创新，使面塑这种民间、街头的艺术发展成为了一门独立的工艺美术荣登大雅之堂，从而使面塑艺术具有更好的观赏性和更丰富的艺术性。海派面塑的传承与发展创新，要先理清传承与发展创新之间的关系，两者应当并存，缺一不可。但当前应以传承为先，使这一优秀民间艺术得以完整留存，同时需向更广阔的空间吸收各种艺术的养分，诸如丰富的历史文化知识、正确的审美取向、准确的造型能力和扎实的美术功底等，而后才能触类旁通，创作出更优秀的面塑作品。

20 世纪 90 年代以后中国美术展览制度的演变与推进

【作者】陈萌萌

【刊名】中国美术馆，2011 年 04 期

【摘要】20 世纪 90 年代以来，随着中国社会主义市场经济体制的确立和经济全球化的发展，美术展览的重要性已经不仅仅局限在美术自身的范围内了，它对整个文化生态和产业都产生着巨大的影响。中国的美术展览方式开始向多元化的方向发展。中国的美术展览体制与国际上成熟的文化生产与传播体制仍然存在着不小的差距，全球化的文化语境需要我们建构起具有战略性意义的文化策略，我们需要学习西方成熟的艺术展览制度和艺术赞助制度，并建构起具有本土特色的中国美术展览体制，作者相信在党和政府大力发展文化事业和文化产业的目标引领下，通过艺术家、策展人和广大艺术工作者的共同努力，确立具有中国特色的美术展览体制的目标一定能够早日实现。

雕塑与受众的关系
——兼及公共艺术精神

【作者】宋伟光

【刊名】雕塑，2011 年 05 期

【摘要】雕塑与公众的关系各具形态，不同时代的雕塑艺术呈现的艺术关系是不同的。本文旨在通过对不同社会背景下雕塑与受众的关系之阐述，进一步地认识到当下的社会背景与语境中雕塑艺术所处的位置与使命，以便更好地重塑当代文化精神。

解读城市雕塑的“图底”关系

【作者】徐海翔

【刊名】雕塑，2011 年 05 期

【摘要】本文探求的是城市雕塑设计的“图”是要在广义环境之“底”的基础上完成设计与实施，“图与底”是一种形式语言的完整表达，也是在阐释一种存在关系。这种图与底的关系是协调存在的，有时也是可以转换的，但完成城市雕塑设计的“图”的存在一定是在多元维度的“底”环境中滋生、拓展、并成为可能和真实。

艺术创作与空间的物化诉求

【作者】韩晖

【刊名】雕塑，2011 年 05 期

【摘要】在绘画时空的具象坐标上，不断审视艺术创作动机的发生，一些平时不易觉察与感知的内容就会逐渐浮现，进而使艺术家获得更深一层的艺术感知与体验。无论是平面还是空间，无论是蒙太奇还是园艺还真，都是想建立这种回归的理想，这种理想不是前进的理想，而是“隐士”般回望的精神诉求。

中国造型艺术的中国传统雕塑的线意志

【作者】滕小松

【刊名】雕塑，2011 年 05 期

【摘要】中国古代雕塑作为世界三大雕塑传统之一，在世界雕塑历史中占据了重要的地位，也在世界艺术造型上呈现出独特的面貌。中国传统雕塑与其他传统雕塑在形态学意义上所显现出来的巨大差异主要在于它们的文化依据和美学渊源的不同，正是这样的不同促成了世界三大雕塑传统在造型上的差异。在收集、整理、考察中国古代大量雕塑实物遗存的基础上，人们发现中国传统雕塑正如中国传统书画、音乐和舞蹈一样在造型上带有强烈的线意志。真切地寻味中国传统雕塑的线意志，进而全面地归纳中国传统雕塑线造型体系，无疑是研究中国古代雕塑的审美特征和历史发展的最佳切入口，因而具有重要的理论价值和方法论意义。

雕塑空间

【作者】邓乐

【刊名】雕塑，2011 年 05 期

【摘要】本文从艺术学的角度，对雕塑空间这一概念可能涉及的各个方面进行分析，将雕塑这一概念加以展开，探索雕塑的内涵和外延，并主要探讨加上时间维度，雕塑的变化与可能。力争以开放的意识、新的观点探究雕塑的发展趋向。

雕塑空间的深度

【作者】曾岳

【刊名】雕塑，2011 年 05 期

【摘要】空间的深度以时间来延续，而时间属于分享者。空间建构中，不断延长时间在空间中的感觉，传统雕塑的做法是以情节、背景展开观者的想象空间。而现代雕塑发现了空间话语的能量，继而以可品读的形体韵致或空间张力或质感铺成时光徜徉的通道，人以身体为尺度，体量空间感的奇妙变化。

雕塑与空间三题

【作者】孙振华

【刊名】雕塑，2011 年 05 期

【摘要】空间与人的生存息息相关。如海德格尔所说：“生存是空间性的”。雕塑的空间永远不是外在于人的，而是具有突出的人文性质，雕塑就是生命对空间的占有。美国学者诺伯格·斯卡而兹曾提出五种空间概念：整合了人和自然有机环境的实有空间；使人认同其自身的知觉空间；能够被人思考的认识空间；人所隶属的包含了整个社会及文化整体的生存空间；能够提供描述其他空间工具的逻辑空间。

佛教艺术东渐中若干题材的图像学研究（5）

【作者】翁剑青

【刊名】雕塑，2011 年 05 期

【摘要】本篇是北京大学教授翁剑青所著的《佛教艺术洞见中若干题材的图像学研究》之第五部分“佛塔及其图像”。在佛像没有诞生之前，佛塔与菩提树、法轮、佛足印迹等是作为圣物供人崇拜瞻仰的。随着佛教的东渐，佛塔这一建筑样式在我国历史的不同时期和地域均呈现出不同的样式，这是一个较为漫长的历史与文化的演化过程，具有其典型的意义。正如中国建筑史学家梁思成、林徽音等人所指出的那样：“塔虽是佛教象征意义最重要的建筑物，传到中土，却中国化了，变成这中印合璧的规模，而在全个结构及外观上，中国成分实又占得多。”应该说，嵩岳寺塔正是印度佛塔造型元素传入中土后，被华夏建筑艺术吸收并处于本土化创造性融合的重要转折时期，并显现和代表其走向自信和成熟的重要标志之一。

试论昙曜五窟洞窟形制及其产生之原因

【作者】范鸿武

【刊名】雕塑，2011 年 05 期

【摘要】昙曜五窟的洞窟形制是模仿游牧民族的毡帐，它独特的洞窟形制与鲜卑拓跋游牧民族居住的最普遍、最广泛的建筑形式——穹庐密切相关，穹庐就是游牧民族的毡帐。昙曜五窟的洞窟形制具有独创性，是北魏五世纪中期平城僧俗工匠在云冈独创的窟形。与云冈昙曜五窟造像模仿鲜卑拓跋民族人的形象相一致，云冈昙曜五窟的洞窟形制和结构是直接模仿鲜卑拓跋民族居住的帐篷式的基本建筑形式——穹庐。昙曜五窟主佛造像和洞窟形制都是对鲜卑拓跋民族的模仿。

水月观音的演变

【作者】黄淑钦

【刊名】雕塑，2011 年 05 期

【摘要】水月观音像是中国古代艺术家的创作，是中国佛教寺院以及佛教信徒经常供奉的观音菩萨像之一。水月观音的历史遗迹和造型、装饰材料，对于木雕佛像的设计创造者而言，无疑是极其富有借鉴意义的。在现代，水月观音像的创新并不是盲目的，在艺术气质、地方特色和民间个性等方面，仍然应该保留着中国文化的因素。

中国传统雕塑的形式与精神

【作者】杨晓钟

【刊名】艺术评论，2011 年 05 期

【摘要】中国的传统雕塑扎根于中华民族深厚的文化土壤之中，伴随数千年来各民族文化艺术的发展不断演变和提高，最终形成了融会整个中华民族的文化素养、审美意识、思维方式、美学思想和哲学思想的完整艺术体系。晋顾恺之“以形写神”等一系列艺术创作的理论和经验，不仅是绘画艺术的指导，也是我国传统雕塑艺术精髓之所在。

惠山泥塑起源和发展的成因探

【作者】王佳

【刊名】美与时代（上）2011 年 05 期

【摘要】法国艺术史学家丹纳在《艺术哲学》一书中形象地把艺术的产生和发展比喻为动植物的生长，并用各自的生长环境来解释上述观点。丹纳关于艺术与自然环境和社会环境相联系的观点为我们的研究提供了有益的启示。惠山泥塑艺术的起源和发展与惠山古镇特殊的地理位置有关。惠山古镇有着全国最大的祠堂群，背后蕴含着丰富的祠堂文化，与紧挨着惠山古寺的庙会等风俗有内在的联系。惠山泥塑的发源地在惠山古镇，惠山古镇有着全国最大的祠堂群。优越的地理位置和祠堂群背后悠久的祠堂文化，对惠山泥塑的发展起着重要的推动作用。

潮州木雕艺术地域特色探究

【作者】王大勇

【刊名】装饰，2011 年 05 期

【摘要】潮州木雕是广东潮州地区的一项民间艺术，题材丰富、雕刻精细、技艺精湛，多层镂通雕最具代表性。潮州木雕具有浓郁的地域特色，形成独树一帜的流派，精雕细琢后贴上金箔，显得金碧辉煌，所以又叫“金漆木雕”，与东阳木雕并称我国两大木雕体系。

古典精神的回归——传统雕塑语言的演进

【作者】曾倩婷

【刊名】美与时代（中），2011 年 05 期

【摘要】20 世纪的艺术是带着变革和崩溃的痕迹出现在历史上的。这些变革将过去所经营的文化价值一扫而空，并持续至今。发生在雕塑领域中的这场破坏，要比绘画更加猛烈和彻底。在雕塑领域，“空间”曾经是一个特定而具体的有限概念。从古希腊到 19 世纪，经过新古典主义、浪漫主义和现实主义，建立起了空间概念的古典内涵。它包括：按几何学方式描述的长、宽、高三维形式架构；具有现实体积和实在质量的封闭静态实体；模拟客观对象自然结构和视觉特征的形体和以石料、青铜等硬质材料为载体，以社会化、理想化的理念为内涵，各形式要素围绕理性中心构成有机整体。这个整体最终依附于一个更大的具有限定意义的人文空间环境，并与其功用目的保持一致。

西方文化的历史逻辑性与亨利·摩尔雕塑的形式意义

【作者】李鹏伟

【刊名】美术观察，2011 年 05 期

【摘要】到了近代，随着科学的发展，人类对于宇宙的认识进一步深入，艺术家的独立意识和抽象意识也在雕塑领域有了进一步的显示。罗丹、马约尔、布德尔等雕塑家积极致力于探索雕塑体量和内在张力的建构，不断地从古典主以及其他艺术派别中汲取灵感，在历史之链中探索着人生的意义和雕塑的生成之谜。摩尔承继着这样的反省精神，一些原始的、土著的包含自身艺术传统的优秀雕塑，却是真正富于生命力的。摩尔作为一个现代艺术家对造型的自觉，他通过更富纯粹性的体量来凸显现代人的主体意识和存在意识。从历史的高度来说，摩尔对传统雕塑体量意识的凸显，与其说是一种创造，还不如说是对传统雕塑形式与本质的提示、研究和追摹。摩尔作为现代雕塑家，他对古典雕塑的封闭式体量和空间进行了深刻的反省，而这种反省表现了他对传统雕塑解构的深刻性和重构的启示性，在他成熟期的雕塑作品《国王与王后》《斜倚的人》中，我们可以看到，通过对有限体量的概括，通过体面的不断转折，体面和虚空最终被整合成一个有生命感的有机体，把空洞和实体相结合，形成了有意味的形式风格。

公共雕塑与公共空间

【作者】祝帅

【刊名】雕塑，2011 年 06 期

【摘要】雕塑本身并不是公共艺术，只是那些进入了公共空间（而不是传统意义上用于展览会展示或者个人欣赏）的雕塑才是公共艺术。既然进入了公共空间，这种公

共雕塑就拥有了除形式、创意、技法这些传统审美范畴之外的一个新的评价标准，那就是公众的评判。

环境雕塑与空间结构

【作者】何力平

【刊名】雕塑，2011 年 06 期

【摘要】在公共艺术场所中，雕塑与环境之中的诸多因素——建筑、绿地、人流、天空形成了一个复杂的组织关系，在这个关系之中，空间被推到了一个被空前瞩目的地位，决定着环境的质量，因而，当我们讨论环境雕塑的时候，不得不对雕塑自身及其环境的空间关注放到首位。本文着重探讨环境雕塑与空间结构方面的问题。空间作为环境雕塑语言，这在当代已是一种众所周知的客观现象。

公共雕塑与公共空间

【作者】张林

【刊名】雕塑，2011 年 06 期

【摘要】针对目前人们对现代陶艺的热捧这种对现代陶艺缺乏相应认识的现状，本人就现代陶艺的构思、创作、欣赏，评论等方面进行探讨，深挖现代陶艺的模糊之美，并大胆提出了模糊美是现代陶艺创作与欣赏的核心内容，是人们以前没有注意到的现代陶艺的特质，这对今后我们提高现代陶艺创作与欣赏水平都有非常重要的意义。

凝结在空间环境设计中的一种文化——雕饰艺术

【作者】冯硕

【刊名】雕塑，2011 年 06 期

【摘要】在当代空间环境设计中，现代雕饰艺术注重对自然氛围、文化内涵、审美体验的传达和体现，创造出适宜的空间环境，为改善人们的生存空间，美化人们的生活环境起到积极作用。借助于构成艺术的设计理念以及现代科技手段与材料的运用，现代雕饰艺术重新塑造了空间环境的特性品质，增强了空间环境的装饰效果，展示出其独特的艺术魅力，是今后空间环境装饰设计探求的一个重要方向。

陶瓷雕塑的建筑特点

【作者】罗瑾

【刊名】雕塑，2011 年 06 期

【摘要】本文突破了以往对雕塑语言的研究方式，而侧重于建筑语言、雕塑语言与陶瓷语言的融合的研究。这实际上是一个涉及面很广的课题，论文只是尽力把握住显示有关三者交汇的主要内容，并且通过对大量的实例进行归纳和整理，分别总结了三者之间的形态构成方式。

两汉以来的太阳鸟崇拜与石窟艺术

【作者】张宝青 郑丰银

【刊名】雕塑，2011 年 06 期

【摘要】从两汉以来，以凤凰为代表的太阳鸟崇拜在全国兴盛，佛教传入之后自然也渗透到佛教艺术当中，但反映的仍然是中国本土的思想观念，本文就是对佛教石窟及石窟中出现的太阳鸟崇拜作一考察，并对思想内容进行探讨。

西方雕塑与建筑的融合之路

【作者】李金仙

【刊名】雕塑，2011 年 06 期

【摘要】在现代设计语境下，雕塑与建筑的界限进一步模糊，涌现出了不少具有雕塑感的建筑和具有建筑感的雕塑作品，笔者试图分析这一现象原因并探讨建筑与雕塑的未来发展方向。

形影相随——城市公共环境中的雕塑与建筑空间

【作者】温洋 徐湘怡

【刊名】雕塑，2011 年 06 期

【摘要】雕塑与建筑都是城市公共环境中以空间表达为主的艺术形式，表现出空间占有、空间控制、空间影响、空间视觉、空间心理、空间审美等方面的作用。雕塑与建筑都是通过一定的空间占有来表现其存在性的，不同的空间形象产生了不同的空间视觉效果，它直接影响了空间对人产生的心理作用和审美作用。空间的表现是雕塑与建筑的艺术创造主体，雕塑与建筑所涉及的空间有着共同的特征与联系。雕塑与建筑是城市公共环境中形成空间构造的重要元素。

浅谈徽州传统砖雕艺术在现代装饰设计中的应用

【作者】卿笑天

【刊名】美术教育研究 ,2011 年 06 期

【摘要】徽州传统砖雕艺术历史悠久、雕刻精致、独具一格。徽州建筑之所以大量使用砖雕，是与它们的建筑风格密不可分的，徽州建筑多用青灰色的屋顶、白色的粉墙以及水磨青砖的门罩、门楼和飞檐等，像这样的建筑特点，将砖雕装嵌其中，适应公众对整体环境的要求，使整体建筑显现出十分协调的建筑美。它在一定程度上反映了地域和时代风貌以及徽州民间的生活理想和美学追求，具有实用和审美的双重价值。

惠山泥塑艺术面临的问题及其原因初探

【作者】王佳

【刊名】美与时代（上）2011 年 06 期

【摘要】惠山泥塑作为无锡本地的民间传统工艺，它的保护继承问题曾创造了一批符合现代审美需要的新作品。然而今天，惠山泥人却面临着内忧外患。惠山泥塑艺术面临的问题由于观念问题，惠山泥塑中最具代表性的泥粗货濒临消失，尤其是台湾《汉声》杂志社对惠山泥塑精品的大量收藏，使得无锡惠山泥塑的精品从发源地流失，

加之有关民间艺术法律保护的缺失以及没有层次感盲目与旅游结合发展的操作方式，都为惠山泥塑的可持续发展埋下了隐患。

甘肃武山水帘洞石窟群雕塑的艺术特征探究

【作者】张玉平

【刊名】美与时代（上）2011年06期

【摘要】武山水帘洞石窟群地处黄河支流渭河上游的北岸，是丝绸之路和唐蕃古道上一处十分重要的佛教艺术圣地，亦为甘肃渭水流域一处规模较大的石窟群，始建于十六国的后秦，历经北魏、北周及隋唐以后各朝代不断的修建，成为渭水流域仅次于天水麦积山石窟寺的造像中心，现存造像九十余身，壁画一千多平方米，分布于水帘洞、拉稍寺、千佛洞、显圣池四处遗迹中，其造像和壁画既富有强烈的时代共性，也有鲜明的地域特征，为古丝绸之路上一处比较重要的水帘洞石窟群，在全国石窟艺术宝藏中极为珍贵。它是记载武山宗教历史的重要见证，也是传承武山及秦州大地传统文化的重要载体，其价值不言而喻。

浅谈麦积山石窟艺术特色

【作者】刘美奎

【刊名】美与时代（上）2011年06期

【摘要】麦积山石窟在甘肃天水市东南麦积山石窟雕塑是佛教从西域大举东渐时的产物，北魏时期已发展为一个繁荣昌盛的佛教艺术胜地。麦积山石窟艺术的主体是佛像雕塑，佛像雕塑体现出石窟艺术的最高水平。由于麦积山地理条件的特殊性，其山体结构为红色砂砾岩，石质松软，从雕刻角度讲，不易于精雕细刻，所以麦积山石窟与中国众多石窟佛教造像不同。工匠只能在泥塑上下工夫，这种特殊性就形成麦积山造像以泥塑或石胎泥塑等著称于世。

中国传统宗教艺术对何朝宗瓷塑造型的影响

【作者】郭庆豫

【刊名】美术大观，2011年06期

【摘要】何朝宗的作品题材广泛，内容丰富，深得中国宗教传统艺术的精髓。本文从何朝宗的作品造型分析和比对中，论述中国传统宗教艺术“吴家样”“周家样”“张家样”和“曹家样”对何朝宗陶瓷雕塑造型艺术创作上的影响。何朝宗充分实践了我国古代宗教艺术的四种样式，结合吸收泥塑、木雕、石刻的创作表现手法，并领会其精要，灵活运用，不仅塑造出了各种特定仪态，且能表现出特有的思想性格，既保存着神秘奥妙的宗教色彩，又蕴涵着美好的艺术意境，达到了现实性与艺术理想性的完美统一。

秦汉雕塑与希腊雕塑写实手法异同探源

【作者】王 倩

【刊名】美术大观，2011年07期

【摘要】在秦代，雕塑艺术形式已经非常丰富。秦兵马俑与希腊神话雕塑在造型上都运用了写实性雕刻手法，但这两种写实又有着本质的不同，中国雕像重视的是意境、是精神而非形体；而希腊艺术家相信，只有美的外表，才能产生美的实质。文章试图从哲学思想、宗教文化、思维方式等方面探寻两者不同的根源。

天水传统建筑木雕的题材及艺术特色

【作者】白雪红

【刊名】美术界，2011年07期

【摘要】附着在天水传统建筑上的木雕装饰艺术和其他文化艺术一样，由于深受中国传统文化、地域文化的影响，在漫长的历史演变过程中，其自身也在不断地发展、变革和进化，同时也相对地保持和延续着传统特征和形体风格，并保持着特有的特征。本文从地理背景、工艺手法、表现题材及特色三个方面对天水传统建筑木雕装饰艺术进行论述，指出天水传统建筑木雕艺术，反映了植根于天水民间的深厚中国传统文化思想，在传承中融会积淀，作为天水地域文化的载体，蕴含了天水的社会生活和人文观念。最重要的是通过研究，加深我们对天水文化精髓的认识和理解，也有利于挖掘和保护这些传统艺术形式，古为今用。

论社旗山陕会馆木雕装饰艺术

【作者】刘哲

【刊名】美术大观，2011年07期

【摘要】社旗山陕会馆坐落于南阳社旗县赊店镇中心，其建筑艺术博大精深，整组建筑将南北建筑风格和谐交融，给人以整体美的震撼力。会馆内的建筑装饰艺术，在建筑的整体形象中起了非常重要的作用。本文主要通过山陕会馆木雕装饰艺术的题材与分布、山陕会馆木雕装饰艺术的表现手法、山陕会馆木雕装饰艺术的文化内涵三方面对社旗山陕会馆的建筑装饰艺术进行细微论述。文章最后提到社旗山陕会馆作为我国古代建筑装饰艺术中独具特色的典范，其内部的木雕装饰艺术极尽展现了建造者的学识和才华。其所展示的艺术风格和诸多的雕饰手法及所表达的文化内涵，至今对于我们来说都具有重要的历史、文化和艺术研究价值。

试论双林寺彩塑韦驮像的艺术特色

【作者】张炯炯

【刊名】中国美术馆，2011年07期

【摘要】距山西平遥县城西南七公里的双林寺是一座历史悠久的明代佛教寺院，寺中幸存的彩绘泥塑是我国明代雕塑中的优秀作品。寺里保存的彩绘泥塑共有2052尊，保存完好的有1566尊，主要包括圆雕和壁塑，彩塑的体量大小不一，可谓是整体洋洋大观，尊尊栩栩如生，具有极高的艺术价值。其中位于千佛殿中的韦驮彩塑像更显得气韵生动，形神兼备。在佛教的世界里，韦驮属南方增长天王的八大神将之一，居四大天王三十二神将之首。“据传唐代僧人律宗创始人道宗梦见此神自称是主领鬼神的护法天神，由此而被作为护法神，单独塑造在寺庙大殿佛龛背后，一般都塑成金甲耀眼，手持金刚杵（古代印度兵器）的青年将军形象。”保存于双林寺千佛殿中的这尊彩塑韦驮像完全符合上述的佛教身份，除此而外，在造型的艺术特色上还具有与其他韦驮像所不同的艺术表现形式。

20世纪初俄罗斯雕塑艺术的变革

【作者】陈科

【刊名】美术，2011年07期

【摘要】20世纪初，对于俄罗斯艺术来说是一个承前启后的时代，各种新思潮汇集，冲击着传统美学思想。当时，俄罗斯处在以传统的学院派和巡回展览画派为主要势力逐渐淡出艺术界主流地位的状况。众多艺术家基于对自由、创新的向往，纷纷踏上欧洲艺术朝圣之路。在接受欧洲新思潮的同时，以俄罗斯血液丰富、滋养着这种新的艺术潮流。可以说在世界现代艺术史上，俄罗斯的艺术家占有着非常重要的地位，影响了现代艺术史的进程。俄罗斯现代艺术的发展过程，不是简单地学习、吸收和创新的过程，而是由俄罗斯人文思想、文化内涵以及社会环境所决定的。这个过程反映出这一时期俄罗斯艺术家内心世界的哲学思辨、向往自由的潮流，以此致力于重新认识艺术本质，做出了许多创新性、探索性的尝试，甚至产生了颠覆传统艺术本身的新艺术理念，这一切导致了俄罗斯现代艺术的开端。

像由心生：中国抽象与传统主义的自觉

【作者】朱其

【刊名】画刊，2011年07期

【摘要】经过20世纪，抽象艺术受到了绘画的边缘化和新媒体艺术的挑战，在中国它仍是一个刚刚兴起的领域，并且在中国自身的哲学和艺术传统中，抽象艺术依然具有一种值得重新挖掘的可能性。中国的抽象定义实际上应该在传统主义的背景下重新定义，即可以在明清的哲学（禅宗和宋明理学）和水墨传统中的抽象性确认存在一种通向现代抽象的道路。从20世纪80年代至今的传统主义证明了这个方向的必然性，在完成了从自然主义的简约模拟到文化象征的半自然形式，最终进入传统主义和西方化的非自然形式后，中国在抽象领域产生一种真正意义的创造，这一实践还需进入一种更自觉的理论认识。

浅析城市雕塑规划

【作者】付孝勇 张慧

【刊名】美术界，2011年07期

【摘要】城市雕塑是一个城市精神的象征，反映着城市的文化特色、历史传承，体现着城市的审美趣味、精神诉求。为了提高城市雕塑的质量，使城市雕塑建设真正做到有计划、有步骤、有秩序，促进城市雕塑的健康发展，最大限度地发挥城市雕塑的作用。本文从城市雕塑规划的意义、城市雕塑规划的指导思想、城市雕塑规划中的几个重要问题编制等几方面对城市雕塑的规划问题进行论述。

雕塑中的意象

【作者】张进

【刊名】美与时代（中），2011年07期

【摘要】人意和对象的交融，就铸成了意中之象——意象。在人类艺术萌发之初，中国许多岩画、洞窟壁画在手法上大都使用了“意象”“象征”，有意识地运用了绘画符号记录社会活动场景。绘画艺术自然而然就成为最早步入更高层面的意象主义轨道的艺术。中国的雕塑艺术，是在中国特有的历史条件下，社会生活、文化氛围内产生、成长、壮大的独特艺术形式，而当代雕塑创作中，有许多技艺水准高超、格调雅致，不论是创作思路还是创作形式都以意象为核心的形神兼备的优秀的作品。

心血匠器
——中国传统雕塑语言转换中的个人理由

【作者】廖雯

【刊名】画刊，2011年07期

【摘要】“以自己的心感受天地万物的生命”是中国古老的生存观念，简单地说就是把物象当作“活物”去感知，亲身体验、亲自动手十分重要，即所谓“诵经千遍，不如亲自做一遍”。现代的、一次成型的制造方式，从根本上切断了人与物象、材料之间的联系，某种意义上无异于切断了艺术的生命线。“心血”是艺术的根本，以我个人体验，即便是想问题、写文章，也往往要“熬”上很长时间，甚至熬到仿佛抽干自己，熬到心真有“疼”的感觉，“呕心沥血”这个词完全是一种亲身体验。因此笔者认为，传统雕塑语言的现代转换有两层意义：一是对“心血匠器”（传统匠人以心血创造的造型及其方式）的重新认知和转换；一是在转换过程中，艺术家自我注入的精神和心血。

被观赏的客体
——城市环境雕塑中的女性形象

【作者】刘坚　刘新华

【刊名】装饰，2011年08期

【摘要】作为文化的构成部分，城市环境艺术代表着一个城市、一个地区的文化品格和文化精神，城市环境艺术中的优秀雕塑作品以永久性的可视形象使人沉浸在其浓厚的文化氛围中。中国的城市环境雕塑中，以女性为题材的城市雕塑占据了很大比重。这种以女性为题材的城市雕塑，是自然化性别差异观点的直接产物，深深地烙上了一种以男性为中心的主流意识形态的思维模式；女性的主观能动性被有意识地引入一个不同的轨道上：在边缘角色中发挥主动性，在男性已严格划分好的领域中找寻自我和幸福。

从雕塑的文化反溯来思考——雕塑与公共空间

【作者】林早

【刊名】美术观察，2011 年 08 期

【摘要】20 世纪末以来，与现代民主文化的发展逻辑相应，许多城市（空间）都力求以公共文化建构来印证自己的现代品格。这种对公共文化的热烈追求使我们与雕塑在城市空间中的相遇变得日趋频繁。同时，“城市雕塑与公共艺术”的并置观念随着城市公共艺术建设潮流在中国的城市文化中日益普及。在这种文化形势下，中国的雕塑艺术前所未有地被寄托了公共文化的表征功能。然而，正是从公共文化建构的视角出发，我们不能不产生这样一个疑问：为什么是雕塑？

中国传统雕塑的形态语言探析

【作者】王传品

【刊名】美与时代（中），2011 年 08 期

【摘要】中国传统雕塑作品“以意成象，象而寓意”的造型特性，形成了自己独特的意象形态语言，产生了无数的经典作品，从而成为世界文化遗产中一颗璀璨的明珠。“形态”是指有一定态势的外形。它是形式要素之一，是形式研究的基础。形态是造型艺术借以表达思想感情、传递信息以及满足人们视觉评价、使用需求的重要媒介。一个人物、一个动物、一个色块、一个点、一条线，乃至一部分空间和在空间中的一组物象，都具有形态性。

论公共艺术在公共空间设计中的作用

【作者】乔治 宋燕燕

【刊名】美术大观，2011 年 08 期

【摘要】在现今公共环境的设计中，公共艺术的设计和运用成为重要的趋势。在当代公共空间和其囊括的景观环境设计中，公共艺术的广泛应用已经成为设计的必要因素，本文从公共空间与公共艺术的关系、公共艺术的特性及含义、对公共艺术的解构分析、公共艺术的设计及作用与环境的关系这四方面进行论述。最后指出只有从文化、精神、审美、环境等多角度出发，才可能使一件公共艺术存在意义；在环境中，也一定要从深层方面考虑公共艺术的设计要素，将环境与人之间的融合放在首要位置，才会设计出好的公共艺术作品，从而更好地为环境服务、为文化服务。

极简主义艺术理念在当代中国设计中的运用

【作者】张宁

【刊名】中国美术馆，2011 年 08 期

【摘要】19 世纪西方现代艺术流派众多，极简主义就是其中之一。经过几十年的发展与传播，其风潮几乎波及全球，对现代艺术设计领域也产生了深远影响。极简主义设计，去除一切不必要的装饰和技巧，以最单纯的元素呈现设计思想，从而最接近事物的精华与核心。这一思想，深深地影响着当代中国设计。笔者介绍了“极简主义”的同时，分析了中国当代设计所对应的市场接受极简主义的必然性，进入“后极简主义”时代，中国面临的问题及其解决方法。

浅谈西藏石刻艺术

【作者】吴旭东

【刊名】美术教育研究，2011 年 08 期

【摘要】在佛教传入之前，西藏原始的、土著的早期石刻艺术已有了缓慢的发展。佛教传入后，西藏石刻艺术融入了佛教艺术，形成了独具特色的石刻艺术。西藏石雕主要有圆雕、半圆雕、高浮雕等几种形式。西藏现存时代较早的石雕作品创作于吐蕃时期。石窟造像在西藏为数不多，拉萨的查拉鲁普寺是唯一一座保存石刻作品的石窟。石窟寺为吐蕃时期修建，但其中的造像是后来陆续雕刻而成的。

卓尼县木雕艺术刍议

【作者】蒋高军

【刊名】美术教育研究，2011 年 09 期

【摘要】卓尼县地处青藏高原东南部，是以藏族为主体，回族、土族、汉族等多个民族聚居的多民族县。全县民风淳朴，人民热情好客，多数民众信奉佛教，而禅定寺是在卓尼乃至整个安多地区颇具影响的一座藏传佛教寺院，卓尼县的木雕艺术就以这座古老的藏传佛教寺院为中心。卓尼木雕最初多为佛教寺院的佛殿装饰构件和佛像雕，在当地民居房屋的门楣、屋檐、柱头、院门等处也有浮雕、透雕工艺，居民家中的一些器具也以木雕装饰。

对俞源古民居木雕装饰的图像学考察

【作者】林芳

【刊名】中国美术馆，2011 年 09 期

【摘要】明清江南民居建筑装饰在建筑学研究中具备较高的学术价值，但前人对其的研究，主要是从建筑学或历史学角度对民居装饰的部位、特征、形成原因、时代风格等进行阐释，新的研究思路和富有新意的研究成果相对较少。本文选择浙江中部保存较为完好的俞源古村落作为研究个案，通过对村落中遗存的大量清代民居的木雕装饰进行考察，尝试以图像学的方法，对该地区清代民居木雕装饰内容进行解读。

临海泥塑及其乡土文化内蕴

【作者】夏展 徐海军

【刊名】美术界，2011 年 09 期

【摘要】流传于临海东南一带的临海泥塑根植于当地民间传统之中，保持着乡土文化本色，临海的泥塑作为土生土长的地方文化的形象载体，作品体现出稳定性地域的特色，反映了临海的风俗民情及当地民众的审美经验和价值取向，蕴涵着山海灵气的硬气精神，自有特别的美学价

值。本文主要从精湛出色的技艺传承、脍炙人口的戏曲形态、传神率真的乡土气息、明快热烈的装饰趣味几方面来分析探讨其乡土文化内蕴。

探析中国传统建筑门窗的艺术特色

【作者】刘媛

【刊名】美术界，2011 年 09 期

【摘要】传统建筑的门窗作为一个空间单元，是建筑物必不可少的基本要素之一，它烘衬着建筑物的形象和风格，是自然、历史与文化的再现，其从形式到功能都记录和反映了一个时代的建筑艺术倾向，反映了中国古代劳动人民的文化内涵和风俗习惯。本文从门窗构成形式的意境性、意象色彩的主观性、精神涵义的神秘性对传统建筑门窗的装饰艺术独特构成规律以及神秘装饰寓意融合研究，指出这些能够给现代中外设计师们不尽的灵感启示，同时也折射出中华民族在不同历史时期的理想生活都是在师法自然、追求安定和谐的文化意识和哲学思想中实现的。

解析四川石刻造像的特点

【作者】陈妍言

【刊名】美术大观，2011 年 09 期

【摘要】以成都、重庆为中心的四川石刻造像，既体现了历史的传承，也展现了不断的创新，并构筑了四川鲜明的地方特色，更具生活化、情趣化。文章通过内容、表现手法、雕刻手法三个方面对四川石刻造像特点进行了深入的分析，一方面充分展现了四川石刻造像的特点和魅力；另一方面验证了四川石刻造像的不同历史时期的特点以及发展趋势，不仅为我们提供了很好的设计经验，也为现代雕塑和立体设计提供了技巧和方法，并为现代雕塑乃至装置设计拓宽了题材，促进现代石刻艺术以及立体设计的发展。

精雕油泥创造的动漫世界——高校动画雕塑课程教学新探

【作者】程元刚

【刊名】装饰，2011 年 09 期

【摘要】在动漫产业化的大背景下，传统雕塑课程教学目的与动漫产业的市场需求严重脱节，忽略了动画雕塑作为动漫周边产品的客观存在，单一基础课的教学要求，切断了动漫衍生品从课堂走向市场的通路。本文在传统动画雕塑课如何对接动漫手办模型泥稿制作，实现课堂教学与动漫衍生品研发自然对接方面做了一些新的尝试和探索。

论包豪斯的新理性设计思想

【作者】朱彬

【刊名】艺术评论，2011 年 09 期

【摘要】包豪斯承担起了将生产与设计结合起来的重任，并将原有的理性主义推进到更加实践的领域，是现代设计的摇篮。包豪斯所确立的理性是在新的文化背景下产生，并成为崭新的理性主义，所以，新理性主义诞生并成为设计中的典型代表。本文论述了包豪斯设计体系的形成先决条件以及能促进包豪斯设计思想形成的各种因素，包豪斯重新确立了理性主义在社会文化生活中的地位，从根本上解决了工业革命以来人们一直想做但总是做不到的事情，它用新理性主义比较彻底地革了感性主义的命。

中国传统雕塑的色彩语言探析

【作者】王传品

【刊名】美与时代（中），2011 年 09 期

【摘要】数千年来，色彩的普遍运用是中国传统雕塑作品的重要特征之一，其鲜明的东方色彩语言形式同意象造型的完美结合，补充和完善了雕塑的主题内涵，使中国传统雕塑作品呈现出五彩缤纷的面貌。

高贵的单纯 静穆的伟大——古希腊雕塑艺术的意境美

【作者】乔红娟

【刊名】美术教育研究，2011 年 10 期

【摘要】希腊艺术独具特色，在整个西方美术发展史中一直保持着永恒的魅力。两千余年来，它不仅给予我们极为丰富的艺术享受，而且“就某方面说还是一种规范和高不可及的范本”（恩格斯语）。经历了历史和战乱洗礼的古希腊雕塑至今仍令无数人惊叹不已，笔者认为其最重要的原因正是人们被古希腊雕塑艺术中蕴含的独特的意境美深深感染。

基于城市意象的景德镇公共环境设施形态研究

【作者】张明春　杨玲

【刊名】艺术评论，2011 年 10 期

【摘要】体系庞大、数量众多的公共环境设施是城市景观和城市文化的重要组成部分，其形态是影响城市意象的一项重要内容。可意象的设施形态能够在人们提供功能服务的同时，还起到加深人们对城市认知，塑造高度可意象城市景观，促进城市发展的“文化动力因”作用。久负盛名的瓷都景德镇有着让人们还没有一窥端详便有深刻陶瓷意象的城市魅力，然而在伴随着城市化发展而来的城市形象趋同、地方文化流殇所引发的城市特色危机洪流中，景德镇也未能幸免地披上了一张大众化的城市面孔。研究具有构建城市意象意义的公共环境设施形态对于重塑特色鲜明的景德镇城市形象，延续并传承景德镇城市文脉等方面具有重要的时代意义。

浅论城市雕塑与公共环境的融合

【作者】毛东

【刊名】美术教育研究，2011 年 11 期

【摘要】常常处于紧张、繁忙工作状态的人们，希望

城市环境多一份恬静、多一份立体、多一份温馨，而雕塑的立体性、可感性及直观性正迎合了人们的需求，达到了人们最理想的艺术空间效应。而在百年之前，有人就曾设想将来要把高大雄伟的建筑化为设计精巧、赏心悦目的雕塑。城市雕塑艺术本身具有很深的文化积淀和很高的审美价值，加之城市建设飞速发展、城市面貌迅速改变，所以城市雕塑艺术又把新时期城市发展的特色融入其中，有效地发挥着“展示雕塑艺术、弘扬城市发展”的双重价值，具有一定的社会性和大众性的独特艺术特征。

非物质文化遗产与现代环境艺术设计

【作者】李光黎

【刊名】艺术评论，2011 年 11 期

【摘要】日本著名建筑师黑川纪章曾指出：“不能只把眼睛看得见的东西作为传统照搬到现代建筑中来，而要注意眼睛看不见的东西。”这也是许多设计者的共识和共同的努力方向。逐步摆脱对物质传统的依赖，把主视点转移到对精神性传统上来，就可以绕开关于中国传统形式与现代设计的诸多矛盾，从而为非物质文化遗产与现代艺术找到新的结合点。只顾传统而不顾时代的发展、文化的开放，就会导致文化艺术的自以为是、委靡不振、停滞不前，从而不利于自身文化的发展推广。但一味地追求与国际接轨而无视自身文化的精髓，也将会是无根之水、无本之木，终不会长久、稳固。因而充分借助于传统文化艺术中的优点，将之提炼，发展，就可以为中国非物质文化遗产与现代环境艺术设计的结合找到良好的出发点。

对抽象艺术的理性认识
——读《贡布里希的艺术的故事》一书

【作者】毕雪微

【刊名】美术大观，2011 年 11 期

【摘要】人类艺术发展的过程，也为抽象艺术的产生提供了条件。抽象艺术被认为是一种不客观描述自然世界的艺术，它是透过形状和颜色，以主观方式来表达情感。抽象是艺术发展和进化的一个过程，是艺术发展的必然，是艺术家们进行艺术创作时在形式上的创新和转换。抽象艺术仅仅是在继具象艺术之后必定要产生的艺术形式之一。以塞尚、毕加索、达·芬奇等画家的作品及其创作思想为指导，分析了抽象艺术与具象艺术的关系。科技的进步与发展，引导着人们对世界的认识逐步加深，抽象艺术的发展空间也越来越大。具象和抽象只是不同的艺术形态，而不是衡量艺术作品好坏的标杆，两者都是艺术家对生活感受的记录。

浅谈情感在具象绘画、雕塑中的意义

【作者】孙齐

【刊名】美术大观，2011 年 11 期

【摘要】艺术是生活与情感的融合。艺术家运用绘画或雕塑形式，以豪放而深刻的表现手法来传达自己对社会、自然、生活的感受，完成得得心应手，这就是艺术。情感是与人的感觉密不可分的。本文通过实例说明情感在具象绘画、雕塑中的表现以及情感在绘画、雕塑创作中的重要性。

生态雕塑的形态与城市景观研究

【作者】孙亦男

【刊名】美与时代（上）2011 年 11 期

【摘要】生态设计，指按生态学原理进行的人工生态系统的结构、功能、代谢过程和产品及其工艺流程的系统设计。生态设计遵从本地化、节约化、自然化、进化式、人人参与和天人合一等原则，强调减量化、再利用和再循环。“任何与生态过程相协调，尽量使其对环境的破坏影响达到最小的设计形式都称为生态设计，这种协调意味着设计尊重物种多样性，减少对资源的剥夺，保持营养和水循环，维持植物生境和动物栖息地的质量，以有助于改善人居环境及生态系统的健康。”体现了生态设计观念的雕塑我们可称为生态雕塑。生态雕塑包括多方面的含义，主要有哲学依据、美学支点、美学本质、实践活动四大方面。生态雕塑是一个新的艺术范畴，它表现的不仅仅是一种形式和流派，更重要的是它能够将生态的理念融入雕塑之中，将生态文化和雕塑文化更好地集合。

徽州“三雕”艺术保护与传承摭论

【作者】程波涛

【刊名】美与时代（中），2011 年 11 期

【摘要】徽州“三雕”就是其中的杰出地方性民间雕塑之一，它的特色鲜明、手法多样、取材广泛、内涵丰富、表现力强，留存有徽州地区大量的社会风俗和审美文化信息，具有很高的艺术欣赏价值和文化研究价值。“三雕”是指徽州的砖雕、木雕和石雕，以明清时期的雕刻艺术成就最为突出。作为徽州地区建筑雕饰的重要构成部类，带有浓厚的地方特色和文化气息，是当地社会风俗和民间美术的融合与再现。

“土”味与“拙”味
——城步清溪苗族古民居石雕艺术摭谈

【作者】汪碧波

【刊名】装饰，2011 年 12 期

【摘要】石雕是城步清溪古民居四合院中的重要的建筑装饰特色。在传统人文思想和杨氏桃源精神的影响下，形成了独具特色的民间乡土石雕艺术。雕刻技法多样，或稚拙概括地写意，或惟妙惟肖地写实，利用“土”味的乡土生活题材和“拙”味的表现手法以及诙谐浪漫的装饰风格，营造出恬静安逸的桃花源式的生活氛围，富有浓郁的地方色彩与乡土生活情趣。

晋商大院的石狮形象

【作者】武丽敏

【刊名】美术观察，2011 年 12 期

【摘要】晋商大院均修建于清代，拥有数量极多的石狮，造型虽带有明显的时代特征，但并未完全程式化，作为北方石狮的典型样式，它具有冀、鲁、陕地区的型风格，还融入了南狮的特点。晋商大院石狮风格形成原因：首先，受中国传统造型观念的影响，其次，受佛教的影响，狮子常被用来比喻佛法的威猛。再者，受当地民俗和民间美术的影响，还有一个更为重要的原因，晋商走南闯北，见识颇广。选择石狮时会把当地流行的样式结合起来，进行综合表现。此外，许多晋商因受封为皇商官商，自家院内的石狮常在不经意间透露出些许皇家气息。

城市雕塑的再定位

【作者】刘毅

【刊名】雕塑，2012 年 01 期

【摘要】中国城市雕塑在半个多世纪的发展过程中，创作出很多优秀的作品。它不仅反映了时代的主旋律、价值取向，也记载着中国城市规划与建设的发展。在艺术的表现上，有它的独特性和时代性。城市雕塑多以大体量而存在于城市空间中，尺度大的雕塑形体概念就要突出。鲜明的几何体塑造是雕塑的视觉力度的体现。概括力强、信息含量大的作品才能够胜任与环境关系的协调。一件优秀的城市雕塑作品，必须主题鲜明，能抓住重点，能充分表现主题性格的瞬间和动态，影像富有变化，重心把握准确。

讴歌着雍容华贵的气质。

【作者】许正龙

【刊名】雕塑，2012 年 01 期

【摘要】由注重形体转向关注空间是 20 世纪雕塑的重大变革，大空间意识使造型从封闭单一形态走向了开放多元形态，揭开了现代雕塑展演的帷幕。虚实相间生成雕塑，虚实处理造就形态本体，意念空间赋予形体以灵性与智慧。笔者从“实空间”“虚空间”和“意念空间”来阐释雕塑空间，即除本身形体之外，时间及“场”的因素纳入进来，雕塑展现出多维视角。

雕塑空间的衍变与发展

【作者】黄丹麾

【刊名】雕塑，2012 年 01 期

【摘要】雕塑本来就是一种空间艺术，它以空间来体现、实现造型的目的并赋予造型所涵盖的审美意义，雕塑的成功与否完全取决于塑造者对空间的认识，在被解读的过程中亦取决于观者对空间的理解。雕塑的空间与其他艺术的空间有所区别，比如绘画是以透视的方式建造“假三度空间”，所以绘画究其本质来说是平面艺术，而雕塑则是实实在在的立体空间。但是，建筑、环境艺术也是空间艺术，雕塑与它们的区别在于雕塑不是一种实用的艺术，而建筑与环境则可以为人类提供可居住的实体空间。当代雕塑的发展十分迅捷，活动雕塑改变了雕塑的空间构成，雕塑的空间不再是唯一的三维空间，雕塑由此衍生出静止空间与动态空间，笔者在文中据此分而述之。

雕塑与城市的文化逻辑

【作者】乔迁

【刊名】雕塑，2012 年 01 期

【摘要】近三十年，开放的氛围使我们向外频繁与国际当代文化接触的同时，向内挖掘曾经的现代文明样本。在物态的旧上海的构建中，纪念碑和城市雕塑记录着城市的故事、命运，并关乎城市的精神。自开埠以后，西方文化开始进入上海，西方的纪念碑和雕塑的形式记事与表功也随之被采用。上海城市规划、建设、管理和文明特征几乎是西方的翻版。传统中国以经验为主的营造法式，在现代规划理念主导下的上海城市建设中，显然力不从心，建立在数理科学基础上的西方建筑体系才能够发挥作用。旧上海的建筑是亚洲地区最完整的最具规模的西方建筑群。划定时代的代表性雕塑或纪念碑在一个时代是文化的象征，在另一个时代，则可能没有与城市文化上的逻辑关联。

雕塑与空间之维度及衍变

【作者】翁剑青

【刊名】雕塑，2012 年 01 期

【摘要】笔者认为雕塑空间的若干维度与意味一如我们所认识的那样，雕塑艺术可谓空间的艺术。然而，雕塑的空间形态及其形成的空间语义及语境，又会使我们从不同的维度去审视和体味。概要地说，雕塑的空间形态及其意味大致可分为两个基本的维度：即雕塑自身呈现的物理性的空间形态及意味（及其可视的结构关系）；另则是它所显现的（或隐喻的）心理性与体验性的空间形态及意味。它们共同构成了雕塑的空间存在——而这种存在是在雕塑自身发展的历史及社会文化的演变中产生和变化的；并且是在不同文化背景下由不同人群的文化经验中形成的。

五溪流域民族民间木雕工艺传承与创新初探

【作者】李柏山

【刊名】美术大观，2012 年 01 期

【摘要】中国湘西作为一个少数民族聚居地，以其神秘古朴的民族文化特色， 向世人展示魅力。一方山水养一方人，也养成了一方的风俗文化。五溪流域文化历史悠久，木雕技法丰富、种类繁多。本文从五溪流域民族民间木雕工艺的主要价值；木雕国内外研究现状及发展趋势；解放思想，打破五溪流域民，三个方面展开讨论。笔者认为：在现代社会文化与经济形势下，传统手工艺要想走出低谷，必须植入现代元素，加以融合创新。

雕塑在空间形式上的历史发展

【作者】乔迁

【刊名】雕塑，2012 年 01 期

【摘要】雕塑是一个三维的立体静止空间，但是由于

摩尔、贾科梅蒂、杜桑、卡普罗、波依斯的介入与倡导，使传统雕塑的空间由三维走向了多维，由静止走向了动态，由此雕塑的传统定义必然失效。雕塑由静止的三维空间走向动态的多维空间是思维革命、科技革命和雕塑技术不断发展的必然结果，这有力地说明任何有关雕塑的定义都不是一成不变的，它们总是处于发展的过程之中。空间是客观存在的，而对于没有把空间当作造型元素的艺术而言，雕塑的空间是雕塑的外围和实体的间隙，对于作品没有造型和审美方面的意义。艺术观念化的当代，艺术的多元化需要在多方向的探索上向纵深发展。新的材料、技术能够激发新的空间创造形式，把过去不可能的变为可能；而观念艺术也可带着我们从新的视觉发现新的空间形式，如此，我们可以在创作中更好地、更加自由地运用好空间元素。

古希腊编年史诗中的拉奥孔

【作者】王晶

【刊名】新美术 ,2012 年 01 期

【摘要】在教室中临摹拉奥孔胸像被素描的初学者广泛使用，因为拉奥孔胸像是经典的学院派训练典范，他有助于学生了解人物造型的基本规律、人体整体与局部的对立统一关系，掌握表现形体体面和整体立体特征的严谨技法，同时体会美感和性格特征。看着拉奥孔胸像，一个对此不了解的普通人会提出什么样的问题，我们可以在此设想一下，也许会提出下列在逻辑上前后连接的问题：谁是拉奥孔？拉奥孔是什么？拉奥孔是何含义？拉奥孔是如何逝去的？

浅谈翡翠和黄龙玉的特点与运用

【作者】刘金坤

【刊名】雕塑，2012 年 01 期

【摘要】玉在中国人的心目中有着无比美好的形象，被认为是光荣和幸福的化身，是刚毅和仁慈的象征，已经深深地嵌镶在博大的中国文化之中。玉石历经沧桑岁月，仍旧美轮美奂、光彩不改。笔者在多年的从艺历程中，发现具有“玉石之王”的翡翠和“后起之秀”的黄龙玉是雕刻艺术家青睐的品种，本文将从翡翠和黄龙玉独有的特点出发来谈它们在玉石雕刻中的运用。

浅析砖雕艺术

【作者】公瑜

【刊名】上海工艺美术，2012 年 01 期

【摘要】砖雕是传统建筑装饰的一个重要部分，主要用在墓室、寺塔、房屋等建筑物上。所谓建筑装饰艺术中的“三雕”指的便是它与石雕、木雕的合称。砖雕以刀代笔，在砖面上刻画出各种浅浮雕形式的图案，内容大多反映当时的社会生活场景，渔猎耕种、厄厨活动等，给我们一个形象生动展示。那质朴的造型形式、精湛的雕琢技艺、丰富的内容承载，都是砖雕的独特魅力所在。因时期、地域、环境的不同，砖雕的形式内容、雕琢技法、所反映出的社会风貌和人文活动便不同，因而使它不仅具有很高的艺术研究价值，也具有一定的历史研究价值。

论中西方传统雕塑艺术形式的差异性

【作者】武文磊

【刊名】美与时代（中），2012 年 01 期

【摘要】雕塑艺术以物质载体来表现人类的思想情感和精神理念，通过三维、四维或多维的有一定空间体量的造型构成可视、可感、可触的造型艺术。它是用静态的美来传达艺术家们的思想情感与审美观念，而中西方各自的历史背景与文化背景迥然有异，使这同一种艺术形态在不同的地区形成了各自独特的艺术风格。西方传统文化肯定的是人的力量，注重科学实践，所以在雕塑造型方面追求真实、酷似。中国雕塑受传统文化中儒、释、道精神的影响，在造型方面追求“神似”，讲究“气韵”，追求雕塑主体与所处空间环境的呼应和协调。

文化民族主义思潮影响下的中国当代艺术

【作者】汤林丽

【刊名】中国美术馆，2012 年 01 期

【摘要】作为一个社会学语词的“民族”概念，指的是彼此之间具有某种“共通感、融合感和认同感”的群体。随着民族国家的出现，“民族主义”的概念也随之出现，俨然成为世界上“极具政治威力”和“情感上的正当性”的理念，以衡量与评定政治现象和群体并象征民族利益和民族身份认同而被广泛采纳和接受。“文化民族主义”作为一种学理言说和话语方式，相较于其他领域民族主义的具体表现，更趋向一种文化殖民主义影响下或主动或被动的对外文化发展策略，使得民族群体按照自我的观察来评判他者，并通过想象他者的评判来界定自我。民族意识并不等同于民族主义，它是艺术家观察生活时凸显的政治立场和视角。虽然有些艺术家并不认为自己属于“民族主义者”或是对别人将其列入这一行列不以为然甚至持反对态度，而这种意识或情绪正是文化民族主义思潮影响下的情感反映或如影随形间幻化为一种文化自信和自觉。

空间艺术中的艺术空间

【作者】陈绿寿

【刊名】湖北美术学院学报，2012 年 01 期

【摘要】空间艺术即是公共艺术的范畴，公共艺术是以造型艺术的形式存在于特定的公共环境空间中的艺术概念。它是将真实空间的艺术物化，物质空间的艺术纯化。无论是建筑、雕塑还是壁画，它都是以造型艺术的形式存在于自然空间之中的，既然是以造型艺术的形式，它必须能够在空间中延伸空间，在空间中创造空间。所谓公共艺术是公众审美的感知，本质上是空间艺术概念。空间艺术要求我们通过可视的物质材料表现形象，去探索空间、物化空间、表现空间以及创造空间。因而造型艺术的本质是对其存在空间的把握，在空间艺术中，造型艺术自身的空

间创造，显然尤其重要。

试论中国现代雕塑的开放多元

【作者】佟雪霏

【刊名】美术大观，2012 年 01 期

【摘要】中华民族的雕塑艺术源远流长，中国雕塑艺术的发展史，可以说是中华民族发展历程的一个小小的缩影，经历了繁荣和衰落后在学习和借鉴西方的基础上发展壮大起来，形成兼收和融创的发展个性。在经济全球化和世界文化艺术大融合中逐步形成了一种主流趋势的同时，中国现代雕塑也融入了世界多元化的交流与互动之中，呈现了多元化的发展趋势。

全球化语境与 20 世纪中国艺术

【作者】刘若望

【刊名】中国美术馆，2012 年 01 期

【摘要】中国绘画是在广泛交流和吸收的基础上发展起来的，现代意义上的外来绘画引入中国，开辟中西融合的写实手法。中国通过日本了解西方艺术，留日艺术家在吸取西方艺术观念和艺术形式的同时反思中国传统，将感情意味作为绘画艺术的主要目标，继续中国艺术现代形式的探索。笔者从此开始讲述了中国绘画与西方绘画的融合和自身发展变化的过程。到改革开放时期，出现商业全球化，引发艺术全球化，分析了大背景下中国艺术的发展状况。

精雕细刻的艺术，质朴含蓄的寓意——论天水山陕会馆门楼砖雕艺术的文化内涵

【作者】叶明晖　孟祥武

【刊名】雕塑，2012 年 01 期

【摘要】天水山陕会馆位于秦州区的繁华地带，古有“一馆连六省”之称。会馆融合了中原及秦晋建筑艺术的精华，“三雕”艺术（石雕、木雕、砖雕）精美华丽，俯仰可见，美不胜收。陕省会馆门楼更是集砖雕之大成，蕴涵着丰富的文化信息与独特的审美意趣，集中体现了传统文化的精髓，具有极高的艺术研究及观赏价值。

试论善化寺金代彩塑保护性维修

【作者】郭秋英

【刊名】雕塑，2012 年 01 期

【摘要】大同善化寺大雄宝殿内 33 尊彩塑是我国金代彩塑中不可多得的瑰宝，由于年久失修，加之人为、自然的损毁，一些塑像已处于令人担忧的境地，亟须国家作保护性的维修。本文是对彩塑毁损程度的初步调查，及对彩塑作保护性维修的一般性论述。笔者主要承担了对彩塑的保护与研究这一任务，为能够较准确地把握彩塑目前所存在的问题，以求寻找造成彩塑出现问题的原因，从而找到解决问题的途径。

雕塑与抽象

【作者】本刊记者

【刊名】雕塑，2012 年 01 期

【摘要】抽象雕塑在中国的美术教育体系中远远不如具象雕塑那么受到关注和重视。抽象艺术观念和抽象造型能力的滞后，无不影响着中国抽象雕塑艺术的发展，也造成了与世界对话的差距。当此之时，认真探讨雕塑艺术的抽象方式、抽象风格和抽象思维，无疑是十分必要的，也是十分紧迫的。此次论坛以“雕塑与抽象”为主题，并配合“中国抽象雕塑展”，意在梳理改革开放 30 多年来中国当代抽象雕塑的发展状况。同时，全面系统地考察国外现当代抽象雕塑的创作实践和理论研究，为当下中国抽象雕塑的创作和研究注入新的活力，以推动中国雕塑的健康发展。

关注公众体验——北京地铁公共艺术体系的优化发展之路

【作者】李翔

【刊名】雕塑，2012 年 01 期

【摘要】随着现代化城市的高速发展，地铁空间已经成为公共生活的重要场所之一，乘客的出行体验与感受是地铁功能及环境优化的出发点与落脚点。本文通过对构成公共艺术体系的诸多方面进行针对性探讨，阐述了地铁公共艺术氛围营造的关键在于“以人为本”的设计思想，北京地铁公共艺术的设计应充分考虑乘客与乘车环境交互性体验与乘客视觉心理效应等因素。为北京地铁公共艺术体系的优化完善提供有效的发展思路。地铁空间环境一体化设计与公共艺术形式多样性已经成为现代地铁的主要特征。随着现代化城市的高速发展，地铁空间已经成为公共生活的重要场所之一，乘客的出行体验与感受是地铁功能及环境优化的出发点与落脚点。只有真正做到“以人为本”，才能有力提升北京地铁的文化品位，推动城市整体文明的进步。

犀牛归来

【作者】黄宏

【刊名】雕塑，2012 年 02 期

【摘要】对于中国传统造型艺术的研究，一般是着重于从艺术的本体，如风格、造型手法、美学意义诸方面的阐释。国防大学教授黄宏少将，长期以来对中国传统艺术中具有雕塑形态的艺术品，进行了文化及社会因素等方面的探索，本期所刊的是黄宏先生诸多文论中之“犀牛归来”，这是一篇具有文化学意义的文章。当你在平心静气地细审中国古代艺术珍藏的时候，你会惊奇地发现，有那样多与犀牛有关的文物瑰宝。犀牛原来曾是一个与中华民族有过那样亲密关系的物种，穿越时空隧道，通过这些文物会唤起我们什么样的文明记忆，启发什么样的历史、生态反思呢?

道与象——汉代雕塑形式中的道家思想

【作者】毛建雄

【刊名】雕塑，2012 年 02 期

【摘要】雕塑在汉代初期与秦代出现了形式上的巨大反差，这种形式上的变化和汉初道家思想的盛行是有着紧密联系的，本文立足形式上的分析，以霍去病墓前的马踏匈奴与秦兵马俑作为对比，试图找到道家思想体系在具体审美方式中的体现，并阐释其社会原因及研究意义。

古滇王国青铜器的造型艺术研究

【作者】张吉洪

【刊名】雕塑，2012 年 02 期

【摘要】云南古滇青铜器的艺术魅力，是中华民族古代青铜文化中的一支夺目的奇葩，以其造型精美奇特、纹饰细腻丰富闻名于世，其写实性之强，构思巧妙，独树一帜。滇国的先民们把当时耕作、畜牧、纺织、狩猎、战争等各种社会生活场景凝聚在青铜器上，用自己的双手铸造了一部生动的青铜史诗。历史跨越战国到西汉短短的几百年间，古滇人用高超的技艺为后人留下了一部雄奇瑰丽的神话。先民留下的光辉艺术，它们不仅属于云南人，更属于全世界。我们希望有更多的人关注、了解古滇青铜文化，并发扬光大，这是云南文化的重要品牌。创意性的挖掘和整理利用，把古人的智慧应用于现实社会发展中，并转化为文化精神产品、产业，有助于更深层次地推广云南文化，拉动云南旅游事业的发展，对建设文明、富裕、和谐、进步的云南发挥重要作用。

城市形象艺术
——用艺术重塑都市性格

【作者】王豪

【刊名】雕塑，2012 年 02 期

【摘要】城市是人类赖以生存的重要场所，传达着人们的物质、文化以及生活水平等诸多方面的信息，它是社会物质环境和精神环境的统一体。近几年来，城市课题的研究受到了国内人士广泛关注，这在很大程度上基于中国城市化进程不断加速，使得城市在自我完善的基础上，不得不在区域规模拓展和城市现代化建设方面寻求新的发展。作者从何为城市形象、城市形象之艺术视角分析了城市形象艺术。

艺术即“物”
——“物与词：视觉与思想”学术研讨会述略

【作者】鲁明军

【刊名】雕塑，2012 年 02 期

【摘要】置艺术于“物”的层面，无疑是 20 世纪以来艺术史研究和艺术批评范式演变中的一个重要节点。当然，“物”如何转换为视觉并不是一个简单的被视觉化的过程，其中还隐含着复杂的文化认同、政治意识、伦理考量及心灵自觉等诸多话语层面。而值得我们探问的正是这一话语的历时性和共时性交叠的生成过程本身。2011 年 12 月 3 日至 4 日，由四川大学艺术学院主办的“物与词：视觉与思想”学术研讨会在成都举行。围绕“当代哲学视野中的‘物’与艺术”“美术史视野中的‘物’、图像与观念”“当代艺术中的物质话语与视觉表征”三个议题展开了深入的讨论。此次会议采取了跨学科的对话方式，包括当代哲学、文化研究、建筑史、艺术史、当代艺术批评等多个领域，意在通过不同视角的考察及对话中的碰撞，探掘内在于（古今）视觉艺术中的“物”及其开放的话语向度和思想意涵。

剧场化：描述“物”的一种方式

【作者】蒲鸿

【刊名】雕塑，2012 年 02 期

【摘要】对于艺术而言，形状、色彩、材料不再作为艺术的一种媒介出现，它们本身就是绘画或者雕塑这个“物体”的属性之一，它们应该被当作“物体”来体验，而不是更多其他的东西。如此一来，“字面艺术”所做的就不是否定或者超越自身的“物性”，相反，它发现并捍卫了这种“物性”。这样一个结论是非常重要的，因为它有一个前提，也就是弗雷德自始至终将现代主义艺术看成是对“物性”及其剧场效果的一种否定和超越。剧场化就是弗雷德在挑战中最强有力的武器。“剧场化”无疑带来了一种截然不同且更为广阔的视野，起码，以观看为主的视觉模式被以体验为主的剧场化取代了。

简析波德里亚的“物”理论
——关于物的理解与消费社会批判的一个简明讨论

【作者】吴兴明

【刊名】雕塑，2012 年 02 期

【摘要】几乎可以说，波德里亚的整个思想都是围绕消费社会的物的分析展开的。如果说波德里亚对消费社会的基本态度是否定的，绝望的，那么他的这种绝望立场正是来源于他对消费社会人与物的关系体制的根本绝望。不管是在思想源头还是在义理根据上，“物”理论都是波德里亚庞大思想体系的基础。笔者从“方法：对消费社会‘物体系’的符号学分析”“‘物’的分析：体系、结构与社会运动”等方面阐述了波德里亚的“物”理论。

《五十六个民族》浮雕创作中表现手法的特征

【作者】徐海翔

【刊名】雕塑，2012 年 02 期

【摘要】《五十六个民族》浮雕创作因为有了前期对构图形式的关注与思考，使得我们下一步就能较准确地分析、确定用什么表现手法完成作品，达到体现五十六个民族的精神气质和突出高等浮雕创作中的心声心画。文章就徐海翔所创作的浮雕作品进行分析总结，阐明在创作作品中所表达的创作目标和创作手法。力求使作品表现出对立与统一的形式美，突出画面的韵律和节奏。追求具有直线式、定向性的秩序感，想从这种秩序感表达出民族文化的深厚与稳固，再现少数民族完整、永恒的审美意识。

现代主义辩证法的误读及其后果——论弗雷德对极简艺术的批判

【作者】张晓剑

【刊名】雕塑，2012 年 02 期

【摘要】迈克尔·弗雷德（Michael Fried，1939 ～），现为美国霍普金斯大学人文学科波恩讲席教授，著名的艺术批评家、艺术史家。作为批评家，他见证了 20 世纪 60 年代现代主义式微，极简艺术、波普艺术和各种综合艺术的勃兴，但他坚执现代主义立场，深入地批判了极简艺术为突显“物性”而走向的“实在主义”及其对跨媒介的“剧场性”的追求；作为艺术史家，他以抗拒“剧场性”为线索，对“现代主义的前史”做了重新审视。本文将首先点出弗雷德批评思想中的核心概念“现代主义辩证法”，以此说明格林伯格对现代主义的本质主义式理解是如何误读了这种辩证法；进而在第二、第三部分说明极简艺术是如何实践了这种误读，因而屈从于物性的诱惑，最终走向现代主义的对立面——剧场性。

从中西宗教造像风格比较中体会佛教造像的手法

【作者】蒋惠民

【刊名】雕塑，2012 年 02 期

【摘要】中国的佛教雕塑源自古印度的犍陀罗和芨多等地区的佛教雕塑。中国历代雕刻家在制作学习佛教造像的过程中，逐步将其加以改造，使其既保存了一些原始的样式，又更多地体现出符合中国人审美习惯的特色。与西方写实的宗教神像相比，中国佛像更带有一种超脱尘世的神秘感和一种难以言状的超越感贯穿在国人生活中的艺术真实。中国的佛教雕塑源自古印度的犍陀罗和芨多等地区的佛教雕塑。中国历代雕刻家在制作学习佛教造像的过程中，逐步将其加以改造，使其既保存了一些原始的样式，又更多地体现出符合中国人审美习惯的特色。

本体论转向带来的艺术态度

【作者】宋伟光

【刊名】雕塑，2012 年 02 期

【摘要】20 世纪以来，艺术创作、艺术史研究、艺术批评出现一个重要节点，即把艺术置于“物”的层面。以“物”为思，是本体论转向带来的艺术态度，“物”如何转化为视觉艺术，并具有视觉思想，这并不是一个简单的被视觉化的过程，而是潜藏着诸如社会环境、文化心理、艺术自觉等诸多话语层面。因此，探讨这一现象的意义就在于，进一步认识艺术思想形态转向带来的视觉思想和存在的问题。本文通过对艺术思想形态转向的历史回顾，和形态转向在审美方而引起的变化。提出模仿哲学的视觉艺术，最终会带来什么结果，结论认为：仅仅依靠观念来支撑视觉，最终会遭到质疑并被艺术所抛弃。

承扬与创获——中国美术在现代性转化中的自觉精神与自强意识

【作者】黄宗贤

【刊名】美术，2012 年 02 期

【摘要】20 世纪以来，百年中国美术的现代性转换过程也就是文化自觉与寻找自强之路的过程。中国美术在探寻现代发展之路的过程中，一方面对自我的艺术传统表现出质疑、反省与批判的态度，另一方面又体现出积极的认同、肯定与承扬的意识。正是在质疑、反省、批判与认同、肯定和承扬的并存与并举中，折射出中国现代美术家希冀构建与中国现代社会变革、发展相适应的现代美术观念和美术形态的强烈愿望。在经历世纪大变革的探索中，几代中国美术家的确构建了与中国传统美术迥然有别，又与西方现代艺术完全不同的中国现代美术的价值体系与形态特征，从而彰显出现代中国美术家的文化自觉、自强意识和社会担当，对于构建具有中国特色的当代美术形态具有重要的启迪意义与价值。

西方新媒体艺术中关于身体和身份问题的探索

【作者】黄继谦

【刊名】世界美术，2012 年 02 期

【摘要】本文通过对具体案例的分析，着重展示在新技术条件下西方艺术家如何利用各种技术来创作不同面貌的新媒体作品，表达他们对于身体和身份问题的感受与思考。然后再结合现实社会的文化和技术情境，就这些作品所引发的问题展开相关讨论与思考。

浅谈中国古代雕塑的形式美

【作者】郭子瑶

【刊名】设计艺术，2012 年 02 期

【摘要】中国古代雕塑遗存中写实性的代表作当数秦始皇的兵马俑，人们以为秦汉时期是雕塑的稚拙时期，这种看法往往是以希腊写实性雕塑为参照来推断的，明显带有进化论的逻辑，以为唐代雕塑较为成熟，而汉代雕塑较为拙朴，秦代雕塑就更应该原始，可是兵马俑的出现却不合这个逻辑，于是人们只好将其称为奇迹了。在笔者看来，进化论的逻辑不能简单地套用在艺术领域。古代罗马人追求逼真，他们在真人身上翻模制作肖像雕塑，而中国古代艺术家是以“六法”为要旨，以“气韵生动”为最高追求，并不追求物象的逼真。

杭州宝成寺元代大黑天造像考释

【作者】周景崇

【刊名】新美术，2012 年 02 期

【摘要】宝成寺位于杭州吴山东麓之上，与灵隐寺隔西湖相望。初为吴越国所建“释迎院”，北宋时改额“宝成寺”。初进寺门，见寺院内峭鳄奇峰，石壑千岩，院内共有三完造像，在北完的岩壁上，赫然雕凿着一尊元代的

佛教密宗石窟造像——大黑天神。江南大黑天肇始及变迁"大黑天"是密宗护法神"摩诃迦罗天"的汉译。唐一行所译的《大昆卢遮那成佛经疏》云："于世人所说大极，属摩诃迦罗，所谓大黑神也。昆卢遮那以降伏三世法门，欲除彼故，化作大黑神，过于彼无量示现。"文中所说的"昆卢遮那"被东密认为是大日如来的愤怒法相显身，而藏密则传为观世音菩萨显化的大护法，亦具福德神、家间神、战斗神、厨房神等四种性格。

跨界、批判与超越——现代设计中的装置雕塑新意象

【作者】席卫权

【刊名】美术，2012 年 02 期

【摘要】19 世纪末到 20 世纪中叶，作为社会文化现象的"现代主义"思潮深刻地影响了现代艺术和现代设计的发展，同时也赋予了两者不解之缘。由此，无论何种艺术思潮和运动的更迭变迁，现代设计的发展始终关注着现代艺术的探索，而演进中的现代艺术、当代艺术似乎也总能从后来设计艺术的前行中有所获益。现代设计与现代艺术不仅有着共同的社会文化基础，也有着作品诉求的某些交集。虽然出发点不同，但两者都密切关注当下社会与生活，都需要"前瞻性"的思维方式，都需要通过形式与内容方面的艺术创造达成未竟的含义，都需要设法交流沟通。在这些方面，部分国外产品设计的新思路与现代艺术中的装置雕塑川构想常有"合谋"之处，值得关注和讨论。

关于现代陶艺五种审美特性的分析与思考

【作者】刘菲菲

【刊名】装饰，2012 年 02 期

【摘要】陶艺制作历史悠久，人们对于陶艺美的诉求一直存在。现代陶艺存在于后工业社会，在去实用性的同时，其艺术性更加强化，并具有自身的审美特征。本文试从抽象性、装饰性、虚幻性、象征性、意蕴美、简约质朴等方面论述现代陶艺的审美特性。

龙门石窟奉先寺卢舍那大佛的数字化复原研究

【作者】裴学胜

【刊名】中国艺术，2012 年 02 期

【摘要】龙门石窟奉先寺卢舍那佛是龙门石窟奉先寺窟龛群雕的主佛，也是龙门石窟众多雕像中最大、最精美的代表作。要完整地再现这一宏伟壮观的艺术形象，只有通过计算机进行数字化复原。本文对利用计算机技术对巨型佛像进行数字化复原做了研究探讨，提出了有益的经验。

解析传统工艺美学的结构层次与文化价值特征

【作者】杜粉霞 李楠

【刊名】美术大观，2012 年 02 期

【摘要】工艺美术是生活美、艺术美、科学美的融合。然而随着工业时代的到来，使传统工艺美术逐渐淡出人们的视线，机械化、冷漠的批量生产消解了传统手工艺的人文关怀。经济的发展，生活水平的提高，人们对情感与美的需求也使传统工艺美术及作品逐渐凸显出价值。本文主要从工艺美学的结构层次、文化价值特征、美学思想及研究视角探讨了工艺美学的学术形态。文章最后指出，从伦理意义上不断地去研究、探索和继承优秀的工艺美学思想，切入工艺美学对于传统手工艺的回望，对于工艺文化在当代的"再生"有着重要的现实意义。

东阳木雕的起源及其装饰艺术特征

【作者】王琴

【刊名】美术大观，2012 年 02 期

【摘要】浙江东阳木雕是中国传统雕刻工艺中的一朵奇葩，是中华民族最优秀的民间工艺之一，被誉为"国之瑰宝"。本文分别从东阳木雕的起源及其装饰艺术特征两方面做了详细叙述，最后指出广泛的适用范围，是东阳木雕工艺生生不息的源泉。

西方新媒体艺术中关于身体和身份问题的探索

【作者】黄继谦

【刊名】世界美术，2012 年 02 期

【摘要】本文通过对具体案例的分析，着重展示在新技术条件下西方艺术家如何利用各种技术来创作不同面貌的新媒体作品，表达他们对于身体和身份问题的感受与思考。然后再结合现实社会的文化和技术情境，就这些作品所引发的问题展开相关讨论与思考。

浅析青铜器纹饰的现代之美

【作者】袁理

【刊名】中国艺术，2012 年 02 期

【摘要】青作为青铜器灵魂的纹饰，不仅凝聚了当时最精湛的工艺水平，也代表了当时最高端的审美水准。它承载的并不仅仅是装饰的作用，更是对当时人民智慧的表达和文化的记载。这些本质和特征，致使它从外形到纹饰甚至精神取向都取得了中国历史上其他艺术形式所无法取代的地位。青铜纹饰主要有写实动物纹、想象动物纹和几何纹等。写实动物纹以自然界的动物为原型，包括牛、羊、鱼、鸟等；想象动物纹通常是以现实动物为原型的组合变异，其变形奇特，主要有饕餮纹、龙纹、凤纹等；几何纹多为抽象纹样，它们或是创造者对于自然现象的理解，或是以现实动物某一部分为元素做出的概括，如雷文、云纹、绳纹、圆圈纹等。在实际运用时通常以动物纹为主纹，以几何纹为辅纹附着于厚重质地的材料上，其线条洒脱，形态质朴。

突破标准

【作者】迈克尔 · 邓肯

【刊名】世界美术，2012 年 02 期

【摘要】"太平洋标准时间展"（PST）是专门为被

埋没了的有才华的艺术家而做出的举措。有超过60个文化机构正在举办的展览，将覆盖了自1945年至1980年南加利福尼亚州艺术发展的方方面面。文中探讨了历史长河中被埋没的一些艺术家，结合各自不同风格形式的作品。PST展览中杰出作品的广泛诉求证明了今天所有的艺术都处在一种多样化联系的状态之中。旨在表明标准以外多样化的探索的积极意义。

当代雕塑在现代建筑中的应用

【作者】鹿熙军

【刊名】雕塑，2012年03期

【摘要】当代雕塑艺术从传统写实模仿的造型方式走出来，趋于抽象，开放式的空间造型表现。现代建筑更富有造型的多样性和丰富的空间，都是立体的空间艺术，是人类感情文化的重要表现形势，它们之间走得更近、更加紧密了。

论公共艺术的地域文化特征与差异性

【作者】金国胜

【刊名】新美术，2012年03期

【摘要】目前，我们对公共艺术的研究更多地单纯围绕其形式美感、造型以及西方现代公共艺术设计形式等显性因素展开，缺乏对本民族传统文化及其所处的特定区域文化内涵的关注。设计师往往运用相同的形式美感、相同的材质、形态，不假思索地放置，缺乏对特定区域文化特征、民族个性和人文传统的必要尊重和研究。“千城一面”“千雕一面”的现象非常严重，甚至出现许多公共艺术复制加工厂，大量复制放大，犹如产品订货买卖。公共艺术设计如果没有本民族传统文化及区域文化的特质，就会与所处的地域人文环境、民俗风尚格格不人，就会失去公共艺术在公共空间存在的意义。如何寻求艺术美与文化内涵的结合点是塑造区域文化的要点。区域文化特色受制于特定的人文环境和空间物质，正确把握方能够有的放矢，展现其独特的艺术魅力，并起到活跃丰富整个区域环境的作用。

东方意蕴
——中国雕塑造型法则探微

【作者】许正龙

【刊名】雕塑，2012年03期

【摘要】雕塑传达人对世界的审美认识，是情感的物质凝聚。而雕塑造型始终围绕怎么表现物象以体现以大众心性出发为根本的内在依据。中国人绵延的普遍性征识而展开，总体及相较而言，中国雕塑为意象造型，表现在基本人生态度上，提倡人要参与天地的运转。“以意成象，象而寓意”，是中国雕塑最好的阐释，这是大脑过滤并加以行动后的间接反映，是经过调观念影响艺术造型。本文从中国古文化价值倾向方面出发，具体解释了意象与中国文化之间的紧密关系。从而能在雕塑造型中，从心出发，自主调配物象，创造再生的具有丰富想象力的艺术作品。

后现代情境与艺术的原创性

【作者】刘杨青

【刊名】雕塑，2012年03期

【摘要】艺术创作过程，像生命一样显现出生老病死的特征。一旦创作手法模式化，就会成为一种束缚。当代中国艺术，却在原创性方面存在不足。要如何摆脱这种局面呢？作者通过分析后现代艺术，认为我们模仿修炼西方后现代艺术的同时，更要注意原创精神，通过传统与原创的结合等其他模式，使艺术家忠实于创作，贡献出独特而充满灵性的作品。

环境雕塑的空间关系类型解析

【作者】于俊峰

【刊名】雕塑，2012年03期

【摘要】环境雕塑的空间关系主要包括位置关系（方位关系、朝向关系）、相关关系（视距关系、视角关系、尺度关系）、模数关系等三大类型。它们作为环境雕塑的空间关系范畴，从不同角度，体现了环境雕塑空间相对独立、彼此关联、融会贯通的协调统一关系，对于控制环境雕塑的尺度与视觉效果，具有非常重要的实用价值。

说艺术创作的双项重心
——对艺术创作规律的探讨

【作者】宋伟光

【刊名】雕塑，2012年03期

【摘要】艺术创作大致有两种方向的思维，一种是沿着一个方向、目标，走向思维的深处；一种是对既定观点，方法进行大河改道式的逆反。本文通过对表现性对比关系和表现性相似关系两大分类艺术创作思维方式以及表现性对比关系的四种类型：削弱或逆反逻辑重心的类型、逻辑潜匿类型、逻辑偏移类型、转移艺术本体逻辑的类型的阐释分析，具体的阐述了艺术创作的双向重心，对艺术创作规律进行了详细探讨。

谐适环境
——公共艺术中陶艺语言的运用

【作者】邹红琴

【刊名】雕塑，2012年03期

【摘要】公共艺术作为一种文化形态，其文化价值体现于“艺术性”和“公共性”两方面。艺术性是公共艺术实现其功能价值的前提和基础，公共性是公共艺术文化价值和社会意义的核心体现，也是其终极的价值归依。而陶瓷艺术作为一种既古老又富有生命力的艺术形式，在公共艺术中得到了广泛的运用，并不断焕发出新的生命力。

论现代木雕的手法与题材的突破

【作者】林青

【刊名】雕塑，2012年03期

【摘要】木雕，即利用锋利的刀具对木材进行手工操作而成的艺术，亦即以手工雕、刻、凿木材，以此法制作成或装饰过的浮雕形式或立体形式的木器及木质艺术品。木雕艺术品随着时间、环境、气候、人的灵感与创意而焕发生命力，从而成就了微妙的重生。

汉人崇熊

【作者】黄宏

【刊名】雕塑，2012 年 03 期

【摘要】崇熊是汉代特有的文化现象，只要看看汉代的各种器物，熊经常被作为一种祥瑞形象来表现。各种材料、各种造型的熊通过雕塑工艺表现出来，十分生动、可爱。为什么会出现这么多以熊为造型的雕塑呢？本文作者通过本身的收藏，分别从先祖图腾、汉承楚风、方相驱魔、熊经鸟伸、熊器入梦几个部分，阐释了汉人崇熊的这一文化符号性质现象。为本就可爱、令人欢喜的小熊又增加的一份厚重感。

白马藏族木雕摊面具的民族特色

【作者】余永红

【刊名】雕塑，2012 年 03 期

【摘要】白马藏族作为一个独特古老的民族，他们的民族文化和艺术也保留了原始艺术的一些基本特征，其艺术与宗教、现实生活融为一体，表现出粗犷率真、古朴单纯的民族艺术特征。尤其以木雕滩面具最具有民族特色，整个制作过程具有神圣独特的仪式，雕刻与彩绘图案相结合，造型奇特，色彩怪异，且包含了深厚的民族文化含义。

江华宝镜村的古民居雕刻艺术

【作者】周飞战

【刊名】美术观察，2012 年 03 期

【摘要】永州江华瑶族自治县宝镜村古民居建于明末清初，迄今已有二百多年历史。宝镜古民居依山而建，规模宏大。房屋鳞次栉比，雕梁画栋，变化多姿，建筑保存完好。由北往南依次为围姊地、大新屋、下新屋、老堂屋、新屋。其中新屋规模最为庞大，共 108 间房，其建筑特点被当地百姓概括为“三堂九井十八厅，走马吊楼日晒西”。宝镜古村落是明清江南丘陵地区的典型民居，其木雕石刻艺术既有传统的中国民间审美趣味，又具湘南汉瑶文化的特色，有较高的艺术价值和美学价值。

神本艺术与人本艺术

【作者】江澜

【刊名】湖北美术学院学报，2012 年 03 期

【摘要】艺术的来源始于最初的功利性与实用性，尽管这种功利性可能是一种精神性的需求，如祈求神灵的庇佑或通过寻求绝对价值的恒定，以摆脱杂乱无常的物质自然对人类生存的胁迫，原始人类会不自觉的进行与生活无关的所谓“艺术”行为以求得心灵的慰藉与愉悦，随着人类对艺术行为的自觉与自省，艺术创作逐渐丰富多元化，根据不同的情感起点，作者将之分为神本艺术与人本艺术。

论环境雕塑对城市人文环境发展的作用

【作者】孙晓明

【刊名】美术大观，2012 年 03 期

【摘要】环境雕塑不仅能够表现城市的历史文脉和文化内涵，还代表着城市的文化品位与人文精神，在城市公共艺术中起到的重要作用。本文从雕塑、环境、人文等方面关系进行论述，得出环境雕塑是城市环境艺术的重要组成部分，同时也是城市公共艺术的表现主体；城市雕塑作为一种具有公共形象功能的艺术品，能够直观地表达城市的形象和特征，传达区域环境和文化的信息，形成了独具特色的城市精神；城市环境雕塑提升市民的审美、陶冶情操、精神与道德教育等方面也起到积极的作用。最后指出环境雕塑体现城市的格调，彰显城市魅力，雕塑是城市名片，是城市之魂。

浅析青铜器造物思想

【作者】孙德明　潘 林

【刊名】美术大观，2012 年 03 期

【摘要】青铜器诞生于人类文明的青铜时代。中国青铜器在世界各地青铜器中堪称艺术价值最高。青铜文化是当时人们思想观念、社会经济结构以及人们日常生活的方式的缩影，文明的见证。令人探索和总结中国传统器物造物思想的客观规律，其目的在于更真切地阐释器物本身，以求逼近历史的真实本相。中国的造物设计活动是综合多方因素共同作用的结果。传统设计文化中能够适应今天的外部环境和满足人们当下需求的，应予以延续和发展。

关于具象

【作者】蒋铁骊

【刊名】美苑，2012 年 03 期

【摘要】具象雕塑不仅是大多数雕塑同行进入雕塑之门的必然途径，更是雕塑家以内心脉动感知万物之形、色、体量的生命形式。所以，我始终在具象的塑造过程中体会出类似仪式感般的庄严。但当具象雕塑不分彼此地出现在每一位雕塑家的创作过程中时，我们看到过多的不痛不痒的“具象雕塑”后，我们的视觉将会麻木、我们的审美经验将会迟钝、我们的思辨将会停滞。于是产生了这样一个命题：究竟什么才是考验一个雕塑家的关键？是具象的技能？还是抽象的素养？如果我们把对具象雕塑的理想建立在对西方经典的依赖之上，我们的具象雕塑语言将走向萎顿。 雕塑家对作品的判断应该不断超越以往的视觉经验。艺术家的创作能力之别在于他是否能调动起感官系统所带动出的生命信息。我们时常能从优秀作品上感受出人物原型跃然纸上的气质便源于此。对雕塑家来说，营造气场——营造能够使人感同身受的气场是雕塑语言品质高下的关键。

何谓具象

【作者】鲍海宁

【刊名】美苑，2012 年 03 期

【摘要】艺术方式的选择，既是精神上的自觉也是表达方式上的自觉。而“雕塑是事物的本质，自然的本质，是永恒人性之物”。具象的概念或者说含义是相对于抽象而言的，按照现代汉语词典所作的解释：具，除了有量词的意思之外还有陈述、具有、写出、备办之意。综观历史，具象的方式一直处于统治地位。史前的对自然的亲近、敬畏与崇拜所产生的简洁图像。古时对于神话与宗教的宣扬与表现；宫廷的颂扬，对于社会的道德与操守的说教等。具象艺术形象的直观与明了为那些时代的宣传与维护起到了非常强大的解说作用，而具象雕塑相对于平面性具象因素，因其所特有的立体化、实体性、可触摸及长久性，更是为具象艺术的表现提供了平实材料之下的激昂形式。每个时期风格的演变，手段的运用，都可以看到人类对形象传达方面进行的艰难而又渐进的探索之路。摄影的发明，为人类带来了重新看待世界的方式，可以说科技的发展为诸多的艺术方式的表达提供了便利的技术手段及表述空间。

自言自语
——艺术的局限与超越

【作者】王少军

【刊名】美苑，2012 年 03 期

【摘要】对雕塑本体语言深厚学养的累积和对人物的外在、内在性格特征的客观再现，是我相当长一段时期内的肖像雕塑创作实践的核心追求。然而，这种镜像式的传统西方经典创作模式，越来越让我感到它的局限性。这种局限性来自多层面因素的作用。恍然大悟之后那练就在身的西式雕塑功夫自然也获得了新的使命。然而，近几年让我最费心的事，就是加速让自己从自以为是的幻觉中清醒过来。艺术的行为实质上是在做人生的自我揭示。所以，我要做的是要继续学习，让知识引导我继续虔诚地生活，让中国先哲的思想作为我们现世的、自主思想意识的基石。在这种广博深厚的文化传统滋养下，我们就有可能创造出新的、更具有文化自觉性和普世影响力的中国当代艺术体系。

浅谈生态雕塑的材料语言与构造

【作者】李磊磊

【刊名】美与时代（中），2012 年 03 期

【摘要】“雕塑材料语言”是雕塑家在创作时运用合适的材料来造型，并通过材料和其形式来传达作者想法、表达社会意识和审美理想的符号。生态雕塑的材料语言就是生态雕塑家运用各种材料通过作品传达出生态观念和审美追求的视觉语汇。生态观念是艺术家创作生态雕塑作品时所传达的思想内涵，材料作为载体，与雕塑家所创作的雕塑形式和内容一起丰富了这种观念。材料语言对生态雕塑创作的作用和意义是显而易见的。它服务于作品内涵，满足表达的需要。而材料语言的多样性、丰富性更能为作者表达其生态观念和审美意识提供有利的条件。

从传统陶瓷艺术看中国传统文化中的抽象思维

【作者】袁炯

【刊名】美与时代（中），2012 年 03 期

【摘要】中国传统陶瓷艺术在发展过程中不是静止的。古人对陶瓷艺术审美从未故步自封，审美追求的嬗变推动了传统陶瓷艺术的多元化发展。其中，有一种艺术思维——抽象思维在星河灿烂的传统陶瓷艺术的遗珍中似曾相识，这种抽象思维或来源于天人合一的文化精神，或来源于对形而上的理念推崇，或来源于时代文化的开放与自信，或来源于中外文化在碰撞中的相互借鉴，但有一点可以肯定，它不同于西方 19 世纪到 20 世纪肆意泛滥的现代和后现代艺术，它不是对社会不合理现象的解嘲和戏谑，也不是对当代艺术的挣脱和反叛。它是中国文化精神中不可或缺的一部分，是民族文化个性在艺术审美层面的延伸，是中国传统文化精神区别于西方文化体系的重要标志。

川北地区唐代石窟浮雕造像的空间关系处理

【作者】吴新

【刊名】美术研究，2012 年 03 期

【摘要】纵观中国唐代以前浮雕的发展，其实高浮雕和浅浮雕是两个极端。川北石窟浮雕在空间处理、人物组合方式安排上则表现出了较强的天赋。在涉及空间感的问题上，在采取形象叠加和远大近小相互辅助的方式，并通过故事情节或其他线索来统一整个浮雕的主题，尽量避免形象单一和重复，如此形成多样统一。笔者结合几件具体作品探讨了川北唐代浮雕造像空间关系处理的几个特点。

读图时代中国雕塑的审美价值取向

【作者】于俊峰

【刊名】美术研究，2012 年 03 期

【摘要】20 世纪 30 年代，海德格尔预言，世界将作为图像被把握和理解。“文化脱离了以语言为中心的理性主义形态，日益转向以形象为中心，特别是以影像为中心的感性主义形态”。“影像与形象共同组成了包围我们的图像世界，前者对我们的日常生活发生了更为深入广泛的影响，是我们每天无法回避的‘必视之物’。”图像语言以其自身的优势，成为受众生活中最具感染力和精神渗透力的信息传播媒介。作为视觉图像——中国雕塑图像化的源流在哪里？其话语表征、审美价值取向是怎样一种流变？凡此种种，需要我们应对、探讨与研究。

景观雕塑的社会力量
——感受世博会上的公共艺术

【作者】张波

【刊名】美术教育研究，2012 年 04 期

【摘要】在现代化的今天，在城市化进程中，人们都

不可避免地受到诸多问题的困扰。一方面，人口的极度膨胀与高度集中带来交通拥堵和住房短缺问题，大规模建设基础设施导致环境恶化，城市的人文气息逐渐流失；另一方面，城市建设与保留传统遗韵成为不可调和的矛盾，高层建筑改变了城市的轮廓线，给城市的历史、文化遗产造成了一定的损失。在这种时代背景下，大量且丰富的公共雕塑作品出现了，它们能弥补人们在城市中逐渐失去的心理空间和社会空间，以此调节紊乱的现代节奏，形成和谐美观的自然环境与人文环境。

城市生态雕塑艺术的“文化味”

【作者】谢如红

【刊名】艺术评论，2012 年 04 期

【摘要】生态雕塑是指以生态设计为核心的雕塑，以人的参与性和人对自然的依存关系为前提，体现了人与自然的和谐共生，其目的在于为都市人创造一种接近天然的生态环境。在当今文化缺失、物欲横流的年代，单纯表现文化底蕴的城市雕塑并不多见，而既能传达文化内涵又能与生态观念相结合的城市雕塑更是少之又少。这是我们城市雕塑设计上的遗憾，也是今后城市雕塑设计工作者的努力方向。

城市广场景观建设中城市符号的运用

【作者】吴勇

【刊名】中国艺术，2012 年 04 期

【摘要】城市广场景观是在城市广场中利用各种景观元素，通过加工整合，形成具有良好环境、社会、经济效益的统一复合体。其景观元素包括地形、建筑、植物、水体、小品等。城市广场景观的内容与存在形式是动态的，强调使用者在心理上和行动上的参与性和创造性。现代城市广场景观是一个城市景观的标志，代表着这个城市的形象。可见，城市广场景观的打造是整个城市景观的重要组成部分，它集中反映着一个城市的历史、文化和魅力，成为一个城市地域文化特色、时代文化风貌的重要载体，也可以说是一张亮丽的城市名片。

城市生态雕塑艺术的文化味

【作者】谢如红

【刊名】艺术评论，2012 年 04 期

【摘要】生态雕塑体现了人与自然的和谐共生，其目的在于为都市人创造一种接近天然的生态环境。生态雕塑不仅要具有一般城市雕塑装饰和美化环境的特征，还要具有生态观念，更应该具有文化特征，体现出文化内涵。笔者从自然生态、人文关怀、城市文化、文化传承与创新等几个方面对生态雕塑的“文化味”进行了阐述。文章最后指出城市生态雕塑是城市文化的代表，是城市文化精神的活化石。生态雕塑设计只有不断创新，才能体现时代精神和满足人民群众日益增长的文化需求。

“流动的永恒凝固的历史”中国雕塑艺术的传承性与时代性

【作者】罗承齐

【刊名】雕塑，2012 年 04 期

【摘要】世界各民族的雕塑艺术都是在缅邈悠远的历史长河中洗练而成的，中国雕塑艺术亦然是如此。它是时代、思想、感情以及审美观念的结晶，是社会发展形象化的记录，具有鲜明的双重性——传承性和时代性，这是几千年来雕塑艺术永远蓬勃、无法消逝的根本原因，正是这两者的结合才使中国古代雕塑在题材内容、形式风格等雕塑技法上都有着鲜明浓郁的民族特色、时代特色。因此，作为新时代的雕塑艺术家，应在尊重艺术传承性的基础上，将传统手法与现代手法巧妙结合，不断开拓创新，创作出优秀的艺术作品。

当代中国的超级写实主义雕塑展览

【作者】高晓峰

【刊名】雕塑，2012 年 04 期

【摘要】超级写实主义雕塑是写实主义的一种艺术形式，它的材料和技法是对传统写实主义雕塑的一次超越，不仅如此，还具有自己独特的艺术语言和审美价值。超级写实主义主张艺术的要素是酷似和逼真，唯有将现实客观而毫不具个性地真实再现出来，才能更接近其真实性。因此，许多超写实主义画家用照片作为他们艺术创作的基础。超写实主义的发展，在西方不同的艺术领域都有体现，在中国，与超写实绘画一道，超写实雕塑也已抬头挺胸，昂首阔步，以它逼真的外形和精湛的技法被越来越多的人接受和欣赏。目前，中国超级写实主义雕塑主要以蜡像和仿真硅像为主。超级写实主义雕塑内容丰富，形象逼真，符合大众的审美趣味，具有一定的深度和自己独特的艺术语言，这就是超级写实主义雕塑的审美价值。

浅谈中国佛教雕塑艺术的演变和特征

【作者】陈国仁

【刊名】雕塑，2012 年 04 期

【摘要】雕塑是一种空间造型艺术，以立体的形式在空间上表现着人类的思想和生活，是雕、刻、塑三种制作方法的总称。佛教自东汉传入中国后，便与中国雕塑艺术相结合。经过历史岁月的演变以及不断地民族化、世俗化，具有异域风格的印度佛教艺术逐渐与中华民族艺术特征相融合，最终形成了光耀千古的中国佛教艺术风格。佛教雕塑是以佛教美学为核心的宗教艺术，在东方雕塑史上占据着主流艺术形式。佛教雕塑艺术的世俗化削弱了雕塑所表现的宗教性，从而增强了其包含的艺术性。笔者在文中向我们介绍了佛教雕塑自东汉传入中国至 21 世纪以来雕塑作品的特征及其演变过程。

乌托邦式的原创

【作者】温洋

【刊名】雕塑，2012 年 04 期

【摘要】艺术是人文思想的一种物化表达。它超越了现实生活规则和实际功能的层面，是对生命、情感、思想的一种思考与表达。大学的艺术教育是社会艺术建设重要的组成部分，大部分艺术工作者都是通过大学来获得了艺术的技能知识和思维方式。就目前看，艺术教育乌托邦式的境界是个很艰难的选择。现实之下，学生搞创作的时候目的性很强，逐渐忽视了原创的重要性。艺术需要思想作为核心，艺术教育更需要乌托邦式的理想境界，原创性的问题只有在更深层面上的思考才能得到解答。

形感与雕塑艺术创作

【作者】李学斌

【刊名】雕塑 ，2012 年 04 期

【摘要】“形感”存在于一切造型艺术活动，它的双层意义，阐释了名目繁多的艺术作品。雕塑是研究材料及塑造空间“形”的艺术。对“形”的敏感程度、把握运用能力，“形感”就此显得尤为重要。“形感”不是作品的形式，是创作前期思维的先导。雕塑“形感”的把握更应从基本形及贯气出发。雕塑艺术创作离不开的是形感，优秀雕塑作品更是强劲“形感”的完美体现。古今中外，具有强大生命力、艺术感染力的伟大雕塑作品都蕴含着强劲的“形感”。“形感”除了天生具有外，是可以通过培养训练而获得。本文主要就何为“形感”以及“形感”同雕塑艺术创造的关系予以评述。

基于地域性文化定位的校园雕塑设计研究——以甘肃兰州高校为例

【作者】王国荣、王克凤

【刊名】雕塑，2012 年 04 期

【摘要】本文基于地域性文化前提下，以甘肃兰州高校景观雕塑设计为研究对象，分析目前大学校园环境设计存在的问题，并从地域性文化历史、地域物质文化、地域性文化公共意识及审美等几个方面入手阐释城市的地域性文化对校园雕塑设计的影响，从而解决了如何将城市的地域文化融入大学校园环境设计中的问题，最后提出高校雕塑设计的几点发展趋势。校园雕塑作为一种文化艺术载体，承载着历史、传统、文化和社会的价值，蕴含巨大的潜在教育意义。特别是我国的校园雕塑，一般具有纪念性、象征性、激励性、装饰性等特点，突出思想审美、重视德育潜化，所以它集中反映了学校这个特定群体的道德价值观和审美取向，是进行道德教育、审美教育的最好的教材之一。

略论明孝陵神道石刻

【作者】赵天智

【刊名】雕塑，2012 年 04 期

【摘要】神道石刻是我国古代陵墓雕塑的主要群体，它显示了我国雕塑艺术的阶段发展状态和雕塑艺术水平，南京的明代神道主要集中在明孝陵，它基本反映了明代雕塑艺术基本面貌和水平，也存在着自身的不足，然而它同样具有艺术和史料价值。作为中国雕塑史发展中的一个历史环节和历史时期，明孝陵神道石刻艺术提供了一个清晰的雕塑流变过程中的实物史料，为我们研究中国雕塑发展史提供了一个可靠的实物证据。

探析康县清代建筑装饰中石刻作品的门类

【作者】张永权

【刊名】雕塑，2012 年 04 期

【摘要】“石刻”是康县清代建筑装饰艺术的主要形式之一，该地区现存清代石刻构件形制不一、门类繁杂、数量众多、保存完好。通过多次实地查看、测量、记录、拍照和走访，作者收集了大量原始资料，并对最具代表性的石刻作品进行了梳理和归类，旨在为研究该地区清代石刻艺术特色、建筑风格、民俗生活积累详实的图文资料。

信息时代中的公共图像与现代陶艺

【作者】詹伟

【刊名】艺术评论，2012 年 04 期

【摘要】图像，即人对视觉感知的物质再现。人类不同时期的认知能力与方式影响着对图像的内涵与外延的解释。现在，图像已经超越传统的话语形式，成为人类社会新兴的传播符号。图像语言以其自身优势确立了它在大众文化传播中的独特价值，成为一种极易引人注意和识别的视觉表达。由于大脑思维线的多项性，图像的造型、色彩、构图等各种像素能借助现代传媒手段同时进入大脑。这种“拟态化”传播便成为有效的信息投射形式，成为视觉的焦点所在。

徽州砖雕的源流与艺术特点

【作者】詹学军

【刊名】美术大观，2012 年 04 期

【摘要】徽州砖雕是在发达的徽文化大背景下逐渐形成和发展起来的产物，是徽州古建筑装饰艺术的重要组成部分。徽州砖雕所体现出来的文化特质和永恒魅力，不仅丰富了我国传统艺术的表现形态，同时也让今天的人们直观而形象地感受到古典艺术无所不在的文化魅力。徽州砖雕也真正体现了我们伟大民族在追求物质生活过程中的自然观、人生观和世界观。

甜美的记忆——论天门糖塑的艺术特色与传承

【作者】刘淑娟

【刊名】装饰，2012 年 04 期

【摘要】湖北省的天门市历史悠久，民间艺术自成一体、独具风格，本文通过介绍天门糖塑的历史渊源和艺术特色，关注其生存状态，天门糖塑作为人类美好与纯朴的代表 ，理应得到保护与流传。

广府建筑木雕艺术的形式特征与文化渊源

【作者】刘子川

【刊名】美术学报，2012 年 04 期

【摘要】广府木雕具有悠久的历史，有着自身特色，主要应用在建筑和家具上，尤其在清式广作家具上表现得淋漓尽致。本文在实际调研的基础上，对现有广府传统建筑木雕进行了初步梳理，对广府建筑木雕的艺术形式特征及其文化内涵解析如下：广府建筑木雕艺术具有鲜明的民俗文化渊源及其传统工艺的历史文化传承和地域性特征，广府建筑木雕艺术的形态和内容正是广府历史文化和地域特征风俗的物化反映。广府建筑木雕艺术风俗有其源远流长的历史渊源和地域文化特征。这些历史渊源和地域文化特征的原因，我们可以从广府人艰辛的移民文化和发达的港口商业文化两大方面来解读。

晋商常家石芸书院“渔樵耕读”砖雕壁挂艺术

【作者】郭 锐

【刊名】美术大观，2012 年 04 期

【摘要】山西榆次常家大院遗存之砖木石雕在各晋商大院中已然成为晋商文化建筑装饰艺术研究的大方向。其中砖雕艺术规模完整、形制齐备、雕工精湛，可作为晋商宅院砖雕艺术之代表。本文以常家“渔樵耕读”砖雕双壁挂为例，从其艺术特征及审美意识方面探究晋商宅院文化中的精神理念与审美追求。常家古宅院砖雕壁挂艺术寄寓了晋商美好的精神信仰和强烈的情感需求，具有清代北方宅院雕刻艺术独特的风格特色，是兼具文人绘画与民间工艺的天作之合。

光在公共雕塑中的价值与作用

【作者】李鹏飞　马士良

【刊名】美与时代（中），2012 年 04 期

【摘要】良好的光线设计和创意是完成一件公共雕塑必不可少的部分，在表达观念、材质、外观上，光线会起到画龙点睛的作用。把光当作素材的光雕塑作品，不同于风景照片或者人物摄影，本身必须具有创造性的艺术价值。用于造型素材的“光”，既没有形，也没有重量，而且无法触摸，因此，难以控制。我们不可小看它的存在，当它触及到物体时，便能证明它的存在，并且能够使碰到的物体凸显出来。

罗马肖像雕刻的“真实主义风格”

【作者】左奇志

【刊名】湖北美术学院学报，2012 年 04 期

【摘要】罗马人的雕塑艺术深受伊特鲁利亚人和希腊人尤其是希腊人的影响，然而，在胸像雕刻这种艺术形式中，罗马人超越了他们的老师。罗马人有保存祖先遗像的风俗。罗马人的第一批青铜雕像就是运用希腊人和伊特鲁利亚人的翻铸青铜技术，直接用面具翻铸成青铜雕像。由此奠定了罗马肖像雕塑特别注重人物面部刻画的特点。这与古希腊雕塑注重人物姿态动作，相对忽视面部刻画的传统正好相反。罗马人的家族观念极强。他们把以父亲为家长的家庭观念应用于整个国家共同体，强调家庭和祖先的荣耀。罗马家庭把供奉祖先的半身肖像的神龛放在大厅最重要的位置。与中国人相似的是，罗马人认为与祖先肖似是一件极为荣耀的事。

对西方现代雕塑“虚空间”形态的解读

【作者】陈超

【刊名】湖北美术学院学报，2012 年 04 期

【摘要】虚空间雕塑形态的界定空间一词作为雕塑艺术的固有特征，从远古先民使用的第一件石器开始，就赋予了雕塑实体空间的概念，这里的实体空间是可触的有形物质所占有的三维空间，我们称之为正空间，在西方古典雕塑发展过程中，雕塑一直以凸起的体量为基本特征，雕塑被理解为一块向外凸起的球状或圆柱体的多“聚集物”，这个聚集物，我们可以理解为一种饱含实体的、三维的、团块的、忠实于客观物象的实体空间形象。按照阿恩海姆的说法，虚空间就是指物质实体的实空间之外的“气场”所营造的可感知的空间形态。

不可消解的神性
——以装置艺术为例看艺术的审美与观念

【作者】徐紫

【刊名】湖北美术学院学报，2012 年 04 期

【摘要】传统审美与后审美，是人类最初对自然的认识与欣赏的概括，中世纪的西方人认为，自然是存在于表象世界背后的本质世界，艺术则只是对物质世界的模仿。自然是上帝的杰作，是神性的，人们认同、依赖、顺从自然，那时美的理念是和谐、对称、安宁与秩序，思想家们都希望用美来解释人对自然的欣赏，用美来囊括所有的审美现象。到了文艺复兴时期，似乎是对自然美更加深入的挖掘。文艺复兴不仅真正的发掘了自然美，还使人类丰富了自身，确立了自己的地位，人类不再只是对自然的恐惧与屈从。美在艺术中传统的核心地位，似乎随着现代与后现代运动的到来而被撼动。现代主义时期，艺术不再只关注客体对象，而主要针对人的主观情感，美不再是艺术的代名词，艺术不再以传播美为己任。到了后现代，似乎是一个全面审美的时代，也即是本雅明所说的后审美时代。

谈建筑形式中的雕塑语言

【作者】王仁亮

【刊名】中国艺术，2012 年 04 期

【摘要】雕塑是造型艺术的一种，是雕、刻、塑三种创造方法的总成，利用各种可以塑造的材料，创作出可视、可触的艺术形象，借以表达艺术家的审美。建筑则是人们利用一切可以利用的材料建造出来的构筑物，是通过形式上的象征来向人们传达信息的一种形式语言。古罗马的建筑家维特鲁耶在《建筑十书》里面提出了建筑的三个标准：

坚固、实用、美观。这三个标准一直影响着后世建筑学的发展。建筑功能、建筑技术和建筑艺术形象是建筑构成的三要素。雕塑和建筑之间的关系雕塑艺术和建筑艺术虽然是造型艺术中不同的两种类型，但是从古到今，雕塑和建筑就有着十分密切的联系。雕塑和建筑具有很多的共同点，雕塑和建筑之间也有很多的共通性。雕塑和建筑空间处理的原则是一致的，二者的空间组合多种多样，但都遵守着经过概括的、符合逻辑的规律性认识。

“超写实”超现时

【作者】钱云可

【刊名】雕塑，2012 年 05 期

【摘要】超级写实主义雕塑兴起于 20 世纪 60 年代的美国，以冲破传统的“写实主义”的界限，追求极其逼真、纤毫毕现的视觉风格为特征。日益进步的科技和物质材料为这种艺术提供了发展的前提，高超的写实技巧是这种艺术风格的保证，同时它也有非常广泛的应用空间和实用价值。然而，继美国雕塑家杜安 · 汉森、约翰 · 德 · 安德烈亚等人之后，20 世纪 90 年代开始在当代艺术界声名鹊起的澳大利亚雕塑家让 · 穆克将超写实主义雕塑提升到了新的艺术高度，通过真实与荒谬的并置，超越了对技术本身的关注，而指向了人性和人生存的境地、状态。他被许多年轻的艺术家奉为偶像，追随其后。中国的各大艺术院校纷纷设立课程，进行“超级写实主义”的系统训练。由此，本刊特组织与此相关的文章及作品，以对当下的超写实主义热潮作一管窥。

从卡诺瓦到卡萨诺瓦
——关于具象性雕塑塑造手法演变的探究

【作者】宋扶日

【刊名】雕塑，2012 年 05 期

【摘要】在过去的两个世纪中，具象性雕塑经历了多次演变，从安东尼奥 · 卡诺瓦的冷峻的理想化雕塑到阿尔多 · 卡萨诺瓦（AldoCasanova）的富有意趣的倾斜性抽象作品，雕塑家创造出了充满激情的理想化杰作，并且将雕刻对象进行了崭新的再造，论及的雕塑家均改变了这样一种范式，那就是将自己的作品中带有的传统的雕塑作品的特征加以修正，每个人都带有一种冒险的心理，将作品赋予自我的情感，而不再去追求惯有的范式，并且这些雕塑家并不是仅仅探索了一种崭新的技术手段和富有哲理性的手法，它们还打破了惯有的形式准则，自行设想了许多方案，将它们所处的时代的精神力量凝聚了起来，旨在用一种全新的方式去展现出人物或动物的形象意味。

甘肃陇东的傩面艺术

【作者】张国荣

【刊名】雕塑，2012 年 05 期

【摘要】肃陇东傩面是古老的农耕文化的产物，体现了自然崇拜、生殖崇拜和祖先崇拜等观念。陇东傩面奇特的造型方式来源于我国古老的历史文化传统，它们是“中华文化的缩影，民族智慧的结晶” 经过几千年的传承、发展和演化，如今傩已经成为包括傩仪、傩舞、傩戏和由傩派生出的傩巫、傩神、傩面等在内的内容丰富的文化形式。随着社会的发展，傩的实用性逐渐减弱，而娱乐性逐渐增强，并与其他庆典活动相结合，注入了不同时代的文化内涵。傩面是傩的标志性符号，在整个傩事活动中起重要的作用。

精致细腻的艺术 古朴典雅的风格
——浅析莆田木雕艺术

【作者】余元俊

【刊名】雕塑，2012 年 05 期

【摘要】莆田木雕艺术有着悠远的历史传统，在长期的岁月积淀中，形成了鲜明的艺术特色。尤其是善于运用圆雕、透雕的艺术手法，在大件的工艺品上，抑或是在很小的人物上都能做到精雕细刻，把场景对象酣畅淋漓地表现出来，正可谓“绝活出神品，见工见艺”。艺术的发展，需要艺术家们在继承传统基础之上，跳出常规逻辑框架的束缚，用个性化的思维方式和造型灵感，创造新颖的、品质更高的作品。艺术源于生活，生活是给养艺术不断繁荣昌盛的源泉。因此，在不断展现莆田木雕艺术精致细腻风格之时，应该注入新的设计元素。在文化如此多元化的今天，木雕艺人们要开阔视野，博采众长，吸收各种传统工艺的精华，方能让莆田木雕艺术永久绽放耀眼的光芒。

现实与理想的超越
——对超写实雕塑有感

【作者】张威

【刊名】雕塑，2012 年 05 期

【摘要】之所以要“超”写实，一定是在某种意识与观念中对写实这一习惯性视觉经验有所突破与解读。艺术家会通过各种塑造技法与材料质感试图更接近所要表达的视觉原形，这就是我们所总结出的写实“技巧”。从艺术史的发展来看，“技巧”的突破并不是仅仅在艺术领域内可以完成的，它一定是在更广泛的社会层面进行。3D 技术能够使“再现”变为简单。此时，能如实再现一个人物或物体已经不是一种艺术的理想，而成为一种大众可以掌握的手段与媒介，超写实雕塑就要完成超越雕塑语言的转换，成为“超”雕塑。我们要探讨超写实雕塑的问题，不能忽视以下几个问题：1. 超写实雕塑与雕塑的关系。2. 超写实雕塑与艺术史及社会学的关系。3. 超写实雕塑与 3D 技术等新媒体的关系及未来发展。

超现实主义与复制

【作者】吴灿

【刊名】雕塑，2012 年 05 期

【摘要】复制活动出现在人类社会的任何角落，包括艺术创作。不过，在艺术创作中，这一词语包含了两层含义：其一是将艺术品的原作进行复制，它的目的在于保存、传播或者销售艺术品。另一种则是对于客观世界的复制，在西方艺术理论中，它通常以“摹仿”一词来代替。在造型艺术中，摹仿即是以客观世界为参照，进行艺术创作，力图接近眼睛所看到的那种真实。超写实主义雕塑与超写实主义绘画的理念是一致的，都是以精确如实地复制客观世界中的物体为目标。不过，在超写实主义艺术中，雕塑和绘画在题材上还是有所区别的。就绘画而言，因为是平面再现立体，所以自然界的一切都可以被复制入画；但是在雕塑领域，因为其本身的三维性，艺术家更倾向于复制人物形象，鲜有其他题材。

当代中国石雕艺术创作的新思考

【作者】吴福珍

【刊名】美术教育研究，2012 年 05 期

【摘要】石雕艺术就是中国文化艺术宝库中的一朵奇葩。石雕艺术凝聚着无数艺术大师的心血，正是在他们的辛勤创作下，石雕才有了广泛的群众基础，得以不断繁荣和创新。到了 21 世纪，社会进入了一个前所未有的新时期，石雕创作也呈现出明显的现代化、多元化和全球化的趋势，新的风格、新的形式逐渐涌现出来，作品数量迅速增多，很多作品内涵丰富、技艺精湛，具有鲜明的时代特色和地域特色，显示了石雕艺术在中国民族文化中的传承与发展，也为石雕艺术事业的发展提供了新的契机。

环境陶艺的传承与创新

【作者】吴可玲

【刊名】美术观察，2012 年 05 期

【摘要】环境陶艺 (Environmental Ceramic Art) 是公共艺术的一种表现形式，是艺术家借助陶瓷材料为媒介，以环境为基础，以视觉为依据，结合特定的环境，组织完成整体的艺术形态，并最终在环境中体现作品——人与环境之间的互动交流。从视觉意义上讲，环境陶艺是一种公众参与并与环境互动的艺术，它综合了科技、人文、美学、心理学等学科的内容，并承担着优化城市空间环境、文化传承乃至大众审美等诸多功能，因此具有时代性和人文性的审美特征。城市的品质和城市的精神来源于文化性。作为人们寄托情感的环境陶艺，是城市文化建设的有机部分。因此，它在城市空间中的艺术样式和发展走向，在拓展传统陶瓷语言、传承城市文化脉络的同时，还应当关注当代人的精神理想和文化生活，在个性文化的塑造与弘扬上力求创新与突破。

论雕塑与抽象形式的理念

【作者】闫小敏

【刊名】雕塑，2012 年 05 期

【摘要】本文阐述了抽象艺术的形式、风格及艺术思维理念对于中国文化艺术发展史所起到的重要影响；提出抽象艺术的思维和抽象艺术能力的培养必须建立在扎实的写实能力和民族的文化基础之上；在当代世界雕塑发展的舞台上，就如何把握住抽象雕塑艺术的创作发展方向提出，必须在中国抽象雕塑艺术精神本源之上发掘拓展抽象艺术语言。中国的抽象雕塑艺术的表现形式及理念应如何与世界的抽象雕塑艺术的形式语言对话，其表现形式及理念首先要建立在本民族的传统文化基础之上，才能把握住抽象艺术的创作发展方向而不致迷失。

造型艺术线条的理性与感性因素

【作者】齐增东

【刊名】美与时代（中），2012 年 05 期

【摘要】线条是造型艺术重要的语言构成手段，无论是二维的绘画、书法艺术，还是三维的建筑、雕塑实体艺术，其空间节奏变化都流露出线条律动之美。线条是感情的媒介，画家凭借线条表现对象的精神、传达主观情感，线条产生的韵味甚至是评价艺术作品的标准之一。古今中外艺术家十分注重其作品线条的美感，他们线条的样式各有特点：或粗犷豪迈，或优雅灵动，或细腻多变，或老辣持重，包括理性与感性两种情感因素。

浅谈文化语境对中国当代雕塑语言的启示

【作者】佘国富

【刊名】雕塑，2012 年 05 期

【摘要】世界著名雕塑大师的艺术风格和创作态度，在很大程度上来自他们对时代文化语境的敏锐洞察力。他们善于抓住所处时代的文化语境中人们对文化和审美的需要，不断调整完善自己的创作思路，塑造出具有强烈视觉与心灵感染力并为世人普遍接受的艺术作品。本文重点分析了审美文化语境对雕塑造型语言的影响，以启发雕塑家在当代的整体文化语境中运用造型语言建立起一种有效的对话和交流语言，以使得中国当代雕塑艺术的造型语言向积极的方向发展 ，从而造就出中国当代的雕塑大师。

世界艺术的奇葩——略论麦积山北魏时期造像

【作者】潘晓云

【刊名】美术教育研究，2012 年 05 期

【摘要】麦积山从后秦时开始被开凿，历经朝代沿革，不断被修缮，小小的山体一共被开凿了 190 多个洞窟，洞窟中有 7200 多件造像。因而麦积山被雕塑家刘开渠誉为“东方雕塑陈列馆”。麦积山以惊人的包容力量容纳了各个朝代的艺术风格。北魏是一个承前启后的时代，其造像具有秀骨清像、长腿细腰的艺术风格，既不同于后秦的古朴神秘、高鼻深目，也不同于西魏的清癯秀美，更不同于唐代的丰满圆润、富丽堂皇和宋代的秀丽纤巧。

南北朝与隋唐时期佛教造像中龙纹研究

【作者】彭燕凝

【刊名】装饰，2012 年 05 期

【摘要】在早期的汉传佛教中，佛教雕塑中龙形的意

义并不等同于早期中国传统意义上龙的本意。本文针对南北朝及隋唐佛教造像上的龙纹进行深入研究，在这一时期的佛教造像中，龙的形态随着佛教的深入传播发展不断发生变化，龙纹的装饰寓意也逐渐发生了改变，从佛教本意最初的护法龙发展到中国帝王的象征，逐渐形成了具有我国本民族特色的龙文化。

浅析在城市建设发展中的生态建筑

【作者】张雯迪

【刊名】美术大观，2012 年 05 期

【摘要】世界范围内，生态问题迫在眉睫。在城市的发展中，生态建筑和可持续发展显得尤为重要。在今天的城市发展建设中，应该把生态问题优先考虑，在经济和社会发展中应将其放在重要位置。“生态建筑”是将建筑看成一个生态系统，通过设计建筑空间中的诸要素，使物质和能源在建筑生态系统内有效有序地循环转换，来获取一种无污、生态平衡、高效低能的建筑环境。我们在大力提倡生态建筑的同时，结合本国的实际状况，创造有利于人们发挥创造的空间与人文生态建筑环境。

浅说雕塑艺术的本质特征

【作者】邵大箴

【刊名】艺术评论，2012 年 06 期

【摘要】雕塑是什么，什么是雕塑？怎样认识雕塑艺术的本质特征？由人类聪明才智发明的雕塑艺术，它与人、与自然以及与其他艺术门类的关系，它的社会作用和审美功能，在不同的历史时期，总会受到人们的重新检验，会在人们的讨论和实践中，不断有新的认识和推出新的成果。然而决定艺术品价值的是它体现的精神内容和所表现出来的趣味和品格是永远不变的。雕塑家们要进一步克服重技轻道的倾向，需要从提高修养着手，研究艺术规律和原理，以便把我国雕塑创作提高到一个新的水平。

坚守雕塑创作的个体精神

【作者】苑明亮

【刊名】美术大观，2012 年 06 期

【摘要】本文以中西雕塑文化中的时代精神与个体精神为主体进行叙述，同时也囊括了相融时代精神的中国佛教艺术和现代雕塑精神。作为雕塑创作的主体——雕塑艺术家，他们所起到的关键作用在于他们的个体精神，雕塑个体精神的由来对于一个艺术家来说，是通过艺术语言来表达他们的内心世界，意念和心绪，在经过艺术的加工创作时，是由想象构成来形成一个新的艺术世界，形成一个艺术家自我的第二自然。

大足石窟的文化取向

【作者】肖宇窗

【刊名】美术观察，2012 年 06 期

【摘要】艺术的发生、衍变都以文化为依托，文化直接或间接地影响艺术品格和成就。大足石窟艺术正是在文化建构的过程中随着文化的演化而演化，并因其独特性在中华文明史上发挥着不可替代的作用。

浅析雕塑创作过程中的心理意识

【作者】崔立忠

【刊名】美术大观，2012 年 06 期

【摘要】雕塑是凝固时间、情感、形态的艺术。在创作过程中，雕塑家必须对所要表现的事物进行感受，以最快的速度将自己的理解记录下来，形成所谓的灵感。这一瞬间过程，是无意识的条件反射，它是和雕塑家的世界观、人生观有直接联系的。考虑到雕塑艺术具有的公共性，所以艺术家去研究、感知观众的心理意识和人类情感倾向的共性，是一个重要课题任务。我们在创作过程中，需要放开手脚，顺其自然，认真地体会生活和客观事物，这样就会找到所需要的一切。

论徽州石雕装饰图形的线形造型之美

【作者】田慧子 黄 凯

【刊名】美术大观，2012 年 06 期

【摘要】徽州石雕艺术是珍贵的文化遗产，其装饰图形的线形造型极具形式美感。徽州石雕装饰图形以线形造型特征为主，根植于徽州人对宇宙自然高度抽象和概括的世界观。古徽州民居中的石雕装饰图形线形造型丰富多彩，已成为徽派传统图形民族化造型，具有独特的审美价值和视觉美感。其装饰图形富于动态气势之美、生命力之美和细腻典雅之美。徽州石雕艺术在其发展的过程中，形成了自己独特的美学价值，蕴涵着丰富的文化内涵，从而有利于我们更进一步了解徽州石雕艺术的造型特点，在徽州本土文化的基础上进行创新。徽州石雕艺术线形造型的传神表现力，令人叹为观止。

霍去病墓石雕的文化审美特征再探索

【作者】高昂星

【刊名】美术大观，2012 年 06 期

【摘要】汉代美术是地道的中国本土艺术，汉代石刻所呈现的审美特点与汉文化的审美取向密切相关，汉代美术体现着汉民族顽强的生命力。霍去病墓石刻是汉代遗存下来的石刻艺术中较早的一批以大型圆雕方式塑造人和动物形象的雕刻艺术作品，富有西汉时代风格，具有深刻的文化审美内涵，它的产生与汉王朝鼎盛时的历史背景及当时的时代要求息息相关。本文从艺术发展的历史角度和特定时代所呈现的民族心理特征来分析汉文化审美体系形成的历史渊源，并在前人研究的基础上依此来探讨茂陵霍去病墓石刻的文化审美特点，以及对当代美术创作所具有的启发性价值。

黑为美
——浅析淮阳“泥泥狗”尚黑的渊源

【作者】孟 滨

【刊名】装饰，2012 年 06 期

【摘要】“泥泥狗”又称“陵狗”，是河南淮阳太昊陵“人祖庙会”上泥制哨子玩具的总称。淮阳“泥泥狗”独特的用色传统是黑底敷五色 ，上古“尚黑”的遗风在泥泥狗的艺术风格中体现得格外突出。文章通过对淮阳地区人文地理和文化传统的研究提出了“泥泥狗”所用黑色的“巫祭、火冶、神玄、水德”渊源。指出了古人尚黑的主要因素有四点 ：第一是“巫祭”文化使人们产生了对于黑色所代表的神灵和祖先的崇敬之美 ；第二是“火冶”中黑色所具有的实用之美 ；第三是“神玄”中黑色的玄妙、通灵之美；第四是“水德”中黑色所代表的刚正、忠义之美。

浅谈环境雕塑的艺术魅力

【作者】种付彬

【刊名】美与时代（中），2012 年 07 期

【摘要】随着我国社会经济的飞速发展，人们对居住环境的要求也越来越高，雕塑艺术也越来越多地走进我们的生活，融入到现在的城市建设中去，给单调的“水泥森林”和固定的生活模式平添了许多生机与活力，成为城市建设中不可缺少的组成部分。雕塑艺术以其特有的艺术视角，运用概括、夸张、抽象与变形等多种表现形式，在特定的空间与环境中有序的结合，创造出富有节奏与韵律美、形态与形体美的平面或立体造型。“形”与“神”是中国传统美学的范畴。形是塑的载体。城市雕塑的造型语言以点、线、面为基本要素，围绕城市文化、环境主题、表现目的来进行概括、夸张和变形，以其特有的艺术形式来为人们提供较大的活动空间，以满足人们情感上的随意性、丰富性。城市环境经此“装饰”而变得更加协调，呈现出美妙的意境，并由此衍生出雕塑装饰艺术灵活的“适形”样式的方法。

徽州“三雕”在现代建筑装饰设计中的价值

【作者】袁哲慧　高玉卓　江滨

【刊名】美与时代（上）2012 年 08 期

【摘要】徽州　“三雕”在历史中的起源最早可以追溯到秦汉时期以前，明清时期是其最为繁盛的时期。它经历了数千年的历史，具有很高的历史价值。木、石、砖“三雕”艺术，可以说是中华民族地域图形设计文化中的一份珍贵的遗产。而徽州三雕，作为徽州传统的建筑装饰艺术，具有中国传统的文化底蕴，反映了古徽州的文化。徽州雕刻其实质不仅是一种艺术装饰，也是一种人文思想的体现。

装置艺术中的集合概念

【作者】熊鹤

【刊名】美与时代（中），2012 年 09 期

【摘要】装置艺术的技术要素与集合概念通过胶粘、焊接等建构技术，将物体与材料转变为雕塑作品的方法称为集合艺术。实际上集合艺术应该属于装置艺术的范围，而集合不仅是平面多元素的集结，也是立体的现成品的集结。装置艺术的历史可追溯到教堂中盛行的三联画、商业橱窗及戏剧里的舞台布景。“装配”或是“集合”是指对现成物品的挪用与组合，集合概念贯穿于装置艺术的最开始形成的基本概念之中，装置艺术中的集合概念也在于在新环境中获得的令人反思的意义。

新时代雕塑艺术的审美需求——略谈雕塑之色彩

【作者】郑志强

【刊名】美与时代（上）2012 年 09 期

【摘要】雕塑艺术历史悠久，是艺术中的一个重要门类，其造型元素主要有形体、量感、空间、材质、色彩等，在不同的发展时期，雕塑家对这些造型元素的关注程度不同。通过对色彩运用在雕塑不同发展阶段的分析研究，我们发现丰富多彩的雕塑形态是新时代的审美追求。随着表现主义的兴起，色彩在雕塑中的主观应用，必将成为新时期雕塑艺术发展的一种趋势。

现代雕塑的材质之美

【作者】申旭栋

【刊名】美术界，2012 年 09 期

【摘要】雕塑是以体量、空间为艺术诉求的造型艺术，其内在的艺术情感通过物质材料表现于外，也就是说材料是雕塑作品的物质前提。雕塑作品的创作过程是雕塑家与材料对话的过程，而雕塑作品制作完成之后，是审美者与材料交流、发现材质之美和发现内在意蕴的过程。雕塑的美感，是始于雕塑家对材料的感受，将自己的艺术情感通过对材料的加工塑造注入其间，最终彰显雕塑的体量、作者的情感和外在的材质之美。以不同材料实现的雕塑作品，反映出迥然不同的材质美感，无论是金属，木材，石材、陶瓷等，不同材料的质感焕发着不同的艺术美感。

远古的使者——古代洛阳陶俑艺术赏析

【作者】宋胜利

【刊名】美与时代（上）2012 年 09 期

【摘要】陶俑是墓葬雕塑中很有特色的一种雕塑形式，它以陶、木、金属、石等为材料，以雕塑形式模拟人、动物、建筑物等用以随葬，起着代替真人和实物的作用。中国古代陶俑的制作自原始社会开始，从秦汉到盛唐，俑的制作使用达到了鼎盛时期，制陶工艺日臻成熟。陶俑作为中国古代雕塑艺术的代表，以其卓尔不群的东方气质使世界为之瞩目。洛阳是我国八大古都中建都时间最长、建都朝代最多的都城。洛阳北郊的邙山水深土厚，是历代墓葬的风水宝地。保存在伊洛两岸、邙山上下的丰富墓葬遗址和墓葬雕塑，是古代洛阳及河洛地区辉煌文明的载体和见证，是认识和了解古代洛阳及河洛文化的宝贵实物资料。

理想的艺术区

【作者】孟繁玮　祝帅

【刊名】美术观察，2012年10期

【摘要】当代艺术中，艺术区成为了一个极具时代特色的艺术现象。尤其是近十几年间，艺术区在中国获得了快速的发展。艺术家们迫不及待地涌入艺术区，地方政府也投入资金极力打造艺术区。从表面上看，每个艺术区都力图标榜自己的独特之处，但现实中真正能够让艺术家愿意生活在其中，具有优质的艺术功能和文化氛围．并能产生重要文化影响力、凝聚力的艺术区却是寥寥无几。那么，我们到底需要什么样的艺术区？艺术家心中理想的艺术区应具备哪些功能和要素？如何在现实中建设有益于艺术创新的艺术区？这一系列问题．都值得我们反思和探讨．尤其是认真倾听有关艺术家的真诚声音，对于今后艺术区的建设不无裨益。

公共艺术在现代建筑中的嬗变

【作者】徐晶

【刊名】美术界，2012年10期

【摘要】现代建筑的思潮是随着“二战”以后的技术飞速发展而推广的，它对于今天人们的生活影响之大。本文所定义的现代建筑泛指符合柯布西耶总结的具有五要素的建筑原则的建筑理论及实践。公共艺术尽管是自“二战”之后才出现的概念，当今公共艺术不管是在国内还是在国外，都一直处于主流的学术讨论之中，尤其是中国当代艺术的发展，随着国内建筑和设计水平的提高受到创作和施工方面的重大挑战。在当代中国城市迅速发展的态势下，从历史的角度深入研究现代建筑与公共艺术之间的关系，对于当代的公共艺术艺术家和理论家，具有一定的现实意义和思考价值。

浅谈中国古代雕塑中的古典美学思想

【作者】白晨

【刊名】美与时代（中），2012年11期

【摘要】提起雕塑，我们常常能如数家珍般地随口说出许多西方雕塑家的名字，但对于中国的雕塑，我们却知之甚少。中国古代雕塑和绘画都孕育于原始工艺美术。从彩陶时代起，塑、绘互相补充、紧密结合。与精确写生刻画对象、注重比例结构的西洋画不同，中国画无论是工笔还是写意，都讲求一个“神韵”。所谓“似者得其行，遗其气，真者气质俱”，外在的形似并不等于真实，真实就要表达出内在的气质韵味，中国古代雕塑也正是如此。

唐陵石雕艺术的现代启示

【作者】赵顺利

【刊名】美术界，2012年11期

【摘要】唐陵石雕题材广泛，数量众多，刻技精湛，用料考究，均为前代所不及，被称为“唐代石雕艺术的露天展览馆”，具有很高的文物价值、审美价值和历史价值。唐陵石雕艺术充分反映了唐王朝的博大胸怀和恢弘气势，表现出包容、开发、阳刚和大气的大唐气象。有鲜明的时代精神，强烈的国家意志，核心的价值取向和卓越的艺术成就。作为不可再生的文化资源和必须珍惜的艺术遗产，对于今天文化的大发展，大繁荣，仍有借鉴和参考的价值，在艺术创作方面的深刻启示，仍具有现实意义。

视觉文化研究本土化与当代中国艺术

【作者】刘陶

【刊名】艺术评论，2012年11期

【摘要】“视觉文化研究”来到中国，要经历一个被“本土化”的过程。首先，必须承认视觉文化研究对于中国而言就是“舶来品”，它需要在中国的土地上得以成长起来。实际上，视觉文化研究应该说它主要是来自于“文化研究”，它是文化研究在视觉上的延伸。视觉文化所讲的主要就是，观看是一种“实践”，它讲究的是，在“凝视”当中可以产生某种“意义”。视觉文化研究在本土化的过程当中，要深入考察它的哪些方面是适合于中国艺术研究的，哪些是与本土文化相异质的，这样才能更恰如其分地进行“拿来主义”。

造化钟神秀
——巴蜀乌木艺术的审美意蕴

【作者】黄凯

【刊名】美与时代（上）2012年11期

【摘要】近年来，四川乌木艺术蓬勃发展，从多样化的乌木艺术中我们梳理出其理论原则：一是既追求中国老庄“道法自然”的天然美，又吸收西方的“模仿论”，开发出独具中国特色的乌木盆景；二是以儒家人格美学为基点，结合国人的宗教信仰、偶像崇拜，开发出乌木动物、人物雕刻；三是以日常生活审美化把乌木艺术的功能性、实用性和审美性相结合，开发乌木用具以及装饰。由此也形成了巴蜀乌木特有的审美意蕴。乌木艺术的发展空间和市场潜力是无限的，但是如何借助乌木开发出独具巴蜀特点的艺术并使其取得世界认同，这是乌木艺术发展面临的迫切问题。

汉代伏羲擎日、女娲举月图图像建构研究

【作者】刘芊

【刊名】装饰，2012年11期

【摘要】本文追溯了在东汉广为常见的伏羲擎日、女娲举月图图像的源头，并就图像的生成与建构过程进行深入研究。伏羲擎日、女娲举月图最初发源并依附于天象图，伏羲、女娲图像系统与日、月图像系统由最初的各自独立，发展为并置，并最终定型为以男性神主日、女性神主月的托举模式。

泉州东西塔佛教人物装饰浮雕艺术风格探析

【作者】王大卫　赵建锋

【刊名】装饰，2012年11期

【摘要】泉州东西塔塔身装饰性浮雕与塔基、塔身、塔盖和塔刹一起组成了一个和谐美观、互相依存的建筑整体。本文着重阐述东西塔浮雕与塔身造型、佛教教义的关系 ；佛塔装饰浮雕人物造型风格以及与同时代世俗化文艺思潮之间的内在联系。并着重指出，东西塔浮雕在整体上体现了“宋塑”的一般特征：人物造型世俗化、雕塑绘画化、装饰化，并有着浓郁的生活气息。

论环境艺术的中心空间与边缘性空间

【作者】傅立宪 李名飞

【刊名】艺术评论，2012 年 12 期

【摘要】环境艺术设计在很大程度上是对空间进行合理的配置和划分，并且影响甚至塑造人们的行为模式和生活的方式，因此空间在环境艺术设计中具有重要的意义，对于空间的理解和探讨是十分必要的。在很多人的眼里，空间常常被视为静止的、均质的、可以量化的客观对象，空间与人毫不相干。与之相反，很多学者和地理学家已经证实：不同民族、种族，乃至个人对空间的体验是不同的。实际上，空间是动态的和有差异的，并且有其中心和边缘。

环境与环境雕塑探讨

【作者】王志强

【刊名】美术教育研究，2012 年 14 期

【摘要】在人类进入现代信息文明时代之后，理想和美好的生态环境、人工环境是人们向往的。随着环境的变化，雕塑设计方式也在不断地变化、更新，雕塑的内容及创作思想也在更替、兴旺、衰落，此起彼伏。国家的发展、宗教、历史都离不开雕塑，自古到今，人们记载着自身的种种经历，记录着历史上的重大事件、重要的历史人物、各种风土人情，并通过雕塑追求着理想与未来。对于现代的艺术家而言，这些遗留下来的文化财富仍然是富有启迪性的范例。

霍去病墓石雕马形象的抽象性探析

【作者】郝秀丽

【刊名】美术教育研究，2012 年 19 期

【摘要】对比霍去病墓石雕马形象与现实马的形象，可以发现它们的形象差异较大，石雕马具有的中国传统写意的抽象性，霍去病墓石雕马形象并不追求逼真酷肖的效果，变化较显著。文章以东西方不同视角解读石雕马的抽象性，即石雕马具有的抽象性的西方解读：层次丰富，简洁概括，音乐般的节奏感中洋溢着浪漫自信之美。石雕马具有的中国传统写意的抽象性解读：千古神韵、气魄雄大、深沉感人之个性美。

信仰、家族与权力——试析绵阳碧水寺唐代雕塑的开凿目的

【作者】杜松

【刊名】美术教育研究，2012 年 19 期

【摘要】位于四川省绵阳市区涪江之畔的碧水寺保存了一定数量的摩崖造像。目前，针对碧水寺造像已有不少研究，有的研究已比较深入，因此文章将从艺术史研究的另一方面——赞助人的角度对碧水寺唐代雕塑进行尝试性探讨。

试论雕塑本体语言在当代艺术表现中的意义

【作者】李绍俭

【刊名】美术教育研究，2012 年 19 期

【摘要】雕塑是对物质材料进行“雕”与“塑”而形成的一种造型艺术语言形式“新具象”雕塑为中国雕塑的传承与发展做出了巨人的贡献；“新现实”雕塑用现实中的真实塑造艺术中的真实；“内空间”雕塑是对雕塑本体语言的拓展雕塑是一种文化现象，雕塑要发展，就必须紧跟时代步伐，不断创新雕塑家应该以雕塑本体语言为基础，吸收新的艺术表现形式，坚持创新精神，为发展当代的雕塑语言做出积极的探索，为中国当代雕塑语言的良性发展做出贡献。

浅析唐代石刻造像中的圆形样式

【作者】贾佳 乾梅

【刊名】美术教育研究，2012 年 19 期

【摘要】笔者发现唐代很多雕像的头部圆形出现的频率很高，眉型、眼睛的轮廓、嘴的唇峰，甚至身体、衣褶都沿着圆的轨迹流走运转，传达出浓浓的中国韵味。笔者带着关于“圆”出现的朝代与地域之别的疑问，探讨其逐渐盛行的原因以及运用的结果，并带着对大唐气象阔大气质的向往，翻开中国古代灿烂夺目的篇章——唐代石刻造像艺术的历史，一探这段与“圆”的不解之缘。

探析霍去病墓石刻的艺术特点

【作者】李晓雪

【刊名】美术教育研究，2012 年 20 期

【摘要】中国雕塑艺术在秦汉之后便明晰地分立为宗教雕塑和陵墓雕塑两种制作体系，但霍去病墓的雕塑艺术却与这两种制作体系截然不同，形成了其自有的艺术风格，这是极其难得的。其独特的石刻造型理念和“大写意”的艺术表现手法，风格雄厚浑朴。与其当时的社会背景，如政治、经济、文化、军事有着深刻的联系。古代匠师对现实生活的细腻观察，以及他们对艺术的归纳、凝练和自我的转化，将石刻雕塑打造生动传神、趣意盎然。这种独立于宗教雕塑和陵墓雕塑之外的艺术形式对之后的宗教雕塑、陵墓雕塑等雕塑艺术创作产生了较为重要的影响，一直为汉以后历代雕塑艺术所继承。

拴马桩石刻艺术研究

【作者】庞冠男

【刊名】美术教育研究，2012 年 21 期

【摘要】在中国古代雕刻艺术的研究中，一直以来有

一个门类很少有人关注，也许是因为它过于民间化，也许是因为它的材质过于普通。但是当伫立在它面前，静静观赏的时候，就会被它独特的魅力深深吸引，这就是拴马桩。目前真正全面地对拴马桩石雕艺术进行深入系统研究的著作确实是少之又少。这种现状就要求我们从多角度、多方面研究拴马桩，把拴马桩放到中国古典雕塑的大环境中进行纵向研究，把拴马桩所代表的中华民间雕塑艺术同西方相应的雕塑艺术作品进行横向比较、寻找差异，还要注意学科间的交叉，比如从民俗或者民居建筑方面对拴马桩的作用进行探讨。

中国陵墓雕刻艺术的研究与讨论

【作者】王静

【刊名】美术教育研究，2012 年 21 期

【摘要】中国传统的陵墓对于东方人而言充满了悲戚和神秘感，是使人敬畏的一种事物。墓地一般都选择在人迹罕至的地方，一年中人们仅在清明节等几个重要日子才会到先人的墓前祭拜，祈求先人的庇护。这让墓地和墓碑更多了一份与世事相阻隔的特点。信奉基督教的西方人认为人死后将升入天堂，而公墓就要建成“天堂花园”的样子，所以欧洲不少公墓都建在市中心，墓园除了安葬亲人外，还供人们参观游览。在我国历史上，这种具有公共公园性质的墓园极少出现，雕塑主要体现在各朝代的帝王陵墓中。陵墓雕塑艺术包括墓室随葬俑和地上大型的纪念性雕刻，是中国古代雕塑艺术的重要组成部分，又是独具艺术特色值得深入探讨的一部分。

教育 · 教学

最后一块现实主义“圣地”——列宾美术学院

【作者】梁瑞

【刊名】美术大观，2011 年 01 期

【摘要】列宾美术学院艺术思想体系是建立在以传统具象为基础的技法之上的。这所以古典主义起家的俄国美术院校，其写实技法的教学体系依然继续。而当今世界现代艺术风起云涌，世界各大艺术院校纷纷放弃写实技法的教学体系时，列宾美术学院的教学体系依然坚持自己的特色，成为世界艺术教育的最后一块现实主义的“圣地”。

高职院校“陶瓷浮雕实训”课程教学模式初探

【作者】李雪玲

【刊名】美与时代（上），2011 年 01 期

【摘要】“陶瓷浮雕实训”课程体系围绕高职院校高技能人才办学定位及专业相关技术领域职业岗位（群）的要求，培养的是能掌握建筑陶瓷浮雕设计的基础理论和专业知识，具有在陶瓷浮雕设计、生产一线从事设计、制作、施工等工作的高级技术应用型人才。岗位目标定位为：陶瓷浮雕腰线花砖产品配套设计师、陶瓷浮雕电视背景墙设计师、艺术瓷砖设计师。作者以广东纺织职业技术学院艺术设计系的陶瓷产品造型专业的教学实践为例对此做了探讨。

纵深的形——朱尚熹教学雕塑随谈

【作者】朱尚熹

【刊名】雕塑，2011 年 02 期

【摘要】形是雕塑家的感动点，或者说雕塑家感动生活与自然的专业触角。我们感动生活，可以不去听故事、听意义，感动形则足矣！就像音乐家用节奏与旋律的触角感动生活一样，画家是以色彩和线条的触觉感知生活的。雕塑家在感知生活时，过多的故事、社会命运、内涵意义的关注，必然导致其雕塑作品的文学性太强，而雕塑表达则成为工具或附庸。当然我们不排除雕塑家状态的多样性，但问题是要让学生知道雕塑家状态是可以选择的。雕塑家完全可以做得很纯，雕塑也可以做得很纯，不一定非要承载重大社会责任。

视觉传播学——新兴的交叉学科

【作者】张浩达

【刊名】雕塑，2011 年 02 期

【摘要】随着时代的发展，许多原有学科的边缘之处派生出了新的学科空间，它们是由一些传统学科交叉而成的具有强大生命力的新兴学术领域。“视觉传播学”(Visual Communication)就是生长于艺术设计学、美术学、信息学、传播学、符号学和心理学复合之处的新兴交叉学科。在信息化的社会里，通过视觉传播活动可以把许多难以用语言和其他符号传递的信息诠释为视觉信息，这种视觉化信息的传播渗透力作用非凡。视觉信息是图形与图像占据主导地位的文化形态，代表着人类记述和获取信息方式的根本改变。这些视觉信息已经突破了以往视觉艺术的边界，正在走向大众的日常生活，可以说，我们今天的文化生活层面已经被全方位地“视觉化”了。

持续 60 年的创造和活力——川美雕塑

【作者】焦兴涛

【刊名】湖北美术学院学报，2011 年 02 期

【摘要】四川美术学院雕塑系，其渊源最早可追溯到 1939 年的四川省立高等工艺职业学校，从 1951 年招收第一届雕塑专业学生，其间经历合校、更名，至 1953 年正式成立雕塑系。在六十年的教学历程中，雕塑系创作上师法欧洲古典理念、前苏联现实主义精神，兼容中国传统民间技艺，融会贯通，自成一体，形成独特的西南雕塑群体。该体系秉持创作自由，贴近现实，不拘一格的方针，产生了一大批在中国现代雕塑史上占据重要地位的雕塑作品。进入新时期以来，“川美雕塑”则在当代艺术的冲击下表现出更为活跃的态势，不断丰富着“川美雕塑”这个创作体系的内涵与外延。

抽象雕塑的基础训练“综合构成”

【作者】曾岳

【刊名】湖北美术学院学报，2011 年 02 期

【摘要】艺术院校的学生在面对当代雕塑艺术时，对其语言表现力的认知与探寻在教学中有很多难以逾越的障碍。更重要的是，缺少对西方科学的视知觉原理等抽象理论的认读，不利于本土文化获得全新视觉呈现以及其他文化的认同。开展抽象雕塑的基础教学，需要某种关涉抽象理论和实践的教学介入。现代艺术教学起步必须借助这些资源。写实训练能够培养良好的控形能力，以此作为抽象雕塑基础教学的课程设计的铺垫。转而以形体、空间、材质等综合的基础训练，由此扩展雕塑的语言。“综合”是指在观念的驱动下对所有形式要素的选取与融合，而“构

成”则是包含了我们在雕塑这一概念中除塑造之外所有可能性的成型手段。

古老材料的再发现

【作者】何力平

【刊名】湖北美术学院学报，2011 年 02 期

【摘要】从现代艺术开始变革以来，雕塑的形式语言和观念已发生巨大的变化。中国雕塑在引进西方现代艺术的过程中，经历了多种风格的变化过程。面对这些让人不知所措的变局，川美雕塑系的教学如何面对传统的木雕和石雕课？如何认识这门课程？尽管雕塑界有多种不同意见，川美雕塑系仍然毫无悬念地选择保留石雕、木雕课，并且从教学的角度强化和深化。通过多年的努力，尤其是近年的对这门课的开放和改革，改变观念，建立专门制作场所，使这门课重新被同学认识和发现。出现了一批有大胆创意的好作品，一种新的气象在古老的雕刻形式中呈现。

当代雕塑学院式教育体系的思考——湖北美术学院雕塑系教学的建设与发展

【作者】张松涛

【刊名】湖北美术学院学报，2011 年 02 期

【摘要】在专业美术院校的课程中，雕塑专业历来都须完成五年的全日制课程学习，其中几乎全是专业项目，很少涉及人文，大多数的雕塑专业学生仍然还是选择与自己专业相关或完全相同的选修课程，拘泥于本专业的惯性思维方式之中，但如今的雕塑专业，或者说艺术事业，早就要求人们需要以其知识含量更多种类的文化准备，去面对当下以及未来更多元化的需求与文化发展。这就要求当前的雕塑教育要在传统教育模式的经典课程基础上，再贯注一些适时而丰富的人文课程，在保证学生的基本雕塑实践能力的精良上，还要培养他们能在艺术创作的道路上形成一个综合实践与思维方式相配套的方法论，而正确的艺术方法论，才是当今的学院教育更重要的教育目标。

对我院陶瓷艺术专业的构想

【作者】陈君

【刊名】湖北美术学院学报，2011 年 02 期

【摘要】近一个世纪以来，以技术训练为主的陶瓷艺术教育，决定了教学为工艺美术服务。但这种旧有的以技术为中心的程式化教育观念已逐渐演变为一种不假思索的、基于文化形态上的“领袖角色”，以普遍的理论认同方式，勃发出文化环境的类同性和一致性。艺术教育不是职业技能的培训行为，而是人格完善教育的社会行为，是注重人文知识的教育。因此，在湖北美术学院大力推行的“通识造型”的框架下。依据通识的课程体系与通道，来打造陶瓷艺术专业“宽口径、厚基础、重能力、求创新”的办学理念。

关于泥塑教学的几点思考

【作者】田喜

【刊名】湖北美术学院学报，2011 年 02 期

【摘要】从二度空间向三度空间的转换绘画与雕塑同属视觉艺术，有许多共同之处，几乎是同根而生，但绘画与雕塑在呈现方式上却是完全不同的，绘画是在平面上去描绘形，雕塑是在三维空间中去塑造形体，在雕塑中必须去考虑侧面和背面的问题。雕塑中“深度”的问题往往是低年级学生们最为头疼的，模特需要在转台上作全方位的“公转”，学生们同样要在自己的转台上把作品作360度“自转”，并且要不断地变换作为观察者的视点才能正确地把握对象在三度空间中的深度。对于合格的雕塑者而言，这种观察和塑形方式必须成为一种“本能”，而这种“本能”需要长期的训练才能形成。

中国现代雕塑教育的开拓者——盛扬谈王临乙的雕塑艺术

【作者】郅敏

【刊名】美术观察，2011 年 02 期

【摘要】面对郅敏的采访，盛杨说：如果不算刘开渠的话，中央美院的雕塑家王临乙是从西方学成归来最早的人，是徐悲鸿的得力助手。中国雕塑真正的学院教育方式是 20 世纪初开始的，雕塑方面从最早的李金发到刘开渠、王临乙、曾竹韶、滑田友这些先生，都是在二三十年代去西方取经，回国后用西方学院教育的培养方式来办艺专。今天我们可以把他们算作开创中国现代雕塑艺术和建立中国现代雕塑教学的第一代人，他们把 20 世纪初欧洲雕塑体系和脉络带回中国。王临乙深受布德尔回归雕塑本体的艺术主张的影响。认为结构是一种内在的东西，是藏在形体之内的，非常讲究形体的完整。没有激情，没有生动的感觉很难成为鲜活的艺术。王临乙那一代知识分子有一个非常可贵的地方，这批回来的人，不管是学雕塑的，还是学油画的，只要是有成就的，他们把西方的东西学到之后，总是想到怎么和中国的东西结合。

实践技能培养是高校毕业生就业的可靠保证

【作者】周 磊

【刊名】美术大观，2011 年 02 期

【摘要】近年来，随着毕业生人数的增加和竞争的日益激烈，我国高校毕业生就业难的问题比较突出。如何缓解高校毕业生就业难的问题迫在眉睫。高校要进行内部的教育改革。本文论述通过实践教学改革，可以全面培养学生的操作技能和职业能力，加强企业与学校的沟通，促进理论知识与实践技能的紧密结合，满足社会对人才的需求，最大限度地缓解高校毕业生就业难的问题。

雕塑基础教学之我见

【作者】于猛

【刊名】中国艺术，2011 年 02 期

【摘要】鉴于历史因素的影响，多年来我国形成的以八大美院为代表的社会现实主义教学体系和创作思想成为了中国艺术的主流，但在改革开放之后，一些人和院校从一个极端又走向了另一个极端：全盘否定了前辈的教学思想和建立起来的体系。立足当下，本文从雕塑专业学院教育重模仿人体、创作目的日益减少人文性与地域特点的现状与背景出发，结合当今雕塑艺术发展对学院教育的新要求以及雕塑艺术面向世界发展等因素，深入研究适应时代发展的教学意识与方法，解析学院雕塑教育的新目标，得出学院雕塑基础教育的基本思路，从而推动雕塑教育改革的进一步深入，推动对当代中国雕塑教学发展方向的思考。

论雕塑形体学习

【作者】毕雪微

【刊名】美术大观，2011 年 02 期

【摘要】关于“人”的有机形态的雕塑，是雕塑艺术出现以来的主要传统，也是学习雕塑的入门之路。本文以个人的雕塑学习过程来说明学习雕塑的塑造之道。笔者指出，首先要从它的基本元素开始，明确“体”的观察，确定形的完整性和了解雕塑的间。再通过具体观察的方法，最后便能打到“雕塑就是塑造，塑造成就雕塑”的境界。

《纵深的形——朱尚熹教学雕塑随谈》之《后羿》创作谈

【作者】朱尚熹

【刊名】雕塑，2011 年 03 期

【摘要】后羿也是我喜欢的题材，早在研究生上学期间我做过一件《羿郎》。后羿射日，华夏神话。很多像我这种年龄的艺术家以这个题材创作过不少艺术品，要做得有感觉还是要下一番工夫的，当然首先要有个自己经过深思的立意。我自认为自己在人体塑造方面还是有一定优势的，特别是对西洋人体雕塑的规律尤其了解，同时我自己又酷爱中国传统雕塑，传统中的金刚力士、护法神的雕塑造型很有味道。我想做一种尝试，将西洋的人体雕塑与中国的力士做一次糅合，看能否行得通。

耳濡目染新一代的突围——我看雕塑专业应届毕业生优秀作品展

【作者】乔迁

【刊名】雕塑，2011 年 03 期

【摘要】近几年来，我对雕塑专业应届大学毕业生的作品比较关注。无论是造型能力，还是表现能力，比以往又成熟了一步。学生们对不同体系的造型规律都能很好地掌握，无论是超级写实主义、现实主义、中国古典，还是装饰性的，都可以游刃有余地运用；另一方面，是表现形式的多样性。这些作品几乎囊括了我们在书本上和大的美术馆看到的所有现、当代艺术语言形式。

从形式表现到形式美感——装饰造型设计课程解析

【作者】李娜

【刊名】天津美术学院学报，2011 年 03 期

【摘要】在美术院校的专业设置中，装饰艺术设计专业是一门很重要的学科，四年中，学生们通过造型基础训练和专业基础训练逐渐进入到创作阶段，作品形式包括浮雕、圆雕、锻铜、漆器、漆画、陶艺、装置艺术等，其中，作为专业性基础课程的是“装饰造型设计”，课程设置在二年级完成，起到承上启下的作用，不可小视。在整个的教学进程中，通过理论讲授和实训辅导培养学生新的创作理念，应该重点将学生个性和潜质的挖掘放在首位，以创作出崭新和与众不同的作品。在日常的生活中，当我们举目四望随处都可以看到不同的景物，如何从这些复杂的物象中抽取并变化出造型需要的元素，这是我们一直在关注和研究的课题。

解构与重塑——关于后陶艺的思考与创作

【作者】叶双贵　王军平

【刊名】中国艺术，2011 年 03 期

【摘要】现代科学技术的快速发展，使得陶瓷材料与烧成技术本身也有了巨大的进步，促进了现代陶艺领域的形成与发展，最终促使其成为一门独立的艺术门类。现代陶艺已经解构与重塑，逐步进入“后陶艺”阶段。笔者开展了以“大陶艺”“病毒”“病毒餐食物”“病毒餐陶瓷”“中国制造”“信息快餐”“酒水、奶水”“美丽大餐”“中式西餐”等一系列有关“后陶艺”的创作探索与实验，最后认为，“后陶艺”彻底解构了传统陶瓷艺术的形态和功能，体现了一种更加泛化、复杂的审美关系系统，是后现代艺术特征在中国当代实验陶艺中的显现，是传统陶艺经过解构与重塑后的必然发展。

教学改革的推手——传统工艺对造型艺术教学改革的积极影响

【作者】冯建平

【刊名】湖北美术学院学报，2011 年 03 期

【摘要】随着人们思想觉悟的提高和观念的转变，一度难登大雅之堂甚至被“鄙”之为“下器”，不给正眼看待的民间传统工艺又开始渐渐被社会所关注和追捧，不少还被冠以“非物质文化遗产”的名分。部分民间传统制作工艺还走进了现代美术教育的课堂，成为艺术类教育开设的工艺制作课程。如：由传统制漆工艺产生的漆艺课程。制陶工艺产生的陶艺课程，制银锻铜工艺产生的壁饰、首饰锻造课程，编织工艺产生的纤维艺术课程等，将来还会有更多的民艺制作工艺不断融入到艺术院校造型专业的教学中去。这体现了当今社会的进步，也是社会发展的需要。事实证明传统工艺进入现代艺术教育不仅有力推动了当今艺术教育的改革，也促使高等

艺术教育真正担负起传承人类文明和保护人类珍贵遗产的重任。

追寻现代
——广州美院金属焊接雕塑课程综述

【作者】夏天

【刊名】雕塑，2011 年 04 期

【摘要】本文认为现代意识与素养对于艺术专业的学习来说是非常重要和必需的。文章以金属焊接雕塑课程的教学实践为例，从现代金属雕塑的背景、历史、技法等方面讨论了教学的内容和模式等问题。

视觉传播学的课程设置与服务对象

【作者】张浩达

【刊名】雕塑，2011 年 05 期

【摘要】视觉传播学作为一门站在许多学科交叉点上的新兴前沿学科，它涉及视觉元素的归类分析，使学生初步了解视觉形象在传播过程中对象与主体的关系，进而有一定的形象组织能力和应用能力，为整体性创作提供系统知识和技巧性服务能力，并搭建一个良好的基础性平台。在信息社会中，视觉传播学的主要课题便是在这个复杂的社会组织与错综复杂的视觉环境中，针对新的信息化动态而构筑新的价值体系，并开发新的传播系统以配合新的价值体系。

环境雕塑学科的界定问题

【作者】于俊峰

【刊名】雕塑，2011 年 05 期

【摘要】从学科的高度规范环境雕塑建设，从专业的角度培养人才，才能真正步入良性轨道。但是，如何规范环境雕塑学科，仍然是目前的首要问题。它关系到与国家标准、教育部学科目录的同步，还要体现该学科的模式与特色，可谓任重道远。

试论雕塑艺术专业书刊的装帧设计

【作者】李健

【刊名】雕塑，2011 年 05 期

【摘要】雕塑是造型艺术范畴之中最复杂的一个门类，是艺术的“重工业”。雕塑艺术的普及与推广，主要有赖于雕塑刊物和雕塑专著的出版传播。雕塑艺术专著及刊物的装帧设计，既尊重美术书刊的一般性设计规律，也因为雕塑艺术的特殊性而具备独特的个性，自有独到的设计要求，有自身的设计规律可循。

鼎立而行
——记“鼎立行”第三届全国高校毕业生石雕创作营

【作者】袁宏

【刊名】雕塑，2011 年 05 期

【摘要】“鼎立行”第三届全国高校毕业生石雕创作营是前两届全国高校毕业生石雕营的延续。此次大学生石雕创作营作品，是从 2011 全国高校毕业生优秀雕塑作品展及网展的 30 多所院校 300 余件作品中遴选出 10 位优秀学生参加，他们分别来自天津美术学院、南京艺术学院、东北师范大学、清华大学美术学院等。

雕塑景观呼吸吧

【作者】曾岳

【刊名】雕塑，2011 年 05 期

【摘要】以多元雕塑语汇的角度来反思，我们把雕塑捏在手里太紧，肯定是做不好雕塑的。而反过来，只要打开雕塑的概念与空间，让环境进入到敞开的雕塑之中，就能改变所谓的景观雕塑总是由环境对雕塑提出要求的被动状态，而使雕塑成为造型景观的总体——视野中的一切所见。更为重要的是，以环境中的所有材料拿捏雕塑，关于当代艺术关于新观念、新材料更宽泛话题的顺利介入教学就不由分说了。

冰雪雕塑艺术教学方法研究

【作者】董丽娜　崔昊

【刊名】美术大观，2011 年 05 期

【摘要】冰雪雕塑目前在国内外受到广泛重视。随着冰雪雕塑艺术的发展，在高校新课改中加入冰雪雕塑设计与制作的课程，切实做到了理论与实践的完美结合。冰雪雕塑艺术教学的着眼点主要在于使学生“走出去”，培养学生向应用型人才方向发展。为了有效推动冰雪雕塑艺术教学方法改革，特别是为了取得高效务实的教学效果，在教学实践中，笔者逐步尝试对比分析教学方法、实践式教学方法。并从微观与专业角度分析了冰雪雕塑艺术对于青年学生在专业上和在个人意志上的锻炼。在教与学的过程中要求教师要不断注意冰雪雕塑艺术的开发和应用，为能够更透彻地理解和把握冰雪雕塑艺术的理论与方法打下坚实基础。

我们今天如何认识包豪斯

【作者】周至禹

【刊名】美术观察，2011 年 05 期

【摘要】去年年底，笔者应邀去杭州中国美术学院象山校区讲学，借机参观了在这里陈列的一批由杭州市政府出资收购的包豪斯作品。杭州市和中国美术学院斥资购买包豪斯作品的消息是早就知道了的，看到这批作品之前也曾经心生疑惑：这些将近一个世纪之前的工业产品是否物有所值？中国美术学院是否具有陈列、收藏和研究的条件？在杭州展示这批作品又会在多大程度上引起全社会的关注？然而，这一切疑问都随着此次参观而烟消云散。展览陈设中的那些精品并没有随着时间的流逝而失去光芒，而更可贵的是包豪斯在九十多年前在工业化大生产之路上所做出的开创性探索，在今天仍然是某种精神的象征，也是

一个时代难以抹去的印记。

空间造型设计思维培养
——空间构成课的教学探索与实践

【作者】杨开富　谢燕平

【刊名】装饰，2011 年 06 期

【摘要】通过空间构成课的教学改革和探索，针对专业的特点设置基础课课题，利用课题的多样性拓展学生宽泛的思维空间。使基础课教学与专业课很好地衔接，更好地培养学生的造型思维能力和空间思维的差异性。

艺术清华
——清华大学美术学院的造型艺术

【作者】张敢

【刊名】美术，2011 年 06 期

【摘要】在清华大学建校百年之际，美术学院造型艺术专业的教师们以整体面貌出现，全面展示了他们的风采和水平，这在从中央工艺美术学院到清华大美术学院前后 50 余年的历史上尚属首次。

提高公共艺术的文化价值
——吴为山访谈

【作者】郅敏

【刊名】美术观察，2011 年 07 期

【摘要】面对致敏提出的“随着中国城镇建设和公共艺术的快速发展，公共空间中的雕塑如何更好地走近公众，走入人们的心里、是很多人关注的问题”。吴为山说：“无论是城市雕塑，还是架上雕塑，首先应具备精神性。公共艺术如何走进人们的心中？首先作品本身要有文化含量和精神含量，要有个性、有风格，它应该是艺术家真实情感的表达。公共艺术不仅要在材料和形式上与建筑及周围的环境等因素相呼应，更重要的是要与人们的心灵产生互动。它是艺术家琢磨公共心理的艺术，它是艺术家在作品中自觉或不自觉地表现了人们普遍的精神情感，反映了人们普遍的价值认同，这样的公共艺术才能与公众产生共鸣。”

装置艺术对雕塑创作的启示

【作者】王传品

【刊名】美与时代（中），2011 年 07 期

【摘要】20 世纪 50 年代以来，各种后现代艺术运动风起云涌，波澜起伏，艺术各门类之间不断地同化与新生，形成了一种混生、交杂、变异、合成的艺术现象。在此背景下，具有雕塑惯常的实体材料性和立体性特征的装置艺术登上了历史舞台。装置艺术的观念物质化的创造，大大扩展了雕塑艺术的外延。

论舞台美术设计中雕塑元素的运用

【作者】李昌国

【刊名】美术教育研究，2011 年 09 期

【摘要】在舞台美术设计的发展历史中，作为造型艺术的雕塑艺术对舞美设计有过重要的影响，尤其是在变革中的当代舞台美术设计。现代舞台设计师的设计灵感越来越多地来自雕塑艺术，尤其是抽象雕塑。

动画雕塑基础课程教学研究

【作者】孙琳

【刊名】美与时代（中），2011 年 10 期

【摘要】动画雕塑课程是多学科交叉融合的课程，所涉及内容是相互依存的关系。动画与雕塑作为不同的艺术类别有着各自不同的艺术特点，在本课程中要求两者协调，既要体现动画专业的特点，又能反映出雕塑训练的作用。但更多的是雕塑为动画服务，提升动画专业学生的综合能力。通过本课程的教学，将强化学生在动画形象塑造方面的训练，要求学生从艺术的角度出发，掌握动画雕塑形象塑造与设计制作的方法，发挥创造性的思维能力，完成最终的教学目标和要求。

浅谈纪念性人物雕塑的创作与教学

【作者】刘海岸　申大鹏

【刊名】美术大观，2011 年 12 期

【摘要】在中国具体的国情下，纪念性人物雕塑有其存在的合理性。传统的纪念性人物雕塑的形式必须进行适当的变革才能适应时代的发展，迎合现代人审美的需求，使其乐于接受；雕塑教学中必须进行针对性的训练以完成人才培养目标。纪念性人物雕塑的选材可大胆创新，以便能够更加融合到现代化城市的大环境中。学校的雕塑教育是以培养对社会有用的人才为宗旨。笔者认为在写实训练课程中应引导学生对人物精神内涵的把握以及加大学生对构图完整性和艺术化处理的重视和训练。

焊接技术与金属雕塑的制作

【作者】尹刚

【刊名】美术观察，2011 年 12 期

【摘要】20 世纪的 30 年代，焊接技术在金属雕塑创作中的应用以冈萨雷斯和毕加索为代表，它是伴随着现代艺术的产生而产生的、不可复制的金属雕塑方式。在世界雕塑艺术史上，它为雕塑制作与材料运用开辟了一个新的领域，也标志着一个新时代的来临。现代焊接设备、技术与材料，是当今雕塑家创作金属雕塑、实现其构思的首选。雕塑家将现代焊接设备与技术运用到金属雕塑的艺术创作中，得心应手地发挥其创作灵感，从而使现代金属雕塑不再简单地表现为金属固有的物质形态与形式主义的堆积。现代高科技焊接技术和设备大大地拓展了金属雕塑的制作手段。

城市景观雕塑课程应用型人才培养教学研究

【作者】张行舟

【刊名】美与时代（上）2011 年 12 期

【摘要】如何改革课程体系，培养适应市场要求、经得起市场检验的本科应用型人才，成为本门课程教学的关键所在，本文就此方面进行一些探讨与研究。城市景观雕塑课程的特点城市景观雕塑课程是公共艺术设计、环境艺术设计、景观设计等专业的一门必修课，它是以基础造型、公共艺术媒介、雕塑技法、景观设计等选修课程为基础的一门综合性课程。教学目的在于引导和启发学生对城市景观雕塑设计方面的理论知识的学习和掌握，进而把该方面的知识能够合理和准确地应用于实际的设计项目中。文章对城市景观雕塑课程应用型人才培养教学研究问题作了论述。

公共雕塑与大学校园文化的关系

【作者】付孝勇　张慧

【刊名】美术教育研究，2012 年 01 期

【摘要】校园公共雕塑凸显了校园文化的理念；校园公共雕塑提升了校园文化的水准；校园公共雕塑强化了校园文化的功能；校园公共雕塑完善了校园文化环境。认真研究公共雕塑和校园文化的关系，对于我们科学、客观地做好校园公共雕塑的规划、设计、建设，对于我们多角度、多维度地建设好高品质的校园文化，都有着十分积极的意义。虽然优秀的校园公共雕塑和校园文化未必能直接促进学生的成才，但一个优秀雕塑林立、艺术氛围浓郁、地域历史文化深厚、充满人文与生态气息的校园肯定可以给学生健康全面地成长提供正面的影响。

对雕塑专业素描教学的几点思考

【作者】胡日查

【刊名】美术教育研究，2012 年 01 期

【摘要】对民族传统雕塑的再发现和研究借鉴的过程。如果能在民族的雕塑语言和西方现代雕塑语言中进行嫁接，中西结合，则可开辟一条既发扬民族传统又借鉴西方现代的新途径。西安美术学院在全国率先引入了传统雕塑素描教育体系，并且设立了传统雕塑素描教室和中国精神工作室，在基础教学中大大加强了中国传统文化的教学内容。此外，它还多次强调提出中国艺术表达方式与欧洲古典雕塑冲突之处的新课题，充分让学生体会到东西方两种不同的美、不同的文化。

浅议环境艺术和雕塑

【作者】王蒲

【刊名】美术教育研究，2012 年 01 期

【摘要】推动城市进步的首要步骤就是我们如今倡导的城市规划建设，而环境艺术和雕塑是城市规划中的重要组成部分，科学合理地处理好环境艺术和雕塑在城市规划中的建设问题是我们取得城市突破进展的关键。环境艺术也被称为环境设计，虽然目前环境艺术还没有形成科学的理论体系，是一门尚在发展中的学科，但是环境艺术对人类的影响作用却也是不容忽视的，环境艺术的核心问题在于处理人与人、人与自然以及人与社会的和谐关系，通过视觉和触觉，让人类感知周围的和谐、自然的美丽。

现代陶瓷雕塑设计语言刍议

【作者】李刚

【刊名】美术教育研究，2012 年 01 期

【摘要】对现代陶瓷雕塑设计的语言进行探讨是十分必要的。现代陶瓷雕塑设计的文化背景及其语言形成现代社会的显著标志是机械化和批量生产，多种文化都是规模化运作，它直接导致了传统文化的变革。市场化操作、管理是现代社会文化运作的一个显著标志，以商业盈利为目的的各种艺术文化进入市场，并通过市场调节与运行，从根本上改变了这种文化的传统面貌而使之带有现代文化的特征。现代陶瓷雕塑设计正是这种现代特征文化的典型代表——适应了现代社会文化生活的需要，代表了时代的潮流。

将计就计
——立体构成课程与抽象形态教学实践

【作者】何征、王洪

【刊名】雕塑，2012 年 02 期

【摘要】“立体构成”是设计艺术专业创造形式美，塑造空间造型的重要手段，在教学中认知、感受、把握立体构成的原则，梳理总结，找寻实践中的规律，把握好形式美的法则，如何引导“将计就计”是要理清的问题。立体构成的训练过程，实质上是对空间形式的训练，在这个过程中，凝练了主题意识，通过抽象与象征性来表达造型，同时认知了材料，把握了三维空间的尺度，培养了提取抽象美的素质，通过实训这种抽象艺术形式，帮助学生体会对当代抽象公共雕塑的认识。因此立体构成是当今把握三维，认识和塑造形体空间的一种行之有效的手段和途径

从材料和造型论中国新具象雕塑创作个性化特征

【作者】张大民

【刊名】数位时尚（新视觉艺术），2012 年 02 期

【摘要】当代中国新具象雕塑创作个性化的主要特征笔者概括为：自由多元、情感表达、观念主导。其中最显著的特征是自由性和多元性，无论是命题立意、观念介入、材料选择、形式变化、呈现方式、色彩装饰和运用无不呈现出自由和多元化的特征。通向建立雕塑家个性化艺术风格的通路和途径是无限广阔的。

当代国际纤维艺术形式的多元化构建

【作者】邱蔚丽

【刊名】世界美术，2012 年 02 期

【摘要】艺术的门类多种多样，纤维艺术就是其中一种。本文通过分析一些活跃在当代国际纤维艺术领域并具有一定代表性的艺术家的纤维艺术作品，从纤维艺术家个人风格的构建风格方式、样式、类型的形成格式和趋势；

纤维艺术多元表现形式的构建；纤维材料的独特构建三个方面，阐释作品产生的背景，旨在阐述当代国际纤维艺术形式构成的多样性以及未来发展的趋势。

浅谈汉代雕塑艺术在雕塑系陶艺教学中的应用

【作者】刘巍然

【刊名】天津美术学院学报，2012 年 02 期

【摘要】在本科雕塑专业学生的日常教学方面，引入汉代雕塑艺术原理中的“自由之美、自然之美”原理，和“整体感”原理具有很重要的意义。让学生熟悉并消化吸收汉代雕塑“大美”精神，尊重材料的原理以及整体造型的原理，可以帮助学生学会掌握雕塑的整体空间。细说到陶艺的教学，可以将学生对陶艺的认识引申到更大的空间。只有拓展学生更大更广的空间思维模式，落实到陶艺作品的创作上才会大方，充满“大美”之气。

雕塑教学中对学生中国传统文化的培养研究

【作者】孙晓明

【刊名】美术大观，2012 年 02 期

【摘要】文章结合我国当前雕塑教学发展趋势和专业要求，从三个方面进行论述：一、注重国学文化的传承，突破学生现有学习框架。指出只有让我们的学生对中国传统文化有了深刻的熟识和理解，才会创作出更多有艺术价值的作品，才能让观者感受到作品内涵与作者意境高度统一和谐。二、提升综合素养和创新能力，综合素养的提高也是艺术创作者艺术修养的提高，创新能力的来源就是深厚的文化底蕴。三、注重中国传统文化特色作品的创作，培养我们民族自己的优秀雕塑人才。最后提到在培养中国现代雕塑人才须建立自己的雕塑艺术教学模式，培养我们民族自己优秀的雕塑家专业教师的职责。

雕塑制作经验与雕塑创作

【作者】程一峰

【刊名】美术向导，2012 年 02 期

【摘要】雕塑作品的核心制作部分必须由雕塑家亲手制作，其余后续的制作程序大部分由助手和工人组成的团队来完成，但雕塑家需要对作品最终效果有清晰的视觉概念。这种视觉概念要求雕塑家参与到整个制作过程中去，对制作过程中产生的问题作出判断和随机处理。然而很多当代雕塑家都难以做到，他们甚至脱离整个制作过程。笔者认为雕塑家必须重视制作经验的价值，通过积存自己的制作经验，培育出独特的三维视觉概念来指导自己的创作。对雕塑技艺的制作问题进行必要的关注，对制作经验的缺失原因作深入的思考与行动上及时的修正，是当代雕塑家走向世界的保证。

浅谈国内外高校校园雕塑的差异

【作者】马宇威　赵珊

【刊名】美术教育研究，2012 年 03 期

【摘要】无论是东方还是西方，影响雕塑发展的两大因素，一个是政治，另一个是宗教。由于中西方文化、政治、宗教、教育体制的差异，中西方高校校园雕塑艺术创作也呈现出截然不同的特点。艺术的表达和功用是中国高校雕塑和国外高校雕塑主要差别的一个方面。可以说，中国高校雕塑是以高大巍峨的雕塑形象取胜的，其使观者产生敬畏之感，是严肃的；国外高校雕塑则多表现为灵活多变的视觉形象，是幽默的，让观者思绪万千，引发观者在艺术的殿堂中思考。总之，无论是东方雕塑艺术还是西方雕塑艺术，它们在大学这个特殊场所散发着各自独特的魅力，形成了具有不同特点的人文景观。

也谈“骨法用笔”——雕塑基础语言研究

【作者】李晓林

【刊名】美术向导 2012 年 03 期

【摘要】“骨法用笔”是中国绘画史上著名的画论“六法”之一。我国现代雕塑的奠基者之一的滑田友先生在研究西方雕塑传统的同时，创造性地借鉴中国传统画论中的相关内容，用来指导雕塑创作。最有成效而影响深远的是他对谢赫“六法”的借鉴。滑田友先生在他的《谈雕塑的组织结构》中，从雕塑创作的角度，不但完整地阐释了对“六法”的理解与引申，而且阐述了具体的操作方法。他认为“气韵生动”是雕塑创作的最高境界和评判标准，“经营位置”与“传移摹写”是构图的酝酿与推敲，而“应物象形”和“随类赋彩”是造型的提炼与夸张，“骨法用笔”则是通向“气韵生动”的手段和方法。

当代艺术语境下的“学院艺术”

【作者】徐泽

【刊名】美术观察，2012 年 03 期

【摘要】正当考察影响中国当代艺术发展的诸要素时，我们会发现，评价学院及学院艺术在这一进程中所发挥的作用是一件颇为困难而且复杂的事情。一方面，学院艺术在这种以“前卫”或“先锋”为标准的当代艺术语境下，逐渐成为限制、保守和封闭的代名词。许多当代艺术家不但在其作品中表达反学院的态度，甚至以此作为一种艺术语言来推进自己的艺术创作。与此同时，另一方面，一些对中国当代艺术介入极深的艺术家——包括 2000 年以来，活跃于艺术界的一批 20 世纪 70 年代出生的中青年艺术家，其本身便具有学院教育的背景，甚至学院身份。他们的“先锋”与“前卫”仿佛并未受到所谓”学院体制”的制约，反而以此为养分，并从中获益。

七年可有“痒”？——2012 年全国高校毕业生优秀雕塑作品展综述

【作者】王梦佳

【刊名】雕塑，2012 年 04 期

【摘要】2012年7月7日，“第七届全国高校毕业生优秀雕塑作品展”在北京国粹苑隆重开幕。如果算上2004年、2005年的“全国高校毕业生优秀雕塑作品增刊”，到今年为止，中国工艺美术学会雕塑专业委员会及中国雕塑杂志社关注“毕业生创作”已有9个年头。翻开每一年《雕塑》杂志中的毕业生增刊或专刊，遥想自2006年开始的实物展览，作为一位展览亲历者，心中不禁感触良多。这些年，毕业展览也逐渐成长为一个成熟的社会事件，有进步的表现，但在其发展过程中也存在着缺陷——原创性的迷失。笔者着重探讨了原创性的重要性及高校毕业展作品的现状。

原创性在艺术教育中的贯彻——2012 高校毕业展研讨会

【作者】赵萌

【刊名】雕塑，2012年04期

【摘要】发展“原创”，对于今天的中国文化人来讲，这是一个非常迫切摆在我们眼前亟待解决的重要社会课题，也是一个国家发展的重要命题。“第七届高校毕业生优秀雕塑作品展”暨“原创性在艺术教育中的贯彻”研讨会于 2012年7 月 7 日在北京市国粹苑召开。本届学术议题所论“原创性”，旨在探讨通过高校艺术教育改革，促使教师与学生在对雕塑艺术的学习过程中能够相互影响、彼此配合，共同构建出一种适合当代雕塑学子艺术学习的教学体系，为帮助大学生奠定艺术基础、提升艺术修养、拓展艺术发展方向和服务社会等方面，打下一个正确的理论和学术基础。

综合的能力 原创的教学

【作者】曾岳

【刊名】雕塑，2012年04期

【摘要】艺术本身就包含着创立和突破的语意，艺术学院似乎注定要扮演被“颠覆”的角色。在学院教育中加强原创性，落实对西方现代艺术研究成果的引用，才能不断积累中国当代语境下有说服力的艺术创造土壤。应当因地制宜，植“本”原创，还需创新教学。艺术教学目的不仅是源自媒材到模拟对象的这种物质形态的转换，新的教学内容要求是要实现关于抽象语言的转换，实现将媒材作为语言来驾驭。完成一种形到另一种形的转换，摹写仅是其中一个技术问题，而将一种质（质材、质地、质感）引申为另一种质的感受，一种质的物语，却是一种诗化语言的转换问题。即将形式的意义抽取与重构使之在语言本质上更加接近抽象的意义。

浅谈现代实用雕塑的趣味性设计

【作者】周彩云

【刊名】美与时代（中），2012年04期

【摘要】实用雕塑是一种功能性雕塑，它将雕塑的艺术性与实用功能完美结合在一起。实用雕塑的趣味性设计则通过对产品的设计与创作来表现某种特定的情趣，或典雅高贵，或热情奔放，或纯真自然，或幽默诙谐，这个情感色彩融会在创作当中，使实用雕塑作品除充实了物质性内容之外，更富含鲜明的个性和创意，极具个人情怀与趣味。

形制圆浮雕

【作者】董斗斗

【刊名】数位时尚（新视觉艺术），2012年04期

【摘要】笔者教学和创作实践中一直在不断地探索，企图找到一种艺术形式，把古典的传统与现代艺术结合起来，把传统教学与公共艺术结合起来，把本科与研究生课程连接起来，这种艺术形式是建立在古典传统教学基础上，结合现代的艺术形式和创作实践，并结合公共艺术的一种语言形式——“形制圆浮雕”。“形制圆浮雕”的语言形式，很好地帮我解决了雕塑实践中长期的困惑，利用这种语言形式进行造型训练和艺术创作，能够解决圆雕或者浮雕无法解决的问题。

当代城市雕塑人才培养模式初探

【作者】刘瑞

【刊名】美术观察，2012年04期

【摘要】城市雕塑既是城市公共艺术的一部分，又是城市文化建设的重要环节。尽管我国城市雕塑在数量上已初具规模，但就质量而言，我们与西方发达国家相比还有差距，我们的城市雕塑还处在发展阶段，具有巨大的发展空间，因此，要重点培养专门型、复合型的城市雕塑设计人才，培养既懂设计又懂加工工艺的人才，从而胜任系列设计、制作、安装任务。要实现这一目标，建立一套完整的城市雕塑设计人才培养体系，满足国内对城市雕塑艺术人才的需要，就成为当务之急。

对高校雕塑艺术专业学生综合设计能力培养的思考

【作者】郭亚男 高华云

【刊名】美术大观，2012年04期

【摘要】高校雕塑艺术教育不应只是传统的艺术技法的教育，而是一个开发创造力的复杂系统工程。笔者结合本校雕塑课程设置及教师教学理念的转变进行试验性分析指出，雕塑课程中的设计教育应该注重培养学生的社会适应性及创新意识，同时也要求雕塑艺术教育，除了掌握技法之外，还必须培养学生具有敏锐的艺术洞察力，加强学生的创造性思维和综合设计的能力培养。

形态的觉醒——有机抽象造型训练思考

【作者】秦璞

【刊名】雕塑，2012年增刊

【摘要】雕塑作为三维造型艺术，在形态构成的角度，更能体现雕塑本体语言探索与表达。笔者一直在高校实践

抽象造型训练课程的教学，这对具象教学为主体的高校雕塑基础教学体系而言是一个有益补充，有助于在当代社会与艺术语境中探索雕塑造型语言的多元多样性。在此，笔者将浅谈对有机抽象造型训练的一些思考与大家分享。有机抽象造型训练，能给予我们的不仅仅局限于人体模特雕塑本身，而是面向更广阔的大千世界，从纷纭多姿的生物圈内有机生命载体中寻找、发现、感悟，并运用构成的形式法则、造型元素、造型规律与自身的生命体验、意念，进行重新组构演绎。

折叠空间

【作者】沈建国

【刊名】雕塑，2012 年增刊

【摘要】此文为笔者在学习过比利·李老师的课程后，对抽象雕塑的重新认识和对这门课程的总结感想。笔者认为抽象雕塑讲究线条、块面、体量的关联；讲究它与光影与空间的关系；讲究材料的特性及雕塑形式的关系。通过折叠、弯曲、切割、互换、穿插、重组等手法，不断追寻简化，深化物的创造和空间的共生，并通过创作来体现抽象雕塑的这一特点。

抽象其实很具体

【作者】陶都罕

【刊名】雕塑，2012 年增刊

【摘要】《雕塑》杂志社举办了第二期抽象雕塑研修班，不远万里的请来了美国的比利·李教授，比利·李教授带给我们的观念和思考模式，找到打开自己创作之门的钥匙。抽象其实很具象抽象，在我过去的理解上就是形态研究，构成主义，材料主义，好不好看就是标准。比利教授还经常提的一个观念是，艺术家创作要保持客观。最后谈谈我在创作时遇到的问题和感悟。感谢范伟民，比利·李教授，王梦佳，还有所有同学以及华艺雕塑厂的领导和工人师傅们，感谢你们为中国雕塑界的发展所做的努力，让我们这些雕塑从业者从中受益终生。

理解抽象雕塑

【作者】科尔·亨利

【刊名】雕塑，2012 年增刊

【摘要】抽象、艺术—— 由于观众的视角、文化和人生阅历不同，对这两个词的理解也就有多重含义。总体来说，这种主观方式散布性的广度是难以预料的。抽象，假设现实被逐渐移离，然而艺术却可以通过多种主观的方式进行观察。抽象雕塑，在展现其多层面和可被感知的现实的同时也提升其潜在的不可预测性。它期待与观赏者有一次直接和简洁的对话，叫做“雕塑语言”，也可以像是讲故事，这种语言是一种自然本能，能理解和认知诸多的形式和形态，它深藏于我们的潜意识中，有助于主导我们的生活，保护我们免受危险，甚至陷入爱河。

浅谈雕塑的创作

【作者】曾令香

【刊名】雕塑，2012 年增刊

【摘要】首先，抽象雕塑的抽象，在雕塑里更多的意义在于澄怀味象之后的强调、提炼、萃取与纯化而非仅仅指向简化；是新的更真实的存在之像（而非现实的物象）、是艺术家就是说中国传统艺术的思想活动是依靠作者与观众之间的“意象”来传达和交流的，这对观者提出了较高的要求，修养和境界成为看得懂的必要条件。抽象的第二层意义是一种方法论。是运用抽象雕塑作为雕塑的一种特殊的视觉语言来予以反复推敲琢磨提炼和强化观念的表达。抽象雕塑基本语言的正确运用是抽象雕塑创作的重要部分。

物化

【作者】比利·李

【刊名】雕塑，2012 年增刊

【摘要】理解、了解并感受材料对任何艺术家而言都是无可置疑的要素，尤其对必须通过媒介来进行表达的雕塑家而言，更是如此。材料与观念之间存在不可或缺的紧密联系。材料必须由观念驱动并嵌入观念，或者相反的，观念由材料激发。两种途径都是可行的。但是，两者的共同点在于材料和观念不仅要相互契合，还要共生。材料和观念不可分割，这是对艺术作品至关重要的认识。先有观念，再将材料作为一种工具去倡物化。笔者从几个艺术家的创作的物化现象来阐释自己对物化的理解。

雕塑
——禅修的脚印

【作者】郑萍

【刊名】雕塑，2012 年增刊

【摘要】抽象雕塑研修班的学习中，我们如同在寺庙中打了几个“禅七”，体悟和收获是深刻而具体的。最大的收获是让我们用抽象雕塑语言去表达内心的精神、情感，帮助我们的未来建立了一个新的起点，在一个半月抽象雕塑的创作实践中，心路犹如经历了禅宗修行：放下、寻觅、参悟，直至明心见性的过程。

写给第二届抽象雕塑高级研修班

【作者】比利·李

【刊名】雕塑，2012 年增刊

【摘要】此文为比利·李在中国执教 6 周后，对中国抽象雕塑的认识。执教的内容就是将失落的传统从文本里带入 21 世纪的当代艺术中。在对执教工作进行总结的同时，高度赞扬了中国的艺术学生，他认为：在执教过的多个国家中，在中国的教学工作是最有价值和意义的，尤其在教学成果出现后。

中西文化比较中的抽象艺术
——从第二届抽象雕塑高级研修班谈起

【作者】温洋　刘心平

【刊名】雕塑，2012 年增刊

【摘要】笔者通过学习比尔·李老师的抽象雕塑课，再次直观地了解了西方抽象艺术创作逻辑的培养方法及思想。从抽象班的展览中看到了创作者们的信心和满足，这对国内的抽象雕塑研究和发展起到了积极的作用。听了抽象班的学术研讨会，笔者联想到几个问题，并在此文中进行进一步的探讨，主要围绕的问题有：我们已有的抽象概念是如何理解和建立的？表现出来的问题反映了对于抽象概念的模糊还是艺术理解上的差异？这其中的缘由来自于艺术本身还是文化观念？

金属雕塑的创新
——有感于金属雕塑课程

【作者】朱科丞

【刊名】美与时代（中），2012 年 07 期

【摘要】我们所说的现代金属雕塑，主要是以大量的钢、铁材料为代表，辅以现代化的加工和生产方式进行创作的艺术作品。艺术家们把新的金属材料，新的加工技术融入金属雕塑的创作中，为金属雕塑的发展提供了更多的可能。众所周知，看重材质自身的价值是传统金属艺术的一大特点，而现代金属艺术打破了传统金属艺术细腻精美、华丽繁缛的风格，更加强调的是材料自身的材质美，并赋予其鲜明的时代精神与形式语言，大大拓展了金属材质的艺术表现力和视觉感染力。

浅谈泥塑基础教学中的观察方法

【作者】黄炳谊

【刊名】美与时代（中），2012 年 08 期

【摘要】目前，写实泥塑基础教学中常用的观察方法主要有以下几种：坐标观察法、体积观察法、中线观察法、明暗观察法等。作者从教学实践出发对上述观察方法做了探讨。

另一个自己
——雕塑创作中的自我情感表达

【作者】周胤君

【刊名】美与时代（上）2012 年 10 期

【摘要】对于艺术创作，人们讲究“有感而发”，所以说，情感和精神是一切艺术形式最根本的起源。情感作为艺术的灵魂，不论从主体的精神心理来看，还是从艺术作品的内容来看，它都在艺术作品中占有着极其重要的地位，没有情感就不会有艺术。在现在这样一个信息爆炸的时代，艺术以前所未有的庞大和纷杂呈现在世人眼前，作为一个雕塑学习者，难免会受到各式各样的艺术风格、艺术流派的侵扰。笔者以自身的创作思考对此做出了回答。

市场·文化

谈中国美术馆的雕塑收藏与中国现代雕塑史书写之关联

【作者】王雪峰

【刊名】雕塑，2011 年 01 期

【摘要】中国美术馆在五十年的历史中，经过几代人的努力，为国家收藏了国、油、版、雕、连、年、宣、漫、插、漆以及民间美术在内的近十万件作品，这些作品构成了近现代中国美术史的一个完整的资料系统，从另外一个角度讲，中国美术馆收藏了一个完整的近现代的中国美术史。其中的雕塑作品也成为中国现代雕塑史的重要内容。

20 世纪上半叶中国美术展览的文化传播特点

【作者】郭淑敏

【刊名】中国美术馆，2011 年 01 期

【摘要】20 世纪上半叶由海外舶来的美术展示新方式——美术展览，紧密结合当时中国美术文化发展的具体情境，以其公开性、大众性、学术性与趣味性等特点，在推动美术文化普及方面发挥了积极的作用。概观这一时期的各种美术展览活动，其在美术文化传播方面大多采取了如下的运作模式：一、公共场合的公开展示。二、借助现代传媒手段扩大美术展览的宣传范围和美术文化的广泛传播。三、乐艺表演与学术演讲同时进行。四、免收门票或降低门票价格。

争议中的“艺术集市”

【作者】丁晓洁

【刊名】大艺术，2011 年 01 期

【摘要】艺术自诞生之日起就摆脱不了各种功能的束缚。艺术品的收藏在很长一段时间里要么阳春白雪被束之高阁，要么与资本结合遭受着无数非议，艺术品流传有序却在时代更迭中显得扑朔迷离。“艺术买卖”在 2008 年金融危机后显得异常难做。艺术消费的主体化，从某种意义上来说，为艺术创作及其生态的良性发展提供了一种可能，同时，艺术收藏的外在意义也延展为艺术消费。

收藏的去向——浅析维也纳的美术馆生态

【作者】孙欣

【刊名】中国美术馆，2011 年 01 期

【摘要】艺术品的收藏与展示是作品离开艺术家工作室后两种可能的存在状态，而美术馆则是收藏与展示相交汇的场域。这个无限丰富、时刻变幻的场域，是同样丰富变幻的艺术生态的重要部分，而任何生态的形成都会经历一个自然的过程，而且必然处于永恒的发展过程中。本文以维也纳相对完善的博物馆体系为依托，呈现收藏与美术馆的关联；进而选取微观的视角，以并置的方式讲述了维也纳现代美术馆和埃塞尔美术馆在形成发展过程中，艺术品收藏与展示的互为作用，进而揭示了收藏与展示的互为性对形成美术馆风格与面貌的内在决定性作用。

20 世纪以来的中国艺术品收藏与艺术市场

【作者】龚继遂　许凯明

【刊名】中国美术馆，2011 年 01 期

【摘要】20 世纪的中国艺术品收藏史的前半段是个流散史，后半段是一个收藏史。20 世纪 90 年代初迄今是中国收藏进入前所未有的大发展阶段。伴随着我们前所未有的艺术市场的发展，与中国传统的收藏史有着明显的区别。第一，这一轮的收藏是以投资保值为主要目的。第二，这一轮的收藏主体是以在新的经济形势下崛起的职业经纪人和新兴的财富阶层人士构成。作者认为这 30 年来比中国数千年来对文物的开掘流失都要大，是更大规模上的一场浩劫。20 世纪以来的中国艺术品收藏与艺术市场中表现得尤为明显，实际上中国文化、中国艺术的很多性质都跟这种泛化联系在一起。

反映艺术本体演进轨迹 见证社会生活变迁——“捐赠展”之版画、雕塑与民间美术作品述评

【作者】徐沛君

【刊名】中国美术馆，2011 年 02 期

【摘要】中国美术馆多次举办过内容不同的民间美术作品展，但本次展览不论从展品的丰富程度还是学术含量上，都有新的突破。我国“旧”的即传统的、固有的民间美术形态尚在延续，新的民间美术形态就已经从中生发开来，“新”与“旧”之间有着无法割裂的内在联系。而这一特征，在本次展览中得到印证。不论是版画作品、雕塑作品还是泥塑等民间手工艺作品，都在传承传统优秀艺术创作的同时，内容题材、艺术语言形式、创作手法都发生着悄然的变化。

艺术市场中独树一帜的瑞典模式

【作者】王强

【刊名】雕塑，2011 年 02 期

【摘要】以往人们总是认为艺术品只是被小众的收藏

家所欣赏和收藏的，而不是被大众用来使用和消费的。随着艺术品市场类别的日趋完善，特别是艺术产业化发展的逐步成熟，原本只属于“小众”的艺术品正在试图寻找更加亲近大众的方式，艺术消费也就应运而生。只要你有消费艺术的意愿，无论腰包如何，总能找到方式让艺术来点缀你的生活。艺术正在进入寻常百姓家，在这方面不得不谈谈瑞典艺术的多元化发展。在创新能力这一指标上，瑞典在全球排名第一。

中国雕塑交易中心未来之路

【作者】林汉文

【刊名】雕塑，2011年02期

【摘要】中国成为21世纪最为影响力的创意大国。雕塑强国的诞生必将孕育出一批杰出并拥有国际话语权的当代东方雕塑大家。雕塑行销过程中形成的雕塑资本阶梯，会使资本力集聚的强弱影响着雕塑在国际当代艺术板块的话语权，同步影响着雕塑产业的良性发展，雕塑行销过程中形成的雕塑品牌阶梯，其核心价值在于能够成功塑造中国雕塑在世界雕塑族群的第一认知，参天之树必有其根，环山之水必有起源。雕塑品牌的成功塑造将加速推进中国雕塑交易中心的未来。

石湾微雕

【作者】申小红

【刊名】雕塑，2011年02期

【摘要】微雕，顾名思义，是一种以微小精细见长的雕塑工艺技法。石湾微雕也称石湾微塑，俗称“山公”，是石湾陶塑中的一个重要组成部分，其工艺是国家级非遗项目——石湾陶塑技艺中的重要组成部分。在石湾微雕的传承和发展的历史沿革中，从传统的山公到现代的微塑，从单个山公到群体组合，从配件到主角，从形态到神态，无不凝聚着几代微雕人的辛勤、汗水和心血。随着人们的审美观念的不断提高，“山公”不再是单件欣赏品，也不再是自然山石的配件，它融中国山水、园林艺术、民间传说、风土人情等于方寸之中，以立体的画、无声的诗，给人们以无限的遐思。石湾微雕作品，源于生活，不断地满足人们对精神生活的需求。

尤伦斯退出中国转向印度

【作者】马俊

【刊名】大艺术，2011年02期

【摘要】尤伦斯由儿时中国情结诱发的中国艺术品收藏，接下来将被印度艺术取代。在被问及是否继续收藏中国艺术品时，尤伦斯说“不想再向着同一个方向前进了”。据悉，印度艺术将是尤伦斯接下来的收藏方向。作为收藏开端的第一件艺术品，是英裔女艺术家巴哈提·科尔的作品。朱其认为艺术市场的资本炒作及缺乏学术体系的支撑，是尤伦斯决意退出中国的重要原因之一。

“中国制造”的亿元时代，谁在为谁买单？

【作者】王娅蕾

【刊名】大艺术，2011年02期

【摘要】当拍卖带来社会关注热潮的直接后果是当代艺术品越来越多的进入公众视线，普通民众逐渐由讨论者变为参与者。当代艺术品拍卖狂飙的热潮非中国首演，玩转全世界经济的美国人很早就进入了此道。今天所谓的经典名家在很大程度上都是狂热拍卖的受益者。事在人为——为艺术买单的人当然越多越好，为历史买单的人往往心怀一种悲悯和怀疑，这对自己来说并非是一件好事。

挣扎在生死线上的中国画廊

【作者】吴聿立

【刊名】大艺术，2011年02期

【摘要】画廊是艺术品市场主体的重要组成部分，也是规范化的艺术品市场的一级市场。处于泛滥期的中国艺术品市场中，出现了一级市场——画廊和二级市场——拍卖行倒挂的不正常现状。文化部文化市场发展中心指出：不少画廊在沉重的成本压力下被迫关闭或转行；中国画廊业可以说在生死线上痛苦地挣扎着。

雕塑奇葩 岁月如歌 ——纪念中国工艺美术学会雕塑专业委员会20周年

【作者】于化云

【刊名】雕塑，2011年03期

【摘要】中国工艺美术学会雕塑专业委员会已经20周岁了，对一个人来说，这是一个成熟的年龄，对一个组织来说更是一个成熟并值得总结庆祝纪念的年龄。雕塑专业委员会是雕塑界成立比较早的，一个研究雕塑艺术理论、推动雕塑工艺发展、开展雕塑领域学术交流活动和维护雕塑家权益的非营利性机构。为推动中国的雕塑事业做的工作和起的作用非常之大。今天的雕塑事业任重道远，需要我们雕塑界的同仁求同存异、精诚团结、再接再厉、再创佳绩。

城市雕塑工程招标问题探讨

【作者】罗健勇

【刊名】雕塑，2011年03期

【摘要】本文从招标的角度对我国城市雕塑工程的市场现状进行了深入分析。指出：行政管理不到位、相关法规及制度不健全、评标方法忽视城市雕塑的艺术特性、行业市场模式发展滞后等因素是制约城雕工程发展的原因。文章就此提出了建议和解决办法。

论曲阳当代石雕艺术及其文化创意

【作者】安荣杰

【刊名】雕塑，2011年03期

【摘要】曲阳石雕艺术称得上是世界雕塑艺术百花园

中的一枝奇葩。多色石雕刻作为曲阳石雕艺术的新生代，迅速地在曲阳发展起来，使现代曲阳石雕具有独特的艺术风格和鲜明的时代性。新时代的曲阳石雕艺人对传统石雕工艺进行了继承、发展与创新，吸收了木雕、玉雕等技术之长。曲阳雕刻的文化底蕴也深厚，这就为雕刻艺人在创作中汲古创新提供了肥沃的土壤，从而也打下了坚实的基础。石佳艺精创意新，是曲阳石雕收藏和增值的最重要因素。

今日数字美术馆——当代艺术的“Second Life”

【作者】任腾

【刊名】雕塑，2011 年 03 期

【摘要】今日数字美术馆实体馆是基于今日美术馆实体建筑而营建的全球首个公益性的高科技艺术展示空间，它整合了现代科技和当代艺术的核心优势，其中包括以大型环幕、大型三维立体投影、头盔显示器、360° 可触摸设备、数据手套以及各种多感知系统为核心的“虚拟现实”“增强现实”以及“混合现实”在数字美术馆实体空间展示的 VR 艺术。在数字美术馆实体空间，传统意义上的观众正在向“参与者”“交互者”甚至“玩家”转变，艺术对于他们而言，已不再是被动接受，而是被赋予了一定的自主权、可操控性以及前所未有的浸入式体验。单机运行的大型可执行文献具有自主浏览、实时交互、临场体验等智能化属性。美术馆历届展览回顾、虚拟展、虚拟艺术家工作室均可在本地查询浏览，成为“永不落幕的美术馆。”观众也可以通过互联网，足不出户感受到比现场空间更具优越感的互动操作。

雕塑的“三化”状态——且说 2011 年“雕塑年鉴展”和“雕塑家书画展”

【作者】滕小松

【刊名】雕塑，2011 年 03 期

【摘要】视觉图像五彩缤纷，造物形相更是错综复杂。当代雕塑以变异的文化态度、开放的形态边界、多样的材料处理和自由的空间表现，编织出一派繁富、流动的艺术景观。面对当前多姿多彩的雕塑创作，刚刚显得景气的雕塑批评又相形见绌了。但科学的理性评判总能以逻辑的磁场，把繁杂的感性创造摆弄得泾渭分明、南北有序。雕塑创作的纷繁正期待着雕塑批评的理性透视。大体看来，2009 ~ 2010 年的中国雕塑呈现出三种态势：一是从“个性奴化”走向“个性优化”；二是从“本体泛化”走向“本体深化”；三是从“身份异化”走向“身份强化”。

雕塑现状的全景展现——2011 中国雕塑年鉴展感言

【作者】孙振华

【刊名】雕塑，2011 年 03 期

【摘要】雕塑圈内的人都说，雕塑展不好做，这是实情。比较起绘画等平面艺术的展览，雕塑展在展览的组织、运输、保管、退件方面的难度常常会让有意做雕塑展的人望而却步。如果是一个全景式、综合性的雕塑展，难度就更大了。它因为涉及、动员面广，因为形态、类型的多样，所以它在组织上更有难度。让人感叹的是，中国工艺美术学会雕塑专业委员会、《雕塑》杂志社在配合雕塑年鉴编辑出版的同时，从 2009 年开始，做起了雕塑年鉴展，做这样一个展览将要克服多少困难？对没有做过展览的人来说，是很难想象的。

和而不同 多元共生——谈“2011 中国雕塑年鉴展”

【作者】景育民

【刊名】雕塑，2011 年 03 期

【摘要】由中国对外文化交流协会、中国工艺美术学会共同主办的“2011 中国雕塑年鉴展”，籍雕塑专业委员会二十年成立庆典之际，以百件雕塑的阵容在国粹苑隆重举行，参展的中国当代老中青艺术家多以近年的新作登场亮相。体现出和而不同、多元共生的可喜生态局面。此展览主要涵盖了 2009 年至 2010 年年底中国当代雕塑家的精品新作，在一定程度上体现出中国雕塑界的创作走向个体追求的最新成果。

没有“创意”的创意产业园

【作者】梅江

【刊名】美术观察，2011 年 03 期

【摘要】各地大举建设创意产业园区的背后，却是真正“创意”的缺失。尽管“创意产业”的名称已经成为常用语，但我们看到的现象，却是创意人才的价值迟迟没有受到尊重，创意的知识产权始终受到“山寨”和“抄袭”的威胁，真正有创意附加值的产品和服务始终处在缺席的状态．整个社会的审美品位和崇尚设计的氛围始终没有得到提升和建立，而创意产业园区自身也常常演变成有关部门进行房地产建设或者“招商引资”的一个托词。那么，我们究竟应该如何面对各地大举建设创意产业园区的这种现象？目前各地的“创意产业园区”实际运作情况怎样？如何才是“创意产业”在中国发展的正途？这些问题，值得我们深入研究和思索。

艺术创作生态与艺术的市场化

【作者】景乃权　宋慧文

【刊名】新美术，2011 年 04 期

【摘要】艺术创作生态作为艺术生态系统中的子系统，同流通生态、消费生态等子系统之间必然存在复杂的联系。艺术创作离不开艺术消费的引导和支撑，而艺术消费又以艺术创作为基本源泉，艺术流通则在中间起到桥梁和沟通的作用。艺术市场化问题就是创作生态与流通生态、消费生态之间关系的问题。因此，深入分析艺术生态各子系统的相互联系有助于我们更好地研究艺术市场化问题。艺术

的市场化已经成了艺术工作者普遍接受的事实，它极大地促进了艺术作品流通和消费。没有市场就没有流通，没有流通就没有消费，没有消费必然使创作孤立和封闭起来。普通商品流通促进了生产者和消费者之间效用的最大化，而艺术作品流通同样可以使艺术创作者和消费者达到精神上的效用最大化。

美国美术馆与商业的合作

【作者】王倩

【刊名】中国美术馆，2011 年 04 期

【摘要】美国美术馆资助体系是一个多元、多层次的体系。来自个人、企业、基金会及各级政府的资助协力构建起这一支撑性体系，共同推动着美术馆的发展。在美国美术馆发展史上，很长一段时间里，民间资金是支撑和推动美术馆发展的主导力量。笔者梳理了自美国首批美术馆的建立至 20 世纪六七十年代美术馆的发展进程和美术馆与各方赞助者之间的关系。并从双方合作的动机和合作模式两方面进行了分析，给予了合理的阐述，总结认为商业机构与美术馆的合作关系的确从根本上改变了美国美术馆的公众形象，其通过各种模式为美术馆提供的支持与资助，其企业化的管理方式为美国美术馆运营机制带来的根本性转变，打造了世界上独一无二的美国美术馆运营模式，随后，在世界范围内，这一模式吸引许多美术馆紧紧追随。

艺术品：从收藏到投资或者投机

【作者】吴灿

【刊名】雕塑，2011 年 05 期

【摘要】在这个市场上，艺术家是产品的唯一生产者。这种精神性的产品，尽管需要依赖物质的载体得以体现，但是它的价值与价格已经与物质材料以及艺术家在作品上所耗费的工作量不成正比。一旦进入市场，艺术品就跟其他普通的商品一样要受到经济规律的制约。艺术品市场的特殊性在于，除了我们熟悉的画廊经营和拍卖以外，它还在一个较大的范围内包含了艺术品的民间流通、国际流转、鉴定、展览以及艺术品的立法、批评、管理及各项机制等。黄永玉在回答记者的提问时，将艺术品拍卖当成了艺术品市场的唯一组成部分，而实际情况当然不是这样，所有与艺术品交易相关的社会活动，都应该看成艺术品市场的一部分。

独特的民族风
——巴西艺术市场揭秘

【作者】王强

【刊名】雕塑，2012 年 05 期

【摘要】巴西这个被称为金砖四国之一的国度除了具有享誉世界的足球，艺术市场也因独特的艺术魅力在国际艺术市场中蓬勃发展，是什么原因使得巴西当代艺术受到世界的瞩目，笔者从四个方面展开了论述：多元化的移民国家， 热辣的巴西民族风情、信仰的国度，具有亲民性和思考性的城市艺术风格、充满激情，勤于思考的巴西当代艺术、巴西当代艺术市场的蓬勃发展。

从文化创意的变化看玉文化的发展

【作者】吴南

【刊名】雕塑，2011 年 05 期

【摘要】在中国的文化传统中，人们对玉有着特别的钟爱，形成了独具特色的玉文化。不同历史时期的人们对玉的认识和加工使用，使玉文化获得传承和发展。玉文化在不同的历史时期表现为丰富多彩的文化创意形象，通过对不同时期文化创意的对比、研究，能够认识中国玉文化的发展和演变，并且对玉器设计制作中文化创意的产生进行深层剖析，对当今玉雕行业的发展向文化创意产业转型具有借鉴意义。

试析新疆城市雕塑艺术的发展与民众的关系

【作者】叶繁

【刊名】雕塑，2011 年 05 期

【摘要】雕塑艺术自人类产生起就伴随着人类社会的发展而发展，和人类的关系十分密切。它反映、记录着社会民众的生活、情感和思想，同时后者也反过来影响雕塑的形式及内容。也就是雕塑在创造出具有一定空间的可视、可触的艺术形象，借以反映社会民众生活、表达民众的审美感受、审美情感、审美理想的同时受民众制约和影响。随着现代艺术运动的不断发展和演变，以及民众不断被满足的物质、经济和文化的作用下，民众对于艺术形式的认识、欣赏及参与能力不断提高。在雕塑方面，表现为更多的民众将自身情感、思想，用积极主动的多种方式影响着雕塑艺术呈现，使雕塑艺术的表现形式和内涵更加丰富多彩，并直接导致了雕塑艺术在形貌上及概念表现上更加具有创意和奇特性，体现着新时代社会民众的时代风貌。

和谐之美
——北京奥运会形象景观与国家形象塑造

【作者】何吉　原博

【刊名】装饰，2011 年 05 期

【摘要】北京奥运会为中国国家形象的塑造提供了国际性平台，使“北京奥运会形象景观”得以通过视觉形象系统化的整体规划、设计开发、应用推广与设计管理在内的一体化方案，实现了北京奥运会的视觉识别功能，渲染奥运会节日氛围的功能，以及传达和展示中国形象、中华文化魅力的文化战略。这一系统设计工程以“和谐”这一独特的东方理念为核心，在价值观的层面上对形象景观的创意设计与规划管理进行指导，并且在视觉符号的选择和表现上、在形象景观的系统建构中，将众多形象元素和景观应用紧密地串联起来，形成整合传播的力量，充分展示了以“和谐”为代表的中国传统文化在今天跨文化传播时代背景下的意义与价值。

今日美术馆的当代艺术收藏发展

【作者】李小倩

【刊名】中国美术馆，2011 年 05 期

【摘要】典藏是美术馆的核心功能和使命之一，也是美术馆区别于艺术中心和空间的主要标志。一个美术馆的收藏体现的是该美术馆的独特艺术价值观和理念，是美术馆开展展示、教育、研究等各项功能的基石。同时一个学术严谨、品质到位且管理完善的典藏也将给美术馆带来相应的利益和机会，将有助于发展美术馆的国际国内观众群体，聚集学术研究资源，甚至吸引赞助和鼓励更多的作品捐赠等，是美术馆竞争力的重要标准。一个美术馆的成功所在，往往与美术馆自身建立的既顺应时代需求又具备长足发展空间的典藏理念是息息相关的。

公共雕塑作为媒介对现代旅游文化的传播

【作者】刘铭

【刊名】雕塑，2011 年 06 期

【摘要】雕塑作为艺术的一种表现形式已经融合于我们的日常生活之中，对于雕塑，大多数人仍把他束之高阁于艺术的殿堂里。尽管生活中我们随处可见，但更多的把他看做是作为主体的装饰物，而忽略雕塑的自身功能价值，文章从媒介和传播学的视角分析雕塑自身语言特点在对旅游文化传播上所表现出的优势，进一步阐明雕塑在现代旅游文化传播中的重要作用。

关于雕塑与公众关系的一次笔谈

【作者】于亮

【刊名】美术观察，2011 年 07 期

【摘要】当立体造型艺术失去诸如宗教、祭祀等原有文化背景时，雕塑在当代中国应该依托在怎样的文化背景中。雕塑应作为怎样的文化元素存在于公共空间中？雕塑会与公众产生什么样的关系？当代公共空间中的艺术是公众认知、城市文化、历史源流、行政权力等众多因素集合、融会、博弈的产物。在这种复杂的局面下，作为创作终端的雕塑家们内心必然存在着各种忧虑和无力感，然而能够使公众看到充满诗意、充满爱、充满自在、自由的公共空间，不仅仅是雕塑家一方能够完成的，这有赖于所有社会因素的和谐互动。为此，编辑部特别约请了几位活跃在雕塑界的青年雕塑家、批评家、专业杂志负责人以及拍卖行业的负责人，就“雕塑如何面对公众”这个话题各抒己见，群策群力。

对陕北民间彩塑的调查及所感

【作者】王宁宇

【刊名】美术观察，2011 年 08 期

【摘要】改革开放以来，我国对民间宗教信仰采取了开明包容的态度，民间文化由此也享有了一块自主活动的空间。陕北民间彩塑借此与社会主流文化保持了距离，与官方机构扶植的、“专家”指导并捧场的“民间艺术”保持了距离，回到自己本来的生态环境中，并沿着历史传统及人民的审美意愿向前发展着，反而保障了民众的文化权益，使百姓审美获得了提升，为谁创作、为谁传承的问题无形中得到了协调和平衡。但是，当代陕北毕竟被全国“现代化”的理想驱动着，被“经济开发”的热潮裹挟着，特别是近十年来，群众文化建设疏离公众的倾向也有了一些苗头。然而，陕北民间彩塑在艺人培养、技艺传承、顺应民意、使公众参与到共同空间的雕塑中等方面，都可以说是一个值得研究的好范例，特别是对今天的农村文化建设，我们还是能够获得一些有益的启示。

“社区雕塑”：雕塑公共性的实现之路

【作者】杨斌

【刊名】美术观察，2011 年 08 期

【摘要】公共性说到底是一个表示关系属性的范畴。对艺术而言，是指艺术作品和群众受众间形成的具有普遍性的和谐融洽、深挚持久的情感联系，是一种实现出来的关系价值。这种关系不是暂时的也不是规定出来的，而是在日常生活中自然形成的。这种情感本身就非常感人。社区是家的一部分，人们有更多机会更多责任感来关心它，而超出对其他地方的关心，其情感联系也更加深刻自然，更加日常化。雕塑必然存在于具体的空间中，空间的功能和属性决定雕塑的表达方式和意义，机关、学校、医院、旅游区、商业区，不同的功能区域自然对雕塑有着特定要求，出资人也需要在雕塑中表达自己的意愿，这是一种规定性的场所，其中的雕塑也不需要征求公众意见。而社区没有特定的功能限制，对雕塑的限制更少，反而突出雕塑的观赏性、情感性及自由感，较其他区域，能更大彰显出雕塑的艺术性。

以日本井波木雕为例谈传统工艺美术品牌的保护与发展

【作者】郑朝辉

【刊名】装饰，2011 年 11 期

【摘要】本文以日本井波木雕艺术生存和发展现状为例，结合日本在传统工艺美术产业振兴方面的举措以及在传承保护和品牌创新方面展开分析阐述，强调传统工艺美术的产业地位。

“人文关怀与公共空间”研讨会纪要

【作者】张浩达　吴灿

【刊名】雕塑，2012 年 01 期

【摘要】谈“人文关怀”，就涉及人类的核心价值观，如康德所言的“人类共通感”。既然是人类核心价值观，就无需进一步定义，因为它不受种族、国界、政治制度的影响，它是人类共同的追求：追求真理、民主、自由、平等和人权，它们具有普世的价值。认同了以上的定义之后才可能谈文化意义上的、具有特殊性的价值观念，它们可能被进一步定义成为某些有自我特点的价值观。在这一语

境下的公共空间，必然需要我们有一个文化传承脉络和东方文化精神层面上的问题思考，在这个基础上营造出新公共空间的时代特质。此研讨由北大的张浩达教授主持，为主题“雕塑与空间”问题探讨的延伸，就雕塑本体性所引发的多元性问题展开讨论。

发展创新 继往开来
——郑州市雕塑壁画院印象

【作者】徐永涛

【刊名】雕塑，2012 年 01 期

【摘要】20余年发展历程中，辛勤的耕耘，不菲的业绩，助力其成为建设河南省文化强省、发展中国雕塑艺术事业的重要力量，受到国内外广泛的社会认知与学界好评。在这块“中国最大的风水宝地”上，繁衍出了源远流长、博大精深的中原文化，以无比的自信昭示出中华民族传统文化的根源、主干和基础。河流绵延，山峦叠翠，粮草丰茂，人文发达，根植于这块人文素养与物界自然交相辉映的华夏沃土，汲取着丰厚富饶的精华与营养，郑州市雕塑壁画院在当代雕塑艺术领域如璀璨之星，熠熠生辉。笔者从实际情况出发，介绍了郑州市雕塑壁画院的特点，即天时地利、应运而生，起点较高、定位不凡，繁荣创新、荟萃人才，繁荣创作、力出精品，社会实践、服务公众。

信仰的力量
——印度艺术市场的日渐崛起

【作者】王强

【刊名】雕塑，2012 年 01 期

【摘要】玄奘西行至印度取得真经，这个充斥着宗教艺术魅力的国度，除了有人们印象中的传统佛教、圣雄甘地、民族舞蹈、新意不断的宝莱坞电影，在国际艺术市场中，印度当代艺术也获得了全球艺术品收藏家的共同关注。是什么原因使印度这个文明古国的当代艺术没有因摆脱不了固有传统而无法融入当代，没有因艺术市场的火热为“艺术”而“艺术”，丢失掉传承之下的独有艺术风格，成为全球艺术品交易升值最快的国家之一，在国际艺术市场中保持后劲十足的日渐崛起，现在笔者就带着上述种种疑问而一探究竟。根植于信仰之下的印度当代艺术在每个时代中都能保持一脉相承的独有艺术语言，在今天的国际艺术市场中保持后劲十足的日渐崛起，绝非偶然。与城市雕塑工作提出要求。

彰显学术精神和深入的当代思考
——“第二届中国雕塑大展”举办

【作者】钱晓鸣

【刊名】雕塑，2012 年 01 期

【摘要】2011 年 12 月 27 日“第二届中国雕塑大展”在浙江温州市开幕，本届展览突出主旋律精神，在抓精品创作，促进青年雕塑家的选拔和培养、注重从历次展览中选择优秀作品参与等方面作了新的尝试，旨在展示我国当代雕塑文化艺术的风采，树立中国雕塑崭新的国际形象，提升雕塑艺术的层次和品位，鼓励积极探索和艺术创新。2011 年，中国雕塑学会在 2008 年成功举办“中国姿态：首届中国雕塑大展”的基础上，继续举办“第二届中国雕塑大展”，以高度的学术精神和深入的当代思考，再次集中检阅近三年来的中国雕塑，展现当下中国雕塑整体风貌，加强雕塑家的交流，昭示中国雕塑界致力中国当代文化复兴的决心与专业使命。

美林艺术 绽放国博

【作者】本刊记者

【刊名】雕塑，2012 年 01 期

【摘要】2011 年 12 月 26 日，韩美林艺术大展在长达十年的酝酿后于中国国家博物馆开幕。这是国博百年历史上所举办的最大规模的个人展览。艺术大展所展出的作品，精品荟萃、叠彩纷呈，交织成了一个多姿多彩的美的世界。本次大展无论是作品的审美价值还是艺术形式都体现了韩美林先生蓬勃的创作激情。他的书法作品苍劲雄厚，绘画作品意韵悠长，雕塑作品崇高俊美，陶瓷作品刚柔并济，皆在艺术领域中独树一帜。物质和科技不断发展的当代社会亟须文化艺术的同步发展，韩美林的潜心创作体现了艺术家的社会责任感。在辞旧迎新之际举办大展，恰是韩美林奉献给世人的一份祈福纳祥的厚礼。此次大展不但展示了韩美林深邃的艺术理念、不懈的艺术追求、高远的艺术境界，也呈现了他的人品风范和赤子情怀。

雕塑大同
——2011 大同国际雕塑双年展记事

【作者】辛文

【刊名】美术观察，2012 年 01 期

【摘要】2011 年大同国际雕塑双年展于 2011 年 9 月 28 日在山西大同古城隆重开幕。在中国美协、中央美院、大同市政府的合力下，促成了这次“高规格、高水准、重学术、育新人”的艺术盛会。这次展览得到了中央和山西省领导的高度重视，中共中央政治局委员、国务院副总理王岐山在开幕前参观了双年展。全国人大常委会原副委员长成思危出席开幕式。中国美协分党组书记、常务副主席吴长江评价说，此次展览既集合了中国美术家协会雕塑艺委会专家团队的学术力量，又展现了活跃的当代青年创作队伍的创新成果；学术论坛形式新颖，演讲人也都是具有影响力的雕塑家和学者，这一切都提升了双年展的学术价值和文化品位。

宋庄新印象

【作者】孙欣

【刊名】中国美术馆，2012 年 01 期

【摘要】宋庄是 20 世纪 90 年代初逐渐在北京形成的几个艺术社区之一。在美术界，宋庄似乎代表着与体制内学院艺术相对立存在的艺术江湖，在公众眼中它则随着最

初入住的一些艺术家的成功而充满了传奇色彩。无论如何，今天的宋庄在规模与影响力上无疑已经成为中国最大的艺术社区，在结构层面较之形成之初也发生了很大变化。宋庄美术馆则主要展示“80后”青年艺术家的作品。中国的历史很长，但是博物馆很少。笔者从宋庄的发展模式出发，引发对中国的博物馆的深思，认为博物馆的发展，免费参观是第一步，更为重要的是还应探索出一套行之有效的公共文化服务办法，逐步培养社会公众把进博物馆参观作为一种文化习惯，唯此博物馆才能最大限度地发挥公共文化职能，成为传播文化知识的场地，成为一个可以使人变得聪慧、更加有修养的平台，真正成为丰富民众精神生活和提高民族素养的“缪斯神殿”。

城市精神建构中的艺术介入——南京·国际体育雕塑大赛启动仪式及首次艺术委员会会议综述

【作者】左瑞娟

【刊名】雕塑，2012年02期

【摘要】由南京·国际体育雕塑大赛组委会主办，中国艺术研究院中国雕塑院为艺术主持单位，全国城市雕塑建设指导委员会和中国艺术研究院为支持单位的“青春的力量——南京·国际体育雕塑大赛”。南京市政府党组成员、南京青奥组委副秘书长、雕塑大赛组委会秘书长戚鲁、盛扬、曹春生、吴为山、孙振华、王中等来自全国的数十位雕塑家和理论家，以及建筑界、文化界的专家参加了此次会议。专家委员会的召开，明确了南京·国际体育雕塑大赛的主题和方向，给未来大赛的顺利进行提供了强有力的理论支撑和制度保障。

公共艺术与人文生态论坛

【作者】不详

【刊名】雕塑，2012年02期

【摘要】由韦天瑜等策划、华东师范大学美术学系主办的“公共艺术与人文生态——2012 上海国际景观雕塑论坛”于 2012年3月27日在上海新国际博览中心举行。本届论坛聚焦目前中国公共艺术的现状和发展问题。由樊建川、Maggie McCormick、宋伟光、丁乙、杨奇瑞分别进行发言，发表对公共艺术发展与人文生态的看法。

是市场乱象，还是艺术家操守缺失？

【作者】林逸鹏

【刊名】美术，2012年02期

【摘要】艺术品走出象牙塔进入市场后，必然和金钱捆绑在一起，金钱是“魔鬼”和“天使”的混合体，在这个强大驱动力的催化下，加上国人长期在贫困中恐惧度日的历史，目前“魔鬼”，的力量似乎大于“天使”的力量。艺术市场的现状是令人担忧的，在这种乱象丛生的背后，是艺术作品水平的低劣。虽然造成这种局面的因素很多，作为制造艺术市场产品的画家应该负主要责任，并且无可推卸。如今，在金钱的诱惑下，劣质作品充斥于世，从产生劣质作品的原因来探究，其根源是艺术家的人格高度、社会责任感和创造能力的退化。首先是人格高度的退化，其次是艺术家社会责任感的退化，再次，由于人格高度和社会责任感的退化。要想艺术市场逐步走上正轨，为艺术家创作建设良好的外部环境，不仅要依靠合理的游戏规则和经济的发展，更要让画家认识到自身人格的提高、社会责任感的加强以及对艺术作品创造性的追求是每位真正的艺术家必备的基本操守，也是艺术市场走上正途所有环节中的首要一环。

传承繁荣玉雕文化与市场

【作者】胡书刚

【刊名】上海工艺美术，2012年02期

【摘要】当下，优质玉料的价格已达每公斤数十万元，而上海“玉龙奖”评奖活动得以恢复并继续发展的背景，正是受到资源稀缺型的艺术品在市场上日益受到追捧所驱动。全国玉雕行业发展迅猛，仅玉雕加工企业已达30万家。过度的市场化竞争使行业内逐步呈现出“金字塔”型，而上海正处于金字塔的顶端，这里汇聚着一大批工艺精湛的玉雕师。在雕刻工艺水准和艺术设计构思参差不齐的玉雕市场中，兼具深厚历史底蕴和现代化雕工的“海派”玉雕深受和田玉爱好者和收藏大家的青睐。

童话王国的蝉变——丹麦艺术市场的兴起

【作者】王强

【刊名】雕塑，2012年02期

【摘要】是什么使丹麦这个童话王国的艺术悄无声息地融入到了人们的生活，影响着全世界人们的生活方式，书写了国际艺术市场中新的童话？又是什么使得丹麦被评为世界上最具幸福感的国家？笔者试图带着上述种种疑问来一探究竟。纯艺术与实用艺术相互影响，纯艺术前卫大胆地拓宽了实用艺术的思维视野，而实用艺术又使得纯艺术的制作工艺更为考究，变得更加贴近人的生活，丹麦艺术家们将艺术变为一种生活，将生活成为一种艺术，使在丹麦生活的人们充满了快乐，使得丹麦王国被评为世界上最具幸福感的国家。丹麦艺术总是在不断打破人们对艺术形式与材料应用的固有概念，如童话般影响了各国人们对艺术的思考，使艺术归于本源，使人们的生活更加幸福。

当代美术家群体与艺术园区生态环境解析——以798等艺术集聚环境为例

【作者】魏运成

【刊名】新美术，2012年03期

【摘要】本文关注的重点是798这样的艺术生态环境在多大程度上导致了艺术家，特别青年艺术家艺术行为的变化。798艺术区、宋庄、上苑等地成为文化创意产业园区或艺术园区。集聚在此的一部分当代艺术家、北漂艺术家的身份的也由此改变。最初，他们是为了自己不受约束的独立主张而集聚，是自我管理。鉴于当时外部环境是多元文化碰撞和主流文化兼容并蓄，先锋艺术家们的策略是靠自己的作品产生国际和国内影响，如参加威尼斯双年展、圣保罗双年展，进而产生了主流艺术很难企及的影响。

中国当代乡土题材雕塑创作的生态分析

【作者】巫强生

【刊名】美与时代(中)，2012 年 03 期

【摘要】乡土题材雕塑家的区域创作特点从地域看，乡土题材雕塑家主要分布在河南、贵州、河北、山东、东北等地区。主要以刘仕铭、田世信、于庆成、郭宝寨等著名雕塑家为主。另外还有一些中青年雕塑家，如杜树杰、胡冰、卢跃飞等。这些地区经济发展不平衡，但艺术作为一种独特的存在形式，并不完全按经济规律行事。在这些地区，依然存在着独特的值得艺术家去探索、挖掘的艺术元素——自然、纯朴，具有独特生命的力量。每个不同的地域又呈现出不同的地域特点。

欲望都市与文化部落——城市文化视野下的艺术区浅探

【作者】陈炯

【刊名】美术观察，2012 年 10 期

【摘要】任何一个城市或区域的形成和扩大，其精神内涵都依附于物质外壳。大到艺术区的规划模式、建筑风格、布局，小到道路、住宅、照明等基础设施都是区域文化的表层，体现区域的文化特色。良好的环境为园区艺术家和艺术机构提供舒适的工作、运营环境，便利的交通、合理的布局有助于游客和市民更好地游览、休闲。以文化区位为最大优势的艺术园区应该努力成为城市区域的典范。

回望 798 艺术本色的岁月

【作者】魏运成

【刊名】艺术评论，2012 年 12 期

【摘要】作为中国当代艺术发展的重要标志，798 艺术的纯粹正遭受考量。艺术群体从进入到无奈撤离，嬗变中的艺术生态，促使我们对 798 艺术岁月再度回望，透析 798 艺术区经营格局和艺术家的生存方式，以确保艺术群体生态的良性共存，是我们对 798 艺术本色的追问。

价格是当代艺术的唯一标准吗

【作者】杜曦云

【刊名】中国美术馆，2012 年 12 期

【摘要】在全球一体化的今天，当代艺术家的体验、思考可以充分自由、独到、多元，但基本底色是共通的——被全球认可的普世、当代价值，这才可能在本土和国际上获得“正能量”。否则，技术上再花枝招展，如果基本观念上与“当代艺术”格格不入，是进入不了当代艺术语境的。在国内，把“当代艺术”当做一个时髦标签贴在任何艺术上，是忽悠外行和思维混乱的人。当靠其他手段硬挤入西方当代艺术平台时，对方可以睁一只眼闭一只眼：欧美经济这时低迷，钱是硬通货，但在文化上，这些东西只能是被当猴耍，或者当反面例子。

798 艺术区是文化商业的豪华邮轮吗？

【作者】肖伟

【刊名】中国美术馆，2012 年 12 期

【摘要】从 2006 年开始，文化创意产业区政策和“北京奥运文化旅游景点”的命名，直接使得 798 艺术区从一个孤舟转变成一个豪华文化艺术邮轮的打造工程。有两点是值得思考的：一是在商业投资的狂欢之下，艺术家该何去何从？二是文化艺术所带来的经济效益没有其他商业所创造得多的时候，相关部门如何抉择的问题。不管文化商业的豪华邮轮会驶向何方，但有一点可以肯定的，它不会是哥伦布的船，搭载着文化艺术驶向新大陆。

艺术生态区的处境：鸠占鹊巢

【作者】朱嘉鸿

【刊名】中国美术馆，2012 年 12 期

【摘要】艺术生态区正在面临一个“鸠占鹊巢”的窘境。产业之下必定要有源源不断的新文化艺术。历史已经不止一次地告诉我们，文化的“截流”终究有一天会决堤。任何艺术家聚集的艺术区，其主体永远都应该是艺术家，那些具有创造力的人。所以，艺术区本是艺术家的乐园，而不是等待被资本和权力埋葬的墓地。艺术家也不是被埋葬的死人，待一个时代过去之后，成为陵园旅游景点。再高的文明都会有一条亘古不变的真理，那就是如何对待不同的文化发展。

城市广场雕塑的审美文化特征

【作者】谭炜

【刊名】美术教育研究，2012 年 19 期

【摘要】现代广场雕塑使广场艺术与雕塑艺术高度融合，丰富了城市景观艺术空间，为市民和游客提供了良好而富有特色的休憩空间。广场雕塑影响着人们的文化生活环境和审美情趣，对于塑造城市广场的人文性、提高广场的视觉品质起到了重要的推动作用。因此，研究广场雕塑的审美文化特征具有十分重要的现实意义，鉴于此，笔者对广场雕塑的审美文化特征进行了初步探讨。

浅谈公共艺术设计中公共性的实现

【作者】孙晓光

【刊名】美术教育研究，2012 年 22 期

【摘要】随着我国社会的发展与经济水平的提高，人们在物质生活得到满足的同时对精神生活提出了更高的要求，在这种背景下艺术与大众的关系也越来越密切。公共艺术设计是为了让人们的生活环境呈现出艺术化的特点，当公共艺术设计日益成为艺术领域中的热点研究课题时，

人们对公共艺术设计中公共性的实现给予了越来越多的关注。文章正是以公共艺术设计中公共性的实现为研究对象，对公共艺术设计如何实现其公共性进行思考与探讨。

公共艺术形态的城市雕塑探究

【作者】谭炜

【刊名】美术教育研究，2012 年 23 期

【摘要】作为公共艺术形态的城市雕塑，其与一个城市的建设和发展息息相关。随着城市形象、公共空间环境、城市文化品位日益受到重视，公共艺术也迅速地发展起来，作为公共艺术形态的城市雕塑在城市建设中占有重要的地位。但是目前我国城市雕塑建设的状况却存在许多不尽如人意的地方。笔者长期关注公共艺术形态的城市雕塑的发展，结合自己的实践经验，简述了城市雕塑建设的价值，其次针对城市雕塑建设中存在的问题和相应的改进措施进行了相关的探究和分析。

域外·交流

大漠黄沙里的神秘中东

【作者】项秉勋

【刊名】雕塑，2011年01期

【摘要】这是一个离开罗500km的古城，曾经是三千多年前古埃及王国的权力中心和最繁华的都城。这天起我们将在游轮上旅行。阿蒙是古埃及人崇拜的太阳神，他们将阿蒙比作战无不胜的神明。而当时多位法老倾其国力建造阿蒙神庙，而且把神像的面孔做得和法老极为相似，就是借以将自己与阿蒙形体合一，利于巩固基业，维护统治地位。神庙的规模令人惊叹。可以想象当年的拉美西斯王朝是何等的辉煌。在参观埃德福神庙和附近的孔翁伯（kombos）神庙时，我忽然发现在三千多年以前，古埃及人已经掌握了非常准确的人体解剖知识，很多雕塑，特别是这两座神庙的高浮雕，形体都很准，更有趣的是导游介绍一片浮雕竟是一组外科开刀的场景。主刀者身边还可以看到当年的医用刀剪。神奇的古城，灿烂的石雕，久远的遗址。挥之不去……

清晰而神秘的凯瑟琳·博格斯

【作者】卡伦·威金

【刊名】世界美术，2011年01期

【摘要】凯瑟琳·博格斯（Catherine Burgess）天生憎恶那些无关紧要的东西，更不会过犹不及，而是最大限度地从最少的必需元素中提炼出有效成分来对人的居住空间做出清晰而神秘的区分。文章通过《四种圆的方式》《究竟在哪儿》等作品，讨论了博格斯的雕塑部件是类似的、重复的；潜意识是艺术的创作的源泉问题，以及凭借有意义的形式展示了本能自我所激发的审美选择；博格斯的作品常是分离性的，但又能把出色的元素恰到好处地摆放等问题。作者指出：她创造了一个鼓励我们自己建立连接和提供自我叙述的环境，她搭建了一个舞台，但是由我们自己来以有活力的方式来探索和深切感受她那份清晰的神秘。

罗丹“加莱义民”等三作品浅析

【作者】唐全明

【刊名】美术大观，2011年01期

【摘要】世界艺术中心的法国，现实主义、浪漫主义以及印象主义相继兴起，它们的共同特点都是注重个人的思想感受。正是基于此，罗丹在其纪念性雕塑中才表现出强烈的反纪念性。本文以他的三件纪念性雕塑代表作《加莱义民》《雨果》《巴尔扎克》为例，探讨罗丹作品饱受时人争议的原因。

品亨利·摩尔雕塑之意味

【作者】景怀宇

【刊名】艺术评论，2011年01期

【摘要】亨利·摩尔是现代最伟大的雕塑大师，同时他在造型艺术上的成就也深深地影响着设计界，包括建筑设计、工业设计以及平面设计。本文从有机的造型、原始的韵味、孔洞的应用和生命力的表现以及融于自然几个角度剖析亨利·摩尔作品亲和自然的特质，并能够和谐地融入到自然环境中。摩尔那些安置在蓝天白云之下的雕塑作品，就像是自己从大地中生长出来的一样，洋溢着与整个大自然息息相通的生命气息。

菲利普·金：雕塑生涯

【作者】巴尔纳比·赖特

【刊名】世界美术，2011年01期

【摘要】文章通过菲利普·金的生平艺术经历，在不同阶段对塑像艺术的探索，尤其是从具象表达转向抽象表现，创作了《宣言》（1961）、《玫瑰花蕾》（1962）、《成吉思汗》（1963）和《快活的曲子》（1963）等引人注目的塑像作品。一如既往地试图扩大雕塑的边界，探索不同的材料。

中韩艺术区规划建设比较——以Heyri艺术区与北京宋庄为例

【作者】陈炯

【刊名】新美术，2011年01期

【摘要】笔者赴韩参加一个艺术展，途中总是在比较中度过。拿韩国的点点滴滴和我们相比。也许是文化一衣带水，也许是地缘关系，把路边的韩国文字换成汉字会以为是在国内的某个城市。从釜山到首尔的城市设计和建筑设计都是在“好好说话”，并没有“张牙舞爪的”房子。尤其是釜山呈现出一种平和而宁静的气质。在比较中，有时能够发现有些事物、场景似曾相识，但当一个“新面孔”出现或在脑海里搜索不到我们与之相对应的参照物的时候，不由得有些思考。而那些“看不见的差别”则更加令人深思。

格雷格·约翰斯：感知原野

【作者】肯·斯卡利特

【刊名】世界美术，2011年01期

【摘要】从几何图案的建筑结构到具象的表现，从理性观念到情感倾向，从城市建筑到跟原野有关。这是约翰斯的作品的三个巨大变化。文章通过对回归原野艺术理念的阐释，通过《漂浮的形象》《地平线上的形象》《重返的形象》等一系列作品的阐释，约翰斯正在向世人证明，即使是在全球化的今天，地域的独特性仍然可以生存并繁荣发展。

艾兰·阿费尔布赫：私密性与纪念性之间

【作者】马克·丹尼尔·科恩　吴雪莲

【刊名】世界美术，2011 年 01 期

【摘要】纪念碑是我们欲望的印记，让我们记住那些我们必须保留下来的事物，记住那些我们正在忍受的事物。而雕塑天生就遵循了这种欲望。文章通过对艾兰·阿费尔布赫（Ilan Averbuch）的雕塑作品从不同方面的分析，阐释和解读永恒的纪念碑性在当代的可能性。以反讽的方式表现我们自身的庄严所导致的最终结果。他的艺术观念，一方面承认悲剧的黑暗恐怖，一方面又在暗中消减这种恐怖，将黯淡的绝望刺穿。

极简法则里的诗意抒情
——关于比利·李的雕塑

【作者】木木夕

【刊名】雕塑，2011 年 02 期

【摘要】艺术所面对的世界越来越纷繁复杂，各种手段、意义、情感、观念常常赋予其太多的文本内容，从而将艺术形式本身的价值湮没其中。形式所蕴含的丰富内涵并不通过形式来表达，或者说不能被形式表达，而求之于其余叙述方式，从而令形式本身丧失活力。雕塑在不断扩展材料、技术手段、文化观念的时候，正面临着这样一种迷失的危机。雕塑家比利·李并没有刻意回避后现代进程对于雕塑发展的影响，然而，基于他的年龄、个性、兴趣、文化背景、生存体验等多种因素，他自然地选择“极少主义”作为创作的基本语法。由平面、圆、直角和折线组成的几何形体贯穿他全部的创作，看似简单的重复强调了内在的张力。纯粹的质感与冷峻的横平竖直的线条，形成了优雅与正直并存的风格。

艺术与城市一起奔跑
——记墨尔本公共艺术及城市景观

【作者】王中 叶云

【刊名】雕塑，2011 年 02 期

【摘要】从一个标志到一个城市品牌从一个标志去解读一个商业产品的定位与理念，是及其司空见惯的事情，但是通过一个标志来展现一个城市的特色与个性，并引领这个城市未来的发展走向，就变得非常有趣了。澳大利亚第二大城市墨尔本（Melbourne）就是这样一个很早就将商业品牌营销的模式延伸至整个城市推广的城市。前不久，墨尔本公布了新的市徽标志设计，这个由全球著名品牌顾问机构 Landor 设计的新“M”字市徽用以取代20 世纪 90 年代初启用的旧树叶标志。市长道尔（Robert Doyle）决定耗资 24 万，设计新的城市市徽时认为，旧的标志显得过于本土化和落后于时代，面对变化的世界，墨尔本的市徽也需要与时俱进。单从外形的角度来说，这个标志是比较常见和普通的，但设计者在其内部赋予了它丰富多样且极具创造性的延展，将平面、空间与色彩富有想象力地组合始沿河搭建帐篷，他们将一座天然岩石障碍之上的淡水用于饮用、洗澡、灌溉和捕鱼，亚拉河成为名副其实的生命之河。

真实的闲寂与超然
——日本艺术家山元（特纳）伸二之禅

【作者】罗宾·苏瑞　编译 徐湘怡

【刊名】雕塑，2011 年 02 期

【摘要】在参禅人的心目中，花不一定是红的，柳不一定是绿的，他们从否定的层次去认识更深的境界。禅语是不合逻辑的，但它有更高的境界；禅语是不合情理的，但它有更深的涵义。日本的禅宗最推崇的是先验的孤绝，在日本文化用语叫做“闲寂”。它的真正意义是“贫困”，消极一点说就是“不随社会时尚”。禅的思想在某种程度上为 Shinji 的“空中花园”系列提供了灵感，作品呈现出了高度的有机和自然，但艺术家的明显意图是反驳人类对环境的残酷破坏和人与自然平衡的遗失，亦是人与自然的脱离。作品的宗旨是从微妙的差别中求证自我，从自然中提炼自我并对人生的过程加以充分的肯定。Shinji Turner Yamamoto 的系列作品都保持着一致的思想精髓：“真诚”。他真诚地对待创作材料，如他真诚地对待自己的心灵。

艺术与城市一起奔跑
——记墨尔本公共艺术及城市景观（续篇）

【作者】王中 叶云

【刊名】雕塑，2011 年 03 期

【摘要】联邦广场解构商业之城顺着亚拉河顺流而下，历经土著文明与城市发展史诗的玛尔公园，瞬间即到了用建筑形式讲述联邦精神的 21 世纪最新的城市商业休闲场所——联邦广场。联邦广场的建筑形式是有争议的，1997 年 Lab 建筑工作室凭借此设计获得伦敦雷博建筑设计大奖，2002 年开放后的联邦广场却被一些网站评选为世界最丑的建筑之一，但这些都抵不住每年 800 万左右游客量，它是与维多利亚女皇市场并列为维多利亚州观光人数最多的景点。

形式在时间中的行动
——对话大卫·纳什

【作者】艾娜·科尔

【刊名】世界美术，2011 年 03 期

【摘要】大卫·纳什（David Nash）以木材为创作元素，对树木具有的不同特性有深入的认识。文章结合他的作品

《红柱》《黑球》《灰圆顶》，探讨了艺术作品的时间性和空间性等问题，笔者指出：作品是关于生命的——乐观、有趣、快乐的不断探索与表达。

杰夫·洛维：抽离与封闭的空间

【作者】威尔·舒茨

【刊名】世界美术，2011年03期

【摘要】洛维作为一个雕塑家有多方面的兴趣。他的作品有一种强烈的建筑感，既体现在作品本身之中，也体现在作品的环境之中。提出了一个重要的问题，即如何观看一件雕塑性的作品，或者说如何把一件作品看成是雕塑的。文章通过对《纸旗系列》《红蓝与石墨（封闭行动）》《建构空间，橙蓝与笼架（封闭行动）》《红黑与笼架（封闭行动）》等作品的分析。也讨论了“建构空间”的展览，探讨了物理环境中交错的网络以及这个网络自相矛盾地包含着的限制之间的分界线等问题。表明选择冒险并把意外作为一个积极的要素来考虑，下一件作品对于他自己和别人来说，会是一样新鲜。

新达达主义观念艺术家克里斯多夫·迪马特

【作者】R.A.苏瑞 翻译：朱晔、湘怡

【刊名】雕塑，2011年03期

【摘要】在辨别克里斯多夫·迪马特（Christophe Demaitre）的艺术倾向上，人们总是会陷入两难境地。迪马特有两方面的矛盾：一方面，他以近乎流浪的方式生活，拍摄的影像却集中表现都市体验以及都市中人性的疏离；另一方面，他以过程为导向，突破了形式的界限，摈弃了创作混沌中的预先审议。他对于物质和适应性的关注以一种新达达主义精神贯穿于其全部作品，并通过纪实、抒情而诗意的摄影方式将观者带入到巧妙的角色分配和情境之中。艺术家漫步于任何城市的街头或无名的街道，随机捕捉镜头。他将画布以乳胶为底，并在创作的最后即兴地使用多层的涂料，以感光材料使得其拍摄的个体变得模糊不清。观者将会体验巡回的航行、漂泊的存在以及匆促的感觉，而我们快节奏的现代生活方式也将在时间碎片中得以再现。

对话安东尼·葛姆雷：成为虚无

【作者】卡琳·德容

【刊名】世界美术，2011年03期

【摘要】安东尼·葛姆雷（Anthony Gormley）认为人的身体是记忆和变化的载体。他早期大部分作品是以自己身体为基础创作的。身体是他作品的主题、工具和材料。在近期的作品中，他采用抽象或间接的方式来处理人体，并关注人类所处的环境。这些大型的作品对集合体，自我与他者之间的关系进行探索；在个体与集体，抑制与扩展，所见和所感之间寻求调和。这些作品超越了观念与方法，取得了出人意料的效果。它们扩展了人体雕塑的疆域，跨越了人体雕塑的物质边界，将人体雕塑与周边世界的相互作用涵盖进来。葛姆雷的雕塑和装置，考验着雕塑这种表达方式的法则和极限。他的作品一直在寻求更高的参与度，并探讨人的自由。

改写自然与雕塑的历史：鲁恩·奥尔森

【作者】弗朗辛·科斯劳·米勒

【刊名】世界美术，2011年03期

【摘要】奥尔森使用报纸、美纹纸和石墨来创作雕塑。研究动物和人类在最原始的状态下所呈现的真实和影像，从中思索一些私密的问题。文章通过对《交配中的松鼠》《亲吻的狼》《公鸡与兔子》《三只鹿》《性交中的熊猫》《两只摩擦生殖器的雌猩猩》《为所欲为》等作品的介绍和分析，不同程度的阐明自己的观点：利用自己当下在动物研究中发现的信息来重新思考人类的形象。

罗伯特·塔普林：最近的叙事

【作者】卡伦·魏克林

【刊名】世界美术，2011年03期

【摘要】罗伯特·塔普林（Robert Taplin）花了6个多月的时间重读但丁，为开头9篇诗歌中的每篇配图，将其变成一个新的叙事。这一“新的叙事”远不是为但丁构想出来的罪人世界绘制插图，而是基于塔普林自己的世界。文中依据但丁的《地域》为背景，通过《我们不战而入（穿过地狱之门）》《她回头走了（贝雅特丽齐送维吉尔到但丁处）》《渡过黑水（冥河）》等9个作品进行讨论。作者指出，艺术，作为对我们平淡刻板世界的补偿，具有强大的力量，使我们深受感动。

威廉·塔克：从形式到原始

【作者】大卫·科恩

【刊名】世界美术，2011年03期

【摘要】威廉·塔克（William Tucker）50余年的雕塑创作，已经使他的创作风格和方式发生了一次又一次的改变。创作方式的激变，暗示着一种对雕塑本质近乎存在主义的探索与坚守。文章通过作者的一些代表性作品的分析，如：《圆圈》《猫的摇篮系列》《斯芬克斯》《在空中造一堵墙》《胜利》《雕塑的语言》等，作者意在指出作品要强调轻盈与戏剧性，以及建立一种对于身体的整体的内在感觉的理念。

流动剧场
——对话罗娜·乔丹

【作者】苏珊妮·比尔

【刊名】世界美术，2011年03期

【摘要】罗娜·乔丹(LornaJordan)是一位环境艺术家，在她的作品中，运动至关重要。文章中探讨了其作品如何用流动的循环和充满生机活力的连续形式加深人们对环境的体验。旨在表明罗娜·乔丹始终如一的愿望却是每一个项目（无论它是在野外还是在城市）都用来改善生态系统，表达一种行动美学，并且创建体现运动的雕塑形式。

作为社会雕塑的7000棵橡树

【作者】杨义飞

【刊名】美术学报，2011年03期

【摘要】1982年第七届卡塞尔文献展上，约瑟夫·博伊斯的参展计划是组织一次大规模的生态活动，在卡塞尔市区种植七千棵橡树，每株橡树旁安放一座垂直于地面大约四英尺高的玄武岩石柱，这七千棵橡树的种植工作并非全部由艺术家本人来实施，而是需要依靠大众的参与。在弗里德里希广场上，博伊斯在广场亲自种下了第一棵橡树，立下了第一座玄武岩石柱。从此，每种下一棵树将移走一块石柱，随着时间推移而被逐步移除的石堆也将成为作品的一部分向人们展示，此项目被设定为具有持续性的公众行为。博伊斯力图拓展“雕塑”这一概念，赋予其自身的思想和言论一种突出的雕塑涵义，认为雕塑概念始于说话与思维。“社会雕塑”(Plastische)的任务不只是采用物质材料，也需要精神土壤。

浅论文艺复兴前后西方古典雕塑艺术——法国卢浮宫之行有感

【作者】吴建英

【刊名】美术教育研究，2011年03期

【摘要】西方古典雕塑艺术，即文艺复兴前后这一历史时期的西方雕塑艺术。笔者此次前往欧洲，主要考察欧洲的各大博物馆和一些现代画廊。其中，卢浮宫之行给笔者留下了深刻的印象，回国后经历一番调查，后成此文。

英雄圣歌——浅谈布德尔的雕塑艺术

【作者】洪峰

【刊名】雕塑，2011年04期

【摘要】布德尔的雕塑艺术开创了一个更加独立于绘画以外的，带着雕塑所独有的宏伟、刚健、凝重、概括的风格，富有四度空间的线与造型打造了具有独特魅力的雕塑时代。

复感·动观——2011海峡两岸当代艺术展

【作者】范迪安

【刊名】中国美术馆，2011年04期

【摘要】此文为范迪安先生就“复感·动观——2011海峡两岸当代艺术展”展览的前言。海峡两岸在艺术这一领域一直保持着活跃的态势，近年来“当代艺术”又成为两岸艺术家一个新的交接点。2009年至2011年，海峡两岸多次合作举办当代艺术展，从学术上探讨了两岸当代艺术发展的新趋势和新问题，凸显了美术馆在推动当代艺术发展中的重要作用。“复感·动观——2011海峡两岸当代艺术展”，旨在呈现两岸艺术家近年对现实及艺术本体新的观察、研究和表达。展览主题由“复感”和“动观”两个关键词构成，意在探讨艺术本体中观念与语言新的特征。

艺术考察之威尼斯双年展

【作者】贺荣敏

【刊名】西北美术，2011年04期

【摘要】威尼斯双年展是具有悠久历史的艺术大展，更是一个具有挑战性的竞技场；这里是现代艺术的博览会，更是现代观念的聚集地；这里集中展示了无数世界艺术家的现代作品，更展示着当今世界艺术发展的状态与未来；我们置身其中，感受到了世界艺术发展脉搏，同时也感受到了现代艺术对于我们这些来自文明古国的艺术家所带来的挑战与困惑：困惑一、在中国这块古老的土地上现代艺术如何发展？困惑二、中国元素将如何成为发展中国现代艺术的核心？困惑三、中国的现行艺术教育如何借鉴现代意识和现代的观念？困惑四、在中国如何理性地、客观地、务实地发展自己的现代艺术，以真正意义的中国味道融入世界？以上问题，虽为困惑，又是挑战，暂无答案，更无结论，但这种思考我以为有益于我们正确面对目前中国艺术发展的现实，同时从中我们清晰地看到了中国在现代艺术方面的差距，基于此我们呼吁艺术界的同仁们共同关注这一问题，共同建构中国特色的现代艺术。

马克·莱乌托尔德：侘寂的瓷土

【作者】程耀

【刊名】世界美术，2011年04期

【摘要】美国陶艺家马克·莱乌托尔德的作品，注重于纯粹形式的探索。他用系列组合的方式汇成的装置作品，将新的语言注入到陶艺这种古老的艺术形式之中。文中通过一系列作品，比如《祭献》体现了作者艺术理念是：它们并不注重单一含义的阐释，而是专注于迷人而又静寂的圆形与不确定的联想。莱乌托尔德的作品所体现出日本侘寂的禅宗美学，使其作品静寂、隽永，耐人寻味。

身体的发现反常规的米开朗基罗·皮斯特莱托

【作者】史蒂芬·彼得森

【刊名】世界美术，2011年04期

【摘要】米开朗基罗·皮斯特莱托（Michelangelo Pistoletto）是当今国际艺术领域享有盛誉的艺术家。他是贫困艺术的主要代表之一。其《迷你物品》系列作品由可能的时间维度和差异原理构成，打破了单一教条的艺术风格。他的作品主要关注思想以及综合艺术中艺术和日常生活的结合。他在许多城市都做过行为、装置。“爱差异”是他成立的Cittadellarte基金会发起的一个大型活动，为地中海地区的文化界名人提供了一个运作平台，以吸纳和支持所有社会政治领域的艺术作品。

吉他课

【作者】安·兰迪

【刊名】世界美术，2011 年 04 期

【摘要】对毕加索来说，分析的、重新组装的且被简化成楔形物的雕塑吉他是其无比创新的一个灵感来源。在 MoMA 举办的一次展览集结了这位艺术家于 1912—1914 年间制作的 70 余把这样的乐器，作为洞悉其创造性艺术方法的一扇窗口。透过毕加索《吉他·状态 3》《有藤椅的静物》《吉他、煤气喷嘴和瓶子》《一个男人的脑袋》等作品，讨论与雕塑吉他之间的关系。雕塑吉他成为合成的立体主义的起源。

浸在历史之中的当下——第 54 届威尼斯双年展策划访谈

【作者】保罗·安登

【刊名】世界美术，2011 年 04 期

【摘要】第 54 届威尼斯双年展艺术策展人由莱格担任。文中围绕本次双年展主题“启示”展开了一系列的讨论和采访。笔者指出大学里和专业院校中的人不应该将文化控制灌输给那些对艺术一无所知的人们。要成为一个好的策展人，必须在看历史的时候思考今天艺术的本质，这样，历史的记忆就铭刻在当下。

从“俄罗斯套娃”看“北京兔爷”——对北京民间美术品牌推广的思考

【作者】张旗　张路光

【刊名】艺术评论，2011 年 04 期

【摘要】套娃是俄罗斯民间美术的代表作品，传达着浓郁的俄罗斯风情和对俄罗斯文化的美好遐想。在国内众多的城市里，很难找到能够表现浓郁中华传统文化意味的“套娃广场”，更不用说到国外传播了。兔爷的造型有多种样式，工艺精美、色彩艳丽，是北京民间美术作品中的精品。套娃和兔儿爷都来自民间传说，并深受百姓特别是孩子们的喜爱，它们在当代的境遇大不相同，一个走向了世界，一个却需要保护。

玛雅文化的新序章——墨西哥艺术市场的兴起

【作者】王强

【刊名】雕塑，2011 年 05 期

【摘要】艺术市场的发展，需要更多有一定水准的评论家的理论支撑并提高民众的艺术鉴赏力，以产生更多的藏家和更大的艺术市场，所以艺术的普及力度十分之重要。墨西哥就是将艺术的普及化做得非常好，其通过独具特色的建筑、壁画、雕塑等公共艺术，本土收藏家对艺术的支持与分享，生产特色民族工艺品等方式扩大了艺术市场，从玛雅文化的历史性辉煌发展到现在独有特色的墨西哥当代艺术，正在国际艺术市场中悄然兴起。

威尼斯双年展的“光”与“味”

【作者】微光

【刊名】雕塑，2011 年 05 期

【摘要】夏秋之际，由中国工艺美术学会雕塑专业委员会、《雕塑》杂志社组织的赴欧考察团对欧洲四国进行了文化考察。此次欧洲之行，恰逢第 54 届威尼斯双年展开展，参观这届威尼斯双年展也正是这次考察活动的重要内容之一。本届（第 54 届）威尼斯双年展国外的策展主题是“光照·国家”，对光的歌颂与表现源于基督教艺术。策展人比奇·库莱格阐释说，希望通过一个词来表达一个概念，这个词集中于光、光照所涵及的对光的理解之中。比奇·库莱格是想要把艺术作品的注意力集中在艺术本身上，而不是要生生地创造出一个对世界的观念。我们且沿着比奇所设定的主题，巡览一下国外艺术家对这一主题的表达。

2009—2011 温哥华双年展拾英

【作者】郭西萌

【刊名】美术观察，2011 年 05 期

【摘要】成功地举办了 2010 年冬奥会的同时，温哥华（公共艺术）双年展也引起世界的瞩目。双年展的新媒介和表演艺术部分已经于去年夏天热热闹闹地闭幕，但是作为主体作品的 29 件环境雕塑依然矗立在加拿大温哥华和列治文两个城市喧闹的街头，或者宁静开阔的公园和海滩。

少即是多——雕塑家

【作者】Carl Forsberg　翻译：宋扶日

【刊名】雕塑，2011 年 06 期

【摘要】在 borgholm 城堡废墟的大门前，人们驻足于厚重的大型花岗岩头像《直视时间》的面前，有一点变得非常明显的就是你面对着一种情感的表达，这种表达能够唤醒你对时间本身意义的记忆，人们很容易被这样一种想法而蒙蔽：这件作品并不是当代的作品。要想去解释它的意义，了解一些考古学的知识似乎比艺术史的知识更为重要，它是一件在当下社会已经被遗忘的存在着祭祀或文化的具体意义的雄伟作品碎片呢？还是它包含了对于废墟本身的崇拜，构成了 19 世纪浪漫主义艺术的一个部分？两者都不是。

中间地带——悉尼奥林匹克公园的独特地景艺

【作者】翻译：王梦佳

【刊名】雕塑，2011 年 06 期

【摘要】作为国际一流的运动场地，悉尼奥林匹克公园也因其最早提出“绿色”奥林匹克理念而闻名于世。人们对这里进行了残余污染物的清理，对自然环境进行了修复和保护，目前这里的部分场地使用了太阳能。但是悉尼奥林匹克公园所做的远不只如此。这里的场地很大，有 100 公顷，包含复杂的内部生态环境、文化和历史，有赖于悉尼奥林匹克公园管理局（SOPA）的精心维护和加强。

重估学院派艺术：佩雷斯·西蒙收藏的欧洲雕塑

【作者】张敢

【刊名】美术，2011 年 10 期

【摘要】墨西哥收藏家佩雷斯·西蒙（Juan Antonio Perez Simon）的收藏囊括了从 14 世纪到 20 世纪的欧洲艺术，其中最丰富的是 19 世纪和 20 世纪的欧洲学院派绘画和雕塑。9 月 15 日至 11 月 20 日在中华世纪坛世界艺术馆举办的“古典与唯美—西蒙基金会收藏雕塑、绘画展”展出了从 19 世纪初到 20 世纪初欧洲的多位雕塑与绘画大师创作的 70 余件作品。“古典与唯美”和“生命的维度”构成了展览的两个部分，呈现出强调崇高、追求精致的古典趣味与观念多元、形式丰富的现代精神。展览为我们提供了一个考察和学习欧洲学院派雕塑与绘画的良好机会。

观念、文化与实验——策划第 54 届威尼斯国际艺术双年展

【作者】彭锋

【刊名】艺术评论，2011 年 10 期

【摘要】中国馆在第 54 届威尼斯国际艺术双年展的表现，在国际艺术界引起了强烈反响，受到海外媒体普遍关注。我们需要把握国际当代艺术发展的脉搏与趋向，进而了解其潜在的社会文化、艺术观念与审美旨趣的变迁，本文旨在从本届威尼斯国际艺术双年展中国馆的积极反响中寻求中国传统文化和审美理念融入中国当代艺术的可能性与可行性，从西方当代艺术区、艺术营的运行方式与发展境况中获取关于中国当代艺术发展的有益借鉴。

莱比锡的 798

【作者】刘志敏

【刊名】艺术评论，2011 年 10 期

【摘要】本文简要介绍了莱比锡“798”的概况，主要以莱比锡棉纺厂艺术工作坊印象和尤里乌斯·霍夫曼与“新莱比锡画派”为主要对象进行叙述，使我们对莱比锡“798”有了更进一步的了解。

激情与诗意的交融——“美中艺术交流展”雕塑展综述

【作者】文山

【刊名】雕塑，2012 年 01 期

【摘要】2011 年 12 月 3 日，由美中商业协会主办，《雕塑》杂志社、华港文化交流基金会协办的“美中艺术交流展”在上海浦东新区美中艺术交流中心隆重开幕。美中商业协会执行副主席吴高林、《雕塑》杂志社社长范伟民、华港文化交流基金会执行董事凌嘉莲光临现场。来自海内外的艺术家、企业家、艺术鉴赏家、收藏家云集于此。44 家媒体的传媒精英对展览给予热切的关注和积极报道。这次展览无论是展览规模、参与艺术家的人数还是作品的水平均创下了中美艺术交流活动之最。“以艺汇友、以文促经”，举办一次高水准、高品位的艺术展览，在中美两国之间铺设沟通的艺术之桥，展现中美两国风格迥异的艺术创作理念和两国艺术家各具特色的精品佳作，推动两国经济文化的深入交流，是主办者倾力关注的重点。

南美雕塑掠影

【作者】项秉勋

【刊名】雕塑，2012 年 01 期

【摘要】南美七国——阿根廷、秘鲁、玻利维亚、智利、巴西、巴拉圭和乌拉圭，这片美丽而神奇的大陆 ，热情而质朴的人群 ，和令人震撼的巨型雕塑 ，让笔者与友人们难以忘怀。本文记录了笔者走进南非所见到的迷人影像，并着重介绍了南非几件具有地方特色的典型雕塑，如市区南端的公墓，画廊、建筑、精品博物馆等都给笔者留下了深刻的印象。

形而内外：亨利·摩尔的雕塑空间拓新

【作者】滕小松

【刊名】雕塑，2012 年 01 期

【摘要】空间变革无疑是现代艺术拓新的着眼点之一。特别是，空间概念的泛化极大地推进了传统雕塑向现代雕塑的转化。在 20 世纪美术新词层出不穷的辞海里，所谓的正空间、负空间、内空间、外空间等等已不再是新鲜的名词了。相对而言，摩尔对空间的开掘似乎显得妥当和确切一些。这种稳妥的开掘无不让人联想到摩尔那一腔艺术的博爱之情：既倾心现代雕塑的新意，又衷情传统雕塑的魅力。其实，只要以背依传统、面向现代的端正态度去窥探摩尔对于空间的认识和开掘，我们就不难把握到摩尔的空间理论和实践的真意。

约翰·爱德华·史云逊——在生活中寻找灵感，在木材中探寻温存

【作者】宋扶日

【刊名】雕塑，2012 年 01 期

【摘要】用木材创作给予了史云逊一种满足感，愉悦与成就感充斥在史云逊的工作室和他在加利福尼亚 Upland 的画廊中，史云逊发觉创作的成就感不仅仅是用各种各样的材质创作，而且还是同不同类别的木材进行对话。对于制作木雕过程中所面临的具有挑战的问题，史云逊认为最大的难题就是处理那些树木枝干上的结点和裂缝，但是这却是他进行创作时最为快乐的部分。他受到的影响可以从我们对他的大型木雕作品所拥有的光滑的特质和自然生发的圆润形态及色彩中得到证明。

中国台湾公共艺术的发展与现状

【作者】武定宇

【刊名】雕塑，2012 年 01 期

【摘要】纵观台湾的公共艺术发展，从国外学习借鉴，到自行法律的建立与修订，经过了十余年的精心经营与推

广，对台湾省的公众美学与艺术环境的提升起到了决定性的作用。在当前台湾的公共艺术发展现状中，我们可以看到公共艺术的思维观念在不断的传播，公共艺术的实现形式在积极地拓展，公共艺术对社会的积极作用在逐步实现，这是让我们感到幸喜和感动的。但在肯定和喜悦的背后还存在这诸多问题有待解决，如公共艺术的实现形式大多以雕塑、壁画的形式出现，法令中过多的行政事务使得公共艺术的表现空间收到约束，台湾公共艺术人才培养的匮乏等。

中世纪的雕塑家先驱——吉斯勒贝尔雕塑风格研究

【作者】李娜

【刊名】雕塑，2012 年 01 期

【摘要】吉斯勒贝尔是欧洲中世纪最为著名的雕刻家，在那个艺术为宗教服务的时代里，艺术家们不过是为教堂打工的无名小卒，而吉斯勒贝尔之所以能名垂青史就在于他做了一件在中世纪独一无二、在整个人类雕塑史上亦是罕见的举动：在 1120 至 1135 年左右，他一个人独立完成了法国欧坦圣拉扎尔大教堂的雕塑设计工作，并亲手雕刻了包括山花壁面和柱头在内的全部装饰作品。这就意味着吉斯勒贝尔和他的同行们面临着颇为尴尬的局面：同样的题材被不同艺术家反复创作。吉斯勒贝尔以蓬勃的艺术创造力和惊人的叙事天赋完成了这一挑战。

“有意没有纳入在此”

【作者】威廉 · D · 库恩

【刊名】世界美术，2012 年 01 期

【摘要】银行家兼收藏家保罗 · 麦隆捐赠给国家画廊的 52 件德加雕塑，文章就国家画廊新近出版的有关其藏品中德加雕塑的“系统化图录”中是否是德加本人作品展开讨论。无论对于研究德加的学术界还是收藏界都有着重要的意义。

克莱尔 · 利伯曼：材料的敏感性

【作者】丽贝卡 · 迪姆林 · 科克伦

【刊名】世界美术，2012 年 01 期

【摘要】克莱尔 · 利伯曼（Claire Lieberman）作为一位对材料敏感的雕塑艺术家，但是并不仅仅局限于某一种材料，喜欢用到各种可以想到的不同材质尝试同一个题材，总是将一个对象和与它相反的事物对立起来，从而产生意想不到的内涵。文章通过作品《脚掌粘了蜂蜡的棕熊》《冰熊》《坠落的冰熊》《罂粟》等作品的阐释，表明观点：试图去表现能唤起一种不适之感的情节片段，而那种不适，会酿成含有个性化内涵的思想和情感。

细微的力量——阿尔弗雷德 · 加尔的近期装置与公共艺术

【作者】安妮 · 巴克莱 · 摩根

【刊名】世界美术，2012 年 01 期

【摘要】用极少主义、建筑美学和流线造型等词汇来概括阿尔弗雷德 · 加（Alfredo Jaar）的艺术都颇为贴切。其极力为弱势、边缘及受迫害群体发声而赢得了普遍的赞誉。本文结合一些作品《让一百朵花儿绽放》《寂静之声》《等着吃小女孩的秃鹫》等，谈论了这位艺术家的创作理念。

大地艺术中的南希 · 霍尔特

【作者】郭磊

【刊名】世界美术，2012 年 01 期

【摘要】大地艺术诞生于 20 世纪 60 年代晚期。其将艺术带出画廊、美术馆与博物馆，而进入自然，成为与特定环境紧密联系在一起的巨大作品。文章主要透过南希 · 霍尔特的大地艺术代表作品《太阳隧道》，通过与其他大地艺术作品的对比分析，尤其是在创作理念上的异同，即颠覆了传统雕塑直立向上的造型传统，强调“水平性”，将雕塑从“结构”（structure）转向“场所”（Place）。从而得出大地艺术本质上是一种空间与体验的艺术，作品本身思考的是人们如何感知时间与空间的问题。

揭秘德加雕塑

【作者】帕特丽夏 · 费令

【刊名】世界美术，2012 年 01 期

【摘要】国家画廊以一本详尽无遗的图录，兼用艺术史和科学分析的方法来解决有关德加生前如何创作雕塑及其身后雕塑作品的遭遇等诸多问题。本文就新图录做衍生问题的探讨，如提示了德加的工作方式之外，也探讨了德加雕塑中运用混合材料的蜡像、青铜像和石膏像之间可能的关联，以及这些不同版本在艺术市场中可能的角色；在提示了德加雕塑研究中一手资料的缺乏之外，也呈现了相关艺术问题研究错综复杂、多维角度共存的现实——文章也涉及到有关“德加生前雕塑石膏板”问题的多方见解。

珍妮特 · 埃切曼：雕塑都市空域

【作者】瑞吉娜 · 弗兰克

【刊名】世界美术，2012 年 01 期

【摘要】珍妮特 · 埃切曼（JanetEchelman）的作品是一种新的雕塑类型的典代表，这种类型的雕塑连接了传统与创新，服务于视这个世界为逐渐复杂和多层次的新一代的需求。本文通过作者阐释这种创新形式的灵感来源以及这种艺术形式的特点和优势的讨论等。旨在表明作者这种对于传统雕塑颠覆性的创作精神所带来的思考。

1978 年以来的艺术创作——杰夫 · 昆斯讲座

【作者】扶日

【刊名】雕塑，2012 年 02 期

【摘要】此文对杰夫 · 昆斯讲座做了总结，在讲座中，杰夫 · 昆斯认为在自己经历了自我接纳到接纳外在世界和

人这一过程之后，发现自己对现成品本身没有欲望，而是对外在世界的探索产生了兴趣，希望自己创作的艺术不仅仅是关于创新的，而且是关于接纳世界和他人的，认为接纳是艺术的最高阶段。中央美院潘公凯院长认为我们把一件现成品当做艺术品的时候，我们需要将现成品从生活中的意义里分离出来，使它成为一种非逻辑的独立存在的容器，这种独立存在的容器将成为作者和观者对它进行解读的一种媒介，这种独立的非逻辑性的容器就会成为一种对作者的意图和对观者的解读进行容纳的一种存在。

融合的图像 ——印度的庙宇和它们的“情色”雕塑

【作者】宋扶日

【刊名】雕塑，2012 年 02 期

【摘要】在本文中笔者将着重研究一种叫做“Nagara”（注：Nagara 梵文“都城 ”译者自加）的寺庙，这是一种发源于北印度地区的并在该地区得到广泛推崇的寺庙样式。这里包含了得以完整保护的 10 ～ 13 世纪的“Nagara”式寺庙，还有一些对情爱场景进行详尽描绘的雕塑。如今，它们矗立在位于北印度地区中心地带的著名的卡朱拉霍（Khajuraho）遗址之上。其实，我们眼睛所见的与事实正好相反，这众多人像中的每一个个体，每一个建筑形式，还有每一个外部的装饰物都具有一种象征性的视觉效应，他们被完美地秩序化地整合在了一起，这些雕刻将神圣与世俗的概念，色情与崇高的意义完美地结合在了一起。

托尼·克拉格：材料与形式的有机生长

【作者】王梦佳

【刊名】雕塑，2012 年 02 期

【摘要】当代社会的物质环境给了克拉格丰富的人造材料来源，引入了他所关注的主题，最终成就他迄今为止的作品风格。正如他自己所阐述：“切割材料，使其转变，一次次改变它的轮廓、外表与体量。看到这些累积的改变不断将个体带离出发点，穿越各种变化的通道——在此，我们可以认识到这种变化不仅仅关于材料。做雕塑不仅需要对材料的形式和意义进行改变，对于自身所视之物的情感和想法都相应在改变。艺术家将材料作为自我的延伸，进入与材料的对话之中，试图发现或创造一些新的东西，那就是‘诗意’。有些人还在进行新的探索，另一些人可能找到了他们向往的东西”。作为一位负责任的艺术家，克拉格强调，他的雕塑都是自己亲自动手制作，并非由工厂代劳。

重构时尚

【作者】丽贝卡·迪姆林·科克伦

【刊名】世界美术，2012 年 02 期

【摘要】阿兰·格拉和内拉尔德·德·拉·帕斯对于色彩的表现却与众不同，非来自某种颜料，而是来自废弃的衣物。文章通过作品《礼物》《男躯干》《彩虹》《众生平等》等，讨论了运用不同色的废旧衣物和报纸杂志，拼贴出所需要的色彩。启发我们其美妙且富有冲击力的作品，提醒人们在决定自我命运之时，该扮演什么样的角色。

当代国际纤维艺术形式的多元化构建

【作者】邱蔚丽

【刊名】世界美术，2012 年 02 期

【摘要】艺术的门类多种多样，纤维艺术就是其中一种。本文通过分析一些活跃在当代国际纤维艺术领域并具有一定代表性的艺术家的纤维艺术作品，从纤维艺术家个人风格的构建风格是方式、样式、类型的形成格式和趋势；纤维艺术多元表现形式的构建；纤维材料的独特构建三个方面，阐释作品产生的背景，旨在阐述当代国际纤维艺术形式构成的多样性以及未来发展的趋势。

费德里克·迪亚兹的后人类雕塑

【作者】克里斯汀·特明

【刊名】世界美术，2012 年 02 期

【摘要】迪亚兹想在工作中把作为艺术家的自己移开。他一直想尽可能地把人从艺术现场移开。文章通过对巨型艺术作品《几何学的死亡频率——141》的阐释，指示机器人如何把成千上万的球粘在一起，来形成 141 个结构。正如他说的：“我并不太在意技术，真正起作用的是内容。”

费德里克·迪亚兹的后人类雕塑

【作者】克里斯汀·特明

【刊名】世界美术，2012 年 02 期

【摘要】迪亚兹想在工作中把作为艺术家的自己移开。他一直想尽可能地把人从艺术现场移开。文章通过对巨型艺术作品《几何学的死亡频率——141》的阐释，指示机器人如何把成千上万的球粘在一起，来形成 141 个结构。正如他说的：“我并不太在意技术，真正起作用的是内容。”

中亚草原石人之图像证史及艺术观念

【作者】王晓玲

【刊名】新美术 ,2012 年 02 期

【摘要】石人雕刻兴起于欧亚草原地区，作为古代游牧社会一种重要的丧葬习俗和墓志刻石，有着广泛的地域性特点。而作为世界范围内的原生态艺术创作形式，石人雕刻前后持续了约有一千多年的历史。在广阔的中亚草原上，从塞人到突厥部落都留下了丰富的石雕图像，从其风格手法的肇始与艺术观念的走向来看，它亦可贯穿于艺术史的文脉之中。另一方面，无论从艺术样式抑或文化形态方面来看，石人雕塑及石刻形象的鲜明特点，也已成为人类精神形态中无法绕过的文化现象。

追寻的足迹 ——欧洲具象雕塑造型漫谈

【作者】邓柯

【刊名】美术，2012 年 02 期

【摘要】这是作者一篇篇幅短小的总结报告，将 3 个月多月的赴欧艺术经历归入其中。与曼祖夫人 Inge 的偶遇、与希腊雕塑家 Vagallis 的见面、在马德里普拉多美术馆油画前的思考等。这些不仅仅局限于雕塑领域的经历，同样启发雕塑语言的研究。因为造型的元素是相通的，有很多的思考有待慢慢消化。说到具象雕塑的造型，大家常说，欧洲人把具象雕塑做到了极致，看了让雕塑工作者灰心，事实上，应该是看到了某些希望。当我们循着这些精美的雕塑，走进每一位雕塑大师风格成长变化的故事中时，往往也走进了文明与造型的会合之处，走进了个性命运与时代精神的交融之所。

秘鲁当代雕塑家
——精心打造新社会和文化身份

【作者】简·加登·卡斯特罗／李京泽（译）

【刊名】世界美术，2012 年 03 期

【摘要】尽管在种族身份、制作手法和使用材料上，秘鲁的雕塑家千差万别，但许多秘鲁雕塑家都具有对本国文化传统的敏锐意识。今天的秘鲁文化仍然在调和历史和现代。普诺地区比印加文明还要早的艾玛拉族和盖丘亚族文化遗产，令艾马尔·库帕凯迪非常自豪。他的艾玛拉族祖母的纺织传统，被他转化为不可降解的塑料编织物、塑料绘画以及其他各种规模的艺术品。他的意图是向被边缘化的传统手工艺致敬，同时批判污染和浪费。

新西兰的财富
——康奈尔斯湾雕塑园

【作者】罗宾·伍德沃德　代亭

【刊名】世界美术，2012 年 03 期

【摘要】在新西兰人口最多的城市奥克兰，距离中心商业区 50 公里半径的范围内分布着四个一流的雕塑公园。其中，康奈尔斯雕塑园是独一无二的，呈现了这个国家大型雕塑的缩影。康奈尔斯雕塑园展示了新西兰近二十年最重要雕塑家的作品。康奈尔斯雕塑园模式——先是购买藏品，接着通过委托定制来发展。这一成熟阶段为公园带了一些最独特的雕塑，因为定制的作品往往参照着特定的地点、空间或位置。最严格意义上的“定点”雕塑是指那些完全从属于其位置的作品，如果放在别的地方，它的意义将削弱或消失。

杰出的佛像雕塑艺术家扎纳巴扎尔
——记蒙古国一世哲布尊丹巴呼图克图

【作者】吴苏荣贵

【刊名】美术研究，2012 年 04 期

【摘要】世人熟知哲布尊丹巴一世活佛在清初喀尔喀蒙古与清廷的政治合作上曾起过重要作用之史事，但对这位活佛擅长佛造像艺术之事了解却甚少。8 年前，笔者留学日本时，在图书馆的资料中初识扎纳巴扎尔的佛造像艺术，那独特的造像表现形式及艺术魅力，吸引着笔者在 8 年后，专程到乌兰巴托扎纳巴扎尔美术纪念馆，拜观了这位大师级艺术家的金铜佛造像。高山仰止，让我们重新诠释这位蒙古杰出的佛像雕塑艺术家。

绽放于艺术家工作室废墟中的新生
——珍妮·西尔弗索纳的雕塑

【作者】简·莱利 ／ 常洁　林子杰（译）

【刊名】世界美术，2012 年 04 期

【摘要】西尔弗索纳在复制重铸了她工作室中具体物品以后，开始系统地重塑再现各种曾在传统艺术家工作室有过的艺术形式。如果说肖像、静物和人体习作都是艺术制作的固有形式，她将重塑它们，并且展示它们的衰败。同时她也注意到艺术家通过深入洞察整体，放大局部的方法。比如《泪腺》是复制了医学解剖图，铸成肉色橡胶并用华丽的黑色橡胶框装饰，有趣并值得赞叹的是这种洞察没有一种是说教式的。观众小会觉得是在听讲座，被迫接受西尔弗索纳的结论——传统工作室艺术已经终结——相反，她的作品是委婉而忧郁的。

曼哈顿公共艺术的二元性格研究

【作者】张温帙

【刊名】美术学报，2012 年 04 期

【摘要】位于纽约市的曼哈顿中央公园，是世界上大都市中最美最大的、最重要的城市公园。是人工景观的最大成就之一，它是美国第一个利用园林建筑技术开发的公园，更是曼哈顿公共艺术的摇篮。主景观设计师弗雷德里克·劳·奥姆斯特德，他最著名的作品是其与合伙人沃克共同设计的中央公园。这一事件既开了现代景观设计学之先河，更为重要的是，她标志着普通人生活景观的到来，不再是少数人所赏玩的奢侈品，而是普通公众身心愉悦的空间。

拉奥孔群雕的考古发现

【作者】王晶

【刊名】新美术，2012 年 04 期

【摘要】依据考古研究拉奥孔群雕是希腊化时期的作品，公元前 42 年至公元前 20 年为拉奥孔雕像的创作年代较为可信吗，上述结论拥有有力的证据。本文作者引用：安德鲁 [Andrew　w.stewart] 的最新版《希腊雕塑一一探索》第三部分“一百位希腊雕刻家，他们的事业和现存的作品”　等文献，对此作了探讨。

野口勇论雕塑

【作者】朱尚熹

【刊名】雕塑，2012 年 05 期

【摘要】日裔美国人野口勇（Isamu Noguchi 1904 ～ 1988 年）是 20 世纪最著名的雕塑家之一，也是最早尝试将雕塑和景观设计结合的人。他曾说：“我喜欢把园林想

象成空间的雕塑。”他从1924年开始专注于抽象雕塑的创作，并深受布朗库西的影响，一生采用雕与凿的方式发现并赋予石材焕然一新的生命力。以下为本人精心编译的野口勇对于雕塑的真知灼见，以回归雕塑本体，启迪思考。

雕塑
——布鲁斯·比斯利的抽象雕塑情怀

【作者】采访：王梦佳　受访人：布鲁斯·比斯利

【刊名】雕塑，2012 年 06 期

【摘要】美国雕塑家布鲁斯·比斯利，以抽象表现主义的雕塑风格广受赞誉，其作品大气磊落，空间结构非常讲究。我可以通过抽象表现更复杂的感受。具象的力量在于语境和我们与图像的联系。我想我们都知道有一种感受或自由或轻盈的精神存在于具体的情境之外。我用立方体做雕塑，通过观察向自然学习。自然的形式中有一种“正确性”和一种强烈的“存在感”。形、体量和空间三者不能分割。关注新技术并总是保持开放的眼光和思想。每种材料都有自己的感受或表现。雕塑家使用的每一种工具都有其优点和缺点。作品能给人一种建筑感。雕塑与建筑在占据空间方面非常相似。在我们同在的实体世界，一件好的雕塑比一幅好的绘画作品更有力量，因为雕塑真实存在于世界里。

韩国雕刻家申银淑的抽象雕塑
——时间旅行

【作者】申银淑

【刊名】雕塑，2012 年 06 期

【摘要】韩国抽象雕塑的发展始于 20 世纪 50 年代末至 60年代初。申银淑（ 韩国女雕刻家协会会长，中国东北师范大学名誉教授 ）不仅使用富有表现力的媒体——石、木、青铜等传统材料，还不断开发和使用可称为现代雕塑特色的各种新媒材与技法——泡沫塑料、铁丝、不锈钢、玻璃、废旧轮胎、纤维、水、声音、光及影像等，创造出了各种新的空间概念的雕塑艺术。在韩国现代雕塑发展长河中，本文将通过剖析韩国雕刻家——申银淑从 20 世纪 80 年代至今追求的抽象雕塑的变化过程，以分析申银淑的作品世界及韩国现代抽象雕塑的一个层面。

包豪斯 ：艺术即生活

【作者】彭妮·斯帕克

【刊名】装饰，2012 年 07 期

【摘要】巴比肯中心，伦敦，5 月 3 日至 8 月 12 日为了响应今年夏天在伦敦举行的奥运会，巴比肯中心选择举办一个以德国包豪斯为主题的展览，原因在于后者内在的国际主义精神与进步的思想。奋斗的精神以及对于现代社会与未来的忠诚，包豪斯展的组织者认为这些代表了包豪斯在 20 世纪 20 年代生活与工作的特质，也恰恰反映了奥运会的基本意向。策划人的想法是，无论对于英国观众还是今年夏天来到这个国家的外国游客来说，包豪斯展是这场竞技的一曲完美的文化伴凑。除此之外，还有一个基本信念，就是要组织一场特别的包豪斯展。

艺术与生活高度结合的奇葩
——以色列女艺术家伊拉娜·古尔的私人美术馆

【作者】杨之琬

【刊名】装饰，2012 年 08 期

【摘要】作为以色列国宝级的女艺术家，伊拉娜·古尔（Irana Goor）在世界各地重要的美术馆都展出过她独特的雕塑作品，她的雕塑作品除了被安置在耶路撒冷的大屠杀纪念馆之外，同时陈列在以色列各个城市包括特拉维夫、海法等地的室内外。纵观这位女艺术家迄今为止的作品，从大型雕塑到小件金属制品，件件凝聚着强烈的综合意味，然而最具代表性的是由她创建的一座私人美术馆——伊拉娜·古尔美术馆。在以色列雅法城，伊拉娜拥有的这座美术馆不仅仅是以陈列个人收藏品的形式对外公开，与其他艺术品展示的场所不同，这座美术馆同时是她的家，是结合居住、收藏、创作、陈列、参观功能为一体的美术馆。她生活在此，在这里进行她的艺术生命思考、探索与创造，同时将自己收藏的世界各地的艺术品展示于此，免费供公众参观，使得公众与艺术品的距离得到缩短。

埃及雕塑与希腊雕塑产生差异的因素

【作者】王丽君

【刊名】美与时代（中），2012 年 09 期

【摘要】世界四大文明古国之一的埃及，其艺术成就在人类历史上占据着极为重要的地位，而雕塑正是埃及（金字塔）艺术的一个重要组成部分。令人费解的是，在三千多年的漫长历史中埃及雕塑一直保持着神秘的“正面律”。而与它隔海相望的希腊，艺术最初深受其影响，但是这种状态并没延续多长时间，特别是雕塑，在短短的 300 年里发生了巨大的变化。到底是什么原因使得二者产生这种差异呢？这就必须借助于地理、政治、种族等因素的分析。

第三届艺术与科学国际学术研讨会综述

【作者】鲁晓波

【刊名】装饰，2012 年 12 期

【摘要】150 余年前，在工业文明的突飞猛进中，艺术与科学携手催生了现代设计，在当今时代，信息、生态、智能和其他高新科技正在迅速地改变人类的整体生存面貌，艺术与科学正在面临一个全新的对话境遇，跨学科的大设计概念正在形成之中。本次艺术与科学作品展汇集了国际上最前沿、最能体现高科技潜能的作品。

寻常的材料，传神的形象
——拉布拉奇的雕塑艺术

【作者】游光霖

【刊名】中国美术馆，2012 年 12 期

【摘要】拉布拉奇这位当代西班牙青年艺术家，承袭了前辈们在艺术上的“贵族”血统，在西班牙著名雕塑家拉蒙 · 德 · 索托的指导下开始雕塑创作，并受到毕加索的启蒙老师胡里奥 · 冈萨雷斯作品的启发。他采用废弃的钢铁边角料作为表达自己艺术感悟的媒介，通过拼装、焊接、锤打，像铁匠一样在自己的工作室里完成作品。那些拙朴的、长满锈斑的几何形钢铁片经艺术家的巧妙处理，成为一件件别具特色的雕塑佳作，钢铁表面没有任何的防锈处理，展现粗犷的自然之美。艺术家通过作品的主题与材质对来阐释自己对艺术本体的哲理性思考。

非洲木雕对装饰艺术运动的影响

【作者】温冰冰

【刊名】美术教育研究 ,2012 年 18 期

【摘要】上海世博会非洲馆中，非洲木雕占据了非洲国家展厅的一大部分。非洲木雕不仅充分向世人展现出当地的风情，而且体现出非洲人的内心世界。非洲木雕体现着非洲原始魅力，是妩媚与粗犷的交融，充满了神秘感。非洲木雕艺术之所以在整个 20 世纪西方现代艺术史上产生重大影响，是因为它具有鲜明的艺术特质。非洲木雕的作品造型千姿百态，但是大多具有共同的艺术特点。

优秀硕博论文

城市开放空间中的景观雕塑设计研究

【作者】沈涛　【导师】闫启文

【出版授权与投稿人】沈阳理工大学

【作者基本信息】沈阳理工大学，设计艺术学，2011，硕士

【关键词】城市设计　城市开放空间　景观雕塑

【摘要】本论文采用综述型论文结构，在归纳、总结前人或今人对景观雕塑及相关学科中某些学术问题已有研究成果的基础上，加以介绍或评论，从而引申自己的一些浅见和理解。针对现有景观雕塑设计的历史和现状，解读景观雕塑设计在城市开放空间中的创作和应用，将开放空间理论引入景观雕塑设计领域，并对景观雕塑相关的形态、审美和设计的关系进行了深入探讨，并从中归纳总结出对景观雕塑设计具有实践意义的一些规律和法则，旨在推动景观雕塑设计形成系统的学科规范。从而为当前景观雕塑设计建设过程中不够科学规范的局面打开一个研究思路，以便提供符合景观雕塑建设现状的并具有可应用性的参考价值观点。全文包括：绪论、基本概念解析、城市开放空间中的景观雕塑设计问题研究和城市开放空间中的景观雕塑设计研究结论这四个部分。

“触·觉”——雕塑中身体触觉空间的探索

【作者】王哲　【导师】陈科

【出版授权与投稿人】中央美术学院

【作者基本信息】中央美术学院，雕塑，2012，硕士

【关键词】触觉　感知　身体　三维空间

【摘要】自人类艺术发生，经历了由感知系统从触觉、听觉到视觉的演变，形成了以“视觉中心主义”为主导地位的艺术创作状况，尤其是在当代。工业革命以来，技术引领着社会和经济的发展，我们将这种技术推动各种各样事物发展的情形描述为“技术驱动”。摄影术的发明、新技术、新材料的广泛应用，传统艺术的边缘在近两百年的时间被不断拓展，摄影术和印刷术的发明以及互联网的广泛应用使图像的大量复制传播成为可能。艺术进入当代之后，当代艺术呈现出更强的综合性，新技术、新材料和新观念对传统的艺术形式特别是雕塑带来极大的冲击，世俗化、卡通化、平面化、视觉化等新观念、新潮流的出现，使传统雕塑语言面临了巨大的挑战。面对以“视觉中心主义”为主导地位的状况，传统雕塑必须对自身的语言和形式作出新的反应。作为三维空间实在的传统雕塑语言创作中的一个最本质的感觉——触觉被大量的视觉信息所吞没，在以视觉为主导地位而导致审美疲劳和创作乏力的今天，我们应该反思，雕塑创作中视觉与身体所感受的触觉空间的关系，雕塑不仅是视觉的艺术，而且是触觉感知和其他感官相互影响、制约和转化带来的视觉体验，只有回到身体的触觉空间本身，才可能在当代雕塑创作中找到新的感官动力和创造力。经过一代代雕塑家的不断努力，在探索雕塑三维空间本质的过程中不断创造和开拓着新的形式和观念，引导着当代雕塑艺术的发展。

从空灵理想到社会现实

【作者】雷磊　【导师】王少军

【出版授权与投稿人】中央美术学院

【作者基本信息】中央美术学院，雕塑，2012，硕士

【关键词】陵墓雕塑　石窟雕塑　世俗化

【摘要】在中国古代美术史上，隋、唐、宋是空前的繁荣时期，这反映在佛教雕塑上：不论从内容还是到形式，都是非常突出的。隋代佛教雕塑上承北朝下启唐代，具有过渡时期的特点，唐代和宋代佛教雕塑在不同地区也都达到了鼎盛。同一时期不同地区之间的造像风格有所差异，所以本文选取了隋、唐、宋各时期具有代表性的雕塑以及同一地区或同一类型中隋、唐、宋各不同时期的造像，从时间与空间两方面来分析隋、唐、宋传统雕塑的时代风格，力图客观地反映出这三代传统雕塑的风格演变。通过全文分析，可以看出隋代雕塑仍有北朝遗风，具有清新隽永的风貌，贴近理想化；唐代雕塑开始向社会现实靠拢，具有世俗化意味；到宋代，世俗化特征更加明显，并且向精谨细致发展。

从旁观者到当局者的角色转换

【作者】贾小川　【导师】尹少淳

【出版授权与投稿人】首都师范大学

【作者基本信息】首都师范大学，学科教学，2012，硕士

【关键词】美术鉴赏　活体雕塑　行动研究　教学策略　本质性　工具性

【摘要】研究者以教学者兼研究者的身份，运用行动研究法，将亲身的教学与研究相结合，进行“活体雕塑运用于高中美术鉴赏课”的实验性课程。研究的目的在于探究这一教学策略的实用性、教育价值、学生的适应性以及本教学策略的实施要点和方法。首先通过文献及相关教学研究，探讨美术鉴赏的概念、内容、养成策略和活体雕塑相关知识及其在中学美术课堂的适用性。然后以我国大型雕塑《收租院》为题，应用相关教学策略设计了三个大单元的学习内容，并以研究者所担任的西部地区某高中高二年级一个班 32 名学生为研究对象，进行为期二个学期的

实验研究和验证。最后研究者根据自己的教学研究和省思获得如下结果：1. 以活体雕塑为手段的鉴赏课程在教学上部分可以直接融入课程设计中，部分可以转化为课程实施时使用的教学策略。研究者认为，活体雕塑为当代艺术的一种表现形式，在美术学科本体和艺术教育观发生本质性变化的当今，活体雕塑在美术鉴赏课中的应用可以发挥美术教育本质性与工具性两方面的效能。2. 综合理论和实际情况，在有限的教学条件和有限的课程开设情况下，将活体雕塑运用于高中美术鉴赏课程有一定的可行性。学生能够在本学习活动中获得积极和愉快的体验，激发学习行为的发生。3. 本研究的教学策略和方法，不但在学生的学习活动中获得了正向的反应，而且在美术鉴赏的课程设计，学生关于美术鉴赏的知识和技能、过程和方法、情感态度和价值观等方面都获得了实质性的进展。

从新中国雕塑看中国雕塑的民族化进程

【作者】杨晓钟　【导师】吕品昌、隋建国、展望、于凡、王少军、张伟

【网络出版投稿人】中央美术学院

【作者基本信息】中央美术学院，美术，2011，硕士

【关键词】新中国　雕塑　影响因素　民族化探索

【摘要】从中华人民共和国的成立到改革开放初期，这是新中国雕塑的一个特殊时期，也是新中国雕塑的孕育与奠定时期，新中国的第一代雕塑家及其培养的一批雕塑界骨干力量，在中国雕塑史上承上启下，开创先河。在中西文化的交融与碰撞中摸索，在受到政治、经济、社会各种复杂因素的影响下，对于中国传统雕塑的研究和发扬进行了没有间断的创作实践，取得了巨大的成果，是当今研究探索雕塑走民族化道路的重要经验，是理论研究的基础。理清并分析这一时期雕塑家们在雕塑民族化的道路上所做的工作和成就，对于我们现在的雕塑创作有着重要的意义。本文通过新中国的雕塑历史进程，发展变化，以及雕塑家的创作活动，结合那一时代的政治、经济、社会等诸多因素进行分析和阐述，力求客观地剖析出新中国雕塑家们在雕塑民族化上所作的努力，从而令我们在当今的艺术创作中，汲取有益的经验，为中国雕塑民族化进程的向前发展尽些绵薄之力。

大学精神和校园文化的园林景观体现

【作者】赵炳惠　【导师】鲁琳

【出版授权与投稿人】四川农业大学

【作者基本信息】四川农业大学，风景园林，2011，硕士

【关键词】大学精神　校园文化　园林景观　雅安

【摘要】大学校园是园林景观的重要组成部分，也是大学生和教职工的生活场所，甚至是周围居民、外地游客休闲活动、游览观光的重要场所。大学校园景观与其他园林景观最重要的区别在于，大学校园景观在造景的同时，要体现出大学精神和文化内涵，以景育人，达到一个潜移默化的教育作用。因此大学校园景观环境对于这些活动人群的身心健康、文化意境等方面都有着很大程度的影响。四川农业大学雅安校本部有着悠久的历史，地理位置特殊。建校一百多年来积淀了深厚的校园文化和鼓舞人心的“川农大精神”。而且，这一精神和校园文化在校园景观中，得到了很好的体现，并发挥了潜在力量，对其中的活动人群产生了积极的精神推动和文化熏陶。本研究基于景观视觉廊道评价，运用相关因子加减法和问卷调查法，对四川农业大学雅安校本部的校园园林景观做了研究和探讨。

大足宝顶山石窟造像研究

【作者】刘君湘　【导师】张景辉

【出版授权与投稿人】景德镇陶瓷学院

【作者基本信息】景德镇陶瓷学院，美术学，2011，硕士

【关键词】宝顶山石窟雕塑　连续场景　佛教　特殊性

【摘要】大足宝顶山大佛湾佛教造像充满了世俗生活情趣、充满了戏剧情节，其中的很多组雕连续不断地叙述一个或几个不同内容的佛经故事，还配有经文颂词等文字说明，宛如一幅幅连环画。每组雕塑由多幅连续的场景组成，组雕之间又相互联系形成一整幅大的场景。这种连续性场景的运用在中国的石窟艺术中是绝无仅有的。本文旨在以大足宝顶山石窟佛教造像造型生动，内容明显贴近百姓世俗生活，组雕的故事场景具有连续性为切入点，探究其不同于其他石窟雕塑的独特艺术表现手法，找出成因，从而肯定它的历史地位。通过本课题的研究倡导认识、总结、挖掘中国古代优秀的传统雕塑，从中汲取营养，建构有中国风格和特色的雕塑艺术，立足时代，不断创新。研究大足宝顶山石窟场景的运用，对一个从艺者从自身专业为出发点去探讨古代先人的优秀的艺术文化遗产，是十分重要的和必要的。

当代城市雕塑公共性的审美价值取向研究

【作者】钟尚楠　【导师】邱正伦

【出版授权与投稿人】西南大学

【作者基本信息】西南大学，美学，2011，硕士

【关键词】当代城市雕塑　公共性　审美价值取向

【摘要】当代城市雕塑在现代城市中的存在已经极为普遍。作为公共艺术的一种，城市雕塑本身应具有的公共性和艺术性对其本身提出相应要求，而艺术性表现为公共性特质下的艺术性。当代城市雕塑在国内发展迅速，其产生和存在的一系列问题不仅引起学术界相关专业人士的重视，而且在市民中也产生相应的影响和评价。当代城市雕塑创作迅速发展，雕塑数量增多，艺术语言更加多样，创作主题样式大范围扩展，创作观念都更加具有时代气息。但是为什么相当比例的当代城市雕塑不能得到专家和市民的好评呢？现代市民对城市雕塑的态度究竟发生了怎样的变化？哪些要素决定了当代城市雕塑的形态？怎样的当代城市雕塑才能发挥其应有的精神价值、人文价值呢？为此，本文试图从我国当代城市雕塑的现状出发，追溯我国城市雕塑产生及发展的历史，分析我国当代城市雕塑的创作机

制，站在城市雕塑公共性的角度进行分析，尝试从历史和现实两方面探究我国当代城市雕塑存在问题的根源，并为解决这些问题做尝试性探究，为当代城市雕塑创作提供借鉴作用。

当代城市雕塑夜景照明艺术设计理念分析

【作者】韩瑞婷 【导师】蔺宝钢

【出版授权与投稿人】西安建筑科技大学

【作者基本信息】西安建筑科技大学，设计艺术学，2011，硕士

【关键词】城市雕塑夜景 绿色照明 光色的运用 光污染

【摘要】城市夜景观就是景观艺术在夜晚空间的表现，城市雕塑夜景观则是城市雕塑艺术与照明技术相结合的产物，本文旨在深刻理解，研究讨论我国城市雕塑夜景照明设计建设发展的实践，并通过分析总结出城市雕塑夜景照明设计理念。中国的许多城市雕塑有其独特魅力，而这些城市雕塑大多数都具有其卓越的艺术风格。理论是建立在实践的基础上的。闻名于世界的古都西安，有着不可替代的历史文化特色，本文就以分析西安当代城市雕塑夜景现状为例来说明是如何在夜间营造城市雕塑夜景和展现城市文化。在论述中，主要是以城市雕塑作为公共艺术的一个门类的立场而进行研究分析，同时从设计艺术审美规律的角度分析了当前西安城市雕塑夜景。从夜晚雕塑景观形象塑造和城市夜生活需要等方面，探讨城市雕塑夜景照明的设计，从中总结出城市雕塑夜景的设计理念。在漆黑的夜晚，我们怎么样以光照为载体，通过光色的渲染来体现城市雕塑的魅力与精神，通过光照设计怎样使雕塑作品中所包含的艺术性得到更好的诠释和呈现，这些都是城市雕塑夜景研究的重点。

当代城市雕塑艺术性与工程技术性的结合研究

【作者】付斌 【导师】蔺宝钢

【出版授权与投稿人】西安建筑科技大学

【作者基本信息】西安建筑科技大学，设计艺术学，2011，硕士

【关键词】城市雕塑 铸铜雕塑 艺术性 工程技术性

【摘要】本文选择城市雕塑中涉及范围广，而又有着悠久历史的铸铜雕塑作为主要研究对象。遵循着一般雕塑艺术创作的基本规律，对当代铸铜城市雕塑从创作到制作施工做一次全面的详细论述，本着高质高效的完成一件铸铜城市雕塑作品的原则，在铸铜雕塑从创作到完成的每一个阶段和工序中常用的方式方法进行比对，总结出各自的优缺点。然后结合个人实践经验将先进的创作理念，以及高质高效的加工与施工工艺作为重点来论述。希望起到抛砖引玉的作用，可以为铸铜雕塑的发展提供一定的借鉴和参考。通过前面的论述和理论研究的积累，并以此为依据，在后期对当代铸铜城市雕塑的整体发展趋势做出判断，并对城市雕塑的未来发展之路进行尝试性的探索。在此基础上，文章行文的主要思路和理论依据有：第一，综合城市雕塑与架上雕塑的异同点来论述城市雕塑在前期创作阶段的创作理念和方法。第二，结合铸铜城市雕塑的学科特点来阐述研究铸造工艺史对当代铸铜城市雕塑制作工艺的指导意义。第三，理论和实践相联系，用实例为佐证，突显城市雕塑艺术性与工程技术性结合的重要性。

当代服装构成形态中的建筑语言应用研究

【作者】李慧 【导师】胡小平

【出版授权与投稿人】华南理工大学

【作者基本信息】华南理工大学，设计艺术学，2011，硕士

【关键词】服装造型 结构 建筑语言 样式 风格

【摘要】建筑作为一种艺术样式与绘画、雕塑、音乐等艺术样式一样都对服装艺术产生一定的影响，同时这些艺术样式也会相互的影响。长期以来，服装与建筑的关系却比其他艺术样式显得更加的亲密。这源于服装与建筑无论是在艺术思想还是在设计法则上都有着异曲同工之处。服装艺术与建筑艺术有着它们各自的特点，同时它们又有很多的共性。它们都属于实用艺术，都依赖于科学技术；同时也属于造型艺术，讲究空间和材质给人的视觉效果。当今许多时装周、服装秀上，设计师手中的服装设计作品其构成形态中应用建筑语言手法的现象频频出现。这种运用建筑语言的服装形态被称之为“建筑风”。“建筑风”也形成了一种独特且流行的服装风格。艺术样式之间的艺术语言和表现手法也在互相的借鉴和影响。随着现代社会经济、文化、政治的发展，这是服装设计师对流行元素的多元化理解，使得建筑语言在服装构成形态中屡见不鲜；还是服装自身对建筑的一种有史以来的“迷恋”；这也可以引起我们的一些思考。

当代艺术语境中雕塑空间的拓展与突破

【作者】郑闻 【导师】孙胜银

【出版授权与投稿人】南京艺术学院

【作者基本信息】南京艺术学院，美术学，2011，硕士

【关键词】空间 语境 泛雕塑 场域 视界；

【摘要】该文立足当代雕塑艺术生动多彩的生态现状，结合当代艺术语境中的哲学与艺术背景，对部分典型的当代雕塑艺术作品进行研究和分析。描述了当代雕塑艺术从单纯物质材料的构成空间，通过种种艺术手段和形式语言，构造出一系列的视觉空间，心理空间和虚构空间这一实现过程。同时，提出雕塑艺术的“文化空间”这一观点，得以探讨当代雕塑艺术空间所反映的当代人的时空观。此外，该又处涉及一些雕塑空间理论研究的方法论问题，倡导一种从艺术创作实践角度出发，使纯粹形式分析与理论研究相结合的方法。

地震灾后重建中小学校园景观设计研究

【作者】黄艳琼 【导师】徐伯初

【出版授权与投稿人】西南交通大学

【作者基本信息】西南交通大学，设计艺术学，2011，硕士

【关键词】灾后重建　中小学校园　校园景观　无障碍设计　安全性原则 校园精神

【摘要】我国的5.12汶川大地震和玉树地震给教育系统带来了毁灭性的伤害，中小学生是这次灾难的最大受害者。如何建造一个更安全更坚固，更适合孩子们学习生活的新校园，成为我们灾后重建工作的重要任务。本文以5.12汶川地震与4.14玉树地震后灾区中小学校重建为背景，提出对重建校园景观设计研究的课题。并结合日本、台湾两地震后校园重建对我国的启示，首先简要阐明了重建中小学校园景观的基本涵义；通过分析灾区环境景观的影响因素和人的需要，即中小学师生的心理、生理及行为需要；从而提出适合于灾后重建中小学校的景观设计原则：安全性原则，注重对残障学生的无障碍设计，以及景观所表达的校园文化精神应该在灾后重建的校园中有更好的体现；并以此为依据，从总体设计、空间规划、交通组织、绿化、铺装，照明以及景观建筑、环境雕塑及小品设施等方面系统地探讨了灾后重建中小学校园景观的设计方法和流程。

点、线、面在雕塑语言中的发展与运用

【作者】王青　【导师】黄兴国

【出版授权与投稿人】河北师范大学

【作者基本信息】河北师范大学，美术学，2011，硕士

【关键词】雕塑语言　点　线　面　发展　运用

【摘要】东西方雕塑家在其作品中关于点、线、面的运用是十分广泛并有目共睹的，这就像是一种表现方式而绝对不是一种模仿行为一样应进入每个雕塑家的创作意识之中。谈其重视，就必然先谈其运用；而谈起运用，也就不可回避其发展，这也就是笔者撰写此文的初衷。在文中，笔者首先通过对东西方雕塑不同时期中的一些经典作品进行深入分析，透过表面琐碎的累赘，使读者了解到点、线、面在雕塑语言中所发挥的作用。并以点、线、面作为雕塑的基本语言去表达空间中形与形之间的关系，这也是做好雕塑的先决条件。其后，在长篇的论述中笔者不乏加入关于点、线、面的自我解读，和对雕塑艺术造型中的点、线、面展开具体而详细的分析研究，并逐步渗透到具象雕塑、抽象雕塑、装饰雕塑之中。作为雕塑艺术的实践者，笔者以理论为基础，以研究为目的，以点、线、面为手段，通过相关的参考文献，研究点、线、面在雕塑语言中的发展与运用，可以帮助我们认清雕塑语言中的规律性和秩序性，有意识的构筑起一座承载着艺术家对生活的理解和对作品思想的阐释的桥梁。

雕塑创作中个人心灵精神世界的表达

【作者】张爱娜　【导师】段海康

【出版授权与投稿人】中央美术学院

【作者基本信息】中央美术学院，雕塑，2012，硕士

【关键词】雕塑创作中的自我认知　内在精神　精神观念物质化　关注生命本质

【摘要】从雕塑创作的主题思路出发，思考艺术创作的意义所在。创作主题回归对于现实存在，自我认知，自我表达的思考，试图将精神观念物质化，用雕塑形式展现。雕塑创作的主题观念着眼于那些最原始最具生命力的根源，关注当下人的生存现状，尊重存在及存在的各种方式，关注人的内心世界、精神世界，回归对心灵的思考，对雕塑创作意义之所在的探索。艺术创作从哲学思想中浪漫主义精神世界与心理学对意识潜意识的精神分析理论得到启示，同时，这些理论观念通过雕塑语言转化与呈现，雕塑家从中受到启迪并逐渐形成自己的思维逻辑与价值观念。他们真切的观察世界和思考存在中的各种问题，并不断的努力实践探索自己的创作道路。例证从关注个体存在，生命本质的艺术家分析了解作品与个体心灵精神和自我世界结合的实践。从中国现当代艺术发展现状、当代雕塑艺术，以及装置，观念等各种雕塑形式，向个性化与风格化的发展趋势，关注人的自然本真状态，阐释艺术创作在关注生命本质、现实社会和现实生活的内在精神与观念向物质化雕塑转换的重要性。

雕塑创作中关于减法的初探

【作者】李春辉　【导师】苏立群

【网络出版投稿人】南京艺术学院

【作者基本信息】南京艺术学院，美术学，2011，硕士

【关键词】简洁　内涵　理解　创作思想　浓缩简约

【摘要】大道至简，返璞归真！天下万物，追究到极致，钻研到最终，其所在终究是最本质、最简约的东西，这也就是我们常常讲的“真传一句话，假传万卷书”。当今优秀的雕塑作品，大多数都是简约明了，简约的装饰、元素、造型，直击作品最深处的思想与灵魂。而剩下的，都交给观众，让观众在观赏时和思考时来慢慢在他们各自的心里去增加和描绘。由此产生思考，在当代的艺术流行趋势、审美思潮和社会节奏下，什么样的雕塑，或者说什么样的手法表现出的雕塑更为能让人驻足观看，产生思索，赢得赞誉。最后产生一点个人见解，在雕塑的构思、创作和制作过程中，将减法运用的合适恰当，产生的作品就更容易直击灵魂、被观众理解。

雕塑创作中形式语言综合表现的探索

【作者】于伟　【导师】邓威

【出版授权与投稿人】大连理工大学

【作者基本信息】大连理工大学，美术学，2012，硕士

【关键词】雕塑创作　形式语言

【摘要】雕塑创作中形式语言的应用，是我们在进行雕塑创作时依靠自己的主观意识，通过对自然形态的观察感受，所总结出认识的成果。是雕塑家通过各种要素的组合表达雕塑家对于自然的理解，连接人与自然、人与社会联系的中介——一种感性沟通的桥梁，一种寄托雕塑家情

意的载体。在雕塑创作中，不同的形式语言体现不同的表现效果，之所以不同于科学挂图、看图说话和宣传口号，正是有赖于独特的表现形式。从这个意义上讲，艺术之所以成为艺术，形式是关键，形式对于雕塑的艺术感染力起着决定性作用，艺术品的不朽就是借助那些不朽的表现形式。形式语言的重要性和其地位的确定，撼动了传统形式审美中唯美至上的核心观。当代艺术将审美价值的独立改造投入到形式语言上，是划时代的，并在艺术精神空间上有了更深的拓展。

雕塑的民族个性——北方民族发式在雕塑创作中的体现

【作者】牛彦军　【导师】殷晓峰

【出版授权与投稿人】东北师范大学

【作者基本信息】东北师范大学，艺术学，2011，硕士

【关键词】民族个性　民俗艺术　髡发　民俗文化

【摘要】北方民俗文化体现了北方民族迁徙、游牧的特点。髡发是北方民族传统。本文对髡发进行了研究。通过髡发体现出了小至契丹大到北方民族特色。民族特色在雕塑创作中有重要意义。艺术越是民族的越是世界的，远从辽代开始，壁画、墓室壁雕、陶勇、至今发现的草原石人，以及现代北方雕塑家们创作的雕塑作品都带有浓郁的北方民族特色，民族符号在作品中呈现出来，发式是一个民族的特色，髡发是北方契丹民族的特色，从辽代发展至今经历了继承、发展、变化、创新。发式在雕塑作品中是比较能反映作品的特色，髡发的独特形式值得我们去研究、探寻。然后表现在雕塑作品中，这样不仅使雕塑作品有个性，而且达到了宣扬民族艺术的目的。现在我国北方的一些雕塑家开始植根于北方地域民族文化，探索北方民族特色。在作品中大胆融入民族元素，使得作品带有一定的民族个性。这不仅使作品得到了大家的认可，也使得人们对北方的民族文化产生了浓厚的兴趣，对其他的艺术家产生了影响，使得其他艺术家也开始关注民族文化。

雕塑的线性审美

【作者】周洋　【导师】吴为山；

【出版授权与投稿人】南京大学

【作者基本信息】南京大学，美术学，2012，硕士

【关键词】在中国画和书法中都不同程度地展现出它的内涵和气韵，通过线条的轻重缓急和作者的真情实感，把线条的生命力表现的淋漓尽致。在雕塑中同样也有线条发挥的空间，从古代到现代无论是远古时代的岩石雕刻、商周时期的青铜器、秦汉王朝的陶俑木雕、魏晋时期的佛教雕塑以及隋唐盛世的陵墓雕刻，还是现代人对于传统雕塑的传承与发展，透过线条我们都能够从中欣赏到其魅力所在。按照功能来划分，雕塑中的线大致可分为三种：动态线、轮廓线和装饰线。线在现代的雕塑作品中被更广泛的运用，雕塑家不同的背景、不同的学识和不同的修养也为线条在雕塑中的发展起到了促进作用。线条简单明了的特征给人一种视觉上的美，在一定的条件下会产生情感上的联系。线条所蕴藏的情感通过雕塑语言的表现形式呈现出极具个性的视觉审美体验。本文试图在雕塑作品中追溯线的前世，分析总结线的分类，探讨线的今生，通过对雕塑中线条的分析阐述其在雕塑中的美学作用。

雕塑底座研究

【作者】李嗣彤　【导师】隋建国、张伟

【网络出版投稿人】中央美术学院

【作者基本信息】中央美术学院，美术学，2011，硕士

【关键词】须弥座　柱式　纪念碑　当代

【摘要】石器时代的雕塑是没有底座的，直至公元前31世纪古埃及时期方形底座开始出现，古希腊古罗马时期一些著名雕塑采用圆形底座，中世纪时期的底座的发展及教堂装饰情况，中国传统雕塑的底座范式在各朝代的演变，包括八角柱础、莲花座式的出现，文艺复兴时期的底座作为古典文明的几何发展，尺度增加装饰简洁，17、18世纪底座装饰模式的进一步发展，19世纪的椭圆形的柱式底座，20世纪走下底座的雕塑的情况，底座的物理特性总结，底座的政治宗教性概述，底座与环境的关系，以及底座在当代的发展。

雕塑民族性语言回归价值研究

【作者】王冬冬　【导师】邓威

【出版授权与投稿人】大连理工大学

【作者基本信息】大连理工大学，美术学，2011，硕士

【关键词】民族化　中国当代雕塑　传统文化　核心价值

【摘要】中国传统文化博大精深，极富内涵，对中国当代雕塑的发展具有巨大的潜在文化价值。重新认识和利用这些宝贵的传统文化资源，不仅在于弘扬民族传统，保持民族文化的独特魅力，更在于当它走向文化本体实验和精神层面的时候，所呈现出独立的思想、开拓的勇气、引领的魄力；当它走向生活，能让生活变得更有意味和趣味，更富有诗意和境界。而今，我们不能满足于中国雕塑只存在于博物馆、石窟、墓道当中的这种局面，而应当提炼出影响着现在于未来具有底蕴深厚、意志超拔、境界高远的当代雕塑作品来。这就需要我们要有创造的精深，而“创造”则需要跨越很多惯性的思维，需要吸纳多元而新鲜的血液，甚至需要忍受一些不得不经历的阵痛。传统元素因其所产生时代的特殊环境，美学特征并非像当代艺术这样形式多变、单纯、简洁，或许具有独特功能性的诉求是传统雕塑的诉求所在，从欣赏的加强解读理解传统元素的美学价值。

雕塑视角内的达斡尔族研究

【作者】陈继龙　【导师】殷晓峰

【出版授权与投稿人】东北师范大学

【作者基本信息】东北师范大学，艺术学，2011，硕士

【关键词】雕塑视角　雕塑创作　达斡尔族　民族特

色　民族文艺　气质特征

【摘要】以雕塑艺术的视角来对达斡尔族进行研究，通过雕塑所承载的文化内涵来反馈给读者，使读者对雕塑所传达的民族身份的认同。以雕塑创作来展现达斡尔的民族的起源发展、民俗民风、英雄史诗、人物、服饰、文化娱乐等准确的再现民族特色和民族气质精神。民族风物是一个民族最生动的体现，只有深入的了解特有的民族的生活，体验特有民族特色，才能传达出个性鲜明并独具特色的民族精神和民族特征。宗教文化在每个民族都极具神秘色彩。服饰是雕塑表现一个民族显著的特征。亮点服饰的体现是使我们对这个民族最直接的认知。融入人物雕塑中成为一个艺术整体，以展示人的形象与内涵。用雕塑语言来反映达斡尔民族人物之中，能看出达斡尔民族魂魄。具有丰富内涵是人物雕塑时所着重思考的东西。

雕塑语言协调性的研究

【作者】王新宇　【导师】王少军；

【网络出版投稿人】中央美术学院

【作者基本信息】中央美术学院，雕塑，2012，硕士

【关键词】雕塑语言；　协调；　视知觉；

【摘要】雕塑语言是在雕塑创作中，艺术家运用肢体运动、不同的材料和媒介使作品物化形成的外在效果，通过不同的内容和形式表达，雕塑语言复杂性会影响雕塑的形式美感和内在意义的抒发，依照个人审美要求，协调差异过大的雕塑语言是必要的。本文从人的审美原点——视知觉出发展开论述，提出协调雕塑语言对于作品的重要性，并举例阐述协调中运用的方法和手段。通过阐述作者本人的作品思路，分析作者创作中遇到的雕塑语言协调问题以及解决的方法。在消费文化和商业文化占社会主流的今天，传统的艺术审美视觉经验并不是落伍和守旧的，它是艺术历史传承下来的宝贵经验，我们在探索求新的同时应该继承传统雕塑经验，让传统经验在日新月异的今天发挥更大的作用。

雕塑语言在角色建模中的探索与应用

【作者】刘鹏　【导师】黄心渊

【出版授权与投稿人】北京林业大学

【作者基本信息】北京林业大学，设计艺术学，2011，硕士

【关键词】角色建模　雕塑语言　整体造型　外形轮廓　虚拟空间

【摘要】雕塑造型与角色建模二者有区别也有联系，由于二者关系的复杂性和跨行业性，使得国内论述雕塑与角色建模二者关系的理论极为稀少。针对这一情况，本文对雕塑语言在角色建模中的应用进行了相关理论研究。传统的雕塑理论在角色建模中具有十分重要的指导意义，所以对角色建模过程中所应用到的雕塑语言进行研究是十分必要的。本文首先将现实空间的雕塑造型和虚拟空间的角色模型进行对比研究，从各自存在的空间、实现意义、实现的方法与流程三方面阐述二者的不同点；从人体和生物体的结构规律、雕塑语言在角色建模中的应用方法两方面总结二者的联系，最终得出，雕塑造型与角色建模既有区别又有联系的结论。通过研究雕塑语言在角色建模过程中的应用元素，本文总结出雕塑语言的元素在角色建模中应用，这些雕塑语言元素包括外形轮廓、整体造型、变形与夸张、体感与体量、光影等。本文基于理论研究的基础，在《森林之旅》科普游戏中进行角色建模，验证了将雕塑造型理论应用于实际角色建模中的可行性和正确性。

雕塑中的叙事性语言初探

【作者】翟晓文　【导师】隋建国　吕品昌　王少军　展望　于凡　张伟

【出版授权与投稿人】中央美术学院

【作者基本信息】中央美术学院，美术，2012，硕士

【关键词】雕塑　近现代雕塑　当代雕塑　叙事性

【摘要】中外雕塑普遍具有较强的叙事性，叙事性语言是雕塑的一大功能性语言，是记录时代、生活、思想的重要手段之一。随着时代的进步、各种记录形式的出现，雕塑的这一功能逐渐被淡化，在许多雕塑创作中被规避。笔者认为：叙事性语言是雕塑与生俱来的，是艺术工作者回避不了的，也是没有必要回避的。雕塑依然肩负着记录时代、生活、思想的重要职责。在中国的雕塑史中，叙事性的雕塑作品占有重要的地位，影响也较为深远，这些作品本身所体现出来的强烈的叙事性表达方式是一个有趣而又值得研究的现象。本文采取文献调查、图片和史实相互印证的方法将雕塑作品还原到历史语境下；以美术学图像分析的方法对《收租院》《丽都》《泥人张作品》等几个典型的艺术作品进行分析，以此来呈现雕塑的叙事性特征，论述它们记录的意义。

雕塑作品中材料运用与独特艺术语言

【作者】李帅　【导师】纪连路

【出版授权与投稿人】哈尔滨师范大学

【作者基本信息】哈尔滨师范大学，美术学，2012，硕士

【关键词】雕塑　材料　运用　艺术语言

【摘要】本文以雕塑作品中材料运用与独特艺术语言为题来探讨艺术领域中雕塑作品的发展以及雕塑材料的使用等。首先，本文阐述了雕塑艺术的发展与雕塑材料的发展历程，并揭示了现代工业化社会的背景下雕塑艺术形式的分类。第二，本文阐述了雕塑艺术作品中的相关材料发展，说明随着雕塑艺术的发展，雕塑材料也在相应的进行变革。第三，本文主要阐述了雕塑艺术作品中材料的运用，无论是国内雕塑家还是国外雕塑家都会根据雕塑材质进行雕塑创作，而在创作中，艺术家会把雕塑材料和自己的审美理念完美结合，通过雕塑材料的巧妙利用，最终形成完美的雕塑作品。第四，本文主要阐述了雕塑材料体现了雕塑作品的灵魂，并通过具体的例子阐明雕塑作品中材料的灵魂体现。第五，本文论述了雕塑艺术作品的材料艺术语

言，随着现代社会的进步，现代金属雕塑的表现手法也多种多样，各种雕塑作品层出不穷，体现了雕塑艺术家的智慧结晶。而很多雕塑艺术家利用雕塑材料本身的美学特征，创作出令人赞叹的雕塑成就。

对肖像雕塑形体的理性分析与感性表现

【作者】国怀兴　【导师】隋建国、吕品昌、王少军、张伟、于凡、展望

【出版授权与投稿人】中央美术学院

【作者基本信息】中央美术学院，雕塑，2011，硕士

【关键词】肖像雕塑　形体　理性分析　感性表现　精神主体

【摘要】在肖像雕塑中，对人物形体的理性分析与感性表现是构成其艺术形式的基本元素，二者的有机结合产生出艺术家内心建构的精神主体。形体的理性分析是运用科学的解剖知识来塑造，来完成对头部骨骼、体积、结构的剖析，构造出形体与形体的衔接关系与必然联系。形体的理性分析是雕塑学的一门必修课，是科学的、系统的研究肖像。对人物形体的感性表现是以艺术家个体的理念、感受为依托，表达个体主观情感对人物的感受，这里包括对人物形体上的、情感上的、精神上的感受。感性表现是对艺术家在把握客观现实与主观表现及最终所要表达精神主体的综合检验。人物形体的理性分析与感性表现是肖像雕塑家的创作途径，用理性的判断力和思维方式来分析对象，形成对人物精神面貌及借鉴艺术载体来思考所要表达的雕塑语言，使客观物象上升为所要表现的精神载体。对不同人物形象的感受和分析突出其个性的表现，运用雕塑学更深层次地挖掘物象中的灵魂。

对中国当代雕塑中“符号化”现象的思辨

【作者】郑晖　【导师】朱连城

【出版授权与投稿人】广西艺术学院

【作者基本信息】广西艺术学院，美术学，2011，硕士

【关键词】当代雕塑　中国符号　艺术交流与融合　创新

【摘要】文章通过对中国当代雕塑的发展，存在的问题，特征等梳理，对中国当代雕塑做了一个较为全面的介绍。然后通过历史上东西文化、雕塑的交流传播，到近现代西方文化艺术对东方文化艺术的刺激、入侵，阐述现当代文化艺术交流的不平等性。而正是这种不平等性。造成了中国当代艺术家、雕塑家心理上的失衡。自卑感、民族主义、民族虚荣心等心态油然而生。而心态的失衡导致了雕塑作品空洞、乏味、缺乏真情实感。中国的当代艺术形象是靠外力推动并塑造而成的，中国当代雕塑表面的红火现象应该值得我们冷静地反思。长久、健康、良性循环的当代雕塑作品是我们所期待的，如何使中国当代雕塑真实的表现当下丰富的社会从而真正的进入公众审美，便成为当下急需解决的问题。否则，中国的当代雕塑甚至是当代艺术不可能真正的实现其社会性目的。因此，笔者认为中国的当代雕塑家更为重要的是应把自己视为公众的一员，而不是高高在上的，要用平等的视角去深切关注公共共同的生存经验，然后从中提炼出相关的艺术观念与表达方式。

反叛天使

【作者】滕昆　【导师】李建群

【网络出版投稿人】中央美术学院

【作者基本信息】中央美术学院，美术史，2012，硕士

【关键词】20世纪　英国艺术　爱泼斯坦　性与爱

【摘要】20世纪初，艺术思想的进步以及社会文明的开化促进现代艺术流派在欧洲大陆的风起云涌，而英国艺术则表现的相对沉默。雅各布·爱泼斯坦正是活跃在这一阶段英国的一位艺术家，他是一名波兰裔的美国犹太人，并取得了英国国籍。在他的作品中，其艺术创作围绕着人物、宗教故事、动物展开，其中不乏激进的现代性，同时又带有多元文化融合的特点，而最为重要的，是他在当时相对保守的英国社会背景之下对“性与爱”主题的大胆运用。而在本文意欲着重论述的“性与爱”主题框架下，对这三个主要创作门类之下的作品都有所涉及。本文研究的对象主要是其充满争议性并带有现代性的作品中体现出来的“性与爱”主题的表现及成因背景，通过对其“性与爱”主题的分析研究，一方面寻找其对“性与爱”这一艺术史中永恒的主题的继承及创新，并试图寻找爱泼斯坦“性与爱”主题在当时的社会文化环境之下的形成线索。

负空间雕塑语言探索

【作者】张建鹏　【导师】郭秋英

【出版授权与投稿人】山西大学

【作者基本信息】山西大学，美术学，2012，硕士

【关键词】负空间　当代美术　雕塑语言　空间美学

【摘要】当代艺术创作中的理念以及对空间的认识程度达到了一个全新的高度。介于这种情形之下对于负空间雕塑语言的深入、系统探索就显得更加迫切，更加具有广泛意义。艺术发展到今天大约有两百万年的历史，静观其发展的脉络不难发现，艺术史是在不断的反叛与革新中发展的。这种精神带给我们的是不断创新的经验，在这些新的实验中摸索那些模糊不清的规律，探索那条还没有完全开辟出来的道路，这些都显得尤为重要。艺术发展到现在，空间语言表达方式在雕塑创作中的运用也体现的千姿百态。这些无限的可能为我们的创作增添了更加丰富的艺术手法与表达方式，其中负空间语言所起的作用不可低估。本文将从艺术史的发展过程中挖掘和探索负空间在雕塑语言中的作用及其发展的内在规律。对于负空间的研究与探索，直到现在似乎还没有人对其进行过深入、透彻的剖析。结合平时的创作经验，希望能够打开一扇窗，为以后的创作添一份色彩，为以后的空间美学开辟一条小径。

戈壁·黄河·母亲

【作者】苗鹏　【导师】陈云岗

【出版授权与投稿人】西安美术学院

【作者基本信息】西安美术学院，美术学，2011，硕士

【关键词】何鄂 传统雕塑艺术 戈壁 黄河 母亲 女性

【摘要】何鄂先生是中国当代著名女雕塑家，出生于江南，而成长于祖国的西北，她的性格中既有南方女子的灵秀，又有西北人的雄浑、大气，这种独特的性格使她的雕塑作品拥有质朴、敦厚又不失灵巧与聪慧的气质。何鄂先生作为出身于科班的老一代雕塑家，其艺术成长之初主要接受源自西方雕塑体系的训练，因此，使她具备了扎实的雕塑写实功底，在走出学院之后的漫长艺术道路上潜心研究我国传统雕塑艺术，并从民间乡土艺术中汲取营养，在深入生活中激发情感，积累素材，她以含有浓郁东方审美情趣的作品抒发了自己对人生、生命的感悟与赞美，走出了一条植根民族文化与现代文化相结合的创作道路。本文将从何鄂先生身处西北的地域文化、中国传统雕塑艺术对她的滋养、女性雕塑家的独特艺术视角等三方面入手，通过对何鄂先生的求学经历、工作实践、艺术作品以及创作历程的梳理与分析，从而完成具有典型性的中国当代女雕塑家的个案分析与研究。

公共雕塑的植物配置研究

【作者】张琴 【导师】陈琼琳

【出版授权与投稿人】湖南农业大学

【作者基本信息】湖南农业大学，园艺，2011，硕士

【关键词】公共雕塑 植物配置

【摘要】本论文选择城市公共环境中最具代表性的植物景观对其进行配置研究，如果说公共雕塑是一门凝固的艺术，那么植物则是其灵动语言。论文采用文献综合、实地调查、案例分析、实例设计等研究方法。综合运用多学科的理论知识，以造型艺术、景观生态、色彩心理、植物文化等基本原理，深层次、多角度对公共雕塑的植物配置进行详尽研究。主要研究成果如下：(1) 调查研究方面：通过对城市广场、城市商业步行街、城市社区公园、城市景观大道中公共雕塑的植物配置进行实地考察，发现存在如下问题：形式单一、缺乏功能性；季相单一、缺乏生态性；色彩单一、缺乏多样性；内涵单一、缺乏文化性。(2) 理论研究方面：本论文总结了公共雕塑中的植物、总体分类和设计理论，为公共雕塑中的植物配置设计实践提供一定的理论研究基础。(3) 应用研究方面：从造型艺术、景观生态、色彩心理、植物文化四个层面对公共雕塑中植物景观配置模式进行了探析，总结了植物作为公共雕塑灵动语言的配置模式。

公共雕塑媒介中水的当代研究

【作者】陈睿 【导师】周阿成

【出版授权与投稿人】江南大学

【作者基本信息】江南大学，美术学，2011，硕士

【关键词】水 公共雕塑 互动性 情感诉求

【摘要】本文从材料出发，把人类赖以生存的水作为切入点与当代公共雕塑艺术结合，立足于功能、艺术和生态性的系统研究，用材料本身所承载的精神线索和传承脉络去影响当代人的价值取向，营造出中国深厚的社会语言和文化语言。雕塑艺术区别于绘画艺术，主要还是体现于雕塑使用真实材料来体现作者的创作意图。雕塑材料从几千年来的石料、陶土、青铜、木材等发展到现在的科技所产生出来的铝合金、不锈钢、塑料、玻璃、纤维等，新材料的加盟为艺术家拓宽了实现意图的途径和范围，丰富了雕塑的艺术语言。由此，材料的魅力无限、材料的作用和价值巨大而珍贵，材料的未来更是无法预测。把水作为材料，在创作中尽可能地发挥原材料的美，加强作品表现的深度和力度，使两者共同营造的表象符号取得大众的认同，传达良好的理念并提升艺术品的文化价值，从而创造出雕塑艺术的新境界。

关于雕塑和身体的思考

【作者】程辰 【导师】隋建国

【出版授权与投稿人】中央美术学院

【作者基本信息】中央美术学院，美术学，2012，硕士

【关键词】身体 商业的身体 艺术的身体 新时空

【摘要】本文的一切都围绕身体这个话题展开，商业化的“身体”和雕塑家的“身体”是本文论述的核心（平面艺术家的身体在此不展开讨论），本文重点分析商业化的身体和医学上的身体。本人认为：一切的剩余价值和利润都来自商业化身体，一切的消费也源自身体。这个无限扩大的身体越来越机械，越来越僵硬，越来越趋同，越来越模式化。医学化的身体也受到商业社会深深的影响，医学的身体也如同商业化的消费品一样被对待和修复。艺术家的视角在新的物理与哲学，新的时空的条件也会不由自主的发生转变，弦物理的出现也使得艺术家的思想有了全新的维度和认识空间。对应高度商业化社会，每个艺术家都会不自觉有自己的反应。本文还重点分析了中国艺术家隋建国 2008 年作品《盲人肖像》。本文重点分析这些艺术家都有一个共同点：力求身体的回归，回归生物性，回归自然，对抗商业化的身体。

关于中国布里亚特蒙古族人物艺术形象的雕塑研究及运用

【作者】刘水 【导师】殷晓峰

【出版授权与投稿人】东北师范大学

【作者基本信息】东北师范大学，艺术学，2011，硕士

【关键词】布里亚特艺术形象 雕塑材料 地域特型 艺术创作

【摘要】在中国多源一体的民间文化即是相对独立的重要区域文化，也在一定程度上对整个北方艺术文化面貌产生影响。同时它也是历史上东西方游牧文化交流融合的文化遗存与见证，具有重要的研究价值。本文的研究思路是在回溯前辈学人研究的基础上，从艺术学角度切入，在历史的框架下和游牧民族文化的背景中进行考察梳理。通过在雕塑创作中的体会，探询中国北方游牧民族造型艺术

的奥秘，展现草原文化新的精神内涵。布里亚特人是蒙古族独特的一支，同时是极具代表性的一支。对于布里亚特蒙古族的艺术创作既是对于我国草原文化内涵的形象解读。本文共分为四个章节：第一章关于布里亚特蒙古人的相关情况第二章布里亚特蒙古人艺术作品与其生活环境的关系第三章运用雕塑语言解读布里亚特蒙古人的精神内涵第四章对于今后布里亚特蒙古人艺术形象创作的展望。

中地区乡土景观元素的表达与营建研究关

【作者】刘新燕　【导师】邹志荣

【出版授权与投稿人】西北农林科技大学

【作者基本信息】西北农林科技大学，园林植物与观赏园艺，2011，硕士

【关键词】乡土　景观　景观元素　表达　营建　关中地区

【摘要】近年来，乡土景观也逐渐成为一个时髦的名词，很多城市景观建设的理念都冠以“乡土”的名头，然而，通过对近年来一些景观建设景观案例的实地考察和研究分析，却发现部分乡土景观建设作品“有乡土的形，而无乡土的魂”，也就是说，虽然这些景观建设作品在立意构思和景观营建中也出现了一些乡土文化的气息并运用了部分体现乡土精神的符号，但是整个作品却无法带给人们心灵上的震撼和感情上的共鸣。究其原因在于，没有深入的挖掘最能够体现地域文化和乡土精神的元素和符号，并且在这些元素和符号的表达过程中手法比较单一，从而无法真正的凸显地域特色，彰显乡土情怀。针对上述问题，本研究结合对关中地区自然环境和历史文化及风俗民情的深入调研，通过实地考察、调研分析、提炼总结、归纳演绎、抽象概括等方法，主要探索在乡土景观营建过程中地域文化、造景元素与造景符号之间的关系；以及造景元素、符号如何通过景观的形式合理表达。

汉代雕塑的艺术精神

【作者】李谨钰　【导师】陈卓明

【出版授权与投稿人】湖南师范大学

【作者基本信息】湖南师范大学，设计艺术学，2011，硕士

【关键词】汉代雕塑　艺术精神　汉代儒家　先秦道家　楚文化

【摘要】汉代雕塑作为代表性的汉代艺术，是我国传统雕塑艺术史上重要的里程碑。汉代是一个经济与文化大一统的社会，汉代初期的楚文化，先秦道家以及至汉武帝起的“独尊儒术”的文化观，经过文化大一统的糅合，汉代雕塑在其影响下最终形成了别具特色的艺术精神。它不仅展示了汉代经济文化的繁荣、积极向上的民族精神、浪漫写意的艺术精神，而且表现了广阔无边的大宇宙意识，体现了浪漫主义和理性主义相结合的文化艺术精神。气势雄浑、开张恣肆的汉代雕塑在中国美术史上放射着夺目的光芒，并对其后的艺术发展有着长远深刻的影响，构成了我们民族艺术精神的主体。在当代话语下，对汉代雕塑的艺术精神进行探讨，可以揭示出不同时代雕塑艺术背后的艺术精神，揭示出时代的文化精神。

汉代马雕塑的造型艺术探究

【作者】李丹　【导师】王铁城

【出版授权与投稿人】北京服装学院

【作者基本信息】北京服装学院，美术学，2012，硕士

【关键词】汉代　马雕塑　造型艺术　表现手法　艺术特征　精神内涵

【摘要】在中国传统雕塑艺术中，汉代以马为题材的雕塑作品在众多题材中脱颖而出，造型浑厚朴实、轮廓简约洗练，展现了极高的艺术成就。马雕塑也随着社会的发展变化，呈现出造型上的嬗变。西汉马雕塑作品造型明快写实，东汉概括夸张，充分体现了蓬勃向上、积极进取的精神面貌。汉代马雕塑艺术通过长期的艺术实践，其艺术表现手法逐渐形成了随石赋形、影像造型，简约整化、写实再现、塑绘结合等特点。在此基础上，论文对其艺术特征进行了解析与探究，总结归纳出汉马雕塑主要具有古拙雄浑的体量感、动感强烈的节奏与韵律、具有扩张感的线条等艺术特征。并进一步从雕塑的表现手法、艺术特征等形式语言的分析上升到对汉马雕塑象征意义和精神内涵的思考，揭示出汉代马雕塑造型背后所蕴含的精神意义，及其对后世艺术的影响。

杭州公共雕塑考察

【作者】叶红　【导师】杨奇瑞；于小平

【出版授权与投稿人】中国美术学院

【作者基本信息】中国美术学院，美术学，2011，硕士

【关键词】杭州　公共雕塑　历史变迁　问题与思考

【摘要】在这个风景秀丽人民安居乐业的地方，曾经经历过岁月的洗礼，看到过岁月变迁带来的凄凉也体会过情意绵绵的温暖，公共雕塑在这片土地上发芽生长，文章主要讲述了公共雕塑在杭州的发展变化以及出现的问题与困惑，并提出可行的方法。其中第一章展开对公共雕塑的历时性考察，第二章展开讲述对改革开放后公共雕塑的新变化，第三章对杭州公共雕塑的现存问题进行归纳和探索。为了杭州的城市文化水平的进一步提高和公共雕塑的健康成长，我们都应该更加重视它的生长土壤和及早地发现、解决问题。每一个阶段都有特殊的历史背景，经历着政治上的变革和经济生活上的起起落落，在人们日益重视自我生存生活和精神文化的当下，我们如何看待公共雕塑的作用和影响，是值得思考的问题。

河北民间园林雕塑艺术研究

【作者】杨林　【导师】郑占锋

【出版授权与投稿人】河北农业大学

【作者基本信息】河北农业大学，风景园林，2012，硕士

【关键词】园林雕塑　园林艺术　曲阳石雕　民间艺术

【摘要】丰富多彩的河北民间艺术形式承载了重要的历史文化，这都是园林艺术中可以借鉴和利用的素材。有着优秀民间艺术的园林形式更能贴切的体现民意，为市井百姓所喜闻乐见，有助于提高园林文化内涵和艺术造园水平，同时对一些优秀民间艺术的保护和发展也具有积极的作用。在园林艺术与雕塑艺术的共同发展中，二者相互影响的关系也发生了相应的变化，现代园林艺术设计将雕塑作为了环境的一部分，甚至有时雕塑就是一个园林主题。从而使园林雕塑设计成为了园林设计师与雕塑艺术家共创的学科内容，使雕塑和园林有机的结合了起来。作者对曲阳石雕为例进行调查分析研究，通过查阅曲阳县相关历史文献以及实地走访调查，追根溯源，整理记录曲阳石雕的发展、工艺特色、分类、艺术文化等，并研究园林石雕作品的设计、制作工艺等技术要点，为曲阳石雕与现代城市园林景观的融合提供了理论依据。以期河北风景园林的艺术水平将因民间园林雕塑艺术的兴盛而提高，同时能对于保护发展曲阳石雕这一国家级非物质文化遗产起到抛砖引玉的作用。

河南出土汉代陶塑动物研究

【作者】江屿　【导师】韩国河

【出版授权与投稿人】郑州大学

【作者基本信息】郑州大学，考古学及博物馆学，2011，硕士

【关键词】河南地区　汉墓　陶塑动物　美术考古

【摘要】陶塑动物作为两汉墓葬随葬陶俑中非常重要的一类，在河南各个地区均有发现。这些陶器模型既代表了人类观念上的进步和社会制度的巨大变革，又模拟着当时的物质生活状况，反映出一个理想家园的一般模式。因此，研究汉代陶塑动物，剖析汉代陶塑动物大量出现的原因，对于研究汉代社会农业生产水平、生活习俗、审美情趣、丧葬制度，以及更深层次的认识汉代思想文化内涵有着重要的意义和作用。本文收录了河南121座汉代墓葬中出土的陶塑动物俑，依据动物种类将其分为陶家禽家畜类、陶非驯养类以及陶神兽类动物俑三类，依据美术考古的方法按照其雕塑姿态分型进行研究，并在此基础上得出河南地区汉代陶塑动物的时空分布特点。汉代动物陶塑作品是汉代陶塑艺术的一个重要组成部分，各种各样陶塑动物艺术形象的定位和发展，在陶塑史上起到了承前启后、继往开来的作用，在一定程度上体现了汉文化统一多样的特征。

互动、剧场与实体

【作者】陈志奎　【导师】张燕根

【出版授权与投稿人】广西艺术学院

【作者基本信息】广西艺术学院，设计艺术学，2011，硕士

【关键词】概念重塑　狭隘观　互动　在地性　精英主义

【摘要】当下关于公共艺术的理论探讨基本都围绕着民主空间与权力意志、公共艺术与当代文化关系等宏观问题展开，公共艺术概念的内涵与外延一直没有取得学术共识；而现实局面是公共艺术成为了当代艺术的商业附庸和噱头，伪劣公共艺术的泛滥和公共艺术的社会认知度不明朗化。提出了一种比较激进的整合性观点——狭隘观——公共艺术之所以为公共艺术必须同时具备三大要素：互动性，在地性和长久性。互动性讲求互动、参与、趣味、分享和启迪性，突破传统城市雕塑以纪念和象征主义为主的贫瘠单调的艺术语言，这是公共艺术的表象特征；在地性强调“在场”和“剧场感”，强调“非此地不可，非此地不同”的不可复制性，它拒绝宣教主张融入，将艺术介入空间转变为艺术契合空间，

浑然天成
——再探霍去病墓石雕艺术

【作者】沈智亮　【导师】黄兴国

【出版授权与投稿人】河北师范大学

【作者基本信息】河北师范大学，美术学，2011，硕士

【关键词】霍去病墓石雕　文化　汉代　汉代雕塑

【摘要】霍去病墓石雕群是中国古代第一个在墓冢中放置石质雕刻，开辟了中国雕塑象征主义的先河，是中国雕塑史上的一座丰碑。它的出现为后代中国艺术的发展奠定了坚实的基础。虽然中国古代艺术理论中的“气韵生动”一词是在南齐时期提出的，但早在汉代时期我们的作品就已经充分的流露出了这种思想。霍去病墓整体风格浑厚古拙，又兼具浪漫主义气息，这在历史上是前所未有的。汉代雕塑艺术中，霍去病墓石雕可以说是一个个案。它不同于其他的雕塑样式，但同时又与其他的雕塑样式有着必然的联系。这不得不说是同一文化，统一制度下的环境所造成的。大一统的思想，同一文化下多元文化的并存，为汉代雕塑艺术创造了一个优越的环境，使其既有浪漫主义的特色，又有传统文化的严谨。汉代雕塑艺术的兴盛是当时社会经济、文化繁荣的必然体现。我们研究汉代雕塑艺术，了解霍去病墓石雕艺术，不仅仅是一种学习，更重要的也是一种反思。

计算机逆向工程理念和技术在雕塑实践中的应用

【作者】桓磊　【导师】龙翔、孟庆祝、钱云可、朱晨、黄平

【出版授权与投稿人】中国美术学院

【作者基本信息】中国美术学院，雕塑，2011，硕士

【关键词】计算机逆向工程　雕塑　三维数据

【摘要】工业领域计算机三维技术技快捷、便利、信息化、数字化的生产方式和技术手段也不断冲击着主要以传统手工方式来进行创意和制作的雕塑领域。越来越多的雕塑家和技术人员开始将计算机逆向工程的理念和技术手段应用在雕塑领域来辅助创意和制作。虽然这种跨学科的技术应用目前还在不成熟的探索阶段，但我们看到一些在不同程度上以计算机逆向工程技术手段来辅助制作的大型

雕塑作品也开始在城市中出现，这些探索性的尝试都为未来的雕塑创作，特别是大型雕塑的设计施工，开辟了一条崭新的道路。本文通过理论分析和案例研究结合作者自己的所学、所见、所思，来整理说明计算机逆向工程技术理念现阶段在雕塑领域应用的实际情况，探讨总结逆向工程技术手段的实践应用方法，指出应用的必然性和应用领域的矛盾困难，以及未来发展的前景和趋势。

节制的澎湃

【作者】袁飞　【导师】翟庆喜、张克端、刘杰勇

【出版授权与投稿人】中国美术学院

【作者基本信息】中国美术学院，美术学，2011，硕士

【关键词】米开朗基罗　形体　节制的　空间关系　视觉　动态归纳

【摘要】雕塑的制作无非是雕塑家对形体与空间进行归纳和整合，通过具体的形体面貌塑造以及空间关系的经营，规划出一套符合自身审美需求的造型。而米开朗基罗的雕塑作品在继承了古代希腊、罗马雕塑形式的同时，对归纳与整合方面做出了突破，与原先的单元形框架归纳相比，他的雕塑更倾向于动态归纳，其形体面貌往往都是为了从视觉上强化空间动态关系而存在的，而这种对空间动态的强化使米开朗基罗的雕塑作品具有一种滚滚翻腾的澎湃力量。同时，与后世巴洛克雕塑华丽的翻腾形式所形成的舒展而又繁复的外轮廓相比，米开朗基罗雕塑的外形显得更为规整和节制，从而在视觉上形成了一种似乎在外力压制下的形态，而这种制约的力量使那股翻腾的澎湃力量更显汹涌。这种内部形体的翻腾与外部形态的制约，形成了米开朗基罗雕塑的审美特点，即标题所述——节制的澎湃。

金属材料在当代雕塑创作中的运用

【作者】王从义　【导师】龙翔、孟庆祝、钱云可、朱晨

【出版授权与投稿人】中国美术学院

【作者基本信息】中国美术学院，雕塑，2011，硕士

【关键词】材料　金属　雕塑

【摘要】本文以金属材料在当代雕塑创作中的运用为主要讨论内容，首先阐述雕塑艺术中的金属材料如何从造型的承载媒介转为有自主语言的材料。探讨当代语境下的雕塑艺术创作中，在选择金属作为创作材料时应如何把握金属材料的精神价值并寻找契合时代精神的表现形式。本文分三个部分，第一部分主要介绍雕塑艺术中金属材料语言的解放，阐述时代背景带来的审美思想的变化，以及金属雕塑这种新的艺术形式的产生。第二部分介绍了20世纪以来金属材料雕塑的形式的拓展，通过梳理20世纪以来各个时期的艺术家在金属材料雕塑创作中所展示的不同艺术形式，探讨形成这些不同形式的原因，以及材料语言的不同运用方式。第三部分则讨论在雕塑创作中对金属材料的合理选择和运用，结合个人创作中的体会，讨论在运用金属材料进行雕塑创作时如何解读金属材料的精神语言以及寻找有个性化语言的艺术表现方式。

金属的诱惑
——现当代金属雕塑的观念性研究与解析

【作者】徐江明　【导师】傅中望

【出版授权与投稿人】湖北美术学院

【作者基本信息】湖北美术学院，雕塑材料语言究，2011，硕士

【关键词】金属雕塑　波普　观念艺术　暴力美学　传统文化精神　自然生长

【摘要】金属材质的雕塑在中国具有灿烂辉煌的历史，当人类步入20世纪，人们对工业和机械已经从疑惑、恐惧转向接受、适应和创造。思想活跃的年轻艺术家开始把反传统的观念落实到艺术创作的行动上，并以反传统的表现手法作为自己的创作方式，强调精神性、理性因素的表现。在雕塑领域，技术上，传统青铜铸造法被新型化方式所取代，观念上，强调创作者对时代与生活的敏感性，追求作品的时代精神和个人艺术语言。对于雕塑而言，20世纪五50年代是一个重要的发展时期，随着战后生产力的大幅提高，越来越多的金属加工新技术运用到雕塑领域。雕塑家们不再局限于传统的铸造工艺，现代铆接、锻造、焊接、抛光，切割等加工技艺被雕塑家广泛采用，同时，“二战”后留下的大量廉价的废旧钢铁和其他材料为艺术家的创作带来了便利，“现成品”创作的方法得到了很大发展，“集合艺术”随之产生，也为装置艺术、波普艺术、动态雕塑的出现奠定了基础。

景德镇、石湾、德化三地陶瓷雕塑艺术比较研究

【作者】陆佳颖　【导师】曹春生

【出版授权与投稿人】景德镇陶瓷学院

【作者基本信息】景德镇陶瓷学院，美术学，2011，硕士

【关键词】陶瓷雕塑　地域文化　题材　造型　装饰　材料　技艺

【摘要】景德镇、石湾、德化三地陶瓷雕塑是我国陶瓷艺术之林中的三朵灿烂之花，各自都有着强烈的艺术风格和地方特色，是华夏灿烂文化的组成部分，是民族风格、时代特征的具体体现，更是在漫长的历史发展过程中逐步形成的。它与各地的材料特性、工艺的沿革相交织，与民情风俗、民间艺术相关联。它既凝聚着历代匠师的智慧和创造力，又体现传统的继承和发展。本文采取了比较研究的分析论证方法，分别对景德镇、石湾、德化三地陶瓷雕塑的地域分布概况、地域文化特征、题材、造型、装饰、材料和技艺表现的异同进行详细分析和论证，力求做到条理清晰，逻辑思维严密。

景德镇陶瓷雕塑的未来之路

【作者】周亚威　【导师】姚永康

【出版授权与投稿人】景德镇陶瓷学院

【作者基本信息】景德镇陶瓷学院，美术学，2012，硕士

【关键词】景德镇　陶瓷雕塑　发展创新　未来

【摘要】景德镇陶瓷雕塑集全国陶瓷雕塑艺术之大成。然而伴随着经济社会的发展，景德镇陶瓷表面上势头发展迅猛，但潜在的各种问题却日益突出，主题陈旧，造型呆板，陶瓷艺术开始背离了胎釉本来质地的追求，走上唯釉上彩瓷独尊的邪路，一味模仿国画、油画陶瓷绘画艺术，繁殖为伪传统。陶瓷雕塑艺术正在走向下坡路，相对于其他陶瓷艺术形式，陶瓷雕塑却越来越多表现出落寞和疏离。相对陶瓷绘画艺术品市场日益火爆，陶瓷雕塑艺术佳作日渐匮乏，处在发展瓶颈处的景德镇陶瓷雕塑遇到前所未有的挑战。承继了千年悠久陶瓷文明的景德镇陶瓷雕塑，却时时处处表现出艺术创新精神的贫乏和失意，这让我们感到遗憾和忧伤！努力找到一条健康正确的发展方向迫在眉睫。

景观雕塑环境的空间秩序建构

【作者】谢琛琛　【导师】钱江帆

【出版授权与投稿人】中国美术学院

【作者基本信息】中国美术学院，环境艺术设计系，2011，硕士

【关键词】景观雕塑　环境　空间秩序

【摘要】本论文研究了雕塑如何融入环境的问题。以雕塑与环境的空间关系为中心点，重点探讨了景观雕塑如何与其周边环境构建和谐空间秩序。依照空间秩序的基本概念，提出了环境空间的组织规律，环境空间特质的概念，“人本化”环境空间的观点。以详尽地阐述结合大量的优秀作品，总结出组织环境空间，强化环境空间特质，营造“人本化”环境空间的景观雕塑环境空间秩序建构方法。希望景观雕塑能成为人与环境之间的媒介，体现整体景观设计的连续性。最后，以上虞市市民大道景观雕塑设计方案为例，对前文提出的空间秩序建构方法实际运用，使之具有较高的可操作性。笔者以务实的态度努力开辟了景观设计审美的新空间，初步探究了景观雕塑与其周边环境构建和谐空间秩序的方法论意义。

景观艺术语境中的现代城市雕塑研究

【作者】周小瑾　【导师】李建设

【出版授权与投稿人】河南大学

【作者基本信息】河南大学，设计艺术学，2011，硕士

【关键词】景观艺术　城市雕塑　公共环境　语境

【摘要】本文是从环境景观艺术的角度出发，研究我国当前城市雕塑的建设，以城市雕塑为研究对象，借鉴国外城市雕塑发展的经验，通过对我国城市雕塑建设发展现状所存在的一些问题进行分析与梳理，对景观艺术语境中的现代城市雕塑进行探讨，从历史学、社会学、建筑学、美学、艺术学等多学科角度出发，阐述了城市雕塑对塑造城市景观艺术的作用和如何运用景观艺术的语言进行更好的城市雕塑设计，以及怎样在现代城市雕塑建设中更好的把握二者之间的关系，以期为城市雕塑的建设提供参考性建议。

空间中的运动

【作者】张博　【导师】陈孟昕、袁晓舫

【出版授权与投稿人】湖北美术学院

【作者基本信息】湖北美术学院，动画造型，2011，硕士

【关键词】雕塑　偶动画　空间

【摘要】雕塑是在静止状态下塑造具有动势的空间艺术，而当人们不仅仅满足于静态空间艺术的时候，偶动画的出现使这种静止的空间艺术运动起来，成为具有独特魅力新型艺术种类。它结合了动画元素中的动态趣味，并且在营造出的新空间内将造型艺术运动起来；另一方面，由于雕塑的空间性和材质多样性的特点赋予了偶动画在造型上的夸张趣味，光影自然多变，材质多样的艺术特色和审美风格，使其具有了二维动画所没有的独特魅力。近年国内在研究过程中往往都是拘泥于单纯的民族化风格研究，从宏观上进行了探究，但忽略了时代环境，文化发展的时空性，掉进了无创新的复古的循环之中。我们在考虑如何发扬我们的传统动画的时候，不能只从传统的审美造型上进行研究，更要加入各种新的元素，时代特色，审美受众的接受能力，新兴技术、新兴材质等因素。

论大型景观雕塑《诗魂》的艺术特色

【作者】德春香　【导师】石村

【出版授权与投稿人】西安美术学院

【作者基本信息】西安美术学院，美术学，2011，硕士

【关键词】诗魂　景观雕塑　表现形式　写意精神　艺术特色

【摘要】位于西安市大唐芙蓉园内的大型景观雕塑《诗魂》，是一座以大唐诗歌文化为历史背景，以大唐著名诗人及代表作为具体内容，将雕塑与山石进行了巧妙的结合，具有丰富和强烈艺术表现力的现代景观雕塑。文章一共分为6个章节，主要论述部分为4部分，第一部分主要论述《诗魂》雕塑运用了多种多样的艺术表现形式，如将雕塑与园林造景相结合，如将中国古代诗词借以书法的形式结合于雕塑之中以及融入了中国古代摩崖刻字和印章艺术。第二部分主要论述《诗魂》雕塑的艺术表现手法，如将圆雕、浮雕以及线刻综合于一体，运用虚实相结合、有节奏、有变化、有取舍的处理办法，通过形神兼备的人物形象刻画，并将人物与山石进行了完美的结合，最终形成了将纪念性、主题性、情节性、观赏性为一体的大型景观雕塑群。第三部分主要论述《诗魂》雕塑的写意性特征：首先分析《诗魂》雕塑的写意性特征，然后说明《诗魂》雕塑所传达的写意精神。第四部分是通过以上的分析总结出《诗魂》雕塑的艺术特色。《诗魂》雕塑有着自己鲜明的艺术特色。

论雕塑家马改户先生的艺术成就

【作者】唐培松　【导师】赵历平

【出版授权与投稿人】西安美术学院

【作者基本信息】西安美术学院，美术学，2011，硕士

【关键词】马改户　雕塑艺术　写实　写意　类型化

【摘要】马改户先生作为新中国成立以来培养的第一代雕塑家，早年学习西方前苏联式的写实风格雕塑，掌握了扎实的造型能力，在其 60 多年的雕塑艺术创作过程中，创作了大量的不同题材、不同风格和不同材料的雕塑作品并产生了广泛的社会影响。本文通过对马改户先生在不同时期、不同题材的雕塑创作中所表现出的艺术风格进行梳理和分析研究，以期对这位当代雕塑史上有一定影响力的雕塑家做到本质的、客观的研究。马改户先生生长在三秦大地，这里曾经是周、秦、汉、唐建都的地方。有着深厚的文化传统和丰富的中国古代雕塑遗产，他从这片拥有着独特地域文化的土壤中吸取营养，不断地充实自己，为其以后的雕塑创作及艺术理论的形成提供了良好的基础和思想源泉。马改户先生在 30 岁以后对中国传统艺术和民族传统雕塑产生了浓厚的兴趣。他经过认真的研究，最终确立了其雕塑艺术创作的理论，并将这些艺术理论应用在自己的雕塑创作中。

论汉代雕塑性灯具

【作者】朱强　【导师】陈丽萍

【出版授权与投稿人】景德镇陶瓷学院

【作者基本信息】景德镇陶瓷学院，美术学，2012，硕士

【关键词】汉代　灯具　雕塑性

【摘要】汉代灯具是我国灯具发展的初始阶段，也是我国灯具第一个鼎盛时期。而汉代雕塑性灯具无论是在中国灯具史，还是中国雕塑史上都有着重要的作用。它的成就主要体现为功能卓越、结构合理、造型生动，一方面继承了中国古代精巧的制作工艺，另一方面融入了当时的时代特征和民族精神，体现出质朴、浑厚的艺术风格和汉代人民的智慧结晶。灯具不仅在造型样式上较前代丰富，在功能与内涵上也更胜一筹，使得汉代灯具的艺术面貌有较强的时代感与现实性，更具人性化，并向着日常生活用具和工艺艺术品方向发展。本文主要从大部分详细介绍与剖析汉代雕塑性灯具，介绍了灯具的起源、说明灯具的材质、从考古学的角度详细阐述与分析汉代雕塑性灯具的类型、深入探讨雕塑性灯具的功能、造型和结构之美。汉代雕塑性灯具将功能性与艺术性完美结合的观念对后世灯具的发展有着深远的影响，同时对于中国实用性雕塑的发展有着重要的作用。

论景德镇彩绘人物雕塑瓷

【作者】解立君　【导师】陆军

【出版授权与投稿人】景德镇陶瓷学院

【作者基本信息】景德镇陶瓷学院，美术学，2012，硕士

【关键词】景德镇雕塑陶瓷　陶瓷装饰　画塑结合　釉上彩

【摘要】釉上彩装饰手法是景德镇运用最普及，最具有代表性的陶瓷人物雕塑的装饰手段。是什么原因使釉上彩绘在景德镇传统人物雕塑中如此普遍地使用？随着时代的发展，现代陶艺中为釉上彩带来了怎样的革新？这值得我们当代陶瓷艺术研究者关注。在陶瓷雕塑中，由于陶瓷的特性对形体的损失需要相应的装饰手法来进行弥补，而由于釉上彩的性质特点成为了陶瓷雕塑进行装饰弥补的不二选择。釉上彩装饰手法历经千年窑火熏陶，在清代燃至沸点，但是后期却被认为是萎靡之风，就是在乎于雕塑与其装饰语言的份额失去了协调的比例，看到这些历史的印记，我们更应该发现这种装饰手法的价值，真正恰当的展现它的作用和美感，使它更好地为陶瓷雕塑艺术服务，这也是釉上彩装饰手法的价值所在——陶瓷雕塑的装饰美。现代艺术中对陶瓷彩绘的应用是经过现代艺术审美取向改造和革新过的，它是适合表现雕塑的技法，它是与雕塑手法相结合的平面手段，它是符合雕塑艺术语言的装饰手法，从过去单纯的工艺性中解放出来的艺术语言，是具有现代审美意味的。

论云冈石窟艺术价值的形成和发展

【作者】伍玥　【导师】王杰

【出版授权与投稿人】上海交通大学

【作者基本信息】上海交通大学，中国语言文学，2012，硕士

【关键词】云冈石窟　艺术价值　社会意识形态　社会功能

【摘要】云冈石窟由北魏少数民族政权组织建造，石窟的佛像雕塑在艺术风格、美学特征和社会功能上都与当时的政治密切相关，艺术价值本身却未得到很好的重视。作为艺术品它表现的是统治阶级的统治地位，昙曜五窟的佛像以皇帝相貌为原型，佛像雕塑风格变化反映当时民族大融合的逐步形成。随着北魏王朝的灭亡，云冈石窟与政权之间的直接联系已经不复存在，云冈石窟雕塑的艺术价值开始受到重视。在当代，云冈石窟作为 5 到 6 世纪中国佛教石窟艺术的代表被评为“世界物质文化遗产”，同时作为大同市的地标性建筑在促进当地经济文化发展上发挥着重要作用。从北魏到当代，云冈石窟的艺术价值有一个形成和发展的过程，具体表现为，云冈石窟与政权之间的关系发生了变化，由特定时期社会意识形态的表征转变成一种为政府所利用的文化资产；由表现多民族大融合的形成转变为更多的谋求地域性经济文化的发展。

论中国古代雕塑中马的形态变化

【作者】易乐　【导师】陈丽萍

【出版授权与投稿人】景德镇陶瓷学院

【作者基本信息】景德镇陶瓷学院，美术学，2011，硕士

【关键词】马雕塑　造型　形态变化　演变　精神

【摘要】本文通过对中国古代雕塑中马的造型变化的分析研究，阐明了各朝代马雕塑的造型特点及其随着朝代的更替不断演变的整体流程，并进一步对中国古代雕塑马造型变化的深层原因进行分析。中国古代雕塑马受到中国古代哲学和美学思想的深深影响，同时受到材质、技术、

工艺等其他因素的影响，马雕塑艺术不仅仅只是直观的模仿和纯粹的写实，更多的是造型背后所承载的民族传统精神和强大的历史使命。本文首先从古代动物雕塑中将马作为表现对象的原因进行分析，并且对表现的材质进行简单的概述，从而对马雕塑的造型观进行分析，理解马雕塑的意象造型。其次，通过综述和分析马造型在中国古代雕塑中的演变，理解各个历史时期马雕塑的造型风格和表现特点，在对具体时期具体特征的分析上形成整体的形态变化脉络。最后，通过各个历史时期造型特点的详细叙述，从三个方面对影响中国古代马雕塑造型变化的原因进行分析，理解形态变化产生的历史背景和人文因素，从而更好的理解中国古代雕塑艺术的精髓和意义。本文通过对动物雕塑中马的形态变化的分析研究，

泥片成型陶艺雕塑创作谈

【作者】易春辉　【导师】高英姿

【出版授权与投稿人】南京师范大学

【作者基本信息】南京师范大学，陶瓷艺术设计，2011，硕士

【关键词】泥片成型　艺术表现　形式语言　思想情感

【摘要】陶瓷雕塑有着悠久的历史，但今天陶瓷雕塑步入当代，已经打破了传统雕塑的创作理念，以开放性、多元化的陶瓷创作和审美标准逐步确立起来。其中一种趋势是以凸显创作者的手的痕迹、强化泥土语言成为陶瓷雕塑的表现形式。泥片成型是陶瓷雕塑中成型方法的一种，其独特的成型手法使其作品有着独特的意蕴。泥片成型手法强调泥土特性、材料与观念的结合，顺应当代陶瓷雕塑开放、多元的创作理念，泥片成型陶瓷雕塑有制作人物写意表现、制作器物写实表现、泥片粘接构成表现以及运用泥片材料性质对特殊事物模拟表现等表现形式。通过对前辈陶艺家的研究学习，使自己在创作上合理使用泥片表现技巧，运用写意手法表现人物形象，注重雕塑轮廓线的处理，结合化妆土的运用，使写实与写意，粗与细，体积空间与线的韵味对比统一。在强化视觉效果的同时增强作品的感染力，使形式语言更为深刻地表现作品的思想内容。

气韵生动与当代陶瓷雕塑创作

【作者】雷丽霞　【导师】姚永康

【出版授权与投稿人】景德镇陶瓷学院

【作者基本信息】景德镇陶瓷学院，美术学，2011，硕士

【关键词】气韵生动　陶瓷雕塑　艺术精神　审美

【摘要】由于西方现代艺术思潮的冲击及中国的工业化、市场化、现代化，中国传统思想文化和艺术精神不断遭到消解，当代陶瓷雕塑艺术家找不到中华民族艺术精神的根基所在，迷失了作为本土陶艺家的价值取向和艺术追求。我们只有继承和发扬中华民族的艺术精神，才能创作出具有自己的精神风貌和民族特色的艺术作品。气韵生动是中华民族艺术精神的最高追求，在古代的陶瓷雕塑身上都得到充分的体现，在当代依然有着很强的生命力。当代陶瓷雕塑艺术家创作时吸取和运用气韵生动的思想资源和艺术精神，主要有三个方面：一是形而上的审美追求；二是意象性的思维创新；三是表现力的功力训练，从而在新的时代赋予陶瓷雕塑以新的表现形式和生命力，创作出富有时代精神和民族特色的艺术精品，让中华民族的陶瓷雕塑树立起本土化的艺术风格，为发展和弘扬中华民族的文化和艺术贡献出自己的力量。

《乾陵持剑石人像雕塑形式的研究》——几个关于雕塑问题的思考

【作者】周飞　【导师】段海康

【出版授权与投稿人】中央美术学院

【作者基本信息】中央美术学院，雕塑，2012，硕士

【关键词】中国帝工陵墓石刻　乾陵持剑石人像　建筑感　外剪影　雕塑的"形"　解剖

【摘要】本文通过对唐代乾陵神道持剑石人像（又名直阁将军像或者翁仲像）的实地考察，进行对持剑石人像雕塑形式的基本问题的研究，并结合作者平时学习工作中的雕塑实践，对几个关于雕塑基本问题提出自己的观点，并加以说明和阐述。本文共分为三部分：首先，作者简单阐述了中国古代帝陵石刻的发展脉络、唐代帝陵的发展基本情况、乾陵石刻的基本情况这几个基本问题，说明了乾陵持剑石人像是中国帝王陵墓人物石刻的范例这一逻辑关系。其次，作者对乾陵持剑石人像的现状以及基本造型特征进行了简单的描述。最后，作者通过对乾陵持剑人物像的研究，对几个关于雕塑的基本问题以及东西方雕塑发展的不同提出自己的观点，并加以说明。

浅谈雕塑艺术中的"虚"

【作者】周增强　【导师】杨奇瑞；于小平

【出版授权与投稿人】中国美术学院

【作者基本信息】中国美术学院，美术学，2011，硕士

【关键词】"虚"　时间性　空间性　精神性　本土化

【摘要】"虚"这一字眼在国外的理解中含有"空白""空洞"之意，但是在中国，尤其在中国的文化领域，它又有着自身独特的涵义。这样的内涵主要来自于中国传统文化精神，或者说它更体现在中国本土道教文化中"虚"的理念。映射到绘画艺术之中的"虚"，国内大部分艺术家都更多的是关注中国画和意象油画中"虚"的应用和表现，对于雕塑中"虚"的探讨相对空白，也缺乏将其理论与实践相结合的研究。雕塑艺术中的"虚"与绘画艺术中的"虚"具有如出一辙的文化根源，只是雕塑艺术的"虚"更多的是从绘画的平面性的表达转换为雕塑中的立体性的表达。其"虚"的表现存在于雕塑的"凹形体"和负空间，以及雕塑艺术家的意图和观者的心理。关于雕塑中"虚"的应用与实践，至今并没有明确的理论支持，也尚未形成完整、全面的实践原则和方法，这也是此篇论文试图阐述和梳理的内容。

浅谈盛唐陶俑造型语言在现代雕塑创作中的应用

【作者】蒋海岭　【导师】杨奇瑞、于小平
【出版授权与投稿人】中国美术学院
【作者基本信息】中国美术学院，美术学，2011，硕士

【关键词】盛唐陶俑　造型语言　雕塑创作

【摘要】对中国优秀传统文化的继承与弘扬是当今时代文化发展的迫切需要。对于雕塑艺术来说，也是符合雕塑自身发展规律的需要。唐代是中国封建社会的鼎盛时期，唐代雕塑艺术在世界古代雕塑领域中也占有独特的地位。唐代陶俑艺术是唐代文化中又一前无古人、后无来者，并取得至尊地位的艺术品类，它与唐代绘画一样，用积极、肯定的态度直面人生；它从正面介入社会，作品浩如烟海、精品突出和技法圆熟的程度，则比绘画给人留下更深刻的印象。本文以盛唐陶俑造型语言在现代雕塑创作中的应用为例，探讨中国传统造型语言在现代雕塑创作中的意义，并以盛唐出土的人物陶俑为研究对象，从陶俑的艺术特征、艺术成就以及形成这些成就的原因等方面，探讨了唐俑造型的语言特性及其在现代雕塑创作中借鉴、结合和应用的方式与途径。

浅谈唐文化对敦煌莫高窟唐代彩塑的影响

【作者】李飞　【导师】黄兴国
【出版授权与投稿人】河北师范大学
【作者基本信息】河北师范大学，美术学，2011，硕士

【关键词】敦煌　莫高窟　唐代造像　唐文化

【摘要】文中细致分析了敦煌莫高窟中唐代传统造像的形成、发展以致最终的辉煌是同唐代的社会制度、审美风尚、画坛兴盛以及经济繁荣紧密相连的。文章分析了敦煌的地理环境与历史背景的角度阐述形成莫高窟传统造像群的原因。以历史为线索，简略分析魏晋南北朝到隋朝的造像艺术的转变，并以此为契机分析当时的文化对艺术的重要影响，而这种影响在唐代则更为明显，也更具代表性。具体并详细的讨论唐文化对莫高窟中唐代造像的影响：从唐代制度的稳固与莫高窟彩塑构图的完备；唐代独特的风尚与莫高窟彩塑造型的转变；唐代画坛的兴盛与莫高窟彩塑绘塑的统一；唐代经济的繁荣与莫高窟彩塑氛围的浓烈等四个方面进行正反论证。最终得出有效结论，就如同中国画往往追求一种精神美、意象美同老子的“大象无形”、庄子的“天人合一”的思想一脉相承一样，敦煌莫高窟中唐代造像的成熟是同唐代文化的博大紧密相连的。

浅谈陶瓷雕塑的材料语言

【作者】李长爱　【导师】袁牧
【出版授权与投稿人】苏州大学
【作者基本信息】苏州大学，设计艺术，2011，硕士

【关键词】陶瓷雕塑　材料语言　环境

【摘要】陶瓷雕塑是以陶瓷为材料的具有独立性的立体雕塑制品，它是陶瓷装饰的一种，也是生态雕塑的一部分。陶瓷材料的视觉和触觉质感丰富而独特，陶瓷肌理变化丰富，从而使陶瓷雕塑对环境有很高的适应能力。陶瓷雕塑以其材料的自然性、生态性，在环境设计中发挥着越来越重要的作用本文按照历史发展的顺序，结合相关资料，对陶瓷材料以及陶瓷雕塑的发展历史加以概述。结合陶瓷雕塑的材料语言的特性，从生理学和环境心理学的角度，探索作为环境的一部分的陶瓷雕塑，在人的生理和心理需要中的作用。从而引发对现代陶瓷雕塑如何发挥陶瓷材料的特性，以更好地融入新环境的思考，得出现代陶瓷雕塑要想融入环境，必须在继承传统的基础上加以创新，应充分发挥陶瓷材料特性，使陶瓷雕塑与周围的环境相协调，为提升环境设计的质量发挥作用。

浅谈中国传统文化资源在当代雕塑艺术创作中的运用

【作者】杨宗礼　【导师】朱连城
【出版授权与投稿人】广西艺术学院
【作者基本信息】广西艺术学院，美术学，2011，硕士

【关键词】中国传统文化　当代雕塑艺术　中国式体验　中国式关怀　中国式审美

【摘要】中国传统文化历史悠久，它是伴随着中华民族形成时产生的独特文化意识形态。中国传统文化对整个中华民族的历史和精神都产生了极其深远的影响，也是自古传承至今仍然存活于民众之间的精神文化主体。在新的时代到来的时刻，继承和挖掘中国传统文化精神显得极为重要，尤其是在当代雕塑艺术中如何运用和发展这些文化瑰宝更是值得深入研究的。在全球一体化的背景下，以中国式体验，中国式关怀，中国式审美为切入点的艺术理念、写意雕塑作品及前卫装置艺术，都使得中国传统文化思想在艺术领域呈现出了生机勃勃的新局面。许多蕴含了传统意蕴的雕塑作品受到社会乃至世界的极大认同，并取得了可喜的成果。本文从中国传统文化的形成谈起，逐层分析，并结合中国当代雕塑艺术上的成功案例和本人的创作观念，来表明笔者对中国传统文化的认识，进而对中国传统文化影响下的当代艺术创作理念，发展状况及价值意义进行解读。

浅析雕塑的和谐性

【作者】潘学步　【导师】张鸣
【出版授权与投稿人】广西艺术学院
【作者基本信息】广西艺术学院，美术学，2011，硕士

【关键词】美　和谐　秩序　形式　意境　写意雕塑　意象雕塑　立体诗 环境雕塑

【摘要】雕塑曾被西方古人比喻为“立体的诗”。其实可以说是最为贴切最为恰当的比喻了。第一，雕塑具有诗的形式和谐美：第二，雕塑具有诗的意境和谐美，是美的内在升华；第三，诗代表着人类对和谐人居、诗性生活的向往，雕塑要回归到与自然与人类的和谐关系中才是美的最终目的。因此文章根据这个分为三大部分：第一部分

是雕塑的形式和谐；第二部分是雕塑的意境和谐；第三部分是雕塑与环境的和谐。通过纵与横、表与里，逐层分析雕塑的和谐性。第一部分，雕塑的形式和谐，主要讲雕塑在视觉元素（尺寸、形体、颜色等）和概念元素（包括无形的点线面、无形的基本形体等）的各要素和谐运动的关系。第二部分，雕塑的意境和谐，主要讲雕塑主体与客体相通、感性与理性和谐共融，实现悦目而又会心和谐之美感，在意的境界里"可与万物之灵悠然往来，使心与物融合为一"。它是"创形"与"创意"默契结合；是"永恒"的主体精神和"暂存"客观物象的平衡统一；是现实与理想、理性与诗意相互谐和、完美统一。第三部分，雕塑与环境的和谐，主要讲的是雕塑与自然环境、社会环境、精神环境在形式与意境上的和谐统一关系。是雕塑外在"雕塑与人"的关系学范畴，是形式和谐与意境和谐在环境现实中的运用。

秦俑雕塑手法研究

【作者】计玲玲　【导师】沈琍

【出版授权与投稿人】西安美术学院

【作者基本信息】西安美术学院，美术学，2011，硕士

【关键词】秦俑　雕塑手法的特点　塑造手法

【摘要】本文从秦俑雕塑手法的研究入手，并结合作者在雕塑方面的实践经验，使优秀的传统塑造手法能够得到较为客观、真实的分析阐述，进而达到一定深度的理论层次。文中共论述秦俑塑造手法十四种。其中堆、塑、捏、贴、刻、画六种手法为研究界公认的民间传统手法；围、削刮、挖、按压、拍打、抹、磨，这七种较为辅助的手法在文章中也有不同程度的论及；另外，还有作者新发现的一种手法——搓。总结发现得出秦俑雕塑手法有四个特点：模塑与手塑相结合；圆雕、浮雕、线刻相结合；雕塑与彩绘相结合；陶塑与大型独立雕塑相结合。前三个特点是前人总结得出的观点，后一个属于作者自己归纳总结的特点。秦俑采用中国最传统的雕塑造型手法，并将各种手法进行自由组合、灵活搭配运用，创作了中国写实雕塑艺术之典范。

青州北齐立像艺术风格研究

【作者】都江　【导师】何平静

【出版授权与投稿人】广西师范大学

【作者基本信息】广西师范大学，美术学，2012，硕士

【关键词】佛教造像　造像的技法　北齐立像　雕塑

【摘要】本文第一部分简述古青州地域和政权。由青州龙兴寺窖藏佛像入手，纵向上对北朝的佛教造佛，样式的变化及历史进行探寻。对青州佛教样式的转变进行比对，并对影响其的哲学与美学的潮流加以论述，得出仅有青州具有独特样式。第二部分为青州造像的技法研究。对青州造像的各种工艺、技法的研究为中心，对怀有各工艺的派别做全面的寻查，通过查阅古籍进行考证。第三部分以青州北齐圆雕立像为例，用现代雕塑理论对佛造像进行全面剖析。综合所述，青州北齐圆雕立佛符合北朝的审美特征，它所反映出的美学规律正是当代人们所遵循的，是形式与内容高度统一的雕塑作品，完整的诠释了情感表达和空间占有的表现形式。第四部分为青州北齐立像对当代雕塑的启示。综合上述所论断，并在当代雕塑中诸多方面找到了对青州北齐立像中的传承，用当代的表现形式，从情感表达和空间占有来探索现代雕塑的新发展。

山西广胜寺的建筑装饰及雕塑艺术研究

【作者】陈家瑞　【导师】赵慧

【出版授权与投稿人】太原理工大学

【作者基本信息】太原理工大学，设计艺术学，2012，硕士

【关键词】广胜寺　建筑　装饰　雕塑　艺术

【摘要】广胜寺坐落于山西省洪洞县城东北17公里的霍山南麓，分为下寺、水神庙、上寺三个部分。下寺由山门、前殿弥陀殿、后殿大雄宝殿及东西两侧的钟鼓楼组成；水神庙分前后两进院落，由山门、仪门、明应王殿及两侧的窑洞厢房所组成；上寺为三进院落的布局，飞虹塔矗立在寺院的中心，保持了唐宋时期佛寺的格局。上、下寺与水神庙门、堂、厢、殿及其总体布局排列有序，是我国元明时期典型的古建筑群，是具有典型意义的中国古代文化遗产。为了使广胜寺所具有的历史价值、艺术价值得到很好的认识、利用和保护。本文着重对上寺、下寺和水神庙的建筑装饰和雕塑艺术进行详细的研究和分析。广胜寺建筑与众不同，梁枋设置、间架结构上有不少的创新之举，具有浓郁的地方手法；在琉璃构件具有鲜明的特色和高雅的格调，是国内琉璃建筑的精品；雕塑运用较强的写实手法，艺术造诣颇深；上下寺和水神庙的壁画分属不同的流派，各具特色，特别是水神庙的戏剧壁画，为全国仅有，极具研究价值。

山西晋中地区大院建筑雕塑艺术特征

【作者】侯文静　【导师】金小民

【出版授权与投稿人】山西师范大学

【作者基本信息】山西师范大学，美术学，2012，硕士

【关键词】高家崖　人物图案　挂落　门枕石　题材构图　雕刻

【摘要】王家大院高家崖的人物图案主要体现在砖雕、木雕和石雕中，其题材主要以寓意和吉祥为主，有装饰和教育子孙后代的作用。本文通过实地考察，对王家大院高家崖的人物图案的题材内容、构图特征和雕刻手法上做了整理和分析。柱础石，是承受房屋结构压力的东西，起着支撑和美观的作用。本文通过对皇城相府实地考察，对皇城相府的柱础石做了考察取证。就纹饰、造型和手法等方面做了分析，初步探讨了皇城相府现存柱础石的艺术特征。墙基石，墙基石雕刻一般砌在墙柱底部，以撑托墙体，使之不下沉。今山西王家大院墙基石的选材、制作不仅充分考虑其实用性，同时主人对其上纹饰雕刻用心颇为良苦，一则教育后人，二则尽显其艺术价值。本文经实地考察取证，对王家大院高家崖的墙基石进行了分类整理，就图案构图和寓意加以分析，初

步探讨王家大院高家崖墙基石雕刻的风格特色。

山西云林寺雕塑与水陆壁画研究

【作者】陈丽洁　【导师】赵慧

【出版授权与投稿人】太原理工大学

【作者基本信息】太原理工大学，设计艺术学，2012，硕士

【关键词】云林寺　雕塑　水陆壁画

【摘要】本文通过对山西省阳高县云林寺的田野调查和深入研究，对现存大雄宝殿内的珍贵的文物进行研究，推断出云林寺的始建年代为明代；对大殿内雕塑中的佛像、罗汉、护法进行测绘，进行了详尽的阐述及描绘，并对雕塑中每个角色都一一剖析，通过文献研究对寺中雕塑人物之间的关系做出阐述分析，力求充分。对比总结出明代时期的造型艺术风格和特点，且着重研究了云林寺中庞大的水陆壁画，对水陆壁画的人物、构图特点、用途等等参照仪文仪轨仔细分析，并得出云林寺大雄宝殿中的水陆壁画所参照对应的是《天地冥阳水陆仪文》，并定性为“北水陆壁画”。本文对云林寺现存文物的设计风格和造型特点，提出个人观点，通过比对查找，引用历史资料为依据而得出相应结论。

深圳公共艺术探析

【作者】盛静　【导师】邵晓峰

【出版授权与投稿人】南京林业大学

【作者基本信息】南京林业大学，设计艺术学，2012，硕士

【关键词】深圳　公共艺术　雕塑　户外广告　地铁壁画

【摘要】本论文通过对深圳公共艺术中的雕塑、户外广告和地铁壁画的现状进行分析，阐述公共艺术在为大众服务的同时，起到了提升环境品质、提高生活质量和文化品位的作用，论文重点探析深圳公共艺术的内涵以及存在的问题，对城市形象的塑造具有一定的指导意义。论文分别从雕塑、户外广告和地铁壁画三个方面进行分析，探讨深圳公共艺术的发展现状。首先，界定公共艺术的概念，指出研究它的目的和意义，并对公共艺术的类型和特征进行分析；其次，分别对深圳公共艺术中的雕塑、户外广告和地铁壁画等三个方面的发展状况进行解析；最后，对深圳的雕塑、户外广告和地铁壁画等三个方面存在的问题从不同的角度进行阐述。本论文在研究方法上，以城市环境美学、艺术学等多维视角去探析深圳公共艺术的发展状况。以艺术设计理论作为研究深圳公共艺术发展问题的理论基础，探讨深圳公共艺术朝着可持续方向发展的可行性程度。此外，本文大量采用科学与艺术多元交叉、自然与社会、比较研究等研究方式，力求从中找出推进公共艺术建设的一些规律。

沈阳市城市雕塑的现状与对策研究

【作者】王莎莎　【导师】张鹏

【出版授权与投稿人】沈阳师范大学

【作者基本信息】沈阳师范大学，美术学，2011，硕士

【关键词】城市　城市雕塑　人与环境　人文景观　城市人文

【摘要】“城市雕塑”一说，于 20 世纪 80 年被创造出来之后被广为流传，成为我国独有的一个名词。由于它小于户外雕塑，地点仅限于城市，强调题材和城市的贴近，起到装饰、美化城市的作用，称之为“城市的眼睛”。作为城市形象中至关重要的一环，城市雕塑以特有的艺术手法来引导社会群众的各种意志和审美观念。因此，城市景观设计尤其是城市雕塑设计在这现代化急速发展的城市建设中，作为规划城市功能、重塑城市形象的重要手段，而显得尤为令人瞩目。优秀的城市雕塑因美化与装饰所在城市而存在，它能为生活其中的居民提供更多的景观，并舒缓精神压力、提升文化氛围、展示历史底蕴，能相当有效的提升城市品质，彰显城市魅力，成为这个城市无法忽视的重要符号。本文从社会角度和环境艺术角度对沈阳市的城市雕塑进行了现状分析和存在问题的总结。

生命的律动

【作者】唐利　【导师】黄兴国

【出版授权与投稿人】河北师范大学

【作者基本信息】河北师范大学，美术学，2011，硕士

【关键词】气韵　生命精神　汉唐　陶俑雕塑

【摘要】汉唐时期的陶俑雕塑在中国艺术发展史中占据着极其重要的地位。生命精神是作品的灵魂，而“气韵”正是以生命精神为核心内容，因此“气韵”也是作品生命精神的体现。“气韵”具体到汉唐陶俑雕塑生命精神中的体现主要从以下四个方面进行分析：一，“气韵”在客体生命精神中的体现，其对象或为人物或为动物或为山水花鸟等生命气象；二，“气韵”在主体生命精神中的体现，其对象为艺术家生命精神所表现出来的个性、修养、才气、气力等，它是通过与众不同的艺术语言再现宇宙万物的生命精神；三，“气韵”在喻体生命精神中的体现，其对象为作品呈现出的艺术形象或意象所表现出的生命力与勃勃生气；四，是用以表达客体、主体、喻体各层面生命精神的各种艺术语言。通过对汉唐陶俑雕塑的“气韵”进行分析，作品所呈现出来的不仅仅是通过各种艺术语言来表现对象的神貌意象，更重要的是主体（即艺术家本人）对客体（即宇宙自然万物）进行多方面的揭示。汉唐陶俑雕塑的形态、气势以及勃勃向上的生命气息赋予作品以艺术生命，其不朽的审美创意同样可以成为今天艺术创作的源泉。

生态雕塑中的材料运用研究

【作者】李磊磊　【导师】魏小杰

【出版授权与投稿人】郑州大学

【作者基本信息】郑州大学，美术学，2012，硕士

【关键词】生态雕塑　生态材料　实践运用

【摘要】目前低碳、环保是全球的主流话题。新时期人们追求的不仅仅是一种物质的需求，而是反观人与自然的关系，追求经济与文化，物质与精神之间的平衡的需要。

雕塑家应面向这样一个新的生态学时代。材料作为雕塑艺术的载体，在其应用的范围方面越来越广泛。在现代雕塑中材料被越来越多的直接用来表达艺术家的思想及观念。作为一种媒介，材料所体现出来的价值越来越突出。如何发挥雕塑材料在符合现代审美需求的生态雕塑中的作用，是比较重要的课题。研究这一课题既符合时代的步伐又符合雕塑材料发展的自身规律。

试论公共雕塑的情感传达

【作者】吕迪　【导师】孙伟

【出版授权与投稿人】中央美术学院

【作者基本信息】中央美术学院，美术学，2012，硕士

【关键词】公共艺术　公共雕塑　人文精神　情感

【摘要】公共艺术所对应的是整个社会大众，为大众服务，在社会中寻找共性，反映的是现代人的所思所想，关照人们的内心活动。在这个层面上，公共艺术还引导着人们对美的认识，引导人们对未来的追求与向往，不断地探索事物的本源和人们的生存状态，给人以启示和关照。公共雕塑作品本身就是一种沟通媒介，是艺术与社会对话的平台之一。公共雕塑所传达的情感不仅仅在于去“融合”“折中”或“妥协”，而是要关注生活，服务于公众，了解公众口味。关注当代，关照人类内心世界，追求更高尚的人生意义与价值。对公众的了解是公共艺术的最佳切入点。放眼未来，打开思路，加强艺术创新的同时要考虑到民族性、地域性，热爱生活回归自然。本文通过公共艺术的人文精神、公共艺术中公共雕塑引领的情感意义、公共雕塑的情感表达方式、公共空间中公众与雕塑的情感对话以及公共空间中雕塑的和谐与融合五部分的论证阐述：公共雕塑的情感传达在当代城市建设中的重要作用和意义，代表着人们对未来公共环境发展的最高理想，是当代城市人文精神的再现，是人类抒发情感、充实精神空间的必不可少的媒介。和谐的公共空间艺术会营造出和谐的社会舞台。

试论麦积山石窟早期塑像的语言元素及其内在意蕴

【作者】李娜　【导师】王宏恩

【出版授权与投稿人】西北师范大学

【作者基本信息】西北师范大学，美术学，2011，硕士

【关键词】塑像　魏晋南北朝　秀骨清像　曹衣出水

【摘要】麦积山石窟作为佛教在中国鼎盛时期魏晋南北朝的历史见证，不但体现那个时代的教义特点，而且代表了其艺术水平。魏晋南北朝这一中国历史上国家分崩离析，社会动荡不安，人民饱受痛苦的特殊时期，却能够兴盛起来的原因作了时代和社会的纵横剖析，特别是在佛教思想以及外来佛教艺术影响下，中国本土的雕塑形式，内容，技法和理论发生了一系列的变化发展，由佛教艺术的创作使得本土艺术得以全面发展并达到一个高峰，涌现出大量石窟寺群，在佛教艺术的中国化进程中，一方面外来的佛教艺术语言为本土带来许多新的技法和创作风格，另一方面，中国传统的雕塑技艺和深厚底蕴，决定了佛教艺术在中国发展呈现多样性和繁复性。本文意在探讨和分析麦积山石窟早期塑像艺术风格的演绎脉络和发展变迁，并揭示雕塑艺术语言在魏晋时期的演变历程和内在根本动因，探讨佛教教义和玄学精神下的艺术在美术发展史的重要地位和深远影响。

适应现代环境的雕塑色彩探究

【作者】张蕊　【导师】杜春兰

【出版授权与投稿人】重庆大学

【作者基本信息】重庆大学，设计艺术学，2011，硕士

【关键词】现代城市　雕塑色彩　城市色彩　多元化适应环境

【摘要】自然界中，物体除了具有形态外，还具有丰富的色彩。而色彩是人们认识自然世界的第一步。而今色彩作为雕塑艺术的要素之一，成为了当今雕塑创作中的一种新的表达语言。20 世纪后的城市环境发展背景为城市雕塑提供了一个宽泛的发展平台。人们发现通过给雕塑着色可以使其成为城市雕塑一种新的表达方式，随后并出现了一系列具有色彩表达性的城市雕塑，而且越来越多的雕塑家也开始注意到现代雕塑中色彩运用已成为了一种新的表达手段。本文以城市色彩为背景，以现代城市中雕塑色彩与环境背景为切入点，对雕塑与色彩、雕塑与城市色彩等方面进行对比性的研究，结合色彩在雕塑中的运用现状，试图归纳出现代彩色雕塑在城市环境中运用要素。尝试对中国城市中现有的着色雕塑运用现象进行分析。通过色彩语言在城市雕塑中的案例说明现阶段城市环境中色彩雕塑运用的成功与不足之处。本文共将在以下六个部分对彩色雕塑的发展和在现代环境中艺术表现形势进行详细的论述。

树根雕中传统人物造型艺术研究

【作者】唐塈堃　【导师】牟运道

【出版授权与投稿人】西安美术学院

【作者基本信息】西安美术学院，美术学，2011，硕士

【关键词】树根雕　传统人物　民俗审美　文化信仰

【摘要】文章着重分析树根雕中传统人物造型所涉及的材料、形式、创意、内涵、技法，及其特殊的类型意义和艺术价值对现代雕塑艺术的深刻启示。在思路上，经过现状透析将其与之相关联的文化现象如民俗信仰、宗教信仰、中国画，及现代文化产业发展做交叉分析。在文章结构上着重针对与树根雕中传统人物造型有直接关系的历史文化代表、民俗审美心理、宗教精神信仰做文化层面的剖析，并对其相对固定的沿袭模式和收藏陈列的经济价值进行关联性解读。研究方法上，通过考察调研、对比分析、列表说明、图片解析、创作实践等方法进行深入剖析。本文通过对树根雕中传统人物造型的艺术特色研究，论证树根雕中传统人物造型在我国雕塑艺术发展中的重要性；通过对树根雕类传统人物造型的处理手法研究，增强对这一雕塑类型的纵深认识；结合学院雕塑教学的优势，对其造

型艺术特色进行理论升华，探究树根雕中传统人物造型的现实意义。在结论部分将其造型中的优秀涵养与现代雕塑观念加以融合，明确面对传统雕塑的态度，对探索现代人物雕塑造型的创新思维具有现实的方法论意义。

数字化技术在城市雕塑——主题性雕塑创作设计实践中的创新运用

【作者】朱世郎　【导师】蒋志方

【出版授权与投稿人】山东大学

【作者基本信息】山东大学，软件工程，2011，硕士

【关键词】城市雕塑　项目设计与制作　数字化技术　虚拟及实现

【摘要】本文从城市雕塑－主题性雕塑《八千湘女上天山》的项目策划构思、项目设计制作、雕塑效果图数字化表现几个大的方面详细介绍了主题性雕塑从前期构思至完成最终图纸设计的方法与步骤，重点研究了数字化表现技术在雕塑创作设计中的运用。创作表现技术与雕塑项目设计工作的关系，阐述了现代城市雕塑项目总体设计的思路与设计制作流程，明确了数字化表现技术的概念与范畴，对数字化技术的构成要素进行了较为全面地研究。在研究雕塑创作设计方案时，本文从城市雕塑的形式，悠久历史，文化内涵，雕塑的创作设计与制作等几个方面对雕塑项目流程进行分析。在设计制作过程中，综合自己的实际应用感受，较为全面地分析了数字化表现技术在三维效果图中的具体运用，提出了若干独特的表现技术和设计方法，突出了在数字化表现技术上的创新。

公共艺术发展路径的向度分析

【作者】何小青　【导师】汪大伟

【作者基本信息】上海大学，美术学，2011，博士

【关键词】公共艺术　公共性　核心价值

【摘要】公共艺术属于当代艺术范畴，它使公共空间的艺术与社会公众产生相互影响，体现着公共空间民主、开放、交流、共享的一种精神和态度。与古典艺术和现代主义艺术相比，最显著的特征在于其公共性。“公共性”作为公共艺术的核心理念，对公共艺术的发展有着重要的作用。基于一定市民社会和公共领域而建立的“公共性”是公共艺术主体精神自由而自觉的标志，是公共艺术审美观念的核心和公共艺术理论的灵魂。在公共艺术实践中，与公共利益、公共价值、权力话语、身份认同相关的社会争议和公共性问题逐渐突显，展示出公共艺术的价值与公共生活领域的不可分性。为此，有必要构建一个系统的理论框架，并在此理论框架下对公共艺术的“公共性”进行逻辑起点的分析。本文以公共艺术发展脉络为思想语境，以公共艺术生长的时空背景为研究视角，以公共艺术价值内涵为思想依据，从文化和社会层面探寻公共艺术发展的历史脉络，展现“公共性”概念内涵的历史延异，探讨公共艺术的精神实质，构建公共艺术的分析向度，从而确立公共艺术发展的核心价值应当是在艺术价值基础上进行深化和拓展的人文价值和社会价值。

中心性与开放性——中国城市雕塑未来发展展望

【作者】王豪　【导师】潘公凯、陈刚

【作者基本信息】中央美术学院，设计艺术学，2011，博士

【摘要】本论文以城市雕塑作为研究的对象，从西方雕塑源头出发找寻当前城市雕塑问题产生的根源，借鉴当代雕塑与公共艺术杰出案例，以及实施政策和制度上的成熟经验，重点探讨在未来城市雕塑建设中新的理论架构。早期的城市雕塑常指公共场所中那些尺度巨大、质地耐久且形态庄严的雕塑艺术作品，它往往具有某种公共性纪念意义，成为城市开放空间的主体。然而，现代城市雕塑除了在传统意义的雕塑创作上进行拓展之外，较多地与城市公共空间环境和居民发生关系，并同城市文脉紧密相连。城市雕塑“开放性”概念的提出是从早期雕塑的“中心性”表现上发展出来的，与前卫艺术的反传统、反权威的趋向相联系，颠覆传统雕塑的尺度、材质以及形状等物质性，以及透过表象因素所传达出象征永恒、静止、宏伟和权威的精神性理念。论文通过转化雕塑的“中心性”以颠覆传统城市雕塑的审美观与价值观，造成新的理论架构的出现，缔造反映人类文化、体现人性关怀的现代雕塑体系。城市雕塑是一种古老的艺术形式，以其独特的艺术魅力，美化城市环境、改善城市风貌，并且塑造城市形象，体现城市性格。

云冈石窟建筑与佛教雕塑研究

【作者】范鸿武　【导师】吴为山

【作者基本信息】苏州大学，设计艺术学，2012，博士

【摘要】云冈石窟独特的艺术风韵在于在印度佛教文化与中国传统文化的有机结合之中融入了鲜卑族固有的文化。中外学者已经对云冈石窟做了各方面大量深刻的研究，但是从设计艺术学的角度研究云冈石窟的人相对较少。本文力图从设计艺术学的角度，从物质文化的层面，研究云冈石窟的建筑和佛教雕塑。通过研究云冈石窟建筑和佛教雕塑的特点，论证云冈石窟的鲜卑文化特色并力图论述云冈石窟的设计及其在设计上的成功之处。这是本论文的宗旨所在。佛教虽是一种外来宗教，但自传入中国之后，受中国古代的经济、政治和思想文化的影响，逐步走上中国化的道路。中国佛教石窟寺艺术的形式尽管是外来的，但它从一开始就不是印度石窟寺艺术简单的模仿或翻版，而是融会贯通，博采众长，不断创新，逐渐显现出自己的民族特色。

唐代中外艺术交流研究——以乐舞、百戏、书法、绘画、雕塑为中心进行考察

【作者】赵喜惠　【导师】杜文玉

【作者基本信息】陕西师范大学，中国古代史，2012，博士

【摘要】《唐代中外艺术交流研究》一文主要论述唐朝与异域的艺术交流，并在此基础上进行了有益的理论探索和研究。这是一个相对较大的选题。首先，就艺术的范围而言。艺术涵盖的领域很宽，并随时代的变化而有所不同。古代艺术主要包括乐舞、百戏、书法、绘画、雕塑、建筑等。随着时代发展和社会进步，艺术的范畴也日益宽泛，现代艺术除了包括传统艺术的内容外，还有摄影、电影、美术设计等内容。而本文则选取了乐舞、百戏、书法、绘画和雕塑作为研究对象。即使如此，本文的内容也是很庞杂的。其次，就与唐朝进行艺术交流的国家而言。与唐朝进行艺术交流的国家很多，如西域诸国、印度、波斯、大食、朝鲜半岛三国、日本、骠国、希腊、吐火罗、拂菻等，本文只选取了与唐朝进行艺术交流较全面的几个国家进行论述，如西域诸国、拂菻、希腊、印度、波斯、大食、朝鲜半岛三国和日本。

世俗与永恒美第奇时代的陵墓纪念碑

【作者】沈莹　【导师】易英

【作者基本信息】中央美术学院，美术学，2012，博士

【摘要】文艺复兴时期的璀璨图景一直吸引着人类的好奇之心和景仰之情，然而，长期以来，人们习惯性地将“人文主义”作为该时期宏大的时代精神与基督教信仰对立起来。实际上，世俗政权的扩张、新大陆的发现、自然科学的发展以及教会内部滋生的腐败现象对教皇制和宗教信仰的冲击远比书斋中的学术研究来得更加猛烈；相反，人文主义成果却成为教会自我修正、巩固教权、重塑威严形象的工具，教会和高级神职人员同世俗王公贵族一样，成为最伟大的艺术赞助人。无论人文主义有多少张面孔，“复兴”都是她的基本特征，此时，“复兴”的实质是一种基于调和的再创造，在“复兴”表象下掩盖着精神层面上的自我炫耀。奢华的陵墓纪念碑在这样的背景中浮现出来，其委托和生产过程既反映了艺术在社会文化生活中的作用，又反映出艺术世界内部的变化，并最终凝结在天才米开朗基罗的艺术实践中。

为实现包豪斯理想而奋斗——莫霍利·纳吉设计教育理念研究

【作者】姚民义　【导师】许平

【作者基本信息】中央美术学院，设计艺术学，2012，博士

【摘要】包豪斯创立了一种同新的时代条件与历史需求相符的现代设计教育思想，前卫艺术家、包豪斯最年轻的教学骨干莫霍利·纳吉坚定执行包豪斯开创者格罗皮乌斯所确立的教育理念，对包豪斯教育体系的巩固起到了关键作用。本文较为全面地梳理了纳吉的职业生涯过程，并对其在各个时期与阶段的艺术实践和教育理论展开了初步分析。文章首先对纳吉的职业生涯与成就作出客观的叙述和总结，从整体上建立对纳吉的理论与实践的全面认识；而后，从第二章开始，在历史语境下对纳吉从事艺术活动历程加以评述。纳吉的教育理念最早来源于他的艺术实践，通过对抽象绘画、摄影、雕塑、印刷版式、光与综合媒介的开拓实验，产生了大批有代表性的作品，这些作品从不同侧面折射出纳吉试图运用艺术手段改造社会的激进思想：纳吉所有思想的一个基础是理性，在包豪斯教学中，他倡导了理性主义教学方法，提倡培养学生“建设性的思维”和客观理性的设计原则，这种立场和方法在学生中产生了明显的影响，部分学生的课堂作业被企业采纳后进入批量化生产，包豪斯的理性主义设计风格开始形成。

写意雕塑与中国书画写意精神的互通性研究

【作者】李景芳　【导师】朱连城

【作者基本信息】广西艺术学院，美术学，2012，硕士

【关键词】写意精神　中国雕塑　民族性　观念

【摘要】“写意雕塑”是个新颖的名词，至于从什么时候开始出现，已无从考究，只知道是近一二十年来渐渐出现在许多雕塑理论和评论当中。近几年使用得尤为频繁，这与当下中国雕塑艺术的发展背景和社会意识形态是分不开的。世界经济一体化，东西方文化艺术的相互交融，使得区域性民族性日益彰显其重要意义，有着30年历史的中国当代雕塑要谋求长远的发展，必须拥有能与西方文化艺术对话的权力，而这种话语权的建立与自身文化艺术的民族性息息相关。因此，中国古典文化中许多重要的美学范畴理所当然的成为中国当代雕塑艺术追求民族个性化的有力武器。一时之间，与中国古典元素，古代符号有关的雕塑作品犹如雨后春笋般惊人的亮相。但是大部分都落入了“挪用”与“符号化”的方程式泥淖中无法自拔，只有极少部分作品成功重组突围，成为当代雕塑艺术民族化的一面光辉旗帜。其中，最引人注目的莫过于“写意雕塑”。那么，写意雕塑在模仿泛滥的今天何以成为中国当代雕塑艺术探索民族性的模范先锋？写意雕塑的生命力在哪里？文章结合中国书画写意精神对此问题做了研究。

雕塑创作中形式语言综合表现的探索

【作者】于伟　【导师】邓威

【作者基本信息】大连理工大学，美术学，2012，硕士

【关键词】雕塑　语言形式　感性沟通

【摘要】雕塑创作中形式语言的应用，是我们在进行雕塑创作时依靠自己的主观意识，通过对自然形态的观察感受，所总结出认识的成果。是雕塑家通过各种要素的组合表达雕塑家对于自然的理解，连接人与自然、人与社会联系的中介——一种感性沟通的桥梁，一种寄托雕塑家情意的载体。在雕塑创作中，不同的形式语言体现不同的表现效果，之所以不同于科学挂图、看图说话和宣传口号，正是有赖于独特的表现形式。从这个意义上讲，艺术之所以成为艺术，形式是关键，形式对于雕塑的艺术感染力起着决定性作用，艺术品的不朽就是借助那些不朽的表现形式。形式语言的重要性和其地位的确定，撼动了传统形式审美中唯美至上的核心观。当代艺术将审美价值的独立改

造投入到形式语言上是划时代的，并在艺术精神空间上有了更深的拓展。

中国当代雕塑创作的审美取向——以我国高校雕塑专业毕业创作为例

【作者】段量斌　【导师】魏小杰

【作者基本信息】郑州大学，美术学，2011，硕士

【关键词】雕塑创作　审美取向　毕业创作

【摘要】在当代，雕塑艺术创作大量涌现，其中有很多形式新颖、内容丰富、饱含真情的作品，当然也不乏那些形式粗俗、内容空洞的拙劣之作，因此，我们在进行雕塑创作时要坚持正确的审美取向，分清优劣，立足本土文化，继承传统艺术成果，冷静分析西方各艺术流派的发展过程和现状，努力消除其对我国艺术创作上的不利影响，取其精华、弃其糟粕，争取在追求真善美的道路上创作出更多的优秀作品。作者从中国当代雕塑发展概况着手，深入阐述了美感和审美的意义，并结合当今国内艺术发展的实际情况，列举了大量艺术院校学生的毕业创作作品，从形式到内容进行了剖析，有针对性地提出了作者自己的见解，较为充分地表达了作者的内心感受。作者从一个令所有从事雕塑艺术的人都一直关注并力求提高的审美取向问题上展开了深入的挖掘和研究，站在了一个更高的视点上来看雕塑艺术的发展，提出了中国当代雕塑创作的创作原则，并引发读者对雕塑创作审美取向的深层思考。

重复的力量——论重复在雕塑创作中的影响力

【作者】曹潇　【导师】陈科

【作者基本信息】中央美术学院，美术学，2012，硕士

【关键词】重复　模仿　手法　时间　戏剧性

【摘要】艺术的语言形式多种多样，“重复”作为一种创作语言，是当代艺术创作的一个重要手段。其已经变得更加丰富和具有现实意义，致使越来越多艺术家对之青睐有加。“重复”的影响力在各种艺术门类中，在逐渐加强。在雕塑创作中，“重复”并不应该仅限于简单的机械重复，也不应仅仅是反复的复制技法或手法，其内在囊括了各种雕塑语言与思想传统的各个方面，是多涵义，而且是不确定的。本文选取了正面积极的角度以明确的判断力从现象去理性地研究重复语言的本质。挖掘重复语言的更多的积极可能性，探索重复的内在含义。本文是通过对传统和当代中重复语言的运用，排列手法、功能性、时间性及戏剧性研究，思考对现代艺术创作的启示和影响力。通过对“重复”的概念分析，研究“重复”这种创作语言在艺术创作中的运用，以期待能够打破以往人们对“重复”所设定的固有框架与消极态度，同时期望不同格调的重复语言能进一步地使艺术更加多元繁荣发展，从而衍生出有关“重复”的新生意义，使得这种语言更好地运用于雕塑创作之中。

长沙湘府文化公园雕塑设计研究

【作者】伍麒麟　【导师】陈杰

【作者基本信息】中南林业科技大学，设计艺术学，2012，硕士

【关键词】湖湘文化　湘府文化公园　雕塑与文化的统一

【摘要】目前当代雕塑、抽象艺术在各城市盛行，各城市雕塑风格趋于相同，使各城市失去地域文化特色。因此，本文试图通过对湖湘文化和湖南城市雕塑关系的研究，以便将湖湘文化对湖南城市雕塑的影响的理论应用于其他城市雕塑中，令城市雕塑更好的传承历史文化，突出地域文化特色。所以，这是一个具有时代意义的重要课题。本文首先运用文献综合研究法分析了湖湘文化与长沙城市雕塑关系的现状，发现目前普遍存在着城市雕塑与规划、理论、设计、制作、环境不协调等问题。其次，本文用类型化研究法将城市雕塑作品进行了类型化处理，针对不同类型的不同特征，提出了相应的设计解决方案，这样对未来的雕塑设计就具有了指导作用。通过实地调查湖南湘府文化公园，通过现状拍照、图纸搜集、数据整理、归纳分析，积累了关于湘府文化公园的大量实例以及历史文化背景。从而为湘府文化公园雕塑的设计与创作以及后来的理论研究打下了坚实的基础。

浅谈材质的快速演变及对现当代雕塑的影响

【作者】李鹏　【导师】陈刚

【作者基本信息】西南大学，美术学，2012，硕士

【关键词】材质　快速演变　现当代雕塑　影响　观众

【摘要】雕塑从诞生之日起就是依托着物质材质而存在的，雕塑的形式内容都是通过各种被用于雕塑创作的物质材质所呈现出来的。材质是雕塑作品产生的媒材基础，两者永远都不可分割。而永远注定联系在一起的事物，它们之间就必定会相互作用，彼此产生影响。本文通过对于雕塑材质的发展演变进行研究概述，明确雕塑材质从远古时期开始，到现当代时期进入到了一个快速发展演变的阶段。然后着重分析论证材质如此的快速演变给现当代雕塑带来的一些影响。最后将列举论证了的这些影响作为我们今后艺术创作中的参考与启示进行分析解读。首先本文在第一章对雕塑材质的发展演变进行了概述。从艺术发展本身的促进作用和现代工业革新的拖动作用这两个方面来介绍材质发展演变的过程。作为艺术发展本身而言，在西方艺术进程中雕塑材质经历了三个阶段。现代主义来临前材质的被次要化，发展演变相对平稳缓慢；现代主义兴起时材质的地位被重新确立凸显，进入到一个突然加速发展的阶段；紧接着的后现代主义使材质的演变更加快速宽泛，并具有了相对独立的艺术性。

新时期红色城市雕塑应用研究

【作者】赵辉　【导师】胡希佳

【作者基本信息】山东工艺美术学院，美术学，2012，硕士

【关键词】红色城市雕塑　创作应用　价值

【摘要】我们正处在一个文化大发展大繁荣的时代。红色城市雕塑作为城市雕塑的重要组成部分，因其深厚的精神沿承与和平向上的语意品质受到越来越多受众的接受与喜爱。它的独特魅力不仅表现在耸立于景区、广场、小区等区位而呈现出的视觉之美，而且其深透的表现力更是通过不同的风格与主题表述着“红色文化”对于我们这个时代或彰显或隐喻的影响与雕琢，尤为重要的是，红色城市雕塑蕴含着中华民族独特的价值观念与思维方式，凝聚着中国人民的想象力与创造力，是促进社会主义社会和谐发展的重要载体与途径，也是推动世界和平发展的不可替代的力量，对促进世界的和平与发展起着巨大的、独特的作用。红色城市雕塑起源于战火纷飞的革命年代，它以特有的表现形式配合着革命斗争及社会主义建设的根本任务，是社会主义运动的产物。红色城市雕塑的产生，不仅仅是艺术家紧紧扼住时代脉搏的表现，更是艺术服务于社会、服务于生活的集中展演。本文所关注的不仅是红色城市雕塑的渊源，更为关切的是这一题材的雕塑作品在新时期再次兴起的时代背景、原因、价值与意义以及新思想、新材质与新技术对红色城市雕塑产生的影响。

中国传统书法艺术“生命精神”在公共艺术“雕塑”创作中的应用价值研究

【作者】钟贺　【导师】李东江

【作者基本信息】东北师范大学，美术学，2011，硕士

【关键词】生命　情感　形式　体现　空间

【摘要】在世界艺术之林里，唯有中国书法艺术才可称得上是独一无二的，它有着中国人对情感、生命、人生、文化、哲学、自然，宇宙的独特理解，呈现出中华民族深邃的艺术心灵世界，它既是中国传统文化精髓的代表，又可以看做是中国光辉灿烂文化的历史缩影，也可以说是中国传统文化沉积千年的活化石。在外国人看来，这是一门神秘而又古老的充满哲学思想的艺术。中国书法艺术所以与众不同，那是因为它所在地域的文化性，民族性与其他地方不同，具有独特的东方韵味。所以不了解中国的历史，传统文化和思维方式，是无法理解中国书法精神内涵的。书法与绘画等其他艺术种类不同，它是由汉字的书写演变成艺术作品的，与汉字有所区分，同时又紧密联系，相辅相成，不可分割，相比较其他同样有着古老文明而又能创造文字的国家却没有一个国家的文字能最终演变成艺术作品的，这是任何一个民族都无法与我们相比的，中国书法可以说是整个人类文化进程中的一枝奇葩，其极高的艺术价值可见一斑。然而更难能可贵的是，随着时代的变迁，中国书法演变出了多种字体，篆、隶、楷、行、草，每一种字体的出现都是随着当时社会文化结构与社会需求产生而变化的。

心法的探索
——基于泥塑心法理论的雕塑创作实践研究

【作者】周海苏　【导师】吕品昌、尚晓风

【作者基本信息】中央美术学院，雕塑，2012，硕士

【关键词】观人如观花　用泥同笔墨　旋转观察　材料性　心法

【摘要】当下，大家可能更热衷于艺术作品背后的故事，或者注重艺术家所表达的思想而非作品本身。笔者在三年间的训练基础上，现以尚晓风先生的《泥塑心法》为本源，探讨泥塑基础教学的训练以及面对材料时的态度。“观人如观花，用泥同笔墨”转变了笔者之前的观察方法，“坨”的运用在头脑中对“形感”有了明确的意识，克服了从二维到三维转变的平面的绘画性因素。放松对局部的着迷，着眼于整体，由松散的局部构建成有力量感的统一。“旋转的观察”增加了许多不确定的因素，并非模糊混沌，而是抛弃了一点观察的弊病，避免了眼睛看到的测量上的差误。最后做艺术的态度还是回归以前艺术大师们的勤勤恳恳，踏踏实实的面对材料时的方式，大量的工作和实践中得到的一点点微不足道的心得。以上因素，使笔者面对自然时的想法（材料或者观摩对象）由起初的“做什么”转变为“怎么做”，也理解了创作过程的艰辛和反复，亦激发了笔者对艺术道路的兴趣和执着。当然，这些只是笔者三年来自己的体会和实践，也是自己专业方向造型基础与雕塑语言的研究所得。

装饰雕塑的材料研究

【作者】张群　【导师】孙泉

【作者基本信息】湖南师范大学，设计艺术学，2012，硕士

【关键词】装饰雕塑　材料　结合

【摘要】材料的质感、色彩、成型方式、表面处理等等方面决定着装饰雕塑艺术审美方式。各式各色的石材、木材、金属材料以及新兴的塑料、陶瓷、纤维、声光、装置材料，具有各自的审美倾向的不同特征。丰富的当下装饰雕塑的材料与工艺，是其作为艺术产物的科学和物质基础，在艺术研究和实际应用中具有重要意义。本论文从装饰雕塑的基本概述，装饰雕塑与材料工艺的关系，装饰雕塑材料与工艺的特征以及材料与工艺的类型和应用四个方面进行分析阐述，力求能对当下装饰雕塑的材料与工艺的研究进行崭新的再认识，从而展现装饰雕塑设计中实际应用的材料与工艺的审美内涵。

雕塑公园景观价值分析与研究

【作者】朱富帅　【导师】蔺宝钢

【作者基本信息】西安建筑科技大学，设计艺术学，2011，硕士

【关键词】雕塑公园　现状　景观价值　分析　雕塑

【摘要】雕塑公园作为艺术的一种形式，在西方已有近百年的历史。随着我国改革开放城市建设发展的不断完善，雕塑公园在中国逐渐发展起来。本文以雕塑公园在国内外发展脉络为线索，通过对中国雕塑公园发展历程以及现状的阐述，力图分析出中国雕塑公园中景观环境与雕塑作品相互作用所产生的价值。特别是文章中雕塑作品置于景观中

的作用部分，是对雕塑公园景观价值分析成果的体现，是本文具有独到见解的创新点。本文利用文献资料、实地考察、分析、归纳、比较等研究方法，试图阐述出中国雕塑公园发展的历程、现状以及景观方面的价值，为日后雕塑公园在中国的发展提供有据可查的文字记述。本文共分五章，第一章为序论部分。第二章为雕塑公园概述；即自雕塑公园出现以来，国外雕塑公园的形成过程、发展脉络，以及国外主要雕塑公园的介绍和分析。第三章以中国雕塑公园为对象，对中国雕塑公园的形成、发展以及现状进行梳理、分析。第四章为中国雕塑公园景观价值分析，通过对中国雕塑公园现状的分析，从而找出雕塑公园景观的价值所在，对它进行分析与研究。第五章通过对中国雕塑公园景观价值的分析，得出雕塑公园景观价值研究对自然环境、雕塑创作、公共审美以及雕塑公园未来发展所起到的深远意义。

新写实主义的变形语言在当代雕塑中的表现

【作者】李金艳　【导师】张鸣

【作者基本信息】广西艺术学院，美术学，2011，硕士

【关键词】新写实主义　变形　当代雕塑　雕塑语言

【摘要】艺术发展到20世纪，各种文化观念交织出现，一个个新的哲学思潮、艺术流派层出不穷，光怪陆离，冲击并挑战人们固有的欣赏习惯。当代雕塑艺术创作受到各种审美观念的影响和冲击，同时也在语言和创作形式上不停地进行着自我审视和重建。各种新的雕塑语言、形式、材料、色彩的应用以及情感的表达都不断涌现。当然，在雕塑艺术语言之外，整个社会的文化背景、大众心理、消费取向以及价值观都打破了原有的模式。大众文化取代了精英文化、多元化替代了一元化，艺术创作的主题化模式被逐渐消解，取而代之的是各种新的雕塑语言形式，这也预示着雕塑艺术的审美思维进一步得以解放，为雕塑艺术语言的完善以及欣赏能力的提高都提出了新的可能。在中国当代，写实人物雕塑处理手法的语言，大致呈现出两种倾向，一是沿袭着西方传入的写实方式来赋予材料以生命，另外是在遵循人体科学的解剖原理的基础上，根据创作的需要而对人物形象作适当的艺术“夸张”与“变形”。写实人物雕塑的变形是为了增加艺术形式的多样化和美感，既要摆脱人物具体形态和结构比例的约束，又不能完全不顾及人体的生理特征，因此，人物的变形夸张，必须在保留和突出性格特征的基础上，按照神态和审美的需要而进行取舍。

长春市城市雕塑对长春市城市建设发展问题的理论研究

【作者】李俊达　【导师】李东江

【作者基本信息】东北师范大学，美术学，2011，硕士

【关键词】人文环境　城市雕塑　雕塑语言

【摘要】通过近几年的学习与理论知识与认识关注长春市城市雕塑的现状与未来发展与城市人文环境之间的发展建设存在一些问题，研究雕塑的发展，与现代城市雕塑是否适合社会环境，研究雕塑的创作如何面对新环境，关注城市雕塑的发展以及长春这样一座城市应该有怎么样的人文环境，是否能适合城市的雕塑主题，深入到长春城市中去发掘不同材料，不同的雕塑种类是否适合环境，适合长春未来城市的发展建设，面对新环境未来城市雕塑如何创新，城市雕塑对经济发展的意义及影响，结合长春城市雕塑的发展状况，历史遗留的积累，结合到国内和国外的城市雕塑的发展，谈谈城市雕塑的意义价值，影响人们生活人文环境和城市雕塑维修问题。

当代城市街景雕塑在环境制约下的创作初探

【作者】赵全霞　【导师】蔺宝钢

【作者基本信息】西安建筑科技大学，设计艺术学，2012，硕士

【关键词】街道　城市雕塑　街景雕塑　公共艺术　环境

【摘要】伴随着当今城市的不断扩张和发展，城市文化建设作为一个重要的组成部分，对城市的发展至关重要。同时街道作为城市中不可忽略的家族成员，它的建设对城市文化发展的推进作用也是不可小觑，与此同时，街景雕塑作为促进城市文化发展中的一员，当然也有着义不容辞的责任，街景雕塑建设必须给予重视。街道的建设，在不断提倡突出建设地方特色，充分展现地域文化、传统文化，为我国丰富的文化遗产的继承和发展探索道路。街景雕塑作品作为街道的“眼睛”和传播文明的载体，应探索丰富多样的表现形式来继承发扬我国优秀的传统文化，为我国的精神文明建设添砖加瓦。本文结合西安典型街景雕塑案例，图文并茂，分析了我国街景雕塑目前的发展现状和存在的问题，并且从理论层面总结出一些切实可行的设计原则和设计方法，为以后的政府管理部门制定决策时提供参考的同时也为艺术创作者提供了一种设计的思路与方法，确保高质量的街景雕塑的产生，促进我国城市文化的发展。

试析公共雕塑在公共空间的和谐构建

【作者】李敏　【导师】曹春生

【作者基本信息】景德镇陶瓷学院，工业设计工程，2011，硕士

【关键词】公共雕塑　公共空间　和谐共建　人文精神

【摘要】都市化进程的必然为公共艺术提供了广阔的天地，作为公共艺术形态的公共雕塑，当适应时代精神和社会进步的变化和发展，强化其公共性、审美性，以人为本，和谐公共空间，美化社会生活。本论文从公共雕塑的公共性原理出发，探求公共艺术的设计、与公共空间的和谐共建，同时还通过对中外公共艺术形式的起源，发展的脉络进行探源、思考，结合中国雕塑艺术及古老文明的传统本源，进而透过西方对自身文化的保护，传承以人为本的公共精神，引导我们以科学的认识为基础，站在更高的层次和水准上对城市文化空间的公共雕塑艺术现状和价值的深深思考，探求构建一条具有中国文化和人文精神的公共雕塑发展之路。谋求一个公共雕塑与空间环境、人文环境和谐交融的理念空间。

浅析具象雕塑的材料

【作者】姜波　【导师】黄兴国

【作者基本信息】河北师范大学，美术学，2011，硕士

【关键词】具象雕塑　新具象雕塑　材料

【摘要】雕塑是人类精神文明的物化表现形式，具象雕塑是雕塑中最具代表性的表现方式，具象雕塑自古以来就一直被人类所不断创新和研究，但在研究的过程中始终伴随着材料的发展，因为雕塑的产生是离不开材料的，材料是雕塑语言产生的母体，是不可分割的。我们的祖先很早就用泥土和石材对生活进行着描摹，从雕塑上可以直接看到活生生的历史印记，具象雕塑伴随着人类文化和技术的发展不断趋于成熟并有了自己独特的语言和表现形式，人类不断探求具象雕塑的技术把自然界中存在的石材和木材铜和泥土演绎得淋漓尽致，活生生地再现了一件件惊世骇俗的传世佳作。但是传统的材料经过了上千年的发展，技术已经走向了顶峰。我们如何探寻新的语言以寻找到更广泛的具象雕塑的发展空间已经成为我们关注的重点。在这里我们要有双向的准备一方面要不断追求探索传统具象雕塑的奥秘，深挖雕塑背后的语言；另一方面要不断尝试新的材料以适应雕塑多元化的当代发展趋势。在探索的过程中新的材料就显得尤为重要，它似乎是新的艺术生命的原始细胞，但要真正的发展成熟变成我们丰富多彩的各类具象雕塑作品，就需要我们艺术家不断地去实践和尝试。

T 陶质雕塑在公共环境中的应用

【作者】杨超　【导师】付强；

【作者基本信息】西安建筑科技大学，设计艺术学，2011，硕士

【关键词】陶艺　公共环境　雕塑　工艺　人文

【摘要】伴随着城市化建设的迅速发展以及人们物质文化水平的日益提高，常规的各种现代化、工业化的公共环境装饰品和材料已经不能满足人们对自我文化身份和精神家园的认同，本课题研究的主要目的就是为探索一项更能提升生活品质的公共艺术形式方法和材质。陶材料制作的艺术品用于公共环境在我国有着悠久的历史和深厚的文化，作为建筑材料和装饰材料陶在我国秦汉时期已经发展的非常成熟，明清建筑对陶砖的装饰应用已经非常普遍，在艺术和技术上已经发展到一个高峰，本有着对历史陶文化艺术的研究和传承的目的和意义，使古老的艺术形式重新回归至我们的生活。陶材料的掌握和运用及工艺技术问题是困扰大多建筑师、园林设计师、艺术家不敢轻易在公共环境中使用陶艺品的很重要的原因，本课题将探索和研究大型陶艺装饰品在应用和制作等方面的现实问题作为探索目标。作为人类进入文明时代的标志之一，陶艺在几千年的人类文明中不乏在公共环境中完美的应用。现代环境陶艺在现代人文精神的指导下，作为一门新的艺术门类于近十年左右在美国和日韩、欧洲兴起，随着西方工业化的兴起陶制品可以以机械大规模生产的方式展示材质魅力。

论西方现代抽象雕塑的创作语言

【作者】孙中华　【导师】周国桢

【作者基本信息】景德镇陶瓷学院，美术学，2011，硕士

【关键词】西方现代抽象雕塑　创作语言　形成因素　艺术流派　形式元素　创作方法

【摘要】西方现代抽象雕塑的出现是20世纪雕塑领域最重要的事件，它以全新的创作观颠覆了西方千百年来形成的写实主义传统，以独特的造型语言丰富和发展了雕塑艺术，使其后雕塑艺术的发展呈现出与之前完全不同的艺术轨迹。西方现代抽象雕塑的造型语言是强调艺术家主观精神的艺术语言，是强调形式元素生命力的艺术语言，同时也是强调艺术表现纯粹性的艺术语言。西方现代抽象雕塑是一种有广阔发展前景和研究深度的艺术形式。本文主要介绍了西方现代抽象雕塑的创作语言特征，文章分为四个部分，第二章概括性介绍了西方现代抽象雕塑的定义和特点；第三章分析西方现代抽象雕塑形成过程中受到的影响因素；第四章分析西方现代抽象雕塑的创作语言特征，着重分析其造型特点和创作方法；第五章分析西方现代抽象雕塑同20世纪各艺术流派之间的关系以及在其中的表现；最后一章结论部分总结了西方现代抽象雕塑在雕塑史上的进步意义。

重塑城市雕塑
——不和谐城雕探究

【作者】刘毅　【导师】苏立群

【作者基本信息】南京艺术学院，美术学，2011，硕士

【关键词】雕塑　环境　文化　和谐

【摘要】本文通过对现阶段我国不和谐城市雕塑的出现，分析我国城市雕塑发展的现状及存在的主要问题，提出城市雕塑如何健康发展的问题。旨在更好地发挥城市雕塑的艺术价值创造优美城市环境，服务社会。

渗透在越窑秘色瓷中的雕塑艺术

【作者】赵雯　【导师】曹春生

【作者基本信息】景德镇陶瓷学院，美术学，2011，硕士

【关键词】越窑青瓷　秘色瓷　雕塑　雕塑技法　釉色

【摘要】越窑是中国古代南方最有影响的一个窑系，是青瓷的故乡，被尊称为“青瓷之母”。她始于东汉晚期，盛于六朝、唐五代和北宋前期，而衰于北宋中后期，其中心产区在浙东的宁绍平原一带。秘色瓷就出产于越窑的兴旺时期，是越窑青瓷的代表作。越窑有三个发展阶段和两次中衰期。三个发展阶段依次为西周春秋战国时期，东汉六朝时期，以及中晚唐五代至北宋初年；两次中衰期分别是秦至西汉和隋至初唐时期。质量上乘的秘色瓷就出产于中晚唐五代至北宋初年，是唐代越窑的创造性成果。因此，在越窑青瓷的发展脉络中，最为出名的当属“秘色瓷”了。它也是越窑青瓷繁荣期的产物，标志着越窑青瓷的最高水准。秘色瓷能拥有如此的繁荣盛世，原因在于其具有优雅的造型和宛如碧玉的釉色。从艺术的角度看，秘色瓷的艺

术性在于雕塑艺术与秘瓷釉色的完美结合。由于其釉色呈现半透明状，能若隐若现地将釉下坯胎上所雕塑的物象形态、面容细节及纹饰清晰地表现出来，使精湛到位的雕塑技法与碧玉通透的釉色完美结合，达到统一的艺术美感。就这一观点，本文采用论述研究的方法，通过搜集大量与本课题相关的资料与图片对此观点加以论述。

中国画中的意象说在当代雕塑中的运用

【作者】潘艳波　【导师】霍守义

【作者基本信息】东北师范大学，美术学，2011，硕士

【关键词】写意精神　灵感　神似　传统

【摘要】中国古代绘画对中国现当代雕塑影响深远，因为东西方文化的差异性，所以它的雕塑绘画都有着自己的民族特色，而人们往往扩大这种差异性，而忽视了他们的共同性，而中国画的意象说在当代雕塑中的运用。正是中国传统绘画和西方雕塑的结合点，它们既有共性，又有自己的民族特色。而这种民族特色和中国五千年的文化是息息相关的，中国出现了很多文人画家。他们对绘画有了一个新领域的追求，文学对绘画起着决定性的作用，也影响着中国当代雕塑的产生和发展。现代雕塑家越来越多的关注传统文化的作用，也都在追求一种不同方式的手法去表现一种意境，把雕塑做品意境达到一种更深的层次。

身体与雕塑

【作者】蔡雅玲　【导师】隋建国

【作者基本信息】中央美术学院，美术学，2011，硕士

【关键词】身体的感知 雕塑的本源 雕塑新观念 新材料

【摘要】传统的雕塑艺术的意义已在社会多媒体高科技发达的今天产生了动摇，雕塑艺术到底和其他艺术门派的区别和优势在哪里？这个问题在我的脑海里一直在思索。导师隋建国在课程中一直强调，作为一个艺术专业工作者，要随时重新思考艺术的本源，从而调整自己的位置和方向，并提出了从身体的感知出发，寻找可能性，建立身体感知的经验积累，围绕身体展开观察记录与实验。这个新鲜的方式是我从未在别的地方看到的，也是我选择《身体与雕塑》作为研究生毕业论文的选题的原因。本文从身体的本体出发，从哲学角度、医学解剖角度和艺术角度分别阐述了身体在这几门学科中的意义。接着进行了绘画艺术和雕塑艺术的本质比较的探索，指出雕塑中最本质的本源应该是从身体的感知出发的艺术。文章的第三部分是分别从时间与身体、空间与身体还有日常生活感受和身体出发，把艺术史中的代表作品进行分类解析。本文试图用新的角度分析探讨当代艺术作品，虽然分类简单粗略，但把雕塑的本源建立在身体感知基础上时，一个新的雕塑史的线索就可以被建立了。而所有建立在身体感知基础上的与雕塑有关的活动，就成为了雕塑新观念的展开，这正是研究的意义所在。这篇论文对于我日后的创作思路的梳理，也有重要的作用。

责任与探寻
——如何为新疆雕塑事业多做贡献

【作者】陈箫　【导师】孙家钵

【作者基本信息】中央美术学院，美术学，2011，硕士

【关键词】雕塑 新疆民俗 写实 写意

【摘要】历史上的新疆是古丝绸之路东西方文化的交会处。雕塑曾经有过辉煌后来由于自然、宗教、文化、人为等原因断线，最后衰败了。新疆的题材奇异、独特。有着丰富的雕塑素材，传统的民俗资源取之不尽用之不竭。然而，随着时代的变迁，古代新疆的一些辉煌成就都湮没在历史的长河中。而随着现今社会的发展，一些特征已经不明显了，所以我们有必要在历史的长河中打捞起沉没的记忆，振兴新疆的雕塑事业是我当下的任务。从事雕塑艺术创作，是一个由量变到质变的过程，只有长期点滴的积累才有望汇成江河，这需要发自本能的自觉，既要多实践还要多思考，也就是所谓的“六艺非练不能得其精，百工非练不能成其巧”，因此要振兴现今新疆雕塑就需要对它的过去有所了解，还要对雕塑的形体语言及表现方式的内在要求做更深一步的研究和探讨。为新疆雕塑事业做贡献并非只是形式上的变化，不是要把新疆雕塑做成土特产，而是要从本质出发，掌握理法。认真地去归纳总结，走入他们的生活，了解他们的感情。

当代中国艺术市场及其互联网经营模式研究

【作者】郭峰　【导师】阮荣春

【作者基本信息】南京艺术学院，美术学，2008，博士

【关键词】当代中国　艺术市场　互联网　经营模式

【摘要】从 1996 年至今，互联网在中国的飞速发展成就了搜狐、新浪、网易、百度、阿里巴巴、当当网等国产互联网企业的神话，也让在工业化进程中落后的国人意识到：互联网经济时代，中国有了领跑的可能。当代中国的社会、经济、文化发展为这种可能给出了肯定的注解，同时，这一注解也为艺术市场的繁荣提供了千载难逢的机会。就在各大门户网站纷纷开设艺术频道、艺术网站如雨后春笋般出现的时候，我们遗憾地发现：国内对当代中国艺术市场的互联网经营模式系统、科学的研究几乎处在空白阶段。笔者通过参与艺术市场实践，以及对当代中国艺术市场的业态呈现进行分析，提出了画廊集群化发展、艺术拍卖可持续发展及艺术博览会窗口化的观点；在此基础上总结、归纳了当代中国艺术市场的经营模式；以雅昌艺术网为例，研究了艺术网站目前的运营方式，对艺术市场的互联网生存进行了可行性分析；通过运营“中国美术家”新媒体平台总结经验，从而建立了当代中国艺术市场的互联网经营模式的一般模型，绘制出当代中国艺术市场实现互联网经营的路线图（即概念—渠道—内容—互动），以此开启当代中国艺术市场的互联网经营模式研究的大门，吸引更多的专家、学者关注这一课题。

人名索引

人名索引

B

78/ 白　明，1965 年 9 月生于江西省余干县，1994 年毕业于中央工艺美术学院。现为清华大学美术学院（原中央工艺美术学院）陶艺系讲师，中国美术家协会会员，中国油画学会会员，中国陶艺网艺术总监。

C

81/ 陈　钢，1963 年生于内蒙古包头市，1982 年参加工作，1985 年考入天津美院雕塑系，1989 年毕业留校任教至今，现任天津美术学院雕塑系主任，中国雕塑学会会员。

164/ 陈　刚，男，1971 年生。1995 年毕业于四川美术学院雕塑系，西南大学美院雕塑系主任，副教授，硕士生导师，中国雕塑学会会员，重庆市美术家协会会员，重庆市画院雕委会副主任，北碚区美术家协会副秘书长，区艺术院秘书长，雕塑院主任。

165/ 陈　辉，1970 年出生，1998 年毕业于中央工艺美术学院雕塑专业，获硕士学位并留校任教，2004 年至 2005 年俄罗斯彼德堡列宾美术学院访问学者，现为清华大学美术学院雕塑系副教授，中国雕塑学会会员，中国工艺美术学会雕塑专业委员会会员，中国美术家协会会员，《学院雕塑》副主编。

82/ 陈　克，1965 年生于河南省三门峡市，1989 年毕业于广州美术学院雕塑系，2001 年至 2002 年就读于中央美术学院雕塑系教师研究生班。现为广州美术学院雕塑系副教授、当代艺术研究室负责人、中国雕塑学会会员、中国工艺美术家协会雕塑学会会员、广东省美术家协会会员、广东省美术家协会雕塑艺委会副秘书长。

26/ 陈连富，1956 年生于黑龙江省，1986 年毕业于鲁迅美术学院雕塑系，获学士学位，现任职于鲁迅美术学院雕塑系，中国雕塑学会会员，英国皇家雕塑协会会员。

229/ 陈金蝉，生于 1987 年，2012 年毕业于汕头大学长江艺术与设计学院艺术系公共艺术专业。

25/ 陈洪辉，1955 年生，1982 年毕业广州美院雕塑系，二级美术师，中国美术家协会会员，中国雕塑学会会员，执全国城雕资格证，广州美术学院雕塑系教师。

83/ 陈文令，1969 年生于福建泉州，1991 年毕业于福建工艺美术学校国画班，1994 年结业于中央美术学院雕塑系，现居北京，自由艺术家。

166/ 陈　玮，2007 年毕业于 UAL- CSM（伦敦艺术大学 - 中央圣马丁艺术与设计学院）。2000 年毕业于上海工艺美术职业学院雕塑系。持有城市雕塑创作设计资格证书，中国工艺美术学会雕塑专业委员会会员，现任上海欧派城市雕塑艺术有限公司设计师，从事城市雕塑设计与项目策划等工作。代表作品：大型城市雕塑——《腾飞》中国昆山航空特色产业园主雕 2010、《南通之星》南通开发区城市主雕 2011 等。

27/ 陈云岗，1956 年生于陕西西安，1982 年毕业于西安美术学院雕塑系，留校任教至今，现任西安美术学院雕塑系主任。中国雕塑学会副会长、中国美术家协会会员、中国美术家协会雕塑艺术委员会委员、全国城市雕塑建设指导委员会艺术委员会委员。

84/ 陈志光，1963 年出生于福建厦门，1988 年毕业于福建师范大学美术系，现工作生活于北京、福建。

163/ 陈长伟，1973 年出生于云南罗平，2000 年 7 月毕业于云南艺术学院美术学院雕塑系 ，现工作、生活于昆明。作品曾获 1999 年云南省美展二等奖。媒体评论他的作品为：雕塑兼有幽默和时尚的特点，揉进了传统文化和民族认同的资源，在传统价值和当代生活之间找到了一个有趣的连接点。

79/ 蔡　沙，1962 年出生于西安，1992 年至 1993 年日本京都造型艺术大学陶艺专业研修，1993 年，西安大学艺术设计系任教，2004 年日本京都造型艺术大学陶艺交流研修，现任西安文理学院艺术设计系陶艺教研室主任，中国陶瓷工业协会会员，陕西油画协会会员。

162/ 蔡志松，1972 年生于沈阳，1997 年毕业于中央美术学院雕塑系，获学士学位。2001 年毕业于中央美术学院雕塑系硕士研究生同等学历班，1998-2008 年任教于中央美术学院雕塑系。现为职业艺术家，多年来参加国内国际重要展览，屡获重要奖项。

228/ 蔡　磊，1983 年 12 月 生于吉林省长春市。现于中央美术学院攻读硕士学位。主要展览：2009 年“千里之行”（中央美术学院美术馆 · 北京），“上海青年美展”（刘海粟美术馆 · 上海 ），“罗中立奖学金”（四川美术学院美术馆 · 重庆），2010 年“楼上的青年”（时代美术馆 · 北京）、（杰克逊维尔当代艺术馆 · 美国）、（路易斯安那州大学美术馆 · 美国）2012 年“五四国际青年艺术节”（悦美术馆 · 北京）。

2/ 曹春生，中央美术学院雕塑系教授、俄罗斯列宾美术学院教授、清华大学美术学院客座教授。全国城市雕塑建设指导委员会委员；全国城市雕塑艺术委员会主任；中国雕塑学会名誉会长；中国美术家协会雕塑艺术委员会副主任；首都城市雕塑艺术委员会委员；北京市人民政府、长春市人民政府专家顾问；获国务院授予国家级有突出贡献艺术家称号，享受国务院特殊津贴。

80/ 曹春生，1960 年出生于景德镇。1982 年毕业于景德镇陶瓷学院美术系雕塑专业。现任该院教授、硕士生导师。中国雕塑家学会会员、中国工艺美术学会雕塑专业委员会会员。江西省美协雕塑艺委会副秘书长、景德镇美协陶瓷艺委会副主任。擅长陶瓷雕塑，兼事瓷绘与现代陶艺。作品多次参加国内外陶艺展并获奖。《美术报》、《中国陶瓷》、《雕塑》、《中国现代陶艺》等杂志，省、市电视台均作专题报导，部分作品在日本、韩国、美国展出并被收藏。

24/ 曹智勇，1959 年生，幼时随父母于重庆支援贵州建设来到册亨县，当过插队知青。1977 年到册亨县文化舘工作，1990 年调入兴义市文化舘工作。1984 年至 1985 年在四川美术学院主修雕塑，三级美术师，贵州省美术家协会会员，贵州雕塑研究会会员，贵州现代民间绘画研究会理事，黔西南州美协副主席。

16/ 崔玉琴，1939 年生于山西洪洞，1965 年毕业于中央美术学院雕塑系。1965 年至 1999 年任职于北京建筑艺术雕塑厂研究室，研究员。国家一级美术师、中国美术家协会会员，中国雕塑学会会员。多年来曾参与国内外多项雕塑任务创作及放大工作，完成社会任务，同时进行自选创作。作品曾多次参加国内外美术展览。在城市雕塑、肖像雕塑等领域均有突出表现，对大型肖像雕塑的创作经验非常丰富。

85/ 崔立忠，1968 年 2 月生于长春市，1990 年毕业于吉林美院雕塑系（学士学位）2007 年毕业于莫斯科苏理科夫美术学院雕塑系（硕士学位，国家公派）从师于俄罗斯著名雕塑家别列雅思拉维茨．卢卡维尼什科夫。现在辽宁师范大学美术学院工作。

167/ 钞子伟、钞子艺，1970 年生于河南南阳，分别毕业于南阳理工学院艺术系、郑州轻工业学院艺术设计系，先后在中央美术学院学习，现居北京，自由艺术家。

D

233/ 董博泉，1983 年生于济南，2006 毕业于清华大学美术学院雕塑系。2006 至今为自由艺术家。作品多次参加国内重要雕塑展览，多件作品被艺术机构及个人收藏。

86/ 董书兵，1968 年生于新疆，1989 年毕业于西安美术学院附中，1993 年毕业于中央工艺美术学院装饰艺术系雕塑专业，获学士学位，2007 年中央美术学院雕塑系毕业获硕士学位，现为清华大学美术学院雕塑系副教授、副系主任。中国雕塑学会会员，中国工艺美术学会雕塑专业委员会会员，获全国城市雕塑建设指导委员会颁发的雕塑创作设计资格证书。

169/ 董明光，1970 年出生于山东青岛，1993 年毕业于山东艺术学院雕塑专业，1993 年至 1996 年山东省环艺雕塑院雕塑艺术师，1996 年至今于山东艺术学院雕塑专业任教，2001 年毕业于中央美院材料雕塑研修班。现为山东艺术学院美术学院雕塑系主任、副教授、中国美术家协会会员、中国工艺美术学会雕塑专业委员会会员、中国雕塑学会会员、全国城雕设计资格证书持有者、首都国庆 60 周年群众游行指挥部专家组成员、山东省雕塑艺术家协会理事。

168/ 邓 柯，1978 年 10 月 6 日出生，2007 年获清华大学美术学院硕士学位，同年就职于北京服装学院造型艺术系。参展、收藏及获奖有：2004 年《乡情 • 岁月印象》于第十届全国美展上获铜奖，并被中国美术馆收藏；2005 年《旋转之梦》参加第六届中国体育美展；2007 年《童年之梦》《消逝系列 1》参加“突围—清华大学美术学院新锐艺术展”，并被中国美术馆收藏；《风中的男子》参加“雕塑与城市对话——迎世博 2007 上海国际雕塑年度展”，被上海城市雕塑中心收藏；2008 年《芭蕉秋雨》《冷月》与 798 艺术中心参与“集——中国当代雕塑家提名展”；《消逝系列 2》参与北京国际双年展；《无言》参与“中国姿态——首届中国雕塑大展”；《童年之梦》参与“曦城——全国高校优秀雕塑毕业展”，并被深圳曦城房产中心收藏等。2009 年作品《风雨同舟》入选第 11 届全国美展。

28/ 邓 乐，1951 年生于四川，1978 年在四川美院雕塑系学习，现任中国美术家协会会员、中国雕塑学会会员、四川雕塑学会副会长，四川当代雕塑研究会创建人之一，国家二级美术师、职业雕塑家。

231/ 丁 浩，1987 年生于山东诸城。2006 年至 2011 年就读于山东艺术学院雕塑系，现为中央美术学院雕塑系硕士研究生。

4/ 杜瑞明，1937 年出生于海南省文昌县，毕业于中央美术学院学院雕塑系。1965 年至 1977 年先后任职于：福州工艺美术研究所、福州工艺美术学校、北京自然博物馆。后移居香港至今。1983 年至 1998 年在徐展堂公司担任“徐氏艺术馆”助理，1987 年作品《凤凰》入选香港当代艺术双年展。作品《母爱》在“庆香港回归”时展出于香港大会堂。作品“奔向彩虹”于奥林匹克运动及艺术比赛国际阶段赛中获优异奖，并于北京 2008 奥林匹克博览会中展出。

232/ 杜 彪，1984 年生于四川内江。2011 年毕业于四川音乐学院成都美术学院。参展经历：2008 年参加“四川音乐学院成都美术学院雕塑系学生作品联展”素描人体，泥塑人体浮雕人物获一等奖，2009 年 入选“2008 年 5•12 汶川大地震美术作品展”作品《尊容》为遇难者雕塑并获得入选证书。2010 年泥塑人体参加四川音乐学院成都美术学院 10 周年校庆展，2011 年 作品《净 2》荣获 2011 全国高校毕业生优秀雕塑作品展铜奖，2011 年参加四川青年雕塑家第一回展“奇点”2011 年，作品《净 1》参加成都美术学院雕塑系举办的“未来 • 以来”展，2011 年参加洛带艺术粮仓 2011 年新锐展。2012 年 作品《净 3》参加洛带艺术粮仓“开仓纳粮”展，2012 年 作品《新生》与《船》参加大荒西经展。

230/ 达尔善，1982 年 生于斯里兰卡。2009 年 中央美术学院雕塑系获学士学位（中国政府奖学金），2012 年 中央美术学院雕塑系获硕士学位（中国国家留学基金管理委员优秀外国留学生奖学金）。主要展览：2011 年“艺术商店展”白盒子艺术馆（北京）“开悟——大同国际雕塑双年展”大同和阳美术馆（大同）“70 周年国际艺术展”临沂大学博物馆（山东）“CHIC——中国国际服装服饰博览会”中国新国际展览中心（北京）“聚变和裂变”约伯格艺术空间画廊（九龙 • 香港）。2012 年“第五届中国北京国际美术双年展”（北京），“第一届中国佛山——国际美术学院雕塑作品展”（广东 • 佛山），“雕塑中国回顾展”雕塑创作艺术研究所（北京），“千里之行——中央美术学院 2012 届毕业生优秀作品展”，中央美术学院美术馆（北京），“2012 届中央美术学院研究生毕业展”（中央美术学院美术馆 • 北京），“第八届龙庆峡国际冰雕雪雕大奖赛”（北京）。2012 年硕士毕业创作获优秀奖（中央美术学院），硕士毕业论文优秀奖（中国美术学院）。第八届龙庆峡国际冰雕雪雕大奖赛 创意奖（北京）。多件作品被中央美院美术馆、大同和阳美术馆、中央美院收藏。

F

29/ 范伟民，1954 年出生，1982 年毕业于中央工艺美术学院（现清华大学美术学院），现为高级工艺美术师，中国《雕塑》杂志社社长、《中国雕塑年鉴》编委会主任，同时担任中国工艺美术学会副理事长兼副秘书长、中国工艺美术学会雕塑专业委员会副主任、全国城市雕塑指导委员会委员、中国艺术铸造委员会艺术顾问、江苏宜兴陶艺学会艺术顾问、北京城市雕塑与环境艺术委员会委员、福建惠安政府顾问、河北曲阳政府顾问、文化部《中外文化交流》杂志编委、美国《世界木雕》杂志特约通讯员、北京精卫文化艺术中心主任、雕塑在线网艺术总监。

234/ 范晓妍，1983 生于山东高密，2008 毕业于中央美术学院雕塑系 获学士学位。现居北京，职业艺术家。2011 年举办个展“我始终相信”，Opera Gallery，（日内瓦 • 瑞士）。2013 举办个展“范晓妍”，Opera Gallery（巴黎 • 法国）。

25/ 符美宁，1986 年生，2011 年毕业广州美术学院雕塑系。

5/ 付新民，1949 年 6 月出生于江西南昌，大专学历，就职于厦门，从事绘画、雕塑等艺术创作四十多年。先后被福州大学工艺美术学院、集美大学艺术教育学院、厦门大学艺术学院聘为客座教授，河南省书画院特聘画家，厦门市海峡画院院长，河南省华侨书画院副院长。多次参加国内、国际当代艺术重要展览，屡有获奖。

30/ 傅绍相，1959 年生人，，山东华艺雕塑艺术有限公司董事长、总经理。高级工艺美术师、山东省工艺美术大师、雕塑家。高级工艺美术师。中国雕塑学会会员、山东省美术家协会会员、山东省雕塑艺术家协会会员、全国城雕委雕塑企业工作委员会副主任、中国工艺美术学会会员、中国雕塑专业委员会会员、中国艺术铸造协会理事、中国金属艺术专业委员会理事。

G

87/ 甘 丹，1963 年生于中国台湾，1982 年任朱铭工作室助理，现工作于中国台湾。

236/ 高 苏，1984 年出生于四川南充，2000 年考入四川美术学院附中，2004 年考入四川美术学院雕塑系，2013 年毕业于四川美术学院研究生院雕塑艺术专业。现常居重庆，建立独立工作室，从事自由艺术创作与委托设计。2008 年作品参加重庆市大学生艺术节展览，获专业组一等奖。2009 年作品入选《罗中立奖学金》，获一等奖。2012 年获得 E-LAND 创作奖，作品由韩国衣恋集团出资收藏。2013 年获《明天——当代雕塑奖》入围奖。

33/ 高 峰，雕塑家，毕业于景德镇陶瓷学院雕塑专业，从事陶瓷雕塑创作工作三十余年。现为景德镇陶瓷艺术研究院艺术室主任、中国工艺美术学会会员、中国雕塑专业委员会会员、江西省美术家协会会员、景德镇第 10 届、第 11 届政协委员、江西省工艺美术系列高级职称评委。

31/ 高 蒙，1959 年出生。1982 年毕业于中央工艺美术学院装饰雕塑专业。1982—1996 年就职于安徽省合肥市城市雕塑领导小组办公室。1999 年毕业于广州美术学院雕塑系，获硕士学位。现为广州美术学院雕塑系副教授。

235/ 葛平伟，四川美术学院雕塑系 硕士研究生在读。2011《青年自助景观社区》第五届中国雕塑网全国雕塑专业作品入选，《印象山水》四川美术学院雕塑系年展入选，《WALL》第 5 届中国雕塑网全国雕塑专业作品入选。2012 年《天·地·人·我》入选四川美术学院第八届研究生年展，《物象·山水》入选中国佛山·国际城市雕塑大赛，《髓变》四川美术学院第九届研究生年展获优秀奖，《气节》获四川美术学院雕塑系年展优秀奖。

32/ 郭心聪，1958 年出生，现居北京宋庄，职业雕塑家。1981 年毕业于潍坊教育学院美术系，1995 年结业于中央美术学院雕塑系。职业雕塑家，中国美术家协会会员，作品多次参加全国性美展并屡有获奖。

170/ 郭继锋，1976 年生于洛阳，2000 年毕业于西安美术学院雕塑系获学士学位，2008 年毕业于中央美术学院雕塑系获硕士学位，2012 年西安美术学院雕塑系博士在读。2008 年任教于西安美术学院任雕塑系公共艺术工作室主任，中国雕塑学会理事，中国艺术研究院中国雕塑院青年雕塑家创作中心雕塑家。

H

35/ 霍波洋，1956 年生于沈阳，1982 年毕业于鲁迅美术学院雕塑系，获学士学位，1988 年毕业于鲁迅美术学院雕塑系，获硕士学位，现鲁迅美术学院雕塑系主任、教授、中国美术家协会雕塑艺术委员会委员、全国城市雕塑艺术委员会委员、中国雕塑学会常务理事、英国皇家雕塑协会会员、辽宁省美术家协会副主席。

88/ 胡学富，中国雕塑学会会员，中国工艺美术学会雕塑专业委员会会员。1993 年毕业于天津美术学院雕塑系。多次参加各种重要展事活动，屡获重要奖项。

90/ 黄 剑，毕业于中央美院雕塑系，中国建设环境艺术专业委员会公共艺术研究部主任，北京清尚环艺建筑设计院公共艺术部主任，美国 ISC 国际雕塑协会会员， 中国工艺美术学会雕塑专业委员会会员。

89/ 黄　胜，1969 年生于江西上饶，1993 年毕业于景德镇陶瓷学院雕塑专业，2003 年毕业于中央美术学院雕塑系研究生班，现为景德镇陶瓷学院教授、雕塑系主任、硕士研究生导师，中国美术家协会会员。

34/ 黄兴国，河北师范大学美术与设计学院副院长、教授、硕士生导师，中国美术家协会会员、中国雕塑学会理事、中国雕塑专业委员会常务委员、河北雕塑艺术委员会主任、河北省画院雕塑院院长。

171/ 黄炳谊，1970 年出生，1993 年毕业于广州美术学院雕塑专业。2003 年考取广州美术学院雕塑系研究生。现在任教于广州美术学院雕塑系，为广东美术家协会会员，中国雕塑学会会员。

7/ 何力平，1949 年生于重庆丰都，1985 年毕业于四川美术学院雕塑系研究班，获硕士学位，现任教于四川美术学院雕塑系，硕士生导师。中国美术家协会会员。

36/ 何镇海，1959 年生于广西柳州。广西艺术学院美术系副教授。1985 年毕业于江西景德镇陶瓷学院美术系雕塑专业。1988 年在中央美术学院雕塑系进修。现为广西艺术学院美术学院教授、硕士研究生导师，中国美术家协会会员、中国雕塑学会会员、中国雕塑专业委员会会员、广西美术家协会理事、广西漓江画派常务理事。

6/ 韩美林，2010 年，韩美林先生受命为杭州将台山创作摩崖石刻宗教文化公园大佛，专程赴日本、尼泊尔、印度体验生活。在尼泊尔，激情迸发，收获颇丰。按照释迦牟尼家乡佛教艺术的风格和形式，韩美林先生和他的助手们用了八个月的时间塑造了这一对含吉祥及佛教内容于一体的大象，它将尼泊尔、印度、东亚及西藏等地域的人文、佛教、人物形象（包括衣饰）等特点融为一体，自然地概括了一部佛教简史，引起了各界的好评。

237/ 韩文华，1980 年出生，2004 年毕业于吉林艺术学院美术系获学士学位，2007 年毕业于中央美术学院雕塑系获硕士学位，现为中国雕塑学会会员、吉林艺术学院教师。多次参加各种重要展事并获奖。

3/ 何　鄂，1937 年生，擅长雕塑。上海金山人。1955 年毕业于西北艺术学院美术系雕塑专业。1994 年创立甘肃何鄂雕塑院。历任甘肃省工艺美术研究所所长、中国美术家协会理事，现任全国城市雕塑艺委会委员、中国雕塑学会常务理事、甘肃省美术家协会副主席、甘肃何鄂雕塑院院长，高级工艺美术师，中国工艺美术大师。代表作有：《黄河母亲》（获全国首届城雕优秀奖）。《绣花女》获（刘开渠雕塑艺术基金奖，中国美术馆收藏）。《艾黎何克与中国孩子》《成吉思汗雕塑群》等。

238/ 侯　雯，1984 年生于湖北，2007 年毕业于成都美术学院雕塑系，获学士学位。

J

37/ 吉胜久，1950 年出生。纸塑艺术家，被誉为“中国纸塑艺术”第一人。中国民间文艺家协会会员、北京民间文艺家协会理事。曾任北京市崇文区区委副书记、区长、人大常委会主任等职，现任北京市东城区文联副主席、东城民间艺术家协会主席。20 世纪 80 年代起利用业余时间从事手工制作，其创意蔬菜造型二十余种曾被中国少年儿童出版社、金盾出版社结集出版发行。《人民日报》、《中国日报》、《光明日报》、《北京日报》、《北京晚报》等报纸和《人民画报》、《文化月刊》、《世界知识画报》等刊物多次撰文载图报道纸塑艺术品。应邀参加冯骥才文学艺术研究院“第 2 届北洋文化节”，作品还多次在人民大会堂、全国政协礼堂、中华世纪坛、中国美术馆、中央美术学院、中华民族艺术珍品馆、首都机场、首都图书馆、北京市文联和吴东魁艺术馆等参加展览。

239/ 蒋　楚，1978 年出生于湖南，2004 年毕业于广州美术学院雕塑系，2004 至今工作于陕西省雕塑院。2011 年《移动的风景》土耳其伊兹密尔国际雕塑创造营（土耳其伊兹密尔），《移动的风景 -2》土耳其卡尔塔尔国际雕塑创作营（土耳其卡尔塔尔），2011 年《仲夏之夜》 加拿大国际雕塑创作营（加拿大卡尔加里）2012 年《夏天》 第二届土耳其奥尔杜国际雕塑创作营（土耳其奥尔杜）。

92/ 蒋铁骊，1966 年 9 月出生于北京。1983 年考入景德镇陶瓷学院美术系雕塑专业。1987 年获学士学位并留校任教。1992 年考取鲁迅美术学院雕塑系硕士研究生。1995 年获硕士学位并分配至上海大学美术学院任教。现任上海大学美术学院雕塑系副教授、上海大学美术学院综合材料工作室主任。

174/ 蒋颜泽，南京艺术学院设计学院副教授、联合国教科文组织国际陶艺协会会员 (IAC member) 颜泽工作室主持。作为雕塑家陶艺家常年活跃于国内外陶艺界，多次参与重要的展事活动。如：2010 年“1001 个杯子”（国际现代陶艺邀请展 • 广东美术馆）2011 年第二届国际陶瓷装饰艺术（釉上、釉下彩）展览（土耳其 • 阿纳多鲁大学美术学院）。2012 第八届中国当代青年陶艺家作品双年展（杭州 • 中国美术学院）等。

91/ 姜　杰，1984 年 7 月毕业于北京市工艺美术学校特种工艺专业，1991 年 7 月自中央美术学院雕塑系毕业后就职于中央美术学院雕塑创作室，1995 年中央美院研究生主要课程班结业。现为中央美院雕塑系副教授。多次参加国内外重要展事活动并多次获得重要奖项。多次举办个展、联展，受到学术界和公众普遍关注。作品被国内及日、美、法、德机构收藏。

39/ 纪连路，生于 1957 年，黑龙江哈尔滨人。1985 年毕业于鲁迅美术学院雕塑系，现为哈尔滨师范大学艺术学院副教授。作品《回声》入选第 8 届全国美展，《梦》入选第 7 届全国美展，《黑土魂》、《青青草》入选第 9 次全国新人新作展，《尼玛》入选建党 70 周年全国美展。

172/ 焦兴涛，1970 年生于四川成都，1996 年毕业于四川美术学院，获硕士学位，现为四川美术学院雕塑系主任。

38/ 景育民，1956 年生于山东蓬莱，1982 年毕业于天津美术学院，1992 年任教于天津美术学院师范系，后转入雕塑系，1994 年入全国城市雕塑高级研修班学习，2001 年入中央美术学院高级研修班学习，现任天津美术学院硕士生导师、教授。近年多次参加国内及国际展事并屡获重要奖项。

173/ 景晓雷，现为中国雕塑院青年雕塑家创作中心成员，2006 年毕业于天津美术学院，获学士学位。主要展览及获奖：2009 年作品《零度空间—进化》参加第 11 届全国美展；2006 年作品《食 · 色—洋快餐》参加中国大学生雕塑毕业生优秀作品展 获佳作奖；2005 年作品《海之子》参加中国台州雕塑大赛获学生组二等奖；作品《记忆的华彩》参加了清华大学百年校庆“水木清华”国际校园雕塑大展。

240/ 贾维克 ，1979 年生于青岛，毕业于清华大学美术学院获硕士学位。作品曾多次留校并发表，作品《凡高》入选清华大学教材，作品曾被中央电视台《新闻 30 分》、中央电视台《东方时空》等多家电视报刊媒体报道。

40/ 贾濯非，1953 年出生于东北辽宁，1968 年下乡务农 (知青)，1973 年第一汽车制造厂工人，1982 年毕业于东北师范大学美术系。1989 年结业于中央美术学院雕塑系教师进修班。现任西安交通大学教授，致力于公共环境艺术创作研究。其环境艺术作品多次获重要奖项。

41/ 蒋志强，福建漳州人。1982 年毕业于江西景德镇陶瓷学院雕塑专业，任教于厦门大学艺术学院。兼职福建省城市科学研究会环境艺术分会副会长、福建省厦门市室内装饰协会评委会副主任、厦门市杏林区城市建设艺术顾问。多次参加国内外重要展览并屡获或重要奖项。

K

93/ 孔武战，1967 年 8 月出生，福建省工艺美术大师、高级工艺美术师，全国城市雕塑创作设计资格持证雕塑家，中国雕塑学会会员、中国工艺美术学会雕塑专业委员会会员，专业从事雕塑艺术的设计、造型研究工作。数次参加“惠安国际雕塑大赛”并三次获等级奖项。

L

102/ 蔺宝钢，1962 年 6 月出生，1985 年毕业于西安美术学院，现为中国美术家协会会员，西安市城雕委专业委员，中国《雕塑》、《当代艺术》杂志编委，陕西省民盟工作艺术委员会副主任。西安建筑科技大学民盟副主委，西安建筑科技大学艺术学院副院长、博士、教授、博士生导师。雕塑学科学术带头人，西安建大城市雕塑研究所所长。

101/ 林 春，1960 年生于永安。1985 年毕业于浙江美院雕塑系，现为厦门大学艺术学院美术系副教授。曾组织参与现代艺术展，其作品和活动已被编入国内外艺术史书，如英国出版的 *THE 20THCENTURY ART BOOK*（二十世纪美术）、《中国当代美术史》、《雄狮美术》及日本、法国、美国艺术杂志。

10/ 林亨云，1930 年出生，福建福州人。现为中国工艺美术大师、亚太手工艺大师、高级工艺美术师、中国寿山石雕刻大师，中国工艺美术研究院文化艺术市场研究中心研究员、福建省寿山石文化艺术研究会高级顾问、曾任福州雕刻总厂研究所副所长。2007 年，林亨云被授予首批国家级非物质文化遗产传承人，享受国务院津贴。石雕《熊》1982 及 1985 年连续二届被评为中国工艺美术百花奖优秀创作奖；《海底世界》1988 年获轻工部中国工艺美术百花奖最高奖“金杯奖”，并被国家列为珍品收藏。作品曾多次赴京参展，受到江泽民、李鹏等国家领导人的亲切接见并合影。曾应邀赴美国、日本、澳大利亚、新加坡、马来西亚、香港、台湾等国家和地区进行艺术交流，其作品受到各地区人民的喜爱。

175/ 林汉强，生于 1972 年，1999 年广州美术学院雕塑系硕士研究生毕业，获文学硕士学位。中央美术学院博士。现任广州美术学院雕塑系讲师。

176/ 李 鹤，1972 年生于辽宁省，1996 年毕业于鲁迅美术学院雕塑系，获学士学位，2001 年毕业于清华大学美术学院，获硕士学位，现在清华大学美术学院雕塑系任教，清华大学美术学院党委学生工作组组长，中国雕塑学会会员。

177/ 李惠东，1971 年 12 月生于沈阳，1997 年 7 月鲁迅美术学院雕塑系研究生毕业，获硕士学位。

180/ 李敬源，1979 生 11 月出生于山西省，现居住在北京，就职于故宫博物院，现职务馆员。1995 年考入中央美院附属中学，1999 年考入中央美院并获一等奖学金，2004 年中美术学院毕业获学士学位。2000 年至 2001 年获学年度奥林匹克运动雕塑比赛三等奖，2002-2003 年大人体《行走》获学年度在校生成绩展一等奖，2011 年作品《傅抱石》参加南昌中国雕塑艺术节江西名人雕塑园雕塑作品大赛荣获铜奖。

45/ 李金仙，福州大学厦门工艺美术学院雕塑系副教授、硕士导师，中国雕塑学会会员、中国当代女雕塑家，2006 年度被中国收藏家协会评为中国收藏家喜爱的雕塑艺术大师 2007 年雕塑作品参加第 10 届北京国际艺术博览会，作品被国内外收藏家收藏。雕塑作品《花韵 .6》《花韵 .5》《花韵 .3》《花韵 .9》北京历博拍卖公司拍卖成交，雕塑作品参加韩中雕刻交流展。. 雕塑作品《龟之戏 .2》入选 Une Œuvre de Faience 第 5 届国际雕塑大赛，在法国不列塔尼省立博物馆展出并被收藏家收藏。2008 年雕塑作品《花韵系列》参加北京 798 漆千年艺术中心“原点重构、当代漆艺 6 人展”。

98/ 李 迅，1969 年 9 月生于新疆乌鲁木齐市，先后毕业于天津美术学院，获学士学位（1995 年）；俄罗斯国立苏里科夫美术学院，获硕士学位（2004）。现为天津美术学院雕塑系教师、讲师。中国美术家协会天津分会会员、中国雕塑学会会员、中国工艺美术学会雕塑专业委员会会员。

179/ 李继飞，1979 年 出生于辽宁抚顺，2000 至 2005 年就读于鲁迅美术学院雕塑系获学士学位。2005 至 2008 年就读于俄罗斯列宾美术学院雕塑系格里沃依教授（俄罗斯艺术科学院院士）工作室，获专家称号，取得硕士学历。在读期间，作为优秀留学生代表，被圣彼得堡总领事馆推荐，回国参加“海外留学生观看奥运会”活动。现为中国艺术研究院中国雕塑美术师，中国雕塑院青年创作中心青年雕塑家，俄罗斯美术家协会会员，城市雕塑创作设计资格证书持有者，全国城雕委艺委会办公室副主任。

47/ 李先海，1955 年出生，现为自由艺术家。2007 年参加泛雕塑艺术展，2007 年参加中国木雕大赛获金奖，2008 年作品《小川戏》参加第 9 届全国美展，获优秀奖，2008 年参加北京奥运景观城市雕塑巡展。2009 年《四川老茶馆》被中国美术馆收藏。2010 年《四川老腊肉》•《走街口》入选庆上海世博会第十届南京路展，已被上海雕塑艺术馆收藏。2010 年《苦旅共甘泉》获四川省美术创作“一等奖”，获中国第 11 届全国美展银奖（金奖空缺），已被中国美术馆收藏。2012 年《股市风云》获四川工艺美术大师精品展金奖，2012 年《茶 馆》获四川省工艺美术大师精品展银奖。

178/ 李道柳，1973 年出生于海南，曾任 TOM 美术同盟主编，现为大般若艺术基金会首席画师、北京香山美术馆副馆长。

96/ 李象群，1961 年生于哈尔滨市，1982 毕业于鲁迅美术学院并留校任教，1990 毕业于鲁迅美术学院雕塑系研究生，获硕士学位。1990~2000 年中央美术学院雕塑研究所任职，现任清华大学美术学院雕塑系教授，院学术委员会委员。北京市人民代表大会代表，中国美术家协会会员，中国雕塑家学会常务理事，0 工场艺术中心艺术总监。

181/ 李秋地，1973 年出生于济南。1998 年毕业于中央美术学院雕塑系，获学士学位，2011 年毕业于中央美术学院雕塑系并获硕士学位。现执教于山东艺术学院美术学院雕塑系。山东美术家协会会员，山东省雕塑艺术家协会理事。

95/ 李铁军，1962 年生于黑龙江省大庆市，1982 年毕业于鲁迅美术学院全显光先生版画工作室，1990 年旅居南美洲玻利维亚共和国，1995 年旅居巴塞罗那并在西班牙马得里艺术学院学习。1999 年回国，现生活工作北京，曾任环铁时代美术馆馆长及北京当代艺术馆执行馆长。

184/ 李 遂，生于 1978 年。2003 年毕业于鲁迅美术学院雕塑系获学士学位，2004 年参加中央美术学院俄罗斯解剖与绘画高研班，2005 年毕业于鲁迅美术学院雕塑系研究生课程进修班。现任鲁迅美术学院雕塑系教师。

185/ 李　卫，1979 出生，2004 年毕业于广州美术学院雕塑专业，2009 年毕业于上海大学美术学院具象雕塑专业。中级环艺师，持有《城市雕塑创作设计资格证书》。中国雕塑学会会员，中国工艺美术学会雕塑专业委员会会员。现任上海欧派雕塑设计总监，作品《梦》入选 2001 年“新北京、新奥运雕塑展”并获公共艺术奖，并被国家体育博物馆永久收藏。2003 年《老当益壮》入选“广东省五届体育美展”。2004 年《生命》入选“广东省九届美展”和“纪念建党 55 周年展”。《成长路》入选指尖巴黎艺术展佳作。

182/ 李世伟，1978 年 12 月 出于内蒙古包头市。1997 年 -2001 年清华大学美术学院（原中央工艺美术学院）雕塑系，学士。2002 年 -2005 年中央美术学院雕塑系，硕士，师从著名雕塑家钱绍武先生。近年参加各种艺术展览，作品受到学术界关注。

46/ 李如全，1955 年生于四川成都。1989 年毕业于中央美术学院全国雕塑研究班。全国工艺美术学会雕塑专业委员会会员，四川成都雕塑家协会会员 1984 年，“黛玉葬花”“岳母刺字”等工艺品荣获第三届全国工艺美术百花展金奖、银奖。1993 年参加乐山东方佛都大型石窟雕塑工作，完成 170 米睡佛，龙门石窟雕刻 20 米麦积山石窟 15 米等大型石窟雕塑。作品《棋逢对手》等被四川高交展会馆收藏。在三十年的雕塑工作中为各地完成不同材质的大中型城市雕塑 30 余座。

183/ 李烜峰，1974 年出生，2000 年毕业于鲁迅美术学院雕塑系，2008 年毕业于南京大学美术研究院，获硕士学位。现为东北师范大学美术学院雕塑系副主任，中国美术家学会会员、中国雕塑学会会员，中国工艺美术学会雕塑专业委员会会员、吉林美术家学会会员。近年多次参加重要展览活动，2011 年，《晏殊•晏几道》参加南昌•中国雕塑艺术节，获政府奖。

97/ 李学斌，山东人。1993 年毕业于景德镇陶瓷学院雕塑专业。1999 年结业于中央美术学院雕塑系研究生课程班，2003 年国家公费赴俄罗斯国立师范大学攻读雕塑硕士学位，学习进修于列宾美院。2006 年获俄罗斯雕塑硕士学位。作品多次参展获奖并收藏。现任教于合肥工业大学建筑与艺术学院副院长、硕士研究生导师，中国雕塑学会理事、中国美术家协会会员。中国工艺美术协会雕塑艺术委员会委员。

242/ 李　伟，2010 年毕业于鲁迅美术学院雕塑系，获文学硕士学位。2010 年至今，任教于大连工业大学艺术设计学院雕塑系。

44/ 刘炳南，1954 年生于湖北孝感，毕业于湖北美术学院雕塑专业，进修于广州美术学院城市雕塑专业；曾工作于湖北甲级城市规划研究院环境艺术研究室，高级工程师，1992 年毕业于广州美术学院雕塑研究生班，现为广州市楚汉园林雕塑有限公司法人代表、全国城市雕塑资格雕塑家、中国雕塑专业委员会常委、中国雕塑家学会会员。

103/ 刘春尧，1972 年出生于重庆，1991 年毕业于四川美院附中，1996 年毕业于四川美院雕塑系，文学学士，2008 年毕业于西南交通大学，文学硕士。1996 年至今任教于西南交通大学，副教授，生活工作于成都。

243/ 刘国栋，2005 年 9 月至 2009 年 6 月，于景德镇陶瓷学院雕塑系读取学士学位；2010 年 9 月于汕头大学长江艺术与设计学院读取硕士学位。

108/ 刘国柱，毕业于上海大学美术学院雕塑系；于福建崇武半岛独立实践、研究和创作石雕作品五年；于上海创建“布楚艺术创作室”；华东师范大学艺术学院客座教师；创办 36.8 ℃艺术助学——聋、哑、盲、残人义务教学班。

104/ 刘若望，1977 年生于陕西佳县，2005 年毕业于中央美术学院助教研究生课程班，现为职业艺术家。多次参加各种艺术展事活动，举办个人展览，受到学术界艺术界普遍关注。

187/ 刘　洋，1972 年生，学历：双学士（食品工程、工商管理）。任中国雕塑专业委员会副秘书长，中国雕塑学会会员，班夫国际山地电影节全球巡展中国站执行委员会委员，中国宋庆龄基金会虹基金顾问委员会委员，国家二级足球裁判，网易专栏作家。

105/ 刘艺杰，1960 年生，祖籍山东阳谷，1982 年毕业于西安美术学院雕塑系。1994 年赴美国进行现代艺术及艺术教育考察。当代著名雕塑家、画家、现代艺术策划及景观设计家、中华人民共和国外专局特邀专家，西北农林科技大学艺术系教授。曾被授予“优异艺术人才证书”，被编入《中国当代艺术名人录》、《中国现代美术家大辞典》。曾任西安美术学院雕塑艺术中心主任，西安大唐芙蓉园艺术总监，美国 SOUTHPAW INTIONAL DESIGN DORP 公司总设计师，曾受聘于纽约市斯坦顿岛植物园东方园林艺术顾问。设计并制作大型铜浮雕《从历史走向未来》，永久陈列于中国北京人民大会堂陕西厅。

246/ 刘　恺，2008 年毕业于中央美术学院雕塑专业，获学士学位。在校期间获两次二等奖学金，一次三等奖学金。三次参加优秀生习作展。2013 年中央美术学院雕塑系，获硕士学位。2004 年 北京 CBD 青年艺术家作品联展。2010 年《我们这群人》研究生雕塑作品展 2010 年《感受身体》联展。

247/ 刘　松，2004 年毕业于鲁迅美术学院雕塑系获学士学位，2008 年毕业于南京大学美术研究院，获硕士学位，2009 年毕业于中国艺术研究院获博士学位。全国城市雕塑建设指导委员会艺术委员会学术部副主任、中国青年雕塑家创作中心副秘书长、中国美术家协会会员、中国雕塑学会会员，现任职于对外经济贸易大学文化艺术教学部。
近年参加多项重要展览，屡获各种奖项。主要有：2010 年 雕塑作品《虎贲中郎将 - 何汤》首届中国南昌名人雕塑作品展获金奖、2011 年 雕塑作品《母爱的怀抱》 滑田友 - 东方母爱主题雕塑大赛获铜奖（全国城市雕塑建设指导委员会）、2012 年荣获“ 中国青年艺术家提名奖 ”（中国艺术研究院）

9/ 刘政德，1931 年出生于湖北天门。1947 年入武昌艺专学习，1950 年毕业于中南文艺学院。1953 年广州美术学院雕塑系任教。1963 年毕业于中央美术学院雕塑研究生班。1964 年，广州美术学院雕塑系主任。湖北美术学院教授、研究生导师。全国城市雕塑艺术委员会委员，中国雕塑学会常务理事。1985 年，作品《黄鹤归来》获全国工艺美术百花奖创作设计一等奖。1987 年，湖北省授予“工艺美术大师”称号。同年获国务院政府特殊津贴。1990 年，东湖寓言雕塑公园的八座雕塑作品获湖北省文艺最高奖“屈原文艺奖”。2011 年，刘政德教授三十年前的设计作品《大江截流》终于屹立于葛洲坝纪念广场。

244/ 刘　雯，1985 年生于上海，2004 年毕业于上海华山美校普美班，同年考入中国美术学院综合艺术系。2006 年就读于中国美术学院雕塑系，2010 年保送中国美术学院雕塑系第五工作室研究生。

186/ 刘海峰，1973 年出生福建，2002 年景德镇陶瓷学院美术系雕塑专业研究生毕业，景德镇陶瓷学院陶瓷美术学院雕塑系副教授，硕士研究生导师，中国雕塑学会会员，中国工艺美术学会雕塑专业委员会会员，江西省美术家协会会员，景德镇美术家协会会员。

242/ 刘知音，2008 年毕业于鲁迅美术学院服装系，获文学硕士学位。

43/ 雷宜锌，享受国务院政府特殊津贴专家，全国城市雕塑艺术委员会委员，湖南省文学艺术界联合会副主席，湖南省美术家协会副主席，湖南省雕塑院院长，国家一级美术师，湖南省政协委员。其作品《马丁·路德·金》雕塑，从全世界 52 个国家 2000 多位雕塑家的 900 多个方案中脱颖而出，被马丁·路德·金基金会选定，担任美国华盛顿国家广场项目马丁·路德·金纪念园雕像总设计。2011 年 10 月 16 日，美国总统奥巴马在数十万的民众见证下为雕像揭幕，同时接见雷宜锌并邀请其作客白宫参加庆功酒宴。2011 年 9 月 7 日，诺贝尔和平奖获得者、美国前总统吉米·卡特为雷宜锌的另一作品——陈纳德将军雕像揭幕。获 2011 年中国艺术年度人物。

42/ 黎日晃，1954 生于香港。1977 香港葛量洪教育学院美术设计科毕业，1984 香港理工学院太古设计学院立体创作延伸课程结业，1998 建立个人雕塑工作室于中国广州，2002 获广州美术学院文学硕士学位，2006 获暨南大学历史学博士学位。现任广州美术学院外聘副教授及硕士研究生导师、澳门理工学院艺术高等学校访问学者、香港艺术馆荣誉顾问。

94/ 冷杉（夏水涛），1966 年生于江苏启东，1989 年毕业于南通大学美术学院，1991 年入中央美院学习；1992 年入韩美林工作室，1993 年开始从事公共空间雕塑的设计制作；现为江苏省建筑与壁画协会理事，江苏美协会员，着力研究现代城市雕塑设计与制作。作品发表在《美术》《美术观察》《版画世界》等期刊。

241/ 卢远良，汕头大学长江艺术与设计学院 艺术系。

99/ 梁 好，1960 年生于北京。1985 年毕业于中央美术学院雕塑系，工作于城建部雕塑壁画工作室。1989 年在美国密执安州克兰布鲁克艺术学院学习雕塑并获得奖学金，完成硕士学位。毕业之后，作为自由艺术家，于底特律、芝加哥、佛罗里达、新泽西、纽约、德国、柏林、北京等各地举办展览。2007 至今在中央美术学院雕塑系任客座教授。

100/ 梁长胜，1967 年出生于北京。职业艺术家，作品被海内外博物馆及个人收藏，并在海内外多种报纸杂志刊载发表。并有个人画集由人民美术出版社及湖南美术出版社出版。

245/ 柳 青，1982 年生于湖南省湘潭市，2001 年毕业于中央美院附中，2006 年毕业于中央美术学院雕塑系，获学士学位，2006 年进入中央美术学院雕塑系攻读硕士学位。2007 年参加第 3 届宋庄艺术节“人 · 社会 · 自然”雕塑邀请展，2007 年作品《母亲》参加全国建军八十周年美展，获三等奖，2008 年参加首届中国雕塑大展，获中国雕塑艺术大奖，2008 年作品《外公外婆》参加中央美院第 6 届学院之光优秀作品提名展，获提名奖。

106/ 罗小平，1960 年 7 月出生，1987 年毕业于景德镇陶瓷学院雕塑专业，获学士学位，曾任教于上海同济大学、美国亚利桑那州菲尼克斯梅萨公共学院，现任教中国美术学院上海设计学院。

188/ 罗子丹，1971 年生。1995 年参加中国美术馆“成都油画展”；1996 年在成都市春熙路实施了《一半白领. 一半农民》，引发了市民的积极参与；2000 年“成都首届十大新锐人物”候选人；2002 年首届广州美术三年展；2004 年作为现场最大的家具参加了上海“中国制造——嘉业. 中国当代艺术家观念家具展”；2009 年北京饭店金色大厅“建国 60 周年当代艺术成果展”；2012 年第四届广州三年展。

107/ 吕品昌，1962 年 10 月出生于江西。1978 年至 1982 年在景德镇陶瓷学院雕塑系，获得学士学位。1982 年至 1983 年在中国美术学院雕塑系学习，1985 年至 1988 年在景德镇陶瓷学院雕塑系，获得硕士学位。现任中央美术学院雕塑系主任，教授，硕士生导师，中央美术学院雕塑系第四导师工作室主任、 陶艺工作室主持人。中国美术家协会雕塑艺委会秘书长，中国雕塑学会常务理事，副秘书长，建设部全国城市雕塑指导委员会副秘书长，国务院“政府特殊津贴”专家。

8/ 龙德辉，1932 出生，别名龙炳灵，四川达县人。擅长雕塑。1955 年毕业于西南美术专科学校雕塑系，留校任教。四川美术学院雕塑系教授，曾任雕塑系主任。中国美术家协会会员，中国美术家协会四川分会理事，中国雕塑壁画艺术总公司艺术委员会委员，四川省城市雕塑艺术委员会委员 。作品《叶挺将军像》、《江竹筠烈士像》，入选全国城市雕塑设计方案展；《春、夏、秋、冬》（合作）、《 3.31 惨案》入选首届全国城市雕塑作品展，《春、夏、秋、冬》获优秀奖；《龙凤呈祥》入选第 2 届全国城市雕塑艺术展；《邱少云烈士》、《毛主席像》、《方腊》为中国历史博物馆收藏；《觉醒》、《水库建设者》为中国美术馆收藏。出版有《觉醒——龙德辉的雕塑作品》。

M

189/ 马天羽，1998 年毕业于中央工艺美术学院雕塑专业，获学士学位。2003 年毕业于清华大学美术学院雕塑系，获硕士学位，曾获平山郁夫奖、美术学院雕塑系教学奖励基金创作奖、光华奖一等奖。2003 年至今任教于北京服装学院造型艺术系，讲师。中国雕塑学会会员，中国工艺美术协会雕塑专业委员会委员。多次参加国际、国内重要展事活动，多次获重要奖项。近年主要有：2004 年参加北京大山子艺术节 3818 艺术家作品联展 2006 年参加"中国北京奥林匹克公园城市雕塑设计方案"展，佳作奖。参加中国民协"对话传统"全国雕塑邀请展，一等奖、2007 年参加"上海国际雕塑年度展"、"2008 奥运景观雕塑方案征集"展，银奖。2009 年《思翔者》入围第 11 届全国美展。

110/ 马 辉，1968 年生于西安，1984 年考入西安美院附中，1988 年考入西安美院雕塑系，1993 年毕业获学士学位并入陕西省雕塑院工作至今。中国美协会员、中国雕塑学会会员、中国工艺美协会员，国家三级美术师，持有中国城市雕塑资格证。2001 年《祥》入选全国第十五次新人新作展，2001 年《山娃》入选"西部西部 · 中国雕塑巡回展"，2002 年《四季屏风》获中国太湖雕塑艺术大奖赛二等奖，2003 年入选"中国生态环保雕塑艺术展"，2003 年入选"蓝色空间艺术作品展"，《唐之韵》入选"首届中国壁画艺术大展"，2003 年《契》入选"2003 中国福州国际雕塑邀请展"，2003 年《胜利之歌》延安颂全国美展获二等奖，2001 年《破晓》延安颂全国美展获二等奖，2009 年《初涉》入选第 11 届全国美展，2010 年参加中国《雕塑》杂志提名展。

190/ 马 强，1970 年 4 月生于陕西省宝鸡市，1990 年考入西安美术学院院雕塑系，1995 年毕业获学士学位并分配至西安白杨化工总厂工作，1998 年入西安美术学院院雕塑系工作，2001 年调入陕西省雕塑院工作至今并客座西安美院雕塑系讲师。国家三级美术师。任中国雕塑学会会员，中国工艺美术学会会员，中国城市雕塑资格证持有者。

248/ 马文甲，1982 年出生于沈阳。中国雕塑院青年雕塑家创作中心雕塑家。任 798 艺术区 0 艺术馆策展人及学术部负责人，中国雕塑学会会员，北京大学视觉艺术研究中心《中国当代艺术年鉴》中国雕塑年度报告负责人。

111/ 马长利，1965 年生于北京。1994 年毕业于中央美术学院雕塑专业并获得学士学位。后任教于中国传媒大学戏剧影视学院戏剧影视美术设计专业。2006 年，国家公派俄罗斯列宾美术学院访学学者，后转入俄罗斯国立师范大学攻读研究生课程。2009 年，毕业于俄罗斯国立师范大学造型艺术系雕塑专业并获得硕士学位。

主要参展经历：1999 年，作品：《无忧岁月》入选第九届全国美术作品展览 / 雕塑展览。2009 年 7 月，参加圣彼得堡美术家协会主办的庆祝中俄建交 60 周年中俄艺术家联展。2009 年，作品《父与子》入选第 11 届全国美术作品展览 / 雕塑展览。

48/ 闵一鸣，1957 年生于西安。毕业于西安美术学院，现生活工作于厦门、北京，职业艺术家。举办参与：2008 年《当代艺术文献》展北京，2008 年韩国 EM 画廊北京，2008 年中国瑞士《艺术互动展》北京瑞士，2008 年《爱拼才会赢》北京，2009 年《798 to 厦门》当代艺术厦门美术馆，2009 年《雕塑年鉴》展北京，2010 年中国集美首届当代艺术展，2010 年中国厦门 · 集美荷兰首届艺术展等。

250/ 门雅旭，2003 年毕业于鲁迅美术学院附属中学，2008 年毕业于鲁迅美术学院雕塑系获学士学位，2011 年毕业于上海大学美术学院雕塑系，获硕士学位。近年参赛作品：2011 年 参加第 6 届上海美术大展（上海美术馆），参加"2011 年曾竹韶雕塑艺术奖学金"

大同市市政府收藏作品，参加中国姿态——第 2 届中国雕塑大展，荣获青年新锐奖并收藏作品，参加第 7 届上海青年美术大展刘海粟美术馆荣获三等奖，参加首届“卓达杯”中国雕塑创意大赛荣获特等奖。2012 年 中国 • 芜湖第 2 届刘开渠奖国际雕塑大展 获优秀方案奖（中国 • 芜湖），上海艺术博览会——青年艺术家推荐展（中国 • 上海）。

109/ 孟德武，中国美术家协会分会员，中国雕塑学会会员，曾先后就读于中国美术学院雕塑系、清华大学美术学院雕塑研修班。作品被中国体育博物馆、长春雕塑艺术馆、墙美术馆等诸多机构收藏。

249/ 孟 昊，1983 年生于青岛，10 岁开始接受严谨的美术训练，14 岁尝试艺术创作。2003 年毕业于中央美院附中，2008 年毕业于中央美院雕塑系。主要展览：2007 年三件作品展览于德国柏林艺术中心，2008 年联展“寓言”于 798 龙艺榜，2010 年个展“鹿角寓言”展于“莫兰迪的抽屉”，2010 年两人联展“生如夏花”，于画廊“莫兰迪的抽屉”，2010 年联展“中外当代艺术连线——东、西”，于“798”“中方角”，2011 年联展“梦之触角”，于画廊“莫兰迪的抽屉。”

49/ 孟昭典，1975 年毕业于西安美术学院雕塑系。一级美术师、中国美术家协会会员、中国雕塑学会会员、中国工艺美术学会雕塑委员会会员、全国城市雕塑设计资格证持有者、陕西美术家协会会员。1977 年参加毛主席纪念堂室外组雕的放大制作。1984 年调入陕西省雕塑院至今。从事雕塑专业创作研究工作，担任院创作研究部主任。创作的雕塑作品多次入选国家级，省级美展并多次获奖。代表作品有《对手》《虎仔》《高原狂飙》《赵一曼》《长安画魂一石鲁》《风韵》《望》《我欲乘风归去》《琵琶行》《山水依依》《不到长城非好汉》《关中风情扯面》《丑小鸭》等。发表论文多篇。

O

251/ 欧 鸣，1983 年出生于湖北，2008 年毕业于四川音乐学院成都美术学院雕塑系，同年留校任教。2010 年开始攻读中央美术学院雕塑系硕士学位。

252/ 欧阳苏龙，1987 年出生于湖南郴州，2006 年进入中央美术学院基础部学习，2007 年进入中央美院雕塑系。2009 参加 “中央美院在校生优秀作品展”获三等奖，2010 年参加 “大学生年度提名展”（北京今日美术馆）。作品 “光照在 上” 参加 “中央美院在校生优秀作品展” 获一等奖。

P

191/ 潘 松，1972 年出生于安徽。1993 年考入中央工艺美术学院装饰雕塑本科，1998 年考入清华大学美术学院雕塑系（原中央工艺美院）攻读雕塑硕士学位。现任教于北京服装学院造型艺术系装饰雕塑专业，副教授，中国雕塑学会理事，中国雕塑学会艺术创作部部长，中国北京 2008 国际雕塑特别邀请展作品监制小组委员，中国美术家协会会员，北京市美术家协会会员。2007 年参加“雕塑与城市的对话——2007 上海国际年度雕塑展”，2007 年参加“北京奥林匹克艺术之梦”——2007 北京国际城市雕塑艺术展，2008 年参加“中国姿态”——首届中国雕塑大展。

Q

116/ 戚 彧，1969 年生于厦门。1991 年毕业于中央工艺美术学院（现清华大学美术学院）装潢设计系，现为集美大学美术学院视觉设计系主任、北京香山美术馆馆长，创作、生活于北京、厦门两地。

52/ 钱步辉，1956 年出生，现为中国雕塑学会会员，中国工艺美术学会雕塑专业委员会会员，安徽省城市雕塑评审委员会评委。2007 年作品《花鼓女系列 -1》入选第 8 届深圳“汉玉杯”国际石刻大奖赛并获二等奖，2008 年作品《影子系列——蹴鞠》入选 2008 北京奥林匹克公园，2008 年作品《花鼓女系列 -3》参加探索 · 创新——中国中青年雕塑家作品邀请展。

11/ 钱绍武，1928 年出生于江苏无锡，雕塑家，画家，书法家，长期从事美术教育和美术理论工作，曾任国家教育委员会委员和北京市人民政府专业顾问，中央美术学院教授，数学委员会常设小组成员，中国工艺美术学会雕塑专业委员会名誉会长，中国城市雕塑全国艺术委员会常委，中国美术家协会雕塑委员会委员。

114/ 钱瑞泽，1964 年生于北京；钱绍武之子；1984 年考入中央美术学院雕塑系，持建设部颁发的城市雕塑资格证。

112/ 乔　迁，1968 年生于江苏省徐州市，毕业于清华大学美术学院，博士。中国民主建国会会员，北方工业大学艺术学院副教授，全国城市雕艺委会委员，中国工艺美术学会雕塑专业委员会副秘书长，青铜文化专家。作品曾入选国内外多次大展，并举办多次个展。作品被国内外艺术机构和个人广泛收藏。

113/ 乔旭明，1961 年生于太原。山西省油画雕塑院院长。山西省艺术研究创作中心研究员。

254/ 齐佳铭，1982 年生于辽宁锦州。2002 年毕业于沈阳鲁迅美术学院附中，2007 年毕业于中央美术学院雕塑系，学士学位。2011 年执教于中央美术学院附中。

51/ 秦　璞，1956 年 11 月 15 日生，山东省济南人。1982 年毕业于江西景德镇陶瓷学院美术系雕塑专业。现为中央美术学院雕塑系公共艺术工作室主任教授、硕士生导师、中国城乡住房部建设环境艺术艺术专业委员会常务理事、中国观赏石协会科学顾问、首都规划建设咨询专家组织专家、中国美术家协会陶瓷艺术委员会委员、原任中央美术学院雕塑艺术创作研究所副所长、中国工艺美术协会雕塑专业委员会副会长、北京市人民政府顾问团第八届环境艺术顾问。

115/ 秦　风，1961 年出生于中国新疆。1996 年受德国柏林市政府邀请任艺术大使，曾任教于柏林艺术大学。2006 年创建北京当代艺术馆。现任教于中央美院研究生导师，哈佛大学亚洲中心当代艺术研究员。

194/ 屈　金，青岛科技大学讲师，2011 年毕业于清华大学美术学院 ，艺术硕士。2012 年至今英国桑德兰大学玻璃艺术中心访问学者。

255/ 屈炳昊，2001 年毕业于西安美术学附中，2005 年毕业于西安美术学院雕塑系，获学士学位，2011 年至 2012 年赴法国留学考察。现为西安美术学院建筑环境艺术系任教讲师，中国雕塑协会会员，中国当代艺术协会会员，陕西省室内装饰学会会员。持有全国城市雕塑资格证和中国科学院计算技术研究所颁发的“景观设计师”证书。参与多项公共艺术项目：近年主要为地铁 2 号线景观墙设计与制作、陕西大荔县东府广场名人像设计及制作、西安草滩三小主题雕塑设计及制作、陕北绥德狮魂广场主雕塑的设计及制作地铁 1 号线景观墙设计与制作等。

192/ 屈　峰，1978 年出生。2002 年毕业于中央美术学院雕塑系获学士学位，2002 年毕业于中央美术学院雕塑系获硕士学位，2011 年毕业于中国艺术研究院获博士学位。现任故宫博物院馆员，中国艺术研究院中国雕塑院青年创作中心副秘书长。作品《十字街头》参加第十一届全国美展并被中国美术馆收藏；作品《迷雾》参加《天工开悟》展并被收藏。作品《小女人》系列木雕和陶瓷作品四件参加硕士毕业展，中央美术学院美术馆收藏。

193/ 阙　远，2000 年就读与鲁迅美术学院雕塑系，中国雕塑院特聘艺术家，中国雕塑院发展部主任，中韩雕刻协会副会长，福建省东方画院厦门分院秘书长，中国雕塑院青年雕塑家创作中心成员，中国雕塑学会理事，中国雕塑学会福建省创作中心主任。近年参与的展事活动主要有：2011 年“并行 • 突围”首届福建省青年艺术家群落展；2012 年厦门共生共存心时代——你好网际当代艺术馆回顾展，2012 年古韵今声—福州大学厦门工艺美术学院漆画、漆艺作品展，2012 年厦门第五届 • 融合与共生——中韩艺术交流展，2012 年首届苏州 • 金鸡湖双年展—中国当代青年雕塑展；2012 年中华艺术宫开馆大展“锦绣中华——行进中的新世纪中国美术。

124/ 覃继刚，1997 年 3 月毕业于日本爱知艺术大学研究生院，获雕塑艺术硕士学位。1998 年 8 月归国。现为广西艺术学院美术学院雕塑系副主任，副教授。2004 年 8 月 石雕《海的女儿》入选第 3 届（惠安）中国国际雕刻艺术展。2004 年 9 月 作品《记忆 • MEMORY》入选第 10 届全国美术作品展。2005 年 9 月 石雕《和谐—相生》获第 3 届中国曲阳国际雕刻艺术展三等奖。2009 年 10 月作品《那山 • 那水 • 那人》获“第 11 届全国美展”提名奖。

R

196/ 任俊华，生于 1978 年。1998 毕业于中央美院附中，2005 毕业于清华大学美术学院雕塑系。2004 年作品木雕《红靴子》《等待艾利》参加清华大学美术学院“工美杯”作品大赛。2010 参加北京 798 艺术节之青年艺术家推荐展。2011 年作品入选第 4 届全国青年美术作品展。

50/ 任世民，1950 年生于兰州，祖籍山东。中央美术学院壁画系教授。1981 年中央工艺美术学院装饰雕塑金属工艺专业研究生毕业。1986 年德国柏林艺术大学社会文化学专业研究生毕业。1990 年获得法国 DAAD 奖学金。现任教于中央美术学院壁画系。工艺材料教研室副主任、德国艺术家协会会员、中国工艺美术协会会员。中国建筑学会壁画艺术专业委员会，委员、北京工艺美术学会，常务理事、中国壁画学会，常务理事、中国金属艺术学会，副会长、常务理事，德国艺术家协会会员等。担任课程：浮雕、素描、TDP 设计、公共环境艺术设计、立体构成、雕塑等。代表作品：1998 年《呐喊》、《我以我血荐轩辕》北京鲁迅博物馆（汉白玉浮雕）。1986 年《炬》江南大学，主体铜质雕塑。1988 年《和平与希望》中国康复中心，主体不锈钢浮雕。1985 年《希望之门》秦皇岛海港码头雕塑。1990 年《基》杭州。1993 年《她在这》文件录像片。1994 年《东、西柏林》文件录像片。1991 ～ 1996 年先后在德国和法国的柏林、巴博斯伯格、汉诺威、纽伦堡、里蒙日等地举办个展和联展。

197/ 任艳明，1974 年 8 月 8 日生于辽宁铁岭。2000 年毕业于鲁迅美术学院雕塑系获学士学位，2008 年毕业于南京大学美术研究院，获硕士学位。现工作于南京大学美术研究院雕塑创作室主任。中国青年雕塑家创作中心特聘雕塑家。

256/ 任　哲，1983 年生于北京，毕业于清华大学美术学院雕塑系获学士学位，现为中国雕塑学会会员。2007 年参加“韩国青州国际双年展”，2007 年参加“雕塑与城市的对话”——上海国际雕塑年度展，2008 年参加“2008 北京 798 艺术节”，2008 年参加“互动时代”——中国雕塑学会艺术交流中心开幕展。2009 年作品《气吞山河》入选第十一届全国美展获优秀奖。

195/ 冉光号，1978年7月出生于贵州印江。2001年毕业于贵州大学艺术学院雕塑专业；中国工艺美术协会雕塑专业委员会会员；持城市雕塑设计创作资格征书。现任上海欧派城市雕塑艺术总监，作品《童年记忆》获2005年上海南京路第六届雕塑邀请展优秀奖。《缘•公车上》获2006年中国东盟青年艺术品创作大赛佳作奖。《和弦》获北京“和谐之美”2007年全国城市雕塑大赛创作佳作奖。《回家》获淮阴中华母爱园“母爱”雕塑展优秀作品。大型城市雕塑作品：《鲁班经》、《锁钥仙机》鲁班故乡——山东滕州等。

253/ 冉净密，1986年出生于重庆，2007年考入四川音乐学院成都美术学院雕塑系，2012年毕业获学士学位。现任教与四川艺术职业学院雕塑班，成都市雕塑协会会员。
2009年作品《尊容》入选《为5.12地震遇难者塑像雕塑展》，2012年6月作品《竹 曰》系列参加全校毕业作品展获《侔正杰奖学金2012年度》一等奖（成都美术学院），《竹 曰》系列四参加《西南地区高校毕业作品展》（成都），《竹 曰》系列 参加《2012全国高校毕业生优秀雕塑作品展》获铜奖（北京•国粹苑），《竹 曰》系列参加全国巡回展，《竹 曰》系列参加“曾竹邵奖学金展”获提名奖（山西•大同）。作品被中国雕塑博物馆及其私人收藏。

S

119/ 孙　伟，1962年生于北京，1989年毕业于中央美术学院雕塑系，获学士学位，1995年结业于中央美术学院在职研究生班，1998年至1999年西班牙马德里大学美术学院访问学者。现任中央美术学院雕塑艺术创作研究所所长、中国工艺美术学会雕塑专业委员会主任、中国中央美术学院教授、中国雕塑学会常务理事、 中国美术家协会雕塑艺术委员会委员、中国艺术职业教育学会常务理事及常务副秘书长、教育部全国文化艺术职业教育教学指导委员会委员。

12/ 孙家彬，1941年生于哈尔滨，1966年毕业于鲁迅美术学院雕塑系。1984年至1998年历任鲁美雕塑系副主任、主任。现为鲁迅美术学院教授，院学术委员会委员，硕士研究生导师，中国美术家协会会员，中国雕塑学会会员，辽宁省城市雕塑指导委员会委员，沈阳市城市雕塑领导小组成员，辽宁省建筑学会艺术顾问，沈阳市政协委员。创作成就斐然，作品多次在全国及省市美展获奖，多次参加国际艺术交流，部分作品立于国外或被收藏。

199/ 孙龙本，1970年出生，1995年毕业于山东工艺美术学院环艺系雕塑专业，获学士学位，1995年分配临沂师范学院美术学院工作，1998年至1999年就读于中央美术学院雕塑系助教进修班，2006年毕业于俄罗斯圣彼得堡列宾美术学院雕塑系，获硕士学位，2006年于俄罗斯国立穆西娜工艺美术学院，攻读雕塑学博士学位，现为中国工艺美术学会雕塑专业委员会会员，俄罗斯美术家协会艺术理论委员会会员，持全国城市雕塑管理委员会颁发的城市雕塑设计创作资格证书。

55/ 石　村，1955年出生，1975年毕业于西安美术学院雕塑系，1987年毕业于西安美术学院，获硕士学位并留校任教，现任西安美术学院雕塑教授、硕士生导师，中国美术家协会会员，中国雕塑学会会员，中国雕塑专业委员会副主任。

53/ 佘国富，福州大学厦门工艺美术学院副院长、副教授。中国工艺美术雕塑专业委员会委员 中国工艺美术学会木雕专业委员会委员，福建木雕专业委员会副主任，福建美术家协会会员，厦门美术家协会常务理事。

117/ 尚晓风，1961年生于北京，1985年毕业于中国中央美术学院雕塑系，获文学学士学位，1994年获墨尔本大学维多利亚艺术学院硕士学位，现为中央美术学院雕塑系教授。2007年作品展览于中央美术学院通道画廊。

120/ 沈允庆，1989 年毕业于四川美术学院雕塑专业，就职于四川雕塑艺术院至今。国家一级美术师，中国美术家协会会员，中国雕塑学会会员，中国工艺美术学会雕塑专业委员会委员，四川省雕塑协会理事。2001 年至 2010 年参加各种国际雕塑大展及雕塑创作营活动二十余次。作品收藏于北京、上海、福建、河北、成都、重庆、深圳、香港等。

118/ 单 增，1990 年毕业于中国美院（浙美）油画系学习，获学士学位，1991 年至 1993 年就读于卡塞尔大学美术学院，1993 年至 1996 年柏林艺术大学艺术语境学研究所学习获硕士学位，1996 年至 2002 年，柏林艺术大学艺术教育学研究。2001 年至 2006 年，中国美术学院油画系客座教师，2002 年至 2003 年，柏林艺术大学中国美院夏季学院专职教师，2003-2012 中国美术学院雕塑系副教授。现为中国美术学院雕塑系教授。

54/ 师进滇，1952 年出生，现生活工作于北京。2007 年“花园中的中国”师进滇个人作品展在法国艾克斯展览，2008 年“艺术新加坡 2008” 在新加坡展览，2008 年“夏季收藏展” 在美国芝加哥安德鲁画廊展览。2010 “虚 • 实”师进滇个展 Contemporary by Angela Li 画廊、“师进滇——雕塑与绘画”千高原艺术空间（成都）

56/ 施力仁，1955 年生于台湾彰化县，从事文化事业 30 年，本着推动中华文化、促进世界艺术交流的宗旨，凭着对艺术的热爱，一直为艺术的推广努力工作，是文艺界的资深艺术经纪人及艺术家，荣获第 7 届文建会文馨金奖殊荣。

198/ 史贤君，男，1979 年 10 月出生于安徽省金寨县，现居合肥。2003 年 6 月毕业于安徽巢湖学院艺术系。2012 年 7 月毕业于由中国《雕塑》杂志与中国工艺美术学会雕塑专业委员会举办的全国第 2 届抽象雕塑高级研究生进修班。中国工艺美术学会雕塑专业委员会会员，安徽省美术家协会会员，安徽省城市雕塑院专职雕塑家。

257/ 宿志鹏，1981 年生于山东潍坊。现任中科院建筑设计研究院公共艺术中心主任，中国工艺美术学会雕塑专业委员会副秘书长、中国建设文化艺术协会环境艺术专业委员会常务理事，中国雕塑学会会员。2000 年进入中央美术学院雕塑系学习，师从孙伟、段海康等先生。2005 年毕业并获学士学位。毕业作品《上古神祭》获优秀毕业生二等奖，并被中央美术学院美术馆收藏。2009 年中央美术学院雕塑专业研究生毕业，获硕士学位。

258/ 宋晓梅，1987 年生于山东，2009 年毕业于天津美术学院学士学位，2012 年于天津美术学院获硕士学位，2012 年 6 月参加天津美术学院研究生毕业展并获奖，2012 年 7 月入选第 7 届全国优秀大学生雕塑作品展，2012 年 9 月作品《释然》系列入选曾竹绍雕塑艺术奖学金大展，2012 年 11 月作品《游离——沉、浮系列》第 3 届全国大学生艺术展。

259/ 邵磊磊，男，1982 年出生于江苏省邳州市。2001 年考入南京师范大学美术学院，主攻雕塑方向。2005 年以优异成绩被保送为本校装饰艺术专业研究生，师从李向伟教授，研习壁画、装饰雕塑方向。现任教于无锡工艺职业技术学院环境艺术系，教学之余，坚持雕塑创作。

T

14/ 唐大禧，1936 年生于汕头澄海，国家一级美术师。历任广州雕塑院院长、名誉院长。现任中国美术家协会会员、中国雕塑学会理事、全国城市雕塑艺术委员会委员、广东省美术家协会副主席、广州市文化联合会委员副主席、广州市美术家协会主席。代表作有《海的女儿》、《创造太阳》、《群山欢笑》、《猛士》张志新烈士、《壮丽诗篇》、抗非典护士《叶欣》，临摹雕塑《思想者》、汕头机场雕塑《凤》等。

122/ 唐 尧，中国雕塑学会理事，学术部副部长，《中国雕塑》副主编。策展人、批评家。近年主要参展:《华》入选水木清华•国际校园雕塑大展(中国北京)清华大学永久收藏《日神剧场》入选第 1 届刘开渠奖 • 芜湖国际雕塑展（中国芜湖）《塔》入选第 2 届中国姿态 • 中国雕塑大展（中国温州、上海），《藏》参加台湾“雕刻五七五展”（中国台湾），《中间的盒子》参加中德文化年：无形之形——中国当代艺术展（德国），《塔》参加中国国家画院艺术 • 经典展 (中国宋庄上上国际美术馆)《藏》、《衡》参加首届中国当代抽象雕塑展 (中国西安)。

123/ 唐 勇，1969 年生于四川省南江县，1996 年毕业于四川美术学院雕塑系，现任四川美术学院雕塑系教师。

13/ 田世信，1941 年生于北京，1964 年毕业于北京艺术学院美术系预科及本科，学习绘画及雕塑，1964 年大学毕业分配至贵州省清镇县一中任教，1978 年调至贵州艺术专科学校任教，后调任中央美术学院。2000 年任中国美术家协会雕塑艺术委员会副主任。作为重要艺术家，多次参加国内外重要展事活动屡获重要奖项。2010 年参加“《雕塑》杂志十五周年特邀艺术家提名展”，获“金手指奖”（北京），2010 在上海术馆举办“田世信雕塑艺术展”（上海）。

57/ 田跃民，1958 出生，祖籍河南，山东聊城人，职业雕塑家。1978 年，考入山东曲阜师范大学，后追随著名雕塑大师刘开渠、潘鹤学习雕塑。1986 年，任职于中国国家博物馆研究员，1990 年，进修于中央美术学院雕塑系；现为山东省雕塑家协会副主席，中国城乡青少年健康基金会雕塑艺术顾问。多座雕塑作品立于北京展览馆、北京电影制片厂、中国石油大学等处。其雕塑马的风格势不可挡，威风八面，气势宏大，深得收藏家们的热爱和收藏。代表作主要有：《李岚清像》《波尔像》《孔子论语系列》雕塑等。

200/ 谭 勋，1974 年生于河北保定，1993 年毕业于河北工艺美术学校，1997 年毕业于天津美术学院雕塑系并留校任教，2000 年毕业于中央美术学院雕塑系研究生学历班，2001 年结业于中央美术学院高级雕塑材料研修班。现任天津美术学院雕塑系副主任、中国雕塑学会会员、中国工艺美术学会雕塑专业委员会会员。

121/ 谭 正，1966 年出生，副教授，1991 年毕业于四川美术学院雕塑系，现任西南民族大学绘画系副主任、副教授、雕塑专业硕士生导师、四川美术家协会会员、四川省雕塑学会副秘书长。主要艺术活动：2006 年，雕塑《搏》获得北京奥林匹克公园城市雕塑设计方案优秀奖。雕塑《圣火》《争分夺秒》获得北京奥林匹克公园城市雕塑设计方案入围奖。2007 年《刮沙》当代艺术展成都齐盛艺术馆。《我雕 · 故我在》首届中国职业雕塑家联展成都非物质文化遗产公园艺术馆。《我雕 · 故我在》四川雕塑家作品年度展成都虎标行艺术馆。2008 年创作大型纪念雕塑《绝不放弃》，捐赠于武警成都指挥学院。作品《锦绣河山》《大爱无疆》参加第 3 届全国青年美术作品展。作品《大爱无疆》参加《礼赞生命—中国 5.12 大地震抗灾主题雕塑展》。雕塑作品《蚊子系列》参加中国姿态：首届中国雕塑大展。2010 年参加“庆世博”——上海第 10 届南京路雕塑邀请展四川雕塑艺术展。

W

206/ 温 洋，1973 年出生，1998 年毕业于鲁迅美术学院雕塑系，2002 年从师于齐康院士获得建筑学硕士学位，现为大连理工大学建筑与艺术学院副教授、院长助理、艺术系副主任。主要研究方向为城市雕塑及公共艺术。出版专著《公共雕塑》《建筑风景钢笔手绘表现技法》等 4 部，相继完成国家、省市项目 20 余项，主要有西藏和平解放纪念碑雕塑、安徽凤阳大包干纪念馆雕塑、中国奥运第一人刘长春等雕塑作品。

133/ 温朝勃，1989 年毕业于北京工艺美术学校，1996 年毕业于中央美术学院雕塑系。2007 年参加首届“中国职业雕塑家联展”（成都）、“物界”——雕塑首展（娑罗花馆 • 北京）2008 年“物界—2”雕塑展（娑罗花馆，北京）、未来天空——中国当代青年艺术家提名展（今日美术馆 • 北京），2012 年《坐观山水》入选中国刘开渠国际雕塑大展，《悄悄话》入选中国国际铜雕艺术展，椅子系列《坐观山水》《悄悄话》入选“理想国当代艺术联展”（马奈艺术空间）。

58/ 王黎明，1982 年毕业于浙江美术学院雕塑系，同年到山东艺术学院任教。现为中国美术家协会会员，中国雕塑学会会员，山东艺术学院美术学院雕塑系主任、教授。作品多次发表于《美术》《雕塑》《20 世纪中国城市雕塑》《中国城市雕塑 50 年》等专业刊物和诸多大型画集。

128/ 王 伟，1968 年 10 月生于北京，1989 年毕业于中央美术学院附中，1994 年毕业于中央美术学院雕塑系后留校任教，1996 年毕业于中央美术学院研究生班，2007 年考取中央美术学院博士研究生。现为中央美术学院雕塑系第一工作室主任，副教授。

201/ 王 琪，1977 年生于山东。中国雕塑学会会员，1994 年至 1999 年，在中央美术学院雕塑系读大学本科，获学士学位，1999 年至 2002 年在中央美术学院雕塑系读硕士研究生，获硕士学位。2002 年至今在北京电影学院美术系任教。多次参加国内外重要展览，近年主要有: 2011 年《自我画像》女性艺术家联展（中央美术学院美术馆）；《我信——中国当代艺术展》（宋庄美术馆）《无恒之在》（群展 • 中华世纪坛当代艺术馆）2012 年《时尚之巅 -- 首届当代女性艺术邀请展》798 悦美术馆。

126/ 王 皞，1968 年生，毕业于空军工程大学和中国书画大学，致力于探寻传统文化在当代背景下的象数视觉表现和符号价值意义，现生活工作北京。

260/ 王朝勇，男，1986 年 8 月生于山东莘县，2012 年 7 月毕业于中央美术学院雕塑系；2011 年 12 月参加中央美院本科生年度优秀作品展获一等奖；2012 年 5 月参加本科生毕业作品展获一等奖；2012 年 7 月获依恋奖学金 -- 毕业创作优秀奖；2012 年 9 月参加“曾竹韶雕塑艺术奖学金”2012 年度获奖及入围作品展获曾竹韶奖。

261/ 王大朋，1983 年 生于河北。本科 2004—2009 年中央美术学院雕塑系第二工作室师从陈科、张伟、周思旻；硕士 2010--2013 中央美术学院雕塑系第六工作室师从张伟。2007 年 喻高策划“自拔”青年艺术家联展（创意正阳），2011 年 “看上去很美”王大朋雕塑个展（中央美术学院 • 通道画廊）

262/ 王立伟，1983 年生于黑龙江。2009 年毕业于鲁迅美术学院雕塑系获学士学位，2012 年毕业于天津美术学院雕塑系，获硕士学位。现任南开大学滨海学院艺术系教师。获 2012 年度“曾竹韶雕塑艺术奖学金”曾竹韶奖。2012 天津美术学院第一届学院奖，“中国姿态” • 第二届中国雕塑大展中国雕塑青年新锐奖。

263/ 王瑞琳，1985 年生于辽宁鞍山。2005 年考入中央美术学院。 2012 年，系列作品《马•戏》参加群展“景不徒”系列作品《马•戏》参加“空眸”中国雕塑实力 22 人展，系列作品《马•戏》于香港会展中心参加展览“表述”。

127/ 王胜利（笔名：亦马），1960 年出生于吉林省东辽县，1977 年梨树师范学校美术专业学生，1979 年梨树师范学校教师，1981 年鲁迅美术学院国画系学生，1985 年吉林文史出版社美术编辑，1998 年中央美术学院版画系研修班，2001 年成立一丹陶艺工作室。2008 年吉林艺术学院 CAC 工作站教师，吉林大学艺术学院、吉林艺术学院设计学院、黑龙江大学艺术学院客座教授。2001 年陶艺装置作品《划过》参加长春当代艺术年度邀请展——“桥”，2009 年，琉璃作品《冰灯》获长春首届工艺美术作品展金奖。2011 年 8 月，应邀参加第 3 届中国长春世界雕塑大会——国际陶艺作品邀请展。2011 月，陶艺作品《瑞雪听泉》参加 2011 年第 6 届中国当代陶瓷艺术展并获优秀奖。2012 年 7 月陶艺作品《山静烟沉 I》参加第 2 届长春国际陶艺作品邀请展，9 月，陶艺作品《湖石 – 4》在 2012“博山杯”中国陶瓷琉璃艺术大赛评选中获得银奖，11 月 1 日，陶艺作品《山静烟沉 II》等参加上海艺博会时空 • 视野——国际陶艺作品展，11 月 7 日，陶艺作品《细沙逐风》获 2012 年当代陶瓷艺术展（竞赛展）银奖，12 月 5 日，陶艺作品《云峰秀叠》参加首届中国当代陶瓷艺术大展。

60/ 王少军，1959 年生于天津，1982 年毕业于中央美术学院雕塑系学习，获学士学位。1982 年至 1998 年在河北画院从事专业雕塑创作。1998 年至今在中央美术学院雕塑系任教，现为中央美术学院教授、硕士研究生导师、雕塑系副主任，全国城市雕塑建设指导委员会艺术委员会委员，中国雕塑学会常务理事、副秘书长，北京市美术家协会雕塑艺术委员会委员。2007 年参加“我雕故我在”——2007 成都首届中国职业雕塑家作品联展，2008 年参加“转型 · 建构”——2008 首届广东雕塑大展，2010 年中国国粹雕塑成就展暨《雕塑》杂志年度提名展。

266/ 王文烨，女，1982 年出生于河北，现生活于重庆，2003 考入河北师范大学雕塑系，2007 年毕业获学士学位，同年 7 月底到河北美院雕塑系任教 2011 年至今四川美院雕塑系研究生在读。近年参展及获奖情况：2007 年作品《这年流行的靴子》获得石家庄美术协会第三届优秀作品奖，2008 年作品入编《河北画报》，2011 雕塑系学生作品年展，2012 年《头像系列》四川美院第八届研究生作品展获优秀奖（重庆美术馆），2011 年《我们的肖像系列》入选雕塑系学生作品年展，2011 年作品《我们的肖像系列》选入中国人民解放军后勤工程学院第二届研究生学术文化节之青年艺术家邀请展，2012 年《表情 1 号》入选四川美院第九届研究生作品展。

61/ 王小蕙，1954 年出生于上海，1971 年就职于上海工艺美术厂学习海派木雕艺术，1976 年就学于中央工艺美术学院特艺系，1999 年就学于中央工艺美术学院绘画研究生班，现任教于清华大学美术学院雕塑系，中国雕塑学会会员，中国工艺美术学会雕塑专业委员会会员。

202/ 王向荣，1970 年出生于中国雕艺之都——福建崇武，成长于民间雕刻艺术世家，1986 年随父在惠安洛阳石雕厂学习石雕工艺、绘图设计等，沿着民族民间的艺术方向走。1993 年随父返乡创办了“崇利达石刻品有限公司”，2000 年创办了“鼎立石业雕刻有限公司”，任总经理及艺术总监，深入研究古建榫卯结构、继承民间传统石雕艺术，关注现代思想和流派，并不断地学习与探索，多次参加国内外学术交流展及国际雕刻大赛并多次获奖。现为中国雕塑学会会员、中国工艺美术学会雕塑专业委员会会员、福建省工艺美术大师、高级工艺美术师。

131/ 王　中，1963 年生于北京，1988 年毕业于中央美术学院雕塑系，现为中央美术学院城市设计学院副院长、城市形象设计学部主任、副教授，硕士研究生导师，北京市人民政府专家顾问团顾问，中国雕塑学会常务理事、副秘书长，全国城市雕塑艺术委员会委员。

125/ 王　曜，毕业于中央美术学院雕塑系。师从雕塑大师钱绍武、曹春生、司徒兆光、孙家钵等。现执教于华东师范大学设计学院。是国内目前活跃于公共艺术创作的重要艺术家。创作有多件地标性城市雕塑作品。作品多次入选国家级、省部级美术大展。

130/ 王志刚，1961 年生于兰州市，1982 年毕业于西安美术学院雕塑系，现为西安美术学院教授、雕塑系副主任，中国美术家协会会员，中国雕塑学会会员。

129/ 王轶琼，1961 年出生于江苏，1990 年毕业于中央美术学院版画系，现定居北京。

多次参加全国美展并获奖，作品被国内外重要机构收藏。

277/ 王一竹，2007年考入四川美术学院，在校期间参加过多次展览，其中2009年获得院年展优秀奖，2010年获得雕塑系年展优秀奖，2011年获得雕塑系年展“年度奖”，2012年获得雕塑系年展优秀奖，2012年并获得四川美术学院“优秀毕业生”学院奖。2012年参加“曾竹韶奖学金”，并获得曾竹韶提名奖。2012年参加“首届中国抽象雕塑展”。

132/ 魏 华，1963年生于湖南张家界，1989年毕业于广州美术学院雕塑系，现任职广州美术学院。2007年参加广东首届陶艺大展，广州美院大学城美术馆；泛雕塑艺术展，上海世贸大厦，2008年参加三国演义·中日韩现代陶艺新世代交流展，2008年参加亚洲当代艺术展。2010年参加中国国粹雕塑成就展暨《雕塑》杂志年度提名展。作品曾多次发表于美术杂志，并多为海外收藏家所喜爱。

137/ 魏小杰，1989年西安美院雕塑系毕业，2000年西安美院雕塑系研究生毕业。现为郑州大学美术系教授、硕士生导师、系副主任、西安美院在读博士。中国美术家协会会员、中国雕塑学会会员、中国工艺美术学会雕塑委员会常务委员、河南省高等学校艺术教育教学指导委员会委员、河南省教育界书画家协会副主席、河南省美术家协会雕塑艺委会副主任兼秘书长、河南省美术家协会教育艺委会副主任、河南省工业设计协会副会长。主要从事城市景观雕塑、中国传统雕塑的研究。多次参加重要展事活动并屡获重要奖项。作品立于国内多地、部分被诸多机构收藏。

264/ 魏杨博文，2010年毕业于西安美术学院雕塑系陈云岗工作室并获得学士学位，2011年考入广西艺术学院雕塑第一工作室攻读硕士学位。2007年荣获金秋美术大赛一等奖，2009年作品《纯爷们》参加全国第11届美展，作品并被长春世界雕塑公园收藏。2010年雕塑作品被 《雕塑》杂志发表于第四期，同年，作品《春天在这里》中外雕塑毕业大学生作品网展，作品《人间正道是沧桑》或得学院毕业展三等奖，《春天在这里》入围今日美术馆2010提名展 2010获得法国柯默洛伯爵奖学金荣誉奖（法国）。

205/ 魏兆辉，男，1968年2月出生于新疆阿克苏市，1990年9月至1995年7月，就读于西安美术学院雕塑系。2006年至2009年，就读于西安交通大学人文学院艺术系，师从著名雕塑家贾濯非先生学习雕塑，获文学硕士学位。长期从事城市环境雕塑工作，近期主要作品有：2010年，设计制作的城市雕塑《佛法东传》荣获全国“城市雕塑青年创造优秀奖”，2011年，与贾濯非等合作设计制作的西安市汉城湖公园组雕，荣获“2011年度全国优秀城市雕塑建设项目”年度大奖。

265/ 文 豪，2010年毕业于四川音乐学院成都美术学院，其作品《幻相》获2010全国高校毕业生优秀雕塑作品展学术奖。

203/ 吴 彤，2001年毕业于鲁迅美术学院雕塑系，现任鲁迅美术学院雕塑系讲师，硕士学位。主要展览2001《幸福的窒息》获全国十大美术院校优秀作品展金奖。2002《幸福的窒息》获辽宁省美展一等奖；《幸福的窒息》获《纪念毛泽东同志在延安文艺座谈会上的讲话发表六十周年美术大展》金奖。2003《如果有一天我们在天堂相遇》鲁迅美术学院作品展。2004《家》入选第10届全国美展；《新衣裳》参加“泰、中、韩”三国交流展（泰国）；《家》获辽宁省美展一等奖；《新衣裳》参加“泰韩中”三国雕塑交流展。2005《汗》参加“韩中美泰”四国雕塑交流展（韩国）。2006《圣雄甘地》坐落于西班牙及奈斯美术馆；《家》参加“中美泰韩”四国雕塑交流展（中国）；《超越》获“中国北京奥林匹克公园城市雕塑设计方案”优秀奖。2007《幸福的窒息》入选中国北京合而不同美术作品展；《长征马》入选第2届北方雕塑展。2008《国韵－生旦净丑》获第1届中国雕塑大展－中国雕塑大奖；《国韵－生旦净丑》中国第3届青年美术展优秀奖；《超越》第29届奥林匹克运动会自行车赛区景观雕塑。2009《易筋经》参加“美中韩”三国雕塑交流展（美国）。

135/ 吴省奇，1962 年出生于澳门。毕业于澳门理工学院艺术高等学校，获学士学位。毕业于广州美术学院雕塑系硕士研究生毕业，获硕士学位。现为澳门雕塑学会会长、澳门视觉艺术协会副理事长、澳门美术协会永久会员。作品曾获第 10 届及 11 届“全国美展”(2004、2009) 优秀奖，“澳门视觉艺术年展”(2005、2006) 十佳优秀作品奖。作品入选有第 2 届及第 3 届“北京国际美术双年展”(2005、2008)，“和而不同”中国当代雕塑提名展”(2007)，首届广东雕塑大展 (2008)，首届中国当代抽象雕塑展，2008 至 2012 连续五届入选“台湾国际木雕竞赛”等。

136/ 吴为山，1962 年生于江苏东台市，现为中国艺术研究院美术研究所所长，中国雕塑院院长，全国城雕委艺术委员会主任，南京大学美术研究院院长、教授。美术学、设计学、宗教学三方向博士生导师。香港中文大学名誉院士，韩国仁济大学名誉哲学博士，英国皇家雕塑家协会成员 (FRBS)，中国美术家协会理事，第十一届全国美术作品展总评委。

134/ 吴尧辉，1964 年 11 月 2 日，出生于浙江省乐清市，艺名木石，英文名：Milo，高级工艺美术师、浙江省工艺美术大师。现为中国工艺美术协会木雕专业委员会副秘书长、浙江省民间美术家协会副主席、浙江省创意设计协会副秘书长、浙江省工艺美术行业协会常务理事、温州市民间文艺家协会副主席。

204/ 吴明声，21974 年生于中国台湾花莲。毕业于中国台湾亚东工专工业设计科系，曾为台东大学驻校艺术家，活跃于国际石雕创作营领域。

59/ 吴雅琳，1956 年出生于广东省汕头市，1993 年任广州美术学院雕塑系教授，现为硕士生导师。中国雕塑家学会会员，全国城市雕塑资格证获得者。

X

207/ 夏 航，1978 年生于辽宁沈阳，2002 年毕业于鲁迅美术学院雕塑系，获学士学位。2009 年毕业于中央美术学院雕塑系，获硕士学位。近年个展：2008 年“请勿触摸”：夏航雕塑（新时代画廊 • 北京）。2010 年“玩趣”（杰 • 艺术画廊 • 上海）。主要联展：2010 年“穿行者”—当代青年艺术家公共艺术推介展（武汉 • 百家艺术空间），台北国际艺术博览会（中国 • 台北），“迈阿密巴塞尔艺术博览会”（迈阿密 • 美国）等。

64/ 夏和兴，1956 年生于江苏江阴，毕业于景德镇陶瓷学院美术系雕塑专业，现为中国雕塑学会会员，中国工艺雕塑学会副秘书长，现任深圳雕塑院副院长。2007 年作品《江湖水》参加深圳第 2 届国际建筑双年展，2007 年作品《杆秤之三》参加全国雕塑家作品联展，2008 年作品《杆秤之四》参加第 4 届中国宋庄文化艺术节，2008 年参加第 3 届西湖国际雕塑邀请展。2010 年参加上海世博江南广场雕塑展。

62/ 徐伯初，1952 生于成都，西南交通大学艺术与传播学院副院长。教授，博士生导师。国务院学位办通讯评审委员，奥地利艺术家协会会员，奥地利设计家协会荣誉会员，奥地利职业雕塑家协会会员，四川师范大学视觉艺术学院学术委员会副主任，成都市城市公共环境艺术协会会员，ECE 欧洲城市形象设计景观设计师，全国社会科学基金通讯评委，四川省专业技术职称评审委员，四川省突出贡献专家。

208/ 徐笑非，西南交通大学教师

63/ 徐国华，1959 年出生于北京；中国工艺美术学会雕塑艺术委员会委员；中国工艺美术学会漆画艺术委员会委员；北京美术家协会会员。1988 年中国中央美术学院油画系研修班学习；1991 年中国中央工艺美术学院装潢系毕业。2003 年漆艺《扬帆》参加“第 9 届全国体育美展”；2005 年漆艺《梦中高原》参加“2005 全国现代漆艺展”；

2005 年《飞翔》参加“首届中国金属焊接艺术邀请赛”获优秀奖；2003 年《双鱼》《行进》收藏于北京国际雕塑公园；2003 年《洄游》收藏于北京海洋馆；2005 年《飞翔》收藏于山东省蓬莱市政府。2010 年参加中国国粹雕塑成就展暨《雕塑》杂志年度提名展。

270/ 徐　升，大连人，生于 1986 年。2006 年考入中央美术学院雕塑系。2010 年获“马爹利”艺术基金赞助赴法国巴黎高等美术学院，进入 Giuseppe Penone 工作室学习。2011 年中央美术学院公费免试硕士研究生。2012 年获中央美术学院“王式廓”奖学金全额赞助赴美国考察学习。2013 年获“腾讯”艺术基金 < 特等奖 > 奖学金赞助赴日本京都市立美院学习。

210/ 徐悦翔，1972 年出生。任职于兰州雕塑院，甘肃一彩艺术设计有限公司专职雕塑家，中国雕塑学会理事，中国工艺美术学会雕塑专业委员会会员，中国壁画学会会员，甘肃省美术家协会会员，中国工艺美术学会雕塑专业委员会会员，中国壁画学会会员，甘肃省美术家协会会员。获得全国城市雕塑创作设计资格证书。作品参加“中国西部风”雕塑巡回展，“黄天厚土雕塑大展”，“2008 奥运景观雕塑方案征集大赛”，“和而不同”西北地区雕塑展，“中国姿态”首届雕塑大展，“和平·繁荣”雕塑巡展，“传统与现代——铸造城市文明”城市雕塑展，“北京国际美术双年展”，“中国北京奥林匹克公园城市雕塑设计方案”，“第 2 届中韩现代雕塑交流展”等，部分作品获奖，部分作品被收藏。

209/ 许　亨，1977 年生于辽宁。2001 年毕业于鲁迅美术学院雕塑系，获学士学位，同年赴德国留学。2005 年毕业于德国不来梅艺术大学自由艺术系，师从 Bernd Altenstein。同年任教于中国美术学院综合艺术系总体艺术工作室。2006 年德国不来梅艺术大学自由艺术系大师班毕业。2011 年起任教于鲁迅美术学院雕塑系。

141/ 许鸿飞，1963 年生于广东阳江市，1990 年毕业于广州美术学院雕塑系，现任广州雕塑院副院长，中国工艺美术学会雕塑专业委员会会员、中国雕塑学会会员、广东文史馆馆员、大学毕业后一直从事雕塑艺术创作，创作的“肥雕塑”系列作品在社会各界引起了强烈反响，各类报纸杂志刊载了大量作品和评论，电视、报纸杂志等媒体作了多个访问报道。作品多次入选全国及广东省美术展览，在法国、泰国、香港、澳门和国内多个城市成功举办个人雕塑展览，雕塑作品被国内外多个艺术机构、企事业单位和个人收藏。

139/ 许庚岭，中国雕塑学会会员，中国工艺美术学会雕塑专业委员会会员，四川省雕塑协会副会长，川音成都美术学院雕塑系主任、教授。北京人文空间雕塑研究所成员。作品曾参加“中国雕塑年鉴展”、“物界”提名展、刘海粟美术馆雕塑年度提名展、“中国职业雕塑家联展”、中国比利时雕塑家联展、“北京国际城市雕塑展”、九届全国美展等国内国际展览。曾参与策划组织“阳光下的步履”公共艺术展和“林间步履”环境艺术展。

140/ 许正龙，江西上饶人。清华大学美术学院博士、硕士生导师、《学院雕塑》执行主编。作品入选第四届北京国际美术双年展、第 11 届全国美展等国家大型展览；获第 3 届全国城市雕塑展、中国 · 郑州国际雕塑精品展、当代国际金属艺术展、河北国际石雕作品邀请展优秀作品奖；为意大利 CASORIA 博物馆、北京国家奥林匹克公园、上海城市雕塑艺术中心、长春世界雕塑公园、南昌中外雕塑名家陈列馆永久收藏。出版专著《雕塑学》《雕塑构造》等，其中《雕塑构造》获北京高等教育精品教材奖。

65/ 萧长正，台湾彰化人，于 1977 毕业于台湾国立艺术专科学校雕塑科，后赴法国巴黎第八大学造型艺术系进修并进入法国艺术家协会专事创作。其重要雕塑作品“我的森林 I”系列便是在法国首度发表并于法国巴黎圣莎贝提耶教堂展出。20 世纪 90 年代初，他应邀返回台湾担任金宝山事业机构艺术顾问并开始金宝山之萧长正雕刻公园工作，之后赴中国大陆规划桂林愚自乐园雕刻公园及上海月湖雕刻公园，担任总规划设计。期间，他亦设计规划了邓丽君墓园——“筠园”，并参与了多个国际性展览。他还多次受邀担任中央美术学院客座教授，讲授《空间想象》《木雕创作》等课程。

138/ 萧　立，生于 1963 年。1983 年毕业于中央美术学院附中，1990 年本科毕业于中央美术学院雕塑系，1995 研究生毕业于中央美术学院雕塑系。现任中央美术学院雕塑系教授。

267/ 谢二中，1980 年出生，1995 年就读于湖南省耒阳师范，1998 年至 2002 年执教于湖南省耒阳市南京乡小学，2005 年至 2010 年就读于中央美术学院。
艺术活动：2007 年，《奥运飞天》参加“对话 • 沟通—北京 • 世界”主题雕塑邀请展，参加“川流不息作品展”，雕塑《中国制造》被中央美术学院收藏。2008 年，《麻袋系列——虔》参加第七届蓝色空间雕塑大展，《中国制造》参加曾竹韶奖学金作品展，《硕鼠 • 硕鼠，无视我书》参加“囧——表达与姿态”第三届上海多伦多青年美术大展。2009 年获国家励志奖学金。

268/ 谢观坤，1986 年生于广西梧州，现为三亚学院雕塑专业教师。2009 年，毕业于景德镇陶瓷学院雕塑专业，获学士学位。2012 年，毕业于汕头大学长江艺术与设计学院美术学专业，公共艺术研究方向，获硕士学位。近年主要个展：2011 年，《山》“汇流——汕头大学图书馆国际艺术创作比赛”十九强（汕头），2011 年，《和平之窗》第五届中国大学生美术作品年鉴（广州），2011 年，《汽车》“KHORA3”国际艺术交流展（汕头），《水路途》——谢观坤个人作品展，汕头大学美术馆。2012 年，《水路途作品系列》首届中国当代抽象雕塑展（西安），《公章》第 2 届广东当代陶艺大展（广州）。

269/ 谢　璇，出生于 1983 年 6 月。祖籍河北唐山。2007 年 7 月毕业于中央美术学院雕塑系陶瓷工作室。并获学士学位。2012 年中国美术学院雕塑系研究生。现为景德镇陶瓷学院雕塑系讲师。中国工艺美术家协会雕塑委员会会员，江西省国防文化陶瓷艺术书画院院士，景德镇陶瓷历史研究院研究员，景德镇青年画院常务理事，7080 陶艺家协会会员。

Y

145/ 俞　峥，1968 年出生，1988 年毕业于福州工艺美术学校（现福州闽江学院）装饰绘画专业，现为自由职业画家。中国美术家协会会员，中国工艺美术学会漆艺专业委员会会员，福建省美术家协会漆画艺委会特邀委员，福建省漆艺研究会会员漆画《老福州》获“福建美术晋京展”最高奖，并被中国美术馆收藏。系列作品多次刊登在《美术》《美术大观》等专业杂志上；并被《福建日报》、《广州文化参考报》、省市电视台等各级媒体报道。多幅作品被中国美术馆等相关专业机构和国内外人士收藏。漆艺工作室被广东华南师范学院定为漆艺教学实习基地。

211/ 俞剑坤，1999 年毕业于鲁迅美术学院雕塑系，获学士学位。2004 年结业于中央美术学院雕塑系研究生主要课程班。1999 年至今工作于北京艺术设计学院公共环境艺术系。多次参加重要展事活动，作品被艺术机构及私人收藏。

147/ 垚　乡，1963 年 3 月出生于陕西商洛市，1981 年考入西安美术学院雕塑系，修满五年，于 1986 年 7 月毕业分配至陕西省雕塑院工作至今。中国美术家协会会员、中国雕塑学会会员、现任陕西省雕塑院创作研究部主任、一级美术师。

15/ 姚永康，1942 年出生于江西南昌，1966 年毕业于景德镇陶瓷学院美术系，现任陶瓷学院教授，硕士研究生导师，中国美术家协会会员，江西省雕塑艺术委员会主任，高岭陶艺协会会长，国务院享受政府特殊津贴的专家。

68/ 余积勇，1956 年出生于浙江慈溪。1976 年上海市工艺美术学校毕业，任职于上海市工艺美术研究所。1979 年浙江美术学院（现中国美术学院）雕塑进修班毕业。1984 年参加《五卅运动纪念碑》设计竞标，获第一轮设计方案竞赛优秀奖。1986 年参加上海市美术家协会。任职上海油画雕塑院。中国美术家协会会员。中国工业设计协会会员，现为自由艺术家。作品多次参加重要展览屡有获奖，其中：《五卅运动纪念碑》参加《第 2 届全国城市雕塑艺术展览》获文化部、建设部、中国美术家协会、全国城市雕塑建设指导委员会联合颁发的优秀作品奖。《飞翔的心愿——2010 年上海世博会志愿者纪念碑》不锈钢喷漆 H800CM，现树立在上海世博园区主题馆北广场，上海世博会永久性收藏，获 2010 年度全国优秀城市雕塑建设项目大奖。《源点——中国隧道纪念碑》钢板锻造，H651CM，现树立在上海市南园滨江绿地，获 2010 年度全国优秀城市雕塑建设项目优秀奖。

212/ 杨子强，新加坡艺术家（Yeo Chee Kiong）因其装置作品《无树之日》（A Day Without a Tree）而获得 APB 基金的 Signature Art 奖，该作品曾在新加坡国立博物馆展出。《无树之日》表现了全球变暖、人类生存危机这样一个主题，地球没有了绿色树木，白色的柱子受热融化成了水状在地上蔓延开来，连博物馆的铜牌也故意做出了变形，引发观众的思考。

66/ 杨建强，江苏南京人。曾就读于中国城市雕塑研究班，后留学于俄罗斯列宾美术学院雕塑系。现为江苏省美术馆国家一级美术师，江苏省油画雕塑院专职雕塑家，中国美术家协会会员，中国雕塑学会会员，中国工艺美术学会雕塑委员会会员，江苏省雕塑艺术委员会委员。作品计 9 次入选全国性美展，并多次在全国及省市美展中获奖，建成众多城雕作品。近作《时尚一族》2009 年入选第 11 届全国美展。2011 年被年江苏省美术馆收藏。青铜浮雕《五百楼船十万兵》2010 年建于南京玄武湖阅武台。

70/ 杨文会，1954 年 10 月生人，中共党员，毕业于天津美术学院设计系，现任河北大学艺术学院院长，教授，从事艺术设计及装饰艺术设计教学，硕士研究生导师。兼任教育部高校艺术类专业教学指导委员会委员；中国工艺美术学会雕塑专业委员会副会长，中国建筑装饰协会常务理事；中国室内设计协会第 23 分会教育委员会主任；河北省地方教材审查委员会第一届委员会委员。

271/ 杨 光，生于 1987 年。2006 年毕业于中央美术学院。

143/ 杨学军，1961 年出生于广西柳州市。1979 年就读广州美术学院附中。1983 年就读广州美术学院雕塑系。1985 年就读华南理工大学建筑学系，1987 年广州美术学院雕塑系毕业。1987 年任职于广州雕塑院，职业雕塑家。现任中国美术家协会会员，广东省美术家协会雕塑艺委会委员，广州市美协雕塑研究会副秘书长，中国雕塑学会会员，美国政府注册雕塑家。

142/ 杨 明，1962 年生于福建浦城，1979 年就读于福建工艺美校雕塑科，1984 年就读于中央美术学院雕塑系。1989 年在南京市雕塑工作室从事专业创作，2000 至今任苏州工艺美术学院环艺系雕塑教师。

213/ 袁 侃，1971 年生于上海。1994 年毕业于上海大学美术学院雕塑系，同年至今任上海油画雕塑院雕塑家，上海美术家协会会员，中国雕塑学会会员，中国工艺美术学会雕塑专业委员会会员，国家二级美术师。多次参加国内外重要展览，近年主要有：2009 年参加“08 标的”上海油画雕塑院研究展、意大利文化部主办当代艺术展，2010 年参加《离合之道》当代艺术家提名展、《相约马赛》上海油画雕塑院马赛高等美术学院交流展。

274/ 袁 佳，1983 年出生于沈阳。2006 年毕业于鲁迅美术学院获文学学士学位。2010 年毕业于中央美术学院雕塑系获文学硕士学位。2011 年 第四届全国青年美术作品展 优秀奖。2012 年 第五届北京双年展(中国美术馆)；中国雕塑百年作品展(国家博物馆)。

275/ 袁 宏，1985 年出生，江西省工艺美术学会会员，中国工艺美术学会雕塑专业委员会会员。2012 年参加“五行和声”当代雕塑作品展、首届中国当代抽象雕塑作品展。作品《幽谷清音》国家大剧院收藏、《那山那水那人》中华儿女艺术馆收藏、《偶然之间》陕西科技大学收藏。

214/ 袁义宏，1978 年出生，安徽巢湖人。现任华南理工大学设计学院讲师雕塑和陶艺专业教师。2006 年，毕业于景德镇陶瓷学院雕塑与陶艺专业（硕士）。师从国际著名的陶艺家姚永康老师，从事陶瓷雕塑研究。2009 年，师从青瓷国家级大师陈善林先生，开始专注青瓷雕塑。

144/ 印 萍，又名舒晨，1991 年毕业于中央工艺美术学院装饰艺术系金属工艺专业。多件作品被海内外人士收藏，其作品充满婉约的女性情怀，形成了融中西文化于一体、充满情感化的个性风格。并于 1996 年成立印萍铜雕艺术工作室，2001 年以后成立印萍文化艺术有限公司，承揽国内外公共雕塑的设计与制作，以“崇尚艺术，质量先行”的经营理念，得到了合作者的广泛赞誉。现为中国工艺美术学会雕塑专业委员会会员，九三学社成员。

67/ 于世宏，1953 年 7 月 7 日出生于天津，1982 年毕业于天津美术学院雕塑系，并留校任教。现任天津美术学院副院长，研究生导师，教授，教育部高校艺术类专业教学指导委员会委员，全国城市雕塑艺术委员会委员，中国美术家协会会员，雕塑家协会会员，天津城市规划艺术委员会委员，天津，美术家协会理事。作品屡次在全国与国际参展并获得大奖。

69/ 于小平，1957 年出生于安徽芜湖，1978 年考入浙江美术学院雕塑系，1988 年湖北美术学院雕塑专业研究生毕业，获硕士学位，现为中国美术学院公共艺术学院副院长、教授、研究生导师，中国美术家协会会员，中国雕塑学会会员，中国工艺美术学会雕塑专业委员会副秘书长。2007 年参加“深圳国际石刻艺术大赛”，2007 年参加“首届中国职业雕塑家联展”，2008 年参加 2008 广东雕塑大展。2008 年参加探索 · 创新——中青年雕塑家作品展。

273/ 于忠清，1982 年出生于辽宁丹东。2007 年毕业于鲁迅美术学院雕塑系。 2007 年参加清华大学美术学院优秀毕业作品展，2008 年彩虹之约美术展（北京 • 上上美术馆），2010 年五四青年艺术节联展，3818 库画廊，2010 年升空间开幕展 北京三里屯升空间画廊，2011 年升空间《谜》联展，2012 年 不速之客三人展（北京）。

272/ 尹悟铭，1980 年生于陕西兴平。2005 年 7 月毕业于南京艺术学院美术学院雕塑系，并留校任教，现为雕塑系副主任。参加展览：2005 年 7 月作品《逝去的时尚》《呓语》受邀参加成都双年展。2006 年 12 月作品《初八我的一家》参加南京青年雕塑家联展。2007 年 5 月作品《福》受邀参加第 3 届江苏陶艺新人新作展。2008 年 4 月作品《印象童年》系列作品受邀参加上海春季艺术沙龙“0880 先锋艺术展”。2008 年 11 月作品《立春》在中国美术馆参加全国艺术硕士研究生美术与设计优秀作品展。2008 年 12 月作品《立春》获江苏纪念改革开放 30 周年美术书法大展创作奖。2009 年 5 月作品《天韵》《天空一片云》受邀参加青岛首届“春潮”当代雕塑艺术展。2009 年 8 月作品《情动五月》入选第 11 届全国美术作品展。2010 年 12 月作品《我知——》参加上海全国第 5 届中青年艺术家推荐展。

146/ 尹祥明，1963 年生于江苏宜兴，自幼学艺。1985 年从事紫砂陶艺、雕塑的创作，师从徐秀棠先生，后就学于中央美术学院雕塑系。研究员级高级工艺美术师，职业陶艺家，江苏省工艺美术名人，中国美术家协会会员，中国工艺美术学会雕塑专委会会员。是唯一入选全国美展的紫砂陶艺家，参加中国当代陶艺出国巡回展，在全国性的陶艺创作评比中多次获奖，作品被文化部、中国历史博物馆等收藏，并入编《中国现代陶艺家》，中央电视台“美术星空”栏目专题——“中国当代陶艺先锋”。2011 年作为访问学者受邀乌克兰中央美院和国家艺术科学院，与乌克兰十八位功勋画家在塞瓦斯托波尔市立博物馆联展，同时作品被收藏。

276/ 岳艳娜，2010 年毕业于四川美术学院雕塑系并获学士学位，2010 年考入四川美术学院雕塑系研究生院就读至今。近期艺术成就：2009 年 7 月《思》入选《庆祝建国 60 周年第 4 届重庆市美术展暨第 11 届全国美展四川美术学院选送作品展》。2010 年 7 月《某年某月某日某时某分》之一，获“‘巨人杯’2010 当代艺术院校大学生年度提名展”铜奖。2010 年《捂》入选“心声木鸣”——中国现当代木雕大展。北京国粹苑。2010 年《某年某月某日某时某分系列作品》入选罗中立奖学金并获奖。2011 年 2 月《某年某月某日某时某分》参加中国雕塑学会青年推荐计划系列展览。

Z

224/ 曾　岳，生于 1967 年 12 月，重庆人。1992 年毕业于四川美术学院雕塑系，同年留校任教。1994 年 9 月至 1995 年 1 月参加中央美术学院 • 列宾美术学院研修班学习（北京）2001 年 4 月至 6 月在中央美术学院 • 巴黎美术学院研修班学习（北京）。2000 年 9 月至 2002 年 7 月中国美术学院研究生班学习（重庆）。2004 年 3 月 2005 年 7 月受国家留学基金委公派赴俄罗斯苏里科夫美术学院雕塑系研修（莫斯科），2006 年 7 月在俄罗斯国立师大造型艺术系雕塑专业获得硕士学位（圣彼得堡）。现为雕塑系副主任、副教授。中国美术家协会会员，全国城雕委会艺委会委员，中国工艺美术家学会 雕塑艺委会常委，中国雕塑学会委员，中国艺术研究院 青年雕塑创作中心雕塑家。重庆画院雕塑艺委会主任。

151/ 曾成钢，现任清华大学教授、清华美术学院雕塑系主任，中国美术家协会副主席、中国雕塑学会会长，全国政协委员、中国文联全委会委员，是享受国务院政府特殊津贴的专家。曾成钢早年毕业于中国美术学院雕塑系，早期雕塑作品《鉴湖三杰》，荣获全国美展金奖。多年参加各项国内外重要展事活动，屡获重要奖项。还长时间担任雕塑的教学及许多大型公共艺术项目的策划与组织工作。

94/ 曾令香，博士，中国雕塑协会，中国美术家协会会员。湖南省怀化人，1993 年考入株洲市冶金工业学校，1997 年入湖南省株洲市 601 兵工厂，2000 年考入中国美院雕塑系，2005 年攻读中国美院雕塑系公共空间艺术工作室硕士研究生，2009 年攻读中国美院公共艺术学院博士研究生。

149/ 翟庆喜，1966 年生于黑龙江省哈尔滨市，1990 年毕业留浙江美术学院（现中国美术学院）雕塑系任教，1992 年攻读浙江美术学院首届助教进修班，1998 年毕业于中国美术学院雕塑系在职硕士研究生，1998~1999 年法国巴黎艺术城研修考察，现任中国美术学院雕塑系副主任、副教授、研究生导师，中国雕塑学会会员，浙江省雕塑家协会理事，浙江省环境艺术家协会会员。多次参加国内外重要展事并屡获重要奖项。

279/ 张　斌，1985 年出生于广西横县，2011 年毕业于广西艺术学院雕塑系第三工作室，获硕士学位，师从何镇海教授。近年主要艺术活动：2010 年参加“心声木鸣”——中国现当代木雕大展获三等奖（北京），南宁首届青年美展铜奖（广西），2011 年：“中国姿态”第 2 届中国当代雕塑大展巡展。曾竹韶雕塑艺术奖学金优秀作品展获曾竹韶提名奖，中国当代雕塑馆收藏（山西大同），2012 年参加“五行和声”当代雕塑展（北京）。

277/ 张　超，2007 年考入四川美术学院，在校期间参加过多次展览，其中 2009 年获得院年展优秀奖，2010 年获得雕塑系年展优秀奖，2011 年获得雕塑系年展“年度奖”，

2012 年获得雕塑系年展优秀奖，2012 年并获得四川美术学院“优秀毕业生”学院奖。2012 年获得曾竹韶提名奖。2012 年参加“首届中国抽象雕塑展”。

155/ 张 戈，1967 年出生，毕业于西安美术学院，现任北方民族大学设计艺术学院雕塑系副教授。宁夏美术家协会壁画雕塑艺术委员会副主任，中国美术家协会会员，中国美术家协会雕塑艺术委员会委员，中国雕塑学会会员，中国工艺美术协会雕塑专业委员会委员。

215/ 张 顺，1981 年生于陕西西安。2004 年毕业于西安美术学院雕塑系，获文学学士学位，同年任教于西北农林科技大学。2009 年，获风景园林硕士学位。中国工艺美术学会雕塑艺术委员会会员、中国雕塑学会会员、中国风景园林学会会员、杨凌农业高新技术产业示范区美术家协会会员、“全国城市雕塑创作设计资格证书”持有人、西北农林科技大学艺术系讲师。主要作品有：2004 年雕塑作品《罗丹像》获西安美术学院毕业创作三等奖，于西安美术学院美术馆收藏；2007 年浮雕作品《克隆羊阳阳》收藏于中国杨凌示范区农博馆，于动物科技馆常年展出；2012 年，作品《武者》入选参加第 18 届中国雕塑论坛暨首届中国当代抽象雕塑展。

153/ 张 伟，1968 年出生于山西太原。1988 年毕业于中央美术学院附中，同年考入中央美术学院雕塑系。1989 年获国家教委奖学金，公派至苏联留学。1996 年毕业于俄罗斯圣彼得堡列宾美院雕塑系，获艺术硕士学位。中央美术学院博士研究生，现任中央美术学院雕塑系副主任，副教授。中国雕塑院青年雕塑家创作中心成员。

17/ 张得蒂，山东菏泽人，1932 年生。1953 年毕业于中央美术学院，1955 年毕业于中央美术学院研究生班，现为中央美术学院雕塑研究所教授。曾任中国美术家协会理事、中国雕塑家协会理事、全国城市雕塑艺术委员会委员。曾为国内十几座城市及台湾、菲律宾、澳大利亚等创作大型城市雕塑，作品曾获得《意大利共和国总统奖》以及国内外多个奖项。出版著作有：《中国当代女雕塑家作品选集》、《雕塑家看国外雕塑》（上下集）、《雕塑教学》等。

148/ 张 峰，1965 年生于辽宁沈阳，1988 年毕业于鲁迅美术学院雕塑系，获学士学位，同年留校任教 2000 年毕业于鲁迅美术学院骨干教师进修班雕塑专业，2006 年毕业于纽约艺术学院，获硕士学位，现为鲁迅美术学院雕塑系副教授。

71/ 张吉洪，1958 年出生，毕业于云南艺术学院雕塑专业，云南艺术学院美术学院雕塑系主任，副教授。在雕塑创作、公共艺术活动策划等方面有一定影响。曾策划实施南平街怀旧实景雕塑活动、中国昆明国际雕塑节年、昆明广福路景观大道雕塑群作品。

72/ 张 琨，1957 年生于安徽，1982 年毕业于西安美术学院雕塑系，获艺术学学士学位。后任陕西省雕塑院创作员。现任陕西省雕塑院院长、国家一级美术师，中国美术家协会会员，中国雕塑学会会员，美协艺委会委员，全国城雕资格证获得者。国家“三五人才工程”入选者，陕西省体育文化协会副主席，陕西省文联委员，陕西省职称评定委员会艺术委员。西安雕塑委员会委员，西安美院兼职教授，西工大兼职教授，并多次担任文化部中国美协等组办的国家级大展的评委。

18/ 张润垲，1933 年生，北京人。1953 年毕业于中央美术学院，1955 年毕业于中央美术学院研究生班。1958 年毕业于苏联专家克林杜霍夫研究生班，后留校从事教学及创作工作。现为中央美术学院雕塑研究所教授、中国美术家协会会员，主要作品为室外大型城市雕塑，立于国内十几座城市及多件架上雕塑。作品曾在国内外多次获奖。出版著作有：《雕塑家看国外雕塑》《雕塑教学》《欧美商业雕塑》等。

280/ 张若愚，1978 年 6 月生于湖南，中国雕塑学会会员，2001 年就读于广州美术学院雕塑系获学士学位，2009 年就读于清华大学美术学院雕塑系获硕士学位。近年多次参加重要展览活动，屡有获奖。

73/ 张松正，1953 年 4 月生。1984 年结业于中央美术学院版画系，1988 年毕业于河南大学美术系，郑州市群众艺术馆研究馆员，郑州市雕塑壁画院院长。中国工艺美术学会雕塑专业委员会委员副秘书长，中国美术家协会会员，中国版画家协会理事，中国雕塑学会会员，河南省美术家协会常务理事，持有全国城市雕塑设计资格证书。

150/ 张燕根，广西艺术学院教授、造型艺术学院副院长、硕士研究生导师中国美术家协会会员中国雕塑专业委员会委员。近年多次应邀欧美国家进行创作、展览、研讨，公共艺术（雕塑）作品点缀着许多国家的公园和国内多个城市。雕塑作品被中国文化部、上海朱屺瞻艺术馆、广西博物馆，和比利时、法国、加拿大、美国、荷兰、等国家的艺术机构和私人收藏家收藏。 中央电视台、新华社、《人民日报》《中国日报》《美术》《艺术世界》《雕塑》和比利时、法国、荷兰、加拿大等国家新闻机构及专业刊物发表作品或专题介绍。

74/ 张永见，1958 年 生于山东，1980 年毕业于济宁师专美术专业，现为职业艺术家。多年来参加各类艺术展事并屡获重要奖项。

281/ 张 翔，1982 年 生于四川省达州市。2007 年 毕业于四川美术学院雕塑系 学士。2009 年 荷兰海牙自由视觉艺术学院 交换留学。2010 年毕业于四川美术学院雕塑系硕士现工作生活于重庆。

154/ 张 宇，雕塑艺术家、公共艺术专家。德国纽伦堡国立艺术学院艺术“大师生”。“公共艺术节”创立人；首届“公共艺术节（2008）”与第 2 届“公共艺术节 (2012)”总策划人。“后山论坛”学术主持人。汕头大学长江艺术与设计学院教授。

152/ 章 华，1964 年生，1985 年毕业于河北工艺美术学校雕塑专业，1998 年考入中央美术学院雕塑系主要研究生课程班。中国雕塑学会会员、中国工艺美术学会雕塑委员会会员。获全国城市雕塑创作设计资格证书。参加多项全国性美术展览并屡获重要奖项。

16/ 赵文煜，1940 年生，山东曲阜人，毕业于山东艺专，中央美术学院雕塑系结业。海军师职美术创作员。中国美术家协会会员，中国雕塑学会会员。北京美术家协会会员。雕塑作品多次参加全国全军美展及城市雕塑建设并多次获奖。

225/ 赵 磊，1970 年生于北京雕塑世家。1995 年毕业于中央美术学院雕塑系，后任职于北京市建筑艺术雕塑工厂研究室，现任职于北京市人文空间雕塑研究所，职业雕塑家。中国雕塑学会会员，中国工美学会雕塑专业委员会会员， 北京市美术家协会雕塑艺委会委员。长期致力于城市雕塑设计、公共艺术品、架上艺术品的探索、研究与实践。在常年修习实践过程中，建成的室外城市雕塑和公共艺术品主要集中在北京市及其他省市，另外在亚洲，美洲和欧洲也有分布。专长于石雕等材料创作，曾任教于川音美院雕塑系，现兼职任教于中央美院雕塑系石雕工作室。经常组织和参与各种国内外学术活动，与国内外同行有密切交流。

216/ 赵 勇，毕业于西安美术学院雕塑系；中国雕塑学会会员；现工作生活在北京。作为中国雕塑艺术的年青一代，赵勇多次获得国内大赛奖项，其雕塑作品《纸飞机》参加中国郑州国际城市雕塑艺术年“首届国际雕塑精品展”并被郑州市政府收藏。近年多次参加国际雕塑创作营与国际同行进行学术交流活动。

217/ 赵 展，1979 年出生于山东。2004 年毕业于天津美术学院雕塑系。2007 年天津美术学院雕塑系硕士研究生毕业并留校任教。现为天津美术学院雕塑系讲师、中国雕塑学会会员。

218/ 郑冬梅，1979 年生于沈阳。2006 年本科毕业于中央美术学院雕塑系，2009 年获得中央美术学院雕塑系和美国西弗吉尼亚大学陶艺系双硕士学位，现为景德镇陶瓷学院雕塑系教师。近年多次参加重要要展览级艺术大赛，屡有获奖。多件作品被中外艺术机构收藏。

222/ 郑 淼，鲁迅美术学院雕塑系毕业，中国雕塑学会会员，中国工艺美术学会雕塑委员会委员，中国同泽书画艺术研究院委员。2011 年 4 月《思》入选中国关东画派雕塑大展。2010 年 6 月《思者》入选中国大连首届小型雕塑国际邀请展

219/ 郑 路，1978 年出生于内蒙古赤峰市。1998 年至 2003 年就读于鲁迅美术学院雕塑系，获学士学位。2004 年至 2007 年中央美术学院雕塑系获硕士学位。2006 年 1 月至 5 月学习于法国国立高等美术学院。目前工作生活于北京。

278/ 郑明柳，1983 年出生。2002 年 9 月至 2006 年 7 月 就读于西安美术学院雕塑系，2004 年参加大唐芙蓉园主题雕塑制作，2005 年参加法门寺新佛院第一期佛像制作，2007 年参加榆林中心广场《夸父追日》主题雕塑制作，2009 年负责西安曲江新区秦二世遗址公园遗址馆雕塑制作，2010 年参加西安大明宫遗址公园《打马球》主题雕塑制作，2011 年参加世界园艺博览会《石人》主题雕塑制作。

158/ 郑玉奎，职业陶艺雕塑家。1964 年生。 毕业于山东轻工业美术学校。 进修于中央美术学院雕塑艺术研究所。 中国工艺美术学会雕塑专业委员会会员。

220/ 郅 敏，1975 年出生，1997 年毕业于中央工艺美术学院，获文学学士学位，2007 年毕业于中央美术学院雕塑系第四工作室，获文学硕士学位，2006~2007 年中央美术学院公派赴美国罗德岛设计学院学习，现为中国艺术研究院中国雕塑院讲师，专职艺术家，联合国教科文 IOV 中国分会青年委员，中国中央美术学院雕塑系客座教师，中国雕塑学会会员。中国艺术研究院中国雕塑院成立中国青年雕塑家创作中心秘书长。

223/ 周立正，籍贯山东，2004 年毕业于天津美术学院雕塑系同年入河北工艺美学校教学。雕塑作品《梁山泊》系列入选第十届全国美展天津展，《梁山泊》系列《畅饮》系列入选《当代美术与设计》丛书，雕塑《打鬼记》获首届中国美术教师艺术作品年度奖优秀奖，并入选首届中国美术教师艺术作品年度奖获奖作品集。雕塑作品《拳打镇关西》入选河北青年美术作品展。

159/ 周思旻，中央美术学院雕塑系副教授。1984—1988 年就读于中央美院附中，1988—1989 年就读于中央美院雕塑系，1989—1996 年国家教委公派，留学前苏联，就读于圣彼得堡列宾美院雕塑系，获艺术硕士学位。 1996 年至今任教于中央美院雕塑系，2010 年至今中央美院博士生在读。

19/ 朱 成，1946 年 5 月 4 日出生于四川省成都市，自幼学习绘画，曾于四川大凉山从事油画创作。现为职业公共雕塑艺术家、全国城市雕塑建设指导委员会委员、中国雕塑学会理事、国家一级美术师、四川朱成石刻艺术博物馆馆长（四川省文物局批准）、成都城市雕塑艺术委员会委员、四川美术学院雕塑系客座教授、西南交大传媒艺术学院兼职教授。作品曾多次在国际国内大赛中参展、获奖。多件作品被四川美术馆、荷兰银行艺术博物馆、中国美术馆、国际奥委会博物馆等著名机构收藏。

75/ 朱尚熹，1954 年生于四川达县，1982 年毕业于中央工艺美术学院装饰雕塑专业，现任中国美术家协会雕塑艺术委员会委员，中国雕塑学会常务理事、副秘书长，中国工艺美术学会雕塑专业委员会会长，北京美术家协会理事，英国皇家雕塑家协会会员。爱

尔兰雕塑家协会会员。北京人文空间雕塑研究所所长，国家一级美术师。

21/ 朱惟精，1940 年 12 月生于浙江东阳。中国美术家协会会员，首批持国家城市雕塑创作设计资格证书的雕塑家。1984 年应邀参加全国首届城雕方案大展筹备组的秘书处参与对国内外宣传文稿的起草、审核和编写新闻发布会提纲等工作，先后多次参加全国城雕工作会议和规划会议并担任一些国际赛事的艺术评委，为城雕事业奔忙。近年来多次应邀出国文化交流和作品展览。历任湖南科技大学建筑系教授、美术教研室主任、中国艺术研究院创作委员、湖南省文史研究馆员，海外联谊会副会长，中国文学艺术工作者联合协会副主席，湖南省美术家协会雕塑艺术委员会顾问，长沙市文联委员，长沙雕塑院院长，长沙市美术家协会副主席。创作甚丰，代表作有：汉白玉雕《悟》、《向警予》、石雕《雷锋》，汉白玉浮雕《洪流》和青铜雕《世纪之光》，西藏石雕《毛泽东》等。出版有《惟精雕塑集》等。

20/ 朱惟一，浙江东阳人，毕业于南京艺术学院，历任陶研所所长，法制日报艺术科长，湖南书画专修学院教务主任，长沙雕塑院副院长，长沙市美协雕塑艺委会主任。作品多次参加国内外美展，雕塑《射》选入全国体育雕塑展和全国第五届体育美展，获艺术奖。由国家体育博物馆收藏。雕塑《王阳明》选入法国巴黎春展。应邀为台湾创作了巨型白铜浮雕近百幅并出席海峡两岸雕塑学术会议。贴金铜像《双鹤》立于人民大会堂，汉白玉雕《信息时代》立于江山火车站，《周敦颐》铜像，立于庐山白鹿洞书院《王阳明》铜像立于江西八景台公园，14 米长青铜浮雕《常州古城》立于常州博物馆，彩绘铜浮雕《故宫》立于首都国际机场。大型城市雕塑《牵手》立于衢州市。

156/ 朱智伟，1989 年毕业于中国美术学院附中，同年考入中央美术学院雕塑系，1994 年毕业，获学士学位。2003 年至 2004 年赴俄罗斯列宾美术学院学习，研究生毕业，获硕士学位。现职教于南京艺术学院雕塑系副教授。1998 年至今，应邀参加了全国重要的展览活动：《世纪女性艺术展》《第一届全国当代雕塑艺术展》《十月・青年雕塑家作品联展》《2005 俄罗斯艺术家联盟秋季展》《意想——分形南京当代艺术展》《第十一届全国美展》等。曾为美利坚乔治・布什图书馆塑造在中国抗日战场英勇献身的飞虎队员吉米・福克斯塑像，美国前总统老布什为塑像剪彩，江泽民主席为塑像题词。

157/ 宗　涛，1990 年毕业于四川美术学院雕塑系获学士学位，中国雕塑学会员，中国工艺美术学会雕塑专业委员会会员，重庆市美术家协会理事，重庆画院专职雕塑家，创作部主任。

221/ 邹　亮，1979 年生于辽宁沈阳。2003 年毕业于鲁迅美术学院雕塑系，获学士学位。2008 年毕业于中央美术学院雕塑系，获硕士学位。现居北京职业艺术家。

后记

《中国雕塑年鉴》（2013）自征稿之日起，即得到艺术家和广大雕塑工作者的热切关注和积极参与，收到来自各地的大量优秀稿件和资讯。欣喜之余我们深感责任的重大和肩上的压力。经过前期严密的筹备、与艺术家互动沟通、初步筛选资料稿件、邀请专家反复几轮审稿，到最后定稿，付梓，作为编者，此刻并未长舒一口气、将心放下，反而却是甚为忐忑。

关注过往两年中国雕塑艺术整体发展趋势、巡揽、精选雕塑家的代表作品，以编年记事的形式，记录当代雕塑家的艺术追求、学术风貌、理论建树；并以"年鉴"这种最具时效性、权威性、完整性的形式，全方位、客观地记录当下中国雕塑艺术生态，在当代中国美术史上留下雕塑艺术的发展轨迹，是一项极有意义也极具挑战性的工作。要从过往两年浩繁的资讯中甄选出所需材料，是一项非常花工夫、耗时间的工作。然而我们深深地懂得，这是一项十分有意义而崇高的事业，我们将深怀于心的文化情怀、历史责任感和职业理想付诸这项具有挑战性的重要工作。

所幸的是，我们的工作得到了来自各方的关注和支持。我们衷心感谢所有为本《（2013）雕塑年鉴》提供稿件的艺术家及投稿作者，他们的参与、支持使得这本年鉴的稿源大为丰富，相应的优秀作品较之往年有大幅的增加，给我们的选编工作有了较好的基础，增强了我们的信心！感谢编委会全体成员，他们全方位的学术视角、严谨的工作态度和秉持的对艺术精神，保证了这本年鉴的整体学术水准。在这里我们要特别感谢编委朱尚熹、翁建青、孙伟、刘艺杰、霍波洋、邓乐、焦兴涛、于小平、乔迁等，他们在百忙中挤出时间，一丝不苟地审阅稿件，提出建设性修改意见，令我们感动，成为鞭策我们继续前进的动力。

因为稿件甚多，编辑人员受精力所限，仍不免有所疏漏，请方家见教。

中国雕塑年鉴编委会

2013 年 3 月 1 日

国家文化产业示范基地 山西宇達集團

国内唯一的宇达青铜文化产业园内拥有12个艺术馆

著名艺术家韩美林雕塑艺术馆

著名雕塑家司徒杰雕塑艺术馆

著名雕塑家吴为山雕塑艺术馆

著名雕塑家魏小明雕塑艺术馆

美国著名雕塑家吴信坤雕塑艺术馆

当代雕塑家青铜艺术收藏品艺术馆 · 宇达青铜雕塑画廊

宇达关公故里关公铜像艺术馆

宇达高档创意青铜艺术专用礼品 · 奖品馆

宇达高档青铜创意艺术礼品馆

宇达国礼极品青铜艺术馆

宇达国宝级青铜器复（仿）制礼品馆

中国古代科技馆

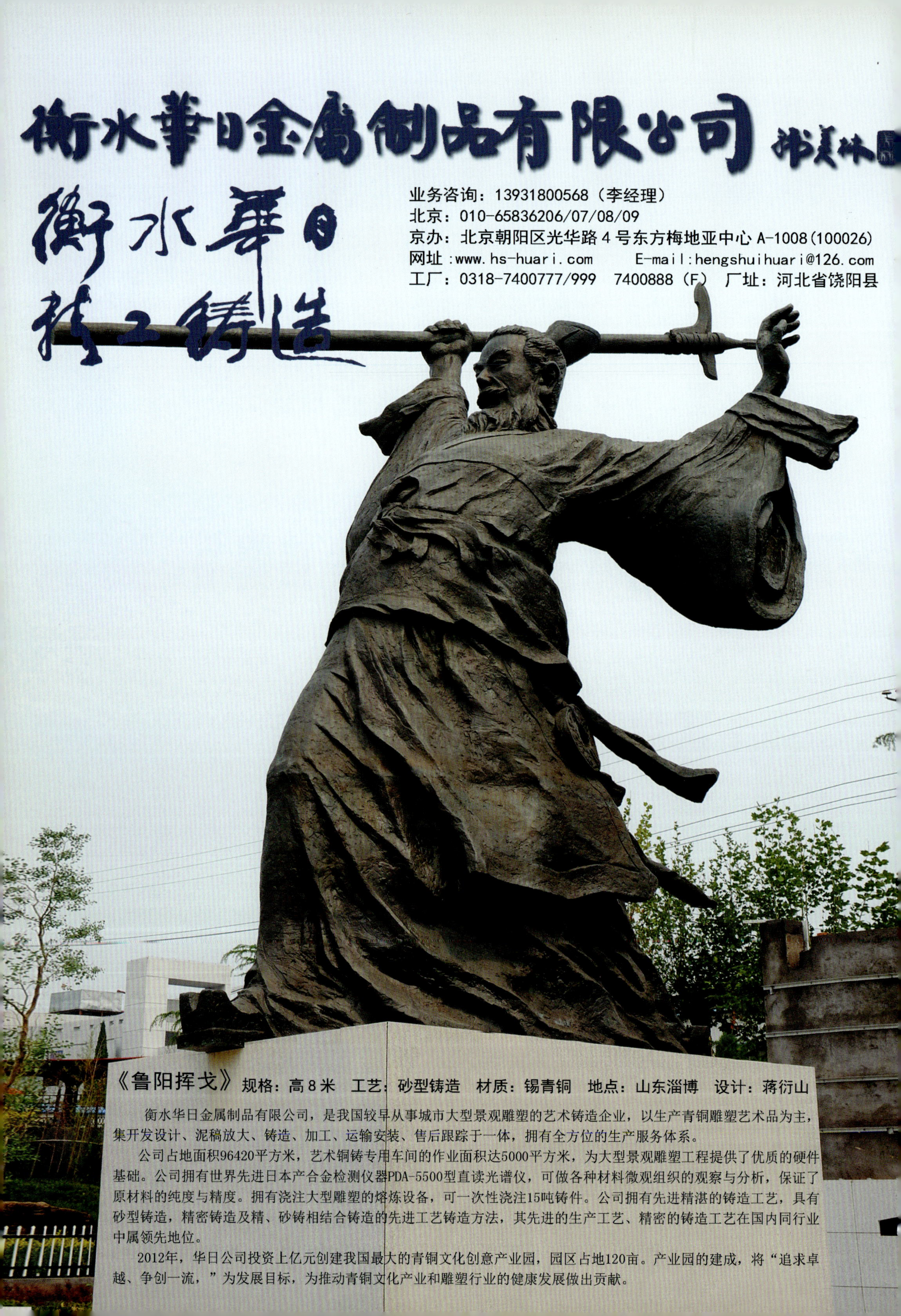
衡水華日金屬制品有限公司
衡水華日
精工铸造
业务咨询：13931800568（李经理）
北京：010-65836206/07/08/09
京办：北京朝阳区光华路4号东方梅地亚中心A-1008(100026)
网址：www.hs-huari.com E-mail:hengshuihuari@126.com
工厂：0318-7400777/999 7400888（F） 厂址：河北省饶阳县
《鲁阳挥戈》 规格：高8米 工艺：砂型铸造 材质：锡青铜 地点：山东淄博 设计：蒋衍山
衡水华日金属制品有限公司，是我国较早从事城市大型景观雕塑的艺术铸造企业，以生产青铜雕塑艺术品为主，集开发设计、泥稿放大、铸造、加工、运输安装、售后跟踪于一体，拥有全方位的生产服务体系。
公司占地面积96420平方米，艺术铜铸专用车间的作业面积达5000平方米，为大型景观雕塑工程提供了优质的硬件基础。公司拥有世界先进日本产合金检测仪器PDA-5500型直读光谱仪，可做各种材料微观组织的观察与分析，保证了原材料的纯度与精度。拥有浇注大型雕塑的熔炼设备，可一次性浇注15吨铸件。公司拥有先进精湛的铸造工艺，具有砂型铸造，精密铸造及精、砂铸相结合铸造的先进工艺铸造方法，其先进的生产工艺、精密的铸造工艺在国内同行业中属领先地位。
2012年，华日公司投资上亿元创建我国最大的青铜文化创意产业园，园区占地120亩。产业园的建成，将“追求卓越、争创一流，”为发展目标，为推动青铜文化产业和雕塑行业的健康发展做出贡献。

让雕塑更精彩
使空间更美好
20强
www.zsyds.com
中神亚®
ZHONG SHEN YA
京中神亚雕塑景观工程有限公司预祝第七届城运会圆满成功
中神亚建筑环境艺术设计（北京）有限公司
BEIJING ZHONGSHENYA ARCHITECTURAL & ENVIRONMENTAL ART DESIGN CO.,LTD
北京中神亚雕塑景观工程有限公司
BEIJING ZHONGSHENYA SCULPTURE & LANDSCAPE PROJECT CO.,LTD
地址：北京市朝阳区望京园601号楼1911室
（悠乐汇E座） 邮编：100102
厂址：北京市朝阳区来广营北路沙子营村南
电话：010-84787461
传真：010-84787460
手机：13901330237
E-mail:zhongshenya2006@126.com
上海中神亚景观工程有限公司
SHANGHAI ZHONGSHENYA VIEW PROJECT CO., LTD
地址：上海市复兴中路1290号
电话：021-33689477